杨儒宾著作集

儒家身體觀

杨儒宾

著

图书在版编目（CIP）数据

儒家身体观 / 杨儒宾著. —上海：上海古籍出版社，2019.12（2023.8重印）
（杨儒宾著作集）
ISBN 978-7-5325-9336-1

Ⅰ. ①儒⋯ Ⅱ. ①杨⋯ Ⅲ. ①儒家—研究 Ⅳ. ①B222.05

中国版本图书馆CIP数据核字（2019）第191278号

杨儒宾著作集

儒家身体观

杨儒宾 著

上海古籍出版社出版、发行
（上海市闵行区号景路159弄1－5号A座5F 邮政编码201101）
（1）网址：www.guji.com.cn
（2）E-mail：guji1 @ guji.com.cn
（3）易文网网址：www.ewen.co
江阴市机关印刷服务有限公司印刷
开本 890×1240 1/32 印张15.75 插页5 字数313,000
2019 年 12 月第 1 版 2023 年 8 月第 4 次印刷
印数：3,951—5,050
ISBN 978-7-5325-9336-1
B·1111 定价：79.00 元
如有质量问题，请与承印公司联系

大陆版前言

　　我的著作能以简体字版的方式在内地出版，倍感高兴。关键不在字体，而是透过简体字可以和内地的同好交流。

　　《儒家身体观》是我壮年的一部著作，出版至今已逾二十三年，此书大概是中文学界从身体观进入中国哲学较早的一部著作。港台一位我所素所尊敬的前辈学者生前在一个场合介绍青壮辈的新儒家时，曾提及贱名，并说及《儒家身体观》与现象学，尤其是梅露-庞帝的关系。我当时听了非常惶恐，唐君毅先生及牟宗三先生当然是我的师长，我上他们的课，读他们的书，受益极大。我与港台儒学代表团体《鹅湖》诸君子也多有交流，彼此切磋。但我实在不敢以唐先生、牟先生的学生自居，也不敢妄攀学派之门。我对现象学与梅露-庞帝哲学了解相当有限，曾耳食其言，但未窥门径，遑论进入堂奥。当日撰写《儒家身体观》时，提出"形—气—神"的身体图式与践形的工夫论，纯是依中国"心—气"的主体概念引申而来，闭门觅句。"形—气—神"的身体观也就是气化的身体观，气化的身体观即是气化的主体观，气是连接形与神（心）的纽带。这些依传统文献发展出来的观念如与并世哲人有相应之处，应当只是心同理同，即使像"身体"这种看似较独特的进路，东西方哲人都有不谋而合的论述。

"形—气—神"的身体图式是我思考许多中国哲学问题的起点，因有"形—气—神"的图式所以有气化的世界观，也有转化"形—气—神"构造以进入圣境的转型工夫论，也有心气主体蕴含的人与人之间的相偶论构造，以及主体与世界互渗同化的共在结构。我的《从〈五经〉到〈新五经〉》强调宋代后儒家圣经的性命之学内涵；《异议的意义——近世东亚的反理学思潮》替东亚反理学思潮争制度论及相偶论的地位；《儒门内的庄子》力辩庄子的语言论、技艺论、天均论指向了一种深刻的人文精神。这些书的论点多与《儒家身体观》的论点相涉。

《五行原论——先秦思想的太初存有论》和《道家与古之道术》两书探讨儒、道两家的神话源头，稍微涉猎过神话理论的同好从这两书中，不难找到卡西勒（E. Cassirer）、耶律亚德（M. Eliade）神话思想的痕迹。但二十世纪下半叶中国惊人的考古发现可能提供了笔者更大的刺激，面对"满天星斗"（这是考古学家苏秉崎用的形容词）的新石器时代文化遗址，我们很难想像它如何演变为三代论述，它又如何刺激了孔、老思想的兴起，这种考古挖掘引发的知识兴趣，神秘之至，也是对学者的想像力极大的挑战，这种知识的幸运不是每个时代都可碰上的。

书籍出版，亦有因缘。拙著能在蹉跎多年之后，得以和内地同好交流，不能不感到无上的光荣。我首先感谢台湾"中央研究院"中国文哲研究所、台湾大学出版中心、联经出版公司及台湾清华大学出版社的简体字版授权，以及上海古籍出版社的耐心交涉，多方帮忙，刘海滨先生费神尤多。中国艺术院中国文化研究所秦燕春教授对拙作多所错爱，才能缔结出书胜缘。铭感在心，谨此致谢。

己亥年深秋作者识于清华大学（新竹）哲学所研究室

序　言

　　本书收录的文章是笔者最近数年思索儒家身体观的一个初步总汇。全书各篇原先虽以单篇论文形式发表，但每篇文章的主题都是相关的。笔者构想这一系列的文章时，原已有成书的打算。最初的构想是将重点集中在先秦时期，因为先秦时期孔、孟、荀的思想是尔后儒家思想发展的总源头，身体观亦然。但儒家身体观牵涉到复杂的心性论与形上学的问题。如众所周知，儒家的心性论与形上学固然肇始于晚周，其详细内涵却非得到了宋明时期，才能彻底摊展出来。笔者处理宋明理学的"作用是性""气质之性"的问题以后，回头重看孟子、荀子、告子、管子、帛书《德行篇》所说，发现原来模模糊糊的架构现在果然清朗多了。到底理学家和孔、颜、思、孟及其后学分享了共同的身体观典范，他们彼此很容易了解对方语言的符码。儒家身体观的典范在先秦时期已告奠定，但理学家对先秦儒学的再诠释，却可以使我们更加了解原始儒家的基本洞见。原型拉引后学，后学丰富原型，这或许也可以算是一种诠释学的循环吧！

　　本书收录九篇文章，除了导论一篇是最近新写的以外，其余八篇已分别刊载在期刊或会议论文集上，其目次如下：

1. 《儒家身体观的原型》，收入李明辉编：《孟子思想的哲学探讨》台北："中央研究院"中国文哲研究所，1995 年。

2. 《论公孙尼子的养气说》，台湾《清华学报》新 22 卷第 3 期，1992 年。

3. 《论孟子的践形观》，台湾《清华学报》新 20 卷第 1 期，1990 年。

4. 《知言、践形与圣人》，台湾《清华学报》新 23 卷第 4 期，1993 年。

5. 《〈管子〉心术下、内业两篇的精气说与全心论》，《汉学研究》第 9 卷第 1 期，1991 年 6 月。

6. 《德之行与德之气》，收入《中国文哲研究的回顾与展望论文集》，台北："中央研究院"中国文哲研究所，1992 年。

7. 《理学论辩中的"作用是性"说》，《汉学研究》第 12 卷第 2 期，1994 年 12 月。

8. 《气质之性的问题》，《台大中文学报》第 8 期，1996 年。

这八篇文章大多是"国科会"的计划论文，或是为参与学术研讨会而写，笔者谨向"国科会"及会议主办单位致谢。李明辉教授不辞烦琐，多方督促；蔡淑妹小姐帮忙打字、校稿、找资料，极细心耐烦之能事，他们两人当然是需要感谢的。

丙子年六月末作者谨识

目 录

导论：四体一体的身体观

　　儒家的内圣之学当以孔、孟为主要依归，此事自无可疑。孔子圆融，随机指点，《论语》一书多亲切之语。孟子直方，挺立规模，其言尤足为内圣领域开一生面。从宋季以后，儒家的内圣之学可谓精彩酣畅，内蕴尽出。大体而言，理学家主张道德行为当从道德"心"而发，而学者的道德心乃依人存在根源的道德之"性"而来，学者本性又无限地通向宇宙本体之"道"。若此总总，可谓理学套语，我们不妨将它们视为理学分源流派中的共识。理学家讲的这套学问，笼统而言，可称之为心性之学。由此心性之学出发，即有与之相应的工夫论及形上学。宋明儒思想之精彩，即在此处。现代新儒家之继往开来，严格说来，亦于此领域言继开。

　　笔者研究儒家的身心之学，自然也要参考孟子一系儒学立下的这个座标。事实上，思、孟、周、张、陆、王、高、刘的心性论仍是本书言儒家身体观的先行预设。但笔者参考前辈大儒立下的座标时，眼光放在座标的另一面。笔者认为儒家的心性论与身体论乃是一体的两面，没有无心性之身体，也没有无身体之心性。身体体现了心性，心性形著了身体。宋明儒者对心性的体验特深，并因此形成了严密的工夫论，因此，他们对于身体与意识的关系了解得也更为深刻。当然，如果我们将理学工夫论和道教性命双修之学或佛教止观双运之术相比较，理学家确实较少注意到身体的面相——或者说：有，但它是边际的。然而，边际不边际，其事亦难言。于佛老边际者，于西洋哲学或一般常识，其观点不无可能是核心义。由于儒家（甚至整体东洋思想）对于哲学老问题的身心问题有一种实践的进路，因此，它所理解的道德意识自然不会一样。我们理解其间的身心关系时，自然当依照我们传统的架构立论。

一　儒家身体观的流程

本书的主要论点是：儒家身体观的原始模式在先秦时期业已建立，到了明代，其精义更是全盘衬出。先秦时期形成的身体观是原型的，后来开展出来的身体观模式及内涵可以说都是为此原型作注脚。原始儒家的身体观原型有三，一是礼义化的身体观，一是心气化的身体观，一是自然气化的身体观。这三种身体观是历史的现象，但也有类型的意义，秦汉以后儒者对身体的解释大体是此三类的错综结合。

笔者对儒家身体观的理解是从孟子开始的，这种理解也构成了本书的核心论点。孟子的思想经过宋明儒及现代新儒家的阐释，并反来覆去和佛老、柏格森、康德思想对勘后，其核心论点确实已光显天下。现在凡研究孟子思想的学者，几乎没有人没有听过"性善之性是超越义""仁义内在""四端通向性天""道德情感不是形而下的气边事""良知属智的直觉非感触直觉"等等的命题。或许这些命题没有全部获得学者的赞同，或许这些命题也不见得已全部阐明了其蕴含。但大体而言，孟子心性思想的超越义、理则义、活动义已广为人知，并形成儒学研究领域内的有力论述，此事确无可疑。[1]

孟子的四端不只是心理义，它不该属于康德所谓的脾性这类的特殊性之情感之范围。四端通向超越界，学者如果善养此心的话，原则上他终有性天相通的一天。孟子如是言，宋明儒也多有此体证，现代新儒家亦多以此解之，笔者也接受此传统。但孟子言养心，为什么又要言养气？他为什么一方面力主学问之道但求放心，一方面又主持志帅气？养心所得可以知性知天，万物皆备于我；然而，"上下与天地同流"、浩然之气"充塞于天地之间"，这些语言说的又是什么回事？简而言之，"心"与"气"到底是什么关系？我们可以继续质疑道：孟子被视为儒家心性之学的宗师，他强调道德意志之强度是相当有名的，但为什么孟子又有一种践形理论？孟子的践形理论强调学者如果修养有成，他的身体自然会发出一种道德的光辉，旁人可目触心识。不特如此，从学者的言语、眼神、举止，我们

---

[1] 就这点而言，我们实在不能不感谢牟宗三先生。牟先生为了证成儒家心性之学的普遍义、法则义，而极力汇通康德与儒家。为了证成儒家心性之学的天人贯通义，他又大幅度地修正康德的系统。新儒家后学所理解的康德与孟子的关系，一大部分恐怕是从牟宗三先生这边来的。

即可以了解其间的道德意涵。为什么道德意识与形体相关？孟子到底要传达什么样的讯息？

笔者上述的疑惑并非不切题，前人已多感此中大有可说。宋明儒对孟子的了解是相当深刻的，他们一方面努力阐发孟子的心性之学，但另一方面又在"气"的理论上下了极大的工夫。"气"是个含义极广的语汇，宋明儒对气的理解亦颇有出入，甚至互相对反。但至少陆、王一系谈及心与气的关系时，其问题意识是从孟子来的，其理论架构也是建立在孟子的思想基础上的。同样的，宋明儒对于形体与道德意识的看法也很独特。孟子的践形理论言及生色、睟面、盎背，宋明儒亦言学者当观圣人气象；孟子言立基于形色之践形，宋明儒亦争辩作用与性之关系。若此总总，在在显示孟子的心性论与其气—身体理论有相当密切的关联，而且，孟子这种心性／气—身体相关的理论还具有普遍的意义。它在《孟子》一书中虽然是以纲要式的勾勒线条出现，但在他的后学以及战国中晚期的诸子（尤其是道家诸子）思想中，我们却可听到类似的曲调反复演出。到了宋明以后，我们在佛教的禅宗、道教的内丹传统、儒家的陆王心学中，更时时可听见形—气—心一体异相的基调交相响起。

和孔子相比之下，孟子虽说十字打开，规模挺立，但他的论述基本上还是对话式的、启发式的，它虽有纲领可提可挈，但大纲领之下的具体骨架其实仍是相当隐微，它的理论架构也不易重建。然而，笔者相信：孟子的心、气、形的理论架构可视为儒家身体观或身心观的共相，它同时与道家、医家设想的身体观有重叠的成分。它不像表面上看来那么"独特"，因为"独特"这个说法主要是对照着常识的身体观或笛卡尔身心二元分立的身体观而言的。如果我们将儒家身体观放在传统的工夫论或医家、武术家的理论架构来看，笛卡尔式的身心二元反而是独特的，孟子的形—气—心一体论才是正常当理之谈。

笔者称呼孟子"形—气—心"一体论及其蕴含的相关子题的身体观为"践形观"，践形观当然牵涉到实践的问题，也牵涉到实践后身体朗现的"精神的"及"自然的"向度。但笔者发现到的最初的线索，乃是由"形—气—心"一体引申而来的"志至气次""生色"这样的结论。渐渐地，"意识与气是身体的显示向度与隐暗向度"、"身体是心气交错感应的有机体"这样的想法就慢慢浮现上来了。笔者提出的这些想法并没有太多的理论重构，它甚至连"发现"都谈不上，因为孟子的后学就是这样看待儒家的身体观的。

马王堆出土的帛书《德行》与《四行》两篇明显地凸显了孟子身体观的洞见。这两篇的作者当隶属孟子学派，他主要的用心是想将孟子的心性论挖得更深、更基源。挖得更深、更基源的结果，乃是道德意识的心气基础更加突显，道德实践的践形与性天相通的效果更加显著地彰扬出来。孟子已言"夜气""平旦之气""志至焉，气次焉"，《德行篇》《四行篇》更言"仁"此一道德皆有"仁气"伴之流行，"义""礼""圣"

诸德，也都有伴随而来的义气、礼气、圣气作为道德意识的身体支柱。[2] 不特如此，这两篇文章还力言偏于一德的"君子"如果能够彻底实践仁、义、礼、智，并引发仁气、义气、礼气、智气混合为一，同体流行的话，他即可臻于"圣"位，臻于圣位的圣人之内在身体里面即有"圣气"盈满。此时，他在意识上即可"金声玉振"，言语、容貌皆能显现精神穿透、一体彰著的精彩。帛书《德行》《四行》两篇非常重要，它们强而有力地撑起了孟子性命之学的身体基础。

用"身体"观点支持孟子性命之学的不只帛书《德行》《四行》两篇，《管子·内业篇》的基本论点和孟子及孟子后学所说并没有两样。《管子·内业篇》并非冷僻的篇章，学界讨论所谓《管子》四篇的文章不少。笔者认为就身体观而言，管子和儒、道、医家的主流思潮颇有共通的思想因素，和孟子的观点更是接近。《内业篇》有些用语和《孟子》极近，观点也极近，如果说两者没有学问上的渊源，这是很难令人相信的。《内业篇》说的也是"形—气—心"的形体观，但它的重点放在"精气"说上面。"精气"是个形上学的概念，但它含有"肉体的""物质的"一面。学者如能将构成人本质的精气充分展现于身躯，此时即是身躯的完成，管子称之为"形全"或"全形"。精气如果能完全充塞于意识，意识与精气成为同体

---

[2] 帛书《德行篇》言及仁气、义气、礼气，《四行篇》则言及圣气，两篇皆未言及智气。笔者认为未言及的原因乃是断简残篇所致。

而流的心气状态，此时即称为"心全"。心全于内，形全于外时，学者可以感到"万物备有"的冥契境界。我们如比较《管子·内业篇》与孟子及孟子后学所说，不禁会叹道：这类语言、这类论述何其相肖乃尔！

笔者把帛书两篇与《管子·内业篇》视为孟子后学所作，透过孟子后学的诠释，孟子的心性论的身体基础应该已经可以建立了。但笔者认为真正能够彰显孟子心性论，穷之，尽之，说得彻底明白的，还是宋明理学家。他们论道德意识论得贴切，他们论道德意识的形气基础也论得贴切。他们大体都提出过转化身心的工夫论，也实地作过工夫，所以对于意识及其相关问题之了解，自然是鞭辟入里，讲得透，讲得尽。理学论辩中有"作用是性"的议题，"作用"可视为包含感官知觉在内的身体之作用，准此，"作用是否可视为性"这场争辩的意义当如同"形色是否为天性"的议题。理学还有一个更著名的"气质之性"的解释问题，这个问题的争执焦点恰好也在：人的气质与心性到底是什么样的关系？笔者探讨的结果，最后不得不同意：张载、程明道、陆象山、王阳明、刘宗周主张的"道器同一""心性天同一""心气流行""感官是良知的发用"诸义，确实是《孟子》《中庸》言道之大本大宗。相形之下，程、朱的"性即理"诸义是开出了一条新途径，但超绝的性体概念恐怕与孟子所说有相当的差距。

笔者追踪战国孟子后学及宋明理学家（他们可以说是宋明时期的孟子后学）的论述，发现孟子的践形观确实有条独特的理路，而且它还有个传承的系谱，这个系谱的大宗自然是孟子，但作为大宗的孟子恐怕还不是最初的源头。孟子的"养气论"与"践形观"源自何处，颇引起一些学者的好奇。学者往儒门外的诸子百家找者有之，往域外绝学找者有之。但笔者认为伐柯不远，儒门的公孙尼子、子思子已提供了一些苗头，公孙尼子提供的线索尤其多。笔者从《公孙尼子》佚文及传说他所作的《乐记》中找到一些资料，稍加爬梳，赫然发现：形—气—心的身体观也是有的，生色践形的观念也是有的。如果我们硬要找出公孙尼子与孟子思想差距较大的地方，那么，我们或许可以说：公孙尼子缺乏心性天贯通而一的理念。笔者的探讨围绕着孟子，最后发现孟子前修与孟子后学对身体与意识、身体与自然之气的关系，皆有颇为一致的观点。但儒家身体观一落到荀子手中，他又有另一种看法。一言以蔽之，他认为人文现象都当从社会性的"礼义"定位，礼义实体化人此一精神作用体的表现，它也实体化人的身体。笔者称呼这样的身体观为礼义身体观。礼义身体观在荀子以后，并没有得到充分的理论阐释。但它其实前有所承，后有长期的社会结构之支持。于今视之，它仍有极为深刻的意义。

笔者以孟子为核心，往上综合了春秋时期的威仪观、气化观及公孙尼子之说，往下综合了孟子后学及荀子的观点。笔者初步认定先秦时期儒家的身体观有二源三派。二源指的是以周礼为中心的威仪身体观（或言摄威仪观），以及以医学为中心的血气观（或言治血气观）。三派的内涵则指涉如下：

（一）践形观：孟子是典型的代表。他强调形—气—心的结构，主张生命与道德的合一，人身乃精神化的身体。

（二）自然气化观：这种身体观强调自然与人身同是气化产物，因此，自然与人在内在的本质上同样是感应的。这种身体观在秦、汉以后蔚为大宗，但在《管子》两篇的精气说以及《左传》《易传》等文献中已可见其梗概。

（三）礼义观：这是种社会化的身体，它强调人的本质、身体与社会的建构是分不开的，荀子是典型的代表。

践形观可以视为精神化的身体观，气化身体观可以视为自然化或宇宙化的身体观，礼义身体观则可视为社会化的身体观。这三种身体观当然是相当理想类型的，我们也不妨视之为方便法门。事实上，此疆彼界并没有一条严格的界限，孟子的践形观明显地蕴含着气化的因素，而且它也不会反对礼义与身体的密切关系。然而，以心气为中心的践形观、以自然之气为中心的气化身体观、以社会规范为中心的礼义身体观，这三观确实可以代表儒家传统三种看待人身的主要方式。这三观在先秦时期业已形成，宋明以后的儒者论及人身问题时，通常也是在这三种模式之间游走。

综合这三种身体观，如果我们再将"身体"一词和生理性的形体分开，把"身体"作为更高一级的共名，它用以综摄上述三种观点以及"形体"此一向度，那么，我们可以说传统儒家理想的身体观应该具备：意识的身体、形躯的身体、自然气化的身体与社会的身体四义。这四体实际上当然不是可以划分开的，而是同一机体的不同指谓。由于这四体相互参差，因此，每一体可以说都有心气渗入，因此，我们可以说任一体皆有主体义。是故，我们可以说"身体主体"（body subject）一词。[3] 此主体之名可含摄意识主体、代表形躯内外两面的形气主体、自然主体与代表社会规范体系的文化主体。

二　意识—形气—气化一体呈现的身体

儒家身体观的特征是四种体的综摄体，它综摄了意识的主体、形气的主体、自然的主体与文化的主体，这四体绵密地编织于身体主体之上。儒家理解的身体主体只要一展现，它即含有意识的、形气的、自然的与文化的向度。这四体互摄互入，形成一有机的共同体。这共同体中的任一体表现出来时，即自然地以其他主体为背景依据。突出的一体我们可视为完型的视野中的 figure，其余三体我们可以视为 field；

---

[3] "身体主体"一词现在几乎已成为梅露庞帝思想的专利，他的《知觉现象学》一书已多次提及身体的主体性格。梅露庞帝从身体的空间性、知觉之共通感觉、身体之遍满意向性、此身之无名主体云云，证成此义。"身体主体"一词有些晦涩，简要的介绍参见 R. C. Kwant, *The Phenomenological Philosophy of Merleau-Ponty* (Louvain, 1963), pp.11—30。笔者觉得身体既然不是和万物并列的 being，而是可以体现其精神作用的交感体，因此理解此词最好的方式，恐怕还是经由东方的体验之心性形上学。

或者我们可以将突出的一体视为"焦点知觉"，其余的三体则退后为"支援知觉"。[4] 这些作为背景依据的支援向度可能是隐微的，甚至是觉识所不及的，但如果去除掉这些不可觉识到的向度，我们即无法正确理解意识主体、形气主体等等的恰当模态。

我们确定了儒家身体观的概念后，即可了解孟子的心性之学为什么老是和身体外在形貌的形躯知觉的作用，以及和身体内在的气之向度连在一起讨论。我们讨论孟子的心性论时，当然可以将重心放在道德意识层面的四端、良知、本心这些概念上面，但我们不宜忘了：孟子说的道德意识既不是一种封闭的、苍白的道德主体，也不是一种彻底的去关系化、无厚度化的透明主体。恰恰好相反，孟子说的良知、本心、四端都是一种呈现，一种具体可感的当下呈现。这种呈现最直接可感的向度当然是意识的，但意识扎根在前意识的基础上，前意识的向度又渗透到身体的向度。换言之，意识的明光后面还有层层的暗默向度为其支柱。孟子的理解如下：

一、人是形—气—心一体三相的有机体。心是意识层，形—气是非意识的躯体之表里两种向度，气尤其在心—形两向度之底层。

二、意识与非意识是同一有机体的显隐两种向度，这两种

---

[4] "支援意识"与"焦点意识"的内涵，参见 M. Polanyi 与 H. Prosch 合著、彭淮栋译：《意义》（台北：联经出版公司，1986 年），页 36—46。

向度交互影响，但显示向度带动隐暗向度流行，其势其状较为明显。这就是"志至焉，气次焉""志壹则动气，气壹则动志"诸语的含义。志气合流，它又会冲击形躯的结构，转化其存在的意义。

三、形体在意识尚未明显兴起前，它会展现某种前意识的精神内涵。它透过知觉如眼、耳、声音展现出来，学者甚至在入睡前或起床前，其形体本身都带有"夜气""平旦之气"这类尚未意识化的前形——心之流行。这可视为身体主体的一种基源活动。

确定孟子说的道德意识是种"在身中体现的道德意识"，我们即可发现孟子谈意识与身体的一系列概念都有平行的关系。孟子谈的始源之心（如四端）与始源之气（如夜气、平旦之气）、始源之形（如婴儿形体）都是善的；现实的心与现实的气、现实的形都是善恶混杂的。在现实的基础上，学者当养气、养心、践形。养气、养心、践形有成，学者的气即是"浩然之气"，学者的心即是"上下与天地同流""万物皆备于我"之心，其时学者的身躯亦显现为某种充实有光辉、生色不已的特殊气象。始源之心／始源之气／始源之形、证成之心／证成之气／证成之形可以说是一体三相，同时俱足的。依孟子义，有浩然之气而无良心，此事是不可能的。同样的，有上下与天地同流之心，而无浩然之气或无充实而有光辉之身体，此事也是不可理解的。孟子工夫论的重心无疑在"心性"的扩充、存养上面，因此，气形的向度无意间被忽略了。如语其实，形—气—心是不可分的，其工夫论也不一定只限定在心性层面而已。[5]

道德意识与形体一体相连，此事使得儒家所说的有德者（moral agent）有一可验证的形体表现，而道德意识也才有一具体的束聚点。学者如果没有身体撑起的这个束聚点，所谓的道德意识云云，势必只是抽象概念的残余物。然而，道德意识与气一体相连，此事不可避免地要进入儒家形上学的领域，这是孟子思想中最晦涩、但也是最深奥的一个论题。

"气"是先秦诸子思想的共法，早在孔、老兴起之前，"君子时代"的中土君子对这个概念已非常熟悉。两周时期，气被视为盈满天地之间的物质性材料，其时有"元气之说"；但气也是构成人身的基本东西，它与"血"并称，合称为"血气"。气除了见于人身与自然之外，两周时期的君子又主张"人助宣气，与天地相参"。换言之，当时已有某种"治气""养气"的工夫。[6] 孟子的气的思想不是凭空生起的，它继承着早先的传统而来。孟子也许没有明说其间的蕴含——因为他本来即不需要以学究的身分出现，一一详细说明。但我们相信他当时应该已经了解：天地间充满了气，人身也是由气组成，气会影响人

---

[5] 严格说来，孟子没有独立的"养气""践形"工夫，孟子说的"养气""践形"其实是心性修养所得的附产物。相形之下，宋明儒则多有独立的"养气""践形"论。从周、张、二程以迄明末高攀龙、刘宗周，我们在在可以看到"静坐""调气""调息"的工夫论观点。

[6] 上述所说，参见拙编：《中国古代思想中的气论与身体观》（台北：巨流图书公司，1993年），"导论"，页4—14。

的生命与心志，而学者原则上也可以治气、养气。这些概念应当是共法，战国的医家这样看待人身，庄子、孟子、管子等人恐怕也是这样看待的。但孟子除了具备这样的视野以外，他显然发现了新的向度。因为"气"如果是"心"的隐暗向度，而气又是自然万物的质料因，学者修养至极，他如果又可以心气同流，盈满天地之间的话，那么，人的意识本体与自然是什么样的关系？

显然，我们只能说：人的意识主体扎根在隐暗向度的形气主体上面，而人的形气主体又通向构成万物本质的气之流行里面。儒家的气可以上下其讲，就经验义而言，气是物质因，它是构成万物的质料。就体证圆融义或就道体承体起用的创生义而言，儒家的气实即代表本体作用之"神"。孟子说的浩然之气当是心体的作用义，心体的作用义再往性体、道体提升，它就变成"妙万物而言"的道体妙用之"神"了。简而言之，孟子的形—气—心身体观一成立，则意识主体就不会便是意识的，它渗透到一种前意识、前主体性的形气主体，而且还参与了构成整体自然交相感应的气的流动，用前文的话来说，它建立在自然的本体上面。

孟子说的身体既然是意识主体／形气主体／自然主体三体一体，由此，我们可以理解他这种有机的身体观之特色。很明显的，身体的展现——尤其是孟子学核心观念的道德意识之展现——是有无限的纵深的。道德意识会穿透形气，所以学者可以"德润身"，可以"充实而有光辉"。道德意识会参与自然之气之流行，所以学者可以"体道"，可以"我大而物小，物尽而我无尽"。[7] 厚度的身体、隐晦的身体、纵深的身体，这些概念真是不好把捉。芬克（Eugen Fink）和海德格讨论尼采的身体观念时，即颇感棘手。两人都焦思苦虑，希望找出恰当的表达方式呈现尼采的野性身体观念。芬克说道："人不只是显明昭然之物，他也是自然之物，他幽玄地深植于自然之中……他倚于漆黑如墨之大地。"海德格回答："此义只要一省思身体之现象，即可理解……身体绝非物论式的（ontical）。"芬克后来引尼采的话语"我就是身体，别无他物"作结。[8] 芬、海两人的话语很深邃，语句表面上看来不太好懂。为什么学者了解身体的现象后，即可了解"人幽玄地深植于自然之中"？为什么人会有明与暗两种向度？

笔者相信芬、海两人问的问题即是孟子学的问题。孟子说人的意识扎根于形气，扎根于自然，其义当可回应芬克"人倚于漆黑如墨之大地"之说。准此，人身自当有精神性、宇宙性；反过来说，人的意识也当展现到形体的末梢，并延伸到自然的隐微处。刘宗周言：

---

[7] 陈献章语，见《陈白沙集》(《景印文渊阁四库全书》1246，台北: 台湾商务印书馆)，卷3，页49。陈献章这段话当是依据孟子"万物皆备于我矣""上下与天地同流"诸义而来。

[8] Eugen Fink and Martin Heidegger, *Heraclitus Seminar 1966—1967*, trans. Charles H. Seibert (Alabama: University of Alabama Press, 1979), pp.144—146.

> 仁者以天地万物为一体，乃人以天地万物为一体
> 也……人合天地万物以为人，犹之心合耳目口鼻四肢以为
> 心。今人以七尺言人，而遗其天地万物皆备之人者，即不
> 知人者也。以一膜言心，而遗其耳目口鼻四肢皆备之心
> 者，不知心者也。[9]

刘宗周的话语极为透彻，但如实说来，它只是为孟子的
形—气—心的身体观作注脚而已。"耳目口鼻四肢皆备之心"，
此语意指意识主体与形气主体是重合的，人的身体是精神化的
身体，所以一切感官知觉都是心的展现。"天地万物皆备之人"，
此语放在刘宗周气论思想下解释，其义意指学者的意识主体是
和气化的自然本体重合的，人身心连续体的极处即是大化流行
之处，个体与无限在此溶合一片。类似的话语散见于宋明诸大
儒的语录中，明儒尤善言此义，其言甚多，不必细表。由此亦
可反衬出孟子三体一体思想的深远影响。至于聚于身体的"三
体"之意义当如何才能彻底显现出来，我们留待最后一节讨论。

三 身体的社会性

孟子的身体观里有意识的向度，有形气的向度，也有宇
宙的向度，但儒家是个重视文化传统的学派，孔子思想的一项

---

[9]《刘子全书》（京都：中文出版社，1981 年），卷 19，页 10。

大贡献，乃是他提出仁礼相依的学说，人既有实践道德的能力与意愿，但人的道德实践又是要在文化传统／社会脉络下具体成形的。由孔子这个基本的洞见出发，我们可以说，世上没有绝对内在的道德意识，也没有绝对外在的社会环境。学者的道德意识乃是由内外相会（encounter）中，不断辩证发展出来的。孟子当然不会反对礼乐，不会反对文化传统，但文化传统在孟子的心性论中没有占什么重要的理论位置，这点却也是事实。孟子留下的这个空缺，荀子适时补上了。

荀子在宋明儒的圣学系谱中，是位缺席者；或许没有缺席，因为他偶尔会被定位在"异端"的审判席上。但在身体观这个论题上，他与孟子实有共同的关怀，其差异处往往也可以互补。孟子提过"践形"的理论，荀子也提出"美身"说。所谓"美身"，意指学者经由长期修养的工夫以后，他的身体皆反映了道德意识／社会规范的向度，他的耳目感官皆体现了道德的价值，这显然是"德润身""践形生色"这些命题的改写。[10] 我们如果再将此种理论和孟子的"三体一体"说比较，很快就可以发现：荀子也具备了形气主体和意识主体合一的一些思想因素。

---

[10]《荀子·劝学篇》言："君子之学也，入乎耳，著乎心，布乎四体，形乎动静。端而言，蠕而动，一可以为法则。小人之学也，入乎耳，出乎口；口耳之间，则四寸耳，曷足以美七尺之躯哉？古之学者为己，今之学者为人。君子之学也，以美其身。"李涤生：《荀子集释》（台北：学生书局，1979 年），页 13—14。

　　谈到了"形气主体"，我们不妨进一步检证荀子的"气"之思想。荀子对自然的存在有种位阶性的说明，他说："水火有气而无生，草木有生而无知，禽兽有知而无义。人有气、有生、有知，亦且有义，故最为天下贵。"（《荀子·王制篇》）[11]依据荀子的说法，人与万物都是由气所构造而成的。荀子这种论点当然不特殊，这是依据老传统而来的，战国诸子也多持此论点。既然人身由气组成，而气遍万物，因此，学者如果能够调治血气，使气清通，那么，原则上他即可以和万物有种不可言说的一体关怀。果不其然，荀子确实主张"治气养心"之术，而学者治气养心所得，他即可以"神明自得，圣心备焉"。（《劝学篇》）"诚心守仁则形，形则神，神则能化矣！诚心行义则理，理则明，明则能变矣！变化代兴，谓之天德。"（《不苟篇》）荀子讲修养，居然讲到"神明自得""变化代兴"，这似乎是有些玄之又玄，不切实际了。表面上看来，这些语言与孟子所说简直如出一辙。但我们如果了解此种"神明""变化"并没有性天相通之义，那么，我们可以了解他所说的仍只是强调身体感应、变化的基本能力，他仍然没有跨过身体绾合的心性/形上学之大门。

　　荀子的身体观和孟子的身体观还是不一样的，不过，由于两人同样将他们的身体观奠定在"形—气—心"这样的大传

---

[11]《荀子》（台北：台湾商务印书馆，四部丛刊本），卷5，页12—13。底下引文，皆依此版本。

统上，所以才会有类似的意识主体—形气主体—自然本体一体呈现的思想。不过，孟子因为有种承体起用的心性论、本体论之观点，所以他的三体一体之说强度够，劲道足，其形、其气、其心都是道体的安居之处，也是其展现。荀子因为缺少这种心性 / 形上学的视野，所以他说的意识主体—形气主体—自然本体同体生起之说，其力道较弱。其变其化，其神其明，都只能是经验性的极致，而不能产生质的跳跃。我们不妨重复一遍，三体一体可以视为战国时期儒、道、医家思想共同接受的预设。孟子在此预设上，特别凸显了三体的超越义与道德规范义，他也强调身心主体强烈的动能义。宋明儒因为重新发现了儒家的大本大宗，体悟人身即是内 / 外、天 / 人的聚合处，所以孟子身体观的旨义才得以显现。但孟子身体观的精义显现了，相对之下，荀子身体观的精义反而被埋没了。

荀子身体观的精义不在其意识 / 形气 / 气化的三体一体说，而在他看身体，甚至看任何人文现象，都是从社会性的礼义角度入手。因为他认为人的定义即是社会的人，更确实地说，人即是礼义之人。同样的，人的身体也是社会化的身体，更确实地说，它是礼义的身体。人如果处在前乎社会的阶段，"人"此一生物自然也有生物性的身体。但严格说来，这样的身体只是躯体，它不能算是人身，因为它没有内在地彰显构成人的本质的社会性。

人的社会性最明显的表现在身体与礼的关系上面。"礼者，体也"，此训诂确切地指点出人身与文化价值体系内在的本质性关联。虽然在荀子的年代，此一声训是否已经出现，其事不无可疑。但荀子虽然没有使用同样的语言，可确实是支持这样的论点的。荀子看一切人文的现象，都是将它放在"礼"或"礼义"的角度下定位，"礼"是一切人文现象的骨干，这就是礼可视为"体"的缘故。落实到人身上来讲，礼依然是成就人身的实质要素。人身虽然有生物学的基础，但我们已说过：这样的人身不符合荀子的看法。荀子的人身观一定是"礼义的人身观"，礼义作为一种价值原则，它内化于人身之中，两者泯不可分。《修身篇》言："礼者，所以正身也……无礼，何以正身？……礼然而然，则是情安礼也。""礼者，正身"这句话说的是礼的功用，"礼"与"身"一开始是初步的检束关系，"礼"是种权力。接着，礼"然而然，则是情安礼也"，此句话意指礼由外在的关系变为一种与身体相应相合的习惯（habit），此后，人身即可安居于（inhabit）此礼之中。礼安居于身，反过来，身亦安居于礼，身礼同化而一，此种模态的身体即变成了文化的承载体。承载文化价值体系的身体以后只要一展现，它即会因身体与世界早已有一种相应调整的构造，而自然而然地带出一种意义的空间。换言之，身体的展现到那里，空间的意义也就到了那里，一种人文化、意义化的世界于焉形成。

　　荀子谈及礼与人身的关系时，分别从消极面与积极面言。从消极面言，礼被视为一种禁制的力量，它用以规范学者，使学者生物化的野性日益驯化，终至于其一言一行皆能符合礼之要求。亦即学者可借着礼改造人的"自然"(nature)，以成就社会所需要的"文化"(culture)。自另一方面而言，礼却又不只是一种外在的规范力量，礼是文化价值体系，它有机地促成了学者的人格成长。事实上，学者的意识如果没有经由礼的滋润、血肉化，它即不可能有任何的内容。诚如米德所说:

> 没有某种社会制度，没有构成社会制度的有组织的社会态度和社会活动，就根本不可能有充分成熟的个体自我或人格；因为社会制度是一般社会生活有组织的表现形式，而只有当参与该过程的个体各自分别在其个体经验中反映或理解这些由社会制度所体现或代表的有组织的社会态度和社会活动时，才能发展和拥有充分成熟的自我或人格。[12]

米德进一步指出: 学者当区分足以引发制度化反应的"礼"和一般泛泛而论的习俗，这两者是大不相同的。习俗是任意的、独断的，礼则与人格的构成密切相关。他说:"这些不同的制度，作为对个体在其中采取社会动作的情境的社会反应，是互相有机地联系在一起的，习俗则并非如此。"[13]

[12] 乔治·H·米德著、赵月瑟译:《心灵、自我与社会》(上海: 译文出版社, 1992年)，页231。
[13] 同上，页232。

　　米德认为心灵、自我这些概念都是社会化的，学者如果脱离掉人与"他者"的互动过程——这种"他者"甚至可以包含人对自己反思时的"客我"——那么所谓的"心灵""自我"云云，根本都不可能产生。米德这方面的洞见反映的，也正是荀子的基本论点。荀子反来覆去，一再强调：人之所以为人，乃因他与礼合为一体。而人所以能与礼合为一体，乃因他具有这样的能力，用《王制篇》的话讲，就是"人有气、有生、有知、亦且有义"。《荀子》一书颇重知识论，在先秦诸子中，荀子的知识倾向是很突出的。但突出归突出，荀子仍旧不是为知识而知识。他提出一种具有统类功能的大清明心，大清明心有"征知"的作用。"征知"意指心灵有种主动的"吸纳"（appropriate）力量，它可以吸纳"圣人"制定的礼义作为自己的人格。学者主观上的大清明心加上客观的礼义制度与前文所说的交感的形—气身躯，三者汇合，即成为学者具体的人格。

　　荀子的礼义身体观是儒家身体观的一个重要成分，它带进了社会性的内涵，同时也带进了历史的向度。荀子非常睿智地看出：气——交感的身躯——如果没有具体的文化内涵为其支撑，其感（sensible）是创造不出文化的意义（sense）的。用海德格的话讲，我们可以说：人的存在即是"此世之内的存在"（Dasein-within-the-world），而且 Dasein-with 是个本体论的结构，我们不当设想人可以跳出这个框架。[14] 因为这是人依照

---

[14] 参见海德格著，陈嘉映、王庆节合译:《存在与时间》（北京：三联书店，1987 年），页 144—154。

"人"的定义, 必然会推衍出来的命题。Dasein-with 的结构是层层交织在人的身体上的, 我们有理由认为: 人的知觉作用、人的语言沟通、人的感情模式、人的身体表现, 都离不开社会的建构。换言之, 作为意义生产者与发射者的身体是在社会中具体成形的 (embody)。具体成形的身体只要一展现, 它即会放出最基源的理解 (understanding) 作用, 这样的理解是种未减杀过的明光, 它使得完整的图像得以成形。换言之, 世界变成了有结构、有开显 (disclose) 的意义世界。至于身体如何在社会的母胎中茁壮成长, 拥有独立成长的动力, 尔后甚至可能校正社会规范, 这真是个创造之谜。但我们如要了解身体的形气、意识诸向度, 我们不可能不参考此身体托盘的文化母体, 这是可以肯定的。引而申之, 我们可以说: 只要"真实是社会构成的"这个命题能够成立, 或者部分成立, [15] 那么, 荀子的礼义身体观即可促使我们对"人"的本质有更深刻的认识。

四 超越与经验交会中的身体

先秦时期, 儒家四体一体的身体观虽然还没彻底展示出来, 但它的理论内涵却已具体而微地存在了。我们有充分的理

---

[15] 这个辞汇及部分意义借自 P. L. Berger and T. Luckmann, *The Social Construction of Reality* (London: Allen Lane, 1967), pp.1—18。不过, Berger 并不是一个硬性的社会决定论者, 他有社会心理学的观点, 社会结构中的人的"意识"仍然不可忽略。

由相信：儒家所期待的教育，乃是培养一种内外交融 / 身心交摄 / 心气交流的机体性人格。儒家不会反对人格有"自我完成"的一面，但人格不会仅止于此一面，因为依据儒家的文化 / 人格理论，学者的生命是要在社会性的礼、知、诗、史的层层渗透中，才能血肉化成形的。儒家也不会完全反对人格需要家、国、社会的规范甚至操控，它才得以具体成长。但儒家不会认为这是主要的因素，因为人格最根源的神秘在于它具有不可化约的"主体性""个体性"，这个因素不管是否需要受到"外在"的师、礼之扶持，它总有当事者本身才能知晓的独特质性。

我们前文述及诸多要点，其中最扼要的两个是："形—气—心的身体观"与"人是社会性的存在"两义。根据这两个前提往下推演，我们得到了"四体"的结论。但这样的结论仍是不足的，它仍不足以彰显"儒家"甚至"东方"的特色。因为我们以上的分析仍是静态的分析，我们忘掉了"实践的—境界的"向度。如果说黑格尔解释任何文化现象都离不开"精神的辩证"，马克思离不开阶级的分析，涂尔干、米德离不开社会的规范，那么，我们也可以说：儒家论及性命之学的述词，无论如何离不开实践的—境界的向度。

"实践"有层次之别，我们这里说的不是马克思主义者的用法。它这里的语意指涉的是身心的修养，或者传统所说的"工夫"之义。这个前提太清楚了，因此，我们往往忘记它的存在，但它是忘不得的。汤浅泰雄说道：

东方身心观着重探讨下述问题，如"（通过修行）身与心之间的关系将变得怎样？"或者"身心关系将成为什么？"等。而在西方哲学中，传统的问题是"身心之间的关系是什么？"换言之，在东方经验上就假定一个人通过身心修行可使身心关系产生变化。只有肯定这一假定，才能提问身心之间的关系是什么这一问题。也就是说，身心问题不是一个简单的理论推测，而是一个实践的、生存体验的、涉及整个身心的问题。身心理论仅仅是对这种生存体验的一种反映而已。[16]

中国哲学研究中的"体验""实践"等语言往往像变形虫，变化万方，因时而异。它可以解释一切，结果却什么都没有解释。但汤浅泰雄这里的提示却是扼要的，它真的触着了问题的要点。我们可以说：如果学者探讨的是柏格森、马赛尔、梅露庞帝等人的身体观，那么，"体验""实践"的警语是可以不用提的。我们不是说他们没有"体验"或"实践"，但不管他们怎么谈，他们大概都谈不出中国那种足以导致性天相通的质变的"体验"。

我们提到的四体在日常状态下，虽然业已存在，但其意义却是隐微的。意识主体—形气主体—自然本体的真正内涵只有在传统所说的"圣人"的人格上面，才能充分显示出来。孟子说"尽"，管子说"全"，其义最值得体玩。"尽"表

---

[16] 汤浅泰雄著、马超等编译：《灵肉探微》（北京：友谊出版公司，1990年），页2。

充分体现，"全"表圆满无漏。心灵如果能够充分体现，此时即是"尽心"，"尽心"的"心"是"万物皆备于我"；圆满无漏的形体即是"全形""践形"，这是种生色、睟面、盎背的身体；充分体现的"气"是"浩然之气""精气"，这是种上下与天地同流的气。由于三体同体，其存在性格层层相依，因此，形—气—心未转化时，学者的形—气—心皆是尘形—尘气—尘心。但学者只要修证有成，冥契太极，则形为"践形"之形，气为"浩然"之气，心为"全心"之心。而且，践形、全心、浩然之气是同时成立的。

形—气—心之体一"践"、一"全"、一"浩然"之时，我们发现学者的气即溶入大化流行之中，学者的心亦与气同流，溶入不可说之境。此时，学者的身体虽是肉体的，但也是道德的，而且还是形上的、道的。谈身体，居然谈到"形上""道"，两者似乎风马牛不相及，凑得太勉强了。然而，此处我们最好有"观点的转移"，因为证成的身体既然不再是现实意义的肉体，而是形气、内外交融的聚合点，因此，身体的意义当然就扩大了，这才是真正的 The Body's Recollection of Being。[17] 明儒这方面的体验颇深，刘宗周所说更是明快入理。[18] 刘宗周认为自然本体的气在学者臻乎化境时，它即转为

---

[17] 这是 D. M. Levin 一本书的名字，1985 年伦敦出版。Levin 很强调身体的形上功能，他自己也有东方修炼传统的经验，但他的著作的进路仍太曲折了，其诠释似乎不如中国思想由"心气"入手来得显豁。

[18] 参见拙作：《死生与义理——高攀龙与刘宗周的抉择》，"刘宗周学术研讨会"论文，"中央研究院"中国文哲研究所，1996 年。

本体的作用之"神"，"心"即是心宗、性宗交相参差的心气，"形"则是道的束聚点，它是"普遍"在时空世界中的一个切入处。

如果说意识主体—形气主体—自然本体同时展现，俗则俱俗，真则俱真的话，文化主体的运作则又呈现另一种模态。很明显地，身体的文化主体向度，其运作乃是学者与世界不断的对话、交涉、辩证的发展。它不像意识主体—形气主体的发展是"逆觉"的，逆觉的发展原则上可以涤除俗质，让损之又损的意识产生质的跳跃，由此以证成心性、知觉的本来面目。然而，文化主体不会有这种机会，学者不管如何摄取礼义知识，他的摄取永远是有限的，而且他所摄取的内容之意义永远是不能确定的。因为我们如将摄取的内容放在历史意识的演变中考察，我们发现这些内容所占的位置是游移不定的，其意义也是前后呼应，随着情感今昔的流变而相应调整的，它是具体生命的范畴。[19] 换言之，这样的意义未完成，而且是永远无法完成的，这是种本质性的空缺。

一个永远无法"尽"、无法"全"的文化主体加上可"尽"可"全"的意识主体—形气主体—自然本体，这就是儒家身体观在实践结果上的模态。这样的身体观揭示了一种吊诡：圣人的当下呈现永远是自足的、惟一的，但同时也是有缺憾的。

---

[19] 笔者这里用的"意义"一词采狄尔泰（Dilthey）的用法，这是种历史理性的意义，在历史脉络中游移其定位的意义。参见 W. Dilthey, *Selected Writings* (London, 1976)，pp.235—242。

说它自足惟一，因为他的身体是种体验证成的三体合一，他当下就是形气意志的交融体，或者该说是形气心的完美呈现。但既然人是社会人，圣人的三体展现出来的模态不可能不溶入社会性。因此，一种不全的、历史的、社会的、语言的要素自然而然会被整编入身，成为其有机体的成分。是故，圣人也会有缺憾，有不足，他也不无可能犯错。简言之，在文化的胎盘中，任何人都变为"特殊""个体"，他不可能不受到有限存有的历史性、语言性、社会性之限制。

或许我们还可追问：难道受限的只是文化主体？意识主体与形气主体真是可以完全透明化，不致受到生物—生理结构与无意识内容的干扰吗？身为受限于遗传、躯体、情绪、意识形态的人，我们不能不感受到有限存有本身的限制。这样的限制可以视为情绪性的，也可以视为本质的（如"原罪""无明"的概念等等）。面临我们不能自已的困局，人有时真是无以为力。儒家在这点上确实乐观些，也比较有信心些。它的乐观与信心当然不是心理学意义的，而是有种超越的体证作为保证。然而，人如果不能常留在超越的证体境界，他的"当下"也很难保可以由性天直贯下来。或者反过来说，他的当下如果很难心息相依、念念归根的话，那么，生理形体、社会形体的浊滞面恐怕不能不更张眼正视。也许，儒家除了发扬它正面立体的功能外，有一天它还是要停下来，考虑权力的身体、情欲的身体、丑陋的身体到底是怎么回事的。

第一章　儒家身体观的原型
——以孟子的践形观及荀子的礼义身体观为核心

　　"身体"在现代学者的儒家研究中，不算是一个显赫的主题。笔者可以理解学界这种选择，但笔者相信儒家的身体观有它的特色，也有它思想史上的意义。儒家强调的身心一体论及身礼一体论，即使在今日看来，仍有值得省思的地方。本文认为儒家的身体观在先秦时期已立下了规模，我们可称呼此时期为儒家身体观的原型时期。"原型"既取其始源义，也取其规范义。换言之，后代儒者对身体的解释大体即是沿袭着先秦儒学的轨道而来的。[1]先秦儒家的身体观可归纳为二源三派，二源指的是威仪观与血气观，三派指的是孟

---

[1] "原型"一词主要由荣格（C. J. Jung）使用后，才开始流行。但本文所用的"原型"不采荣格义，而是接近耶律亚德（M. Eliade）义。Eliade 用的"原型"与集体无意识无关，它指的是在传统社会或原始社会里，人的种种表现，社会的种种组织、规范都被认为有种超越的起源或摹本。儒家的身体观肇始于"经书"时代，其时虽非神话时代，然"经"俱有超越时空的规范及神圣意义，故可比拟之。耶律亚德的解释参见其著作 *The Myth of the Eternal Return* (New York, 1974), pp.3—48。他的原型理论与荣格的差异，参见同书，页 xiii—xv。

子的践形观、荀子的礼义观，以及散见诸种典籍的自然气化观。二源三派的系谱中，我们当以孟子的践形观及荀子的礼义观为中心，孔子、孟子后学及春秋时期"君子"所述及的为辅。

一 摄威仪与治血气

儒家的起源最迟可追溯到经书时代，儒家身体观的起源亦然。就我们目前所知，经书中最重要也较早出现的一种身体观，乃是借着操控身体表现，以符合礼仪规范，并成为人民典范的一种理念，我们可以称之为威仪观。"威仪"一词普见于春秋前文献，而以《左传》记载的两则故事最具代表性。本文即从这两则记载谈起。

襄公三十一年（西元前542年）北宫文子随卫襄公至楚，北宫文子见楚国重臣子围不知威仪，礼同国君，预言其人必不得善终。论及威仪时，北宫文子说道：

> 有威而可畏谓之威，有仪而可象谓之仪。君有君之威仪……臣有臣之威仪……卫诗曰："威仪棣棣，不可选也。"言君臣、上下、父子、兄弟、内外、大小皆有威仪也。周诗曰："朋友攸摄，摄以威仪。"言朋友之道必相教训以威仪也……故君子在位可畏，施舍可爱，进退可度，周旋可则，容止可观，作事可法，德行可象，声气可乐，

动作有文，言语有章，以临其下，谓之有威仪也。[2]

如北宫文子所说，"威"乃因君子的容貌风采足以引起他人敬畏之谓，"仪"则为君子的言行举止足以引起他人效法。"威仪"是君子人格展现出来的一种理想状态，这种理想状态是对于人格原有状态的一种改造。君子改造了他原有的人格状态以后，其定型的人格状态复可以成为时人共同遵守的轨范，所以说"在位可畏，施舍可爱，进退可度，周旋可则，容止可观，作事可法，德行可象，声气可乐"。连续八个"可"字其实说的都是规范的意义。"威仪"是君臣、上下、父子、兄弟、内外、大小共同遵守的准则。

另外一则有关威仪的言论出于刘子之口。成公十三年，成子受脤于社，不敬，刘子批评其行为道：

> 吾闻之：民受天地之中以生，所谓命也，是以有动作礼义威仪之则，以定命也。能者养之以福，不能者败以取祸。是故君子勤礼，小人尽力。勤礼莫如致敬，尽力莫如敦笃。敬在养神，笃在守业。国之大事，在祀与戎。祀有执脤，戎有受脤，神之大节也。今成子惰弃其命矣！其不反乎！[3]

---

[2]《十三经注疏·左传注疏》（台北：艺文印书馆，1955 年），襄公三十一年，卷 40，页 23。

[3] 同上，卷 27，页 10。

刘子这席话乃思孟学派兴起前，儒家君子理解的另一种性命之学。他所说的"中"字到底何义，实质的内涵或有争执，但注家所说"中和之气"就形式上说来，即是"性"字，[4] 此解应当可通。如果"中"字有"性"的涵意，我们可以看出刘子的性命之学具有如下明显的特色：

1. 人性要受威仪法则的规范，威仪是人性的具体化原则。

2. 礼义威仪法则的总原则是"礼"，而"礼"的分殊内涵则是威仪。

3. 行礼（含威仪）的主观心境是种"敬"的态度。

4. 敬的心境及礼之准则所运用的场合，主要是在宗教的祭典上；它们运用的对象则是此场合中的主角——神。

以上所说四点，一一皆可委曲细论。然扼要而观，北宫文子与刘子所言的威仪可以从主客两面来谈。就主面而言，威仪乃依附在学者的貌言行事上的一种气象，所谓"有威而可畏""有仪而可象"，皆有此义。《大学》名言"赫兮喧兮者，威仪也"[5] 尤能指出君子人格威仪棣棣、灿烂有光辉的一面。由于主面意义的威仪是搭附在学者的貌言行事上说的，因此，威仪必有壮容可观，所以其义可名为"容"。《周礼》论保氏之职

---

[4] 《十三经注疏·左传注疏》（台北：艺文印书馆，1955 年），卷 27，页 10—11。中和之气所以可以视作人性，乃依据"用气为性"的传统而来。

[5] 引自《四书纂疏·大学纂疏》（台北：新兴书局影印复性书院校刊本，1972 年），页 36。

有言:"教国子六仪: 一曰祭礼之容, 二曰宾客之容, 三曰朝廷之容, 四曰丧纪之容, 五曰军旅之容, 六曰车马之容。"[6] 每一容, 皆是学者在某一特定场合展现出的行为模态, 而每一模态皆是学者对自己原始身体的调整, 以取得个体与体制的规范间之和谐。

如果威仪观指的是调整自己的原始身体, 以取得个体与体制的规范间之和谐, 那么, 我们可以看出: 威仪观的理论预设不能只落在主体面来说。在孟子学的践形观及后代儒家的某些理论里面, 人外在的气象是由内在的道德心性气血一体涌发上来的, 这就是所谓的"有诸内, 必形诸外"(《孟子·告子下》), [7] "有深爱者必有和气, 有和气者必有愉色, 有愉色者必有婉容"。(《礼记·祭义》)[8] 这种内外相符的理论落在身体论上来讲, 也可以形成一种心性论的威仪观。但见之于春秋西周文献中的威仪观却不是此事, 用阮元的话说:"商周人言性命者, 只范之于容貌最近之地, 所谓威仪也。"阮元又云:"人既有血气心知之性, 故圣人作礼乐以节之, 修道以教之, 因其动作以礼义为威仪, 威仪所以定命。"[9] 阮元的话语背后有一套反理学的形上学, 这套形上学不见得是他自己一再强调的那般平实切

---

[6] 《十三经注疏·周礼注疏》, 前揭版, 卷 14, 页 6。

[7] 《十三经注疏·孟子注疏》, 前揭版, 卷 12 上, 页 10。

[8] 《十三经注疏·礼记注疏》, 前揭版, 卷 47, 页 9。

[9] 以上两段引文皆出自阮元:《研经室一集》(台北: 台湾商务印书馆, 四部丛刊本), 卷 10, 页 118—120。

近。但我们引用到他的两项命题：(1) 商周人言性命，乃范之于容貌最近之地。(2) 圣人因礼义为威仪，威仪所以定命。这两项命题应该都是可以成立的。第一项命题划清了"商周"与后儒言性命及践形的界限；第二项命题则明确指出：威仪是因礼义而为之，威仪是果报，礼义才是威仪观真正的内涵。

威仪观真正的内涵是礼，这是可以确认无疑的。不但如此，即使就语义内涵来说，"威仪"除指向人的体貌之气象外，它原来即有"礼"的涵义。1976 年 12 月 15 日陕西扶风出土微氏家族礼器，中有西周中期重器癫钟、癫簋，两礼器分别有文曰：

> 丕显高祖、亚祖、文考，克明厥心，匹尹典厥威义，用辟先王。[10]
>
> 皇且考，司威义，用辟先王，不敢弗帅用夙昔。[11]

"威义"即"威仪"，"典厥威义""司威义"云云，乃指其祖辅助尹氏主持各种威仪之事。在此脉络底下的威仪，其义实指各种礼之仪式，这应当是"威仪"一辞较早出现的意思。后代文献所见到的"威仪悉备"（《逸周书·谥法解》）[12]、"礼仪三百，

---

[10] 参见周法高编：《三代吉金文存补》，（台北：台联国风社，1980 年），页 104。

[11] 同上，页 103。

[12] 朱右曾：《逸周书集训校释》，（台北：世界书局，1957 年），页 153。

威仪三千"(《中庸》)^[13]，其义大体类似。

"威仪"一辞如果指的是各种礼之仪式，其内涵应当与"仪"相同。"仪"是"礼"的分殊性展现，礼代表普遍，仪代表分殊，所以说："经礼三百，曲礼三千。"(《礼记·礼器篇》)^[14] 三代表多数，三千代表的当然更是多数中的多数。由"威仪三千"这类的语言，我们可以理解这些概念背后反映出的社会形态。毫无疑问地，这样的社会形态只能是由"礼"主导的封建贵族文化。前乎此的盲昧时代没有这么多礼，后乎此的大帝国文化则不需要这么多礼。更具体地说，威仪观背后预设的是种礼的精神，而礼的精神的巅峰则是在西周春秋之际。此后礼坏乐崩，"威仪观"一词也逐渐被推向历史的角落，不再有显赫的指导地位。^[15]

确定威仪观与礼的关系后，我们可以更清楚地掌握威仪观代表的意义。"礼"是个具有多层文化积淀的概念，它造字时的始义，指的乃是宗教性祭典的用法，此事当无可疑。^[16] 后来

---

[13] 《四书纂疏·中庸纂疏》，前揭版，页143。

[14] 《十三经注疏·礼记注疏》，卷23，页21。

[15] "威仪"一词主要见于西周春秋时期文献，战国诸子的文章中很少见到此一词汇。孙作云从《诗经》的作品演变，考出"在春秋末年，随着贵族阶级的没落，贵族们已经不大讲究威仪了"(参见《诗经与周代社会研究》，北京：中华书局，1966年，页157)。其说有据。顾炎武《日知录》论春秋与战国风俗之差异，其中有言：战国列强"绝不言礼与信"(台北：文史哲出版社，1979年，卷17，"周末风俗"条，页375—376)。其说亦有据，其趋势可由"威仪"一词之演变，见出一斑。

[16] 关于礼的意义，参见王国维《释礼》一文，此文收入《观堂集林》(上海：上海书店，1992年)，卷6，页14—15。

随着社会文化的发展，作为规范系统的礼也不得不跟着转化，后世视为五礼的吉凶军宾嘉，只是诸礼中的荦荦大者。然而，礼虽随着社会发展而转化，它原有的一些特殊质性并不因此就销声匿迹。黄河九转，其上游的冰雪终究还是要溶在下游的滚滚浊流之中。礼之于威仪，亦然。

北宫文子说："有威而可畏，谓之威；有仪而可象，谓之仪。""可畏""可象"之语恰好提供了我们追溯威仪观历史演变及其结构意义的重要线索。北宫文子之言前半部显然指的是种"畏敬"的态度，君子之人威仪棣棣，下位者见了，不觉面色俨然，心中凛然，这种强烈的心理情绪造成了君子与其他人士位阶的断裂——如果不是本体论的断裂的话。但自另一面而言，威仪棣棣的君子又具有独特的力量，他可以使人欣，使人歌。在下者只要一见到这种文思安安的人物，即心生欣羡，想竭力亲近之，并思求消除个己，与之同化，这也就是"有仪而可象，谓之仪"一语蕴含的意思。在"威仪观"一词上，我们看到了两种相反的质性汇为一炉。一方面它指向异质的他者，心理的畏惧造成了存在的断层；一方面它指向理想的原型，心理的欣羡跨越了个体的局限。

原始的礼恰好也有类似的面相。礼是神人间沟通的媒介，也是行礼者与神沟通时的一种德行。神学家奥图（R. Otto）在其名著《神圣的理念》一书中，特别提出"神圣"具有的两种性质：一方面它使人绝对畏惧，一方面它使人绝对向往。当信徒面对着神圣的神祇时，他能不觉得自己渺若尘土吗？但面对着这么圆满完整、具有无上价值的存在，他又焉能不心向往之？奥图所说的"神圣"，其实指的是"神圣感"的一种宗教经验，亦即信徒面对神祇时心中升起的复杂情感。依奥图的举例，绝对的畏惧与绝对的欣羡是组连体现象，虽然这组连体现象较明显地见之于犹太—基督教传统，但其他的文化里也是常见的。说得清楚些，也就是它们是普遍的。[17]

看过奥图对神圣的解释，再回头看威仪观，两者间的类似点不难见出。西周春秋时期威仪棣棣的君子待人处世显现出的行为模态，其实就是更早先的君子祭祖祭神时的行为之后世翻版。但在强调两者间的连续性之际，我们也不宜忘掉两者间的差异处。不管怎么说，见之于儒家经典中的君子，其人其行绝不是夏商时期的祭司。祭司是宗教概念的范畴，而君子则是儒家伦理的范畴。儒家伦理固然扎根于原始的文化传统，但经过后世"君子"的创造转化，它的精神已从高高在上的彼界落实到中土这块农耕的大地上来。君子的威仪不只是表现给神或祖先看的，它是和臣民、宗族、家属、山林、草木以及一切无生物连在一起的。简单地说，威仪观是西周春秋时期君子的行为态度，而这种态度是依据当时绾结文化社会规范系统的礼来运作的。当时有什么样的礼，反映到君子身上的，即有什么样的威仪。而西周春秋时代，当时的文化既然已经经过源头儒家（指孔子以前）思想的洗礼，"礼"已相当程度地伦理化了，它

---

[17] 参见 R. Otto, *The Idea of the Holy* (London, 1957), pp.1—40。

再也没办法逆溯回去了。即使它仍带有宗教的内涵，但这时的宗教礼仪也是源头儒家系统定位下的宗教礼仪，不再是"人消融于他者"的超离型、单向型的奉献媒介。[18]

从宗教性的礼仪演变为人文化成的礼仪，其间的发展过程当然是相当复杂的，有连续，有断层；促成礼仪性质转变的因素也很复杂，有物质的因素，也有个人的因素。但就史实所述，我们知道"周公制礼作乐"这件事无疑居间扮演了相当重要的角色。环绕着"周公制礼作乐"这件事，当然还有许多争议可谈。[19] 但我们如果将此事当成一件具有代表性的象征事件，将周公视为一群改革制度、规范的人物之代表，那么，"周公制礼作乐"这样的论述还是可以给我们传达一些重要的讯息。王国维的名文《殷周制度论》正是在这个意义上，透露了周朝圣王（尤其是周公）改革制度的深远影响。他说周初改革制度是为"万世治安之大计"，不是为一家一姓之故，因为

> 由是制度乃生典礼，则经礼三百，曲礼三千是也……古之所谓国家者，非徒政治之枢机，亦道德之枢机也。使

---

[18] 关于"威仪"与西周春秋时期君子的修养、共同体伦理规范间的关系，请参见贝塚茂树：《威仪——周代贵族生活的理念儒教化》，此文收入氏所著《中国古代的传承》（东京：中央公论社，1976 年）。

[19] 有关周公制礼作乐的传说，参见顾颉刚：《周公制礼的传说和〈周官〉一书的出现》，《文史》，第 6 期，1979 年；杨向奎：《周公对于礼的加工与改造》，此文收入氏所著：《宗周社会与礼乐文明》（北京：人民出版社，1992 年），页 277—357。

天子、诸侯、大夫、士各奉其制度典礼以亲亲、尊尊、贤
贤，明男女之别于上，而民风化于下，此之谓治。反是，
则谓之乱。是故天子、诸侯、卿大夫、士者，民之表也；
制度典礼者，道德之器也。周人为政之精髓，实存于此，
此非无征之说也。[20]

王国维《殷周制度论》认为殷周之际的大变革乃"旧制度废而
新制度兴，旧文化废而新文化兴"，这个主要命题现在多少受
到了一些修正。有些证据显示：殷周制度的关系乃是"因损"
的关系，而不是革命的关系。[21] 但如撇开制度的形式面不谈，
笔者认为：大体而言，王国维在此名文中对周初精神的断言，
仍具有无比深邃的洞见。由周初的文献及后人对此段时期的文
化之叙述看来，周初的君王所追求的确实是种清明的、制度
的、理性的礼义精神，这种礼义精神落实到个人的行为上来，
就是威仪观。

周初这种礼义精神不是凭空兴起的，它的出现当嵌镶在殷
商末期"礼坏乐崩"的帝国末期症候群之背景下理解。依王国
维言：

---

[20]《王观堂先生全集》(台北：文华出版社，1968 年)，册 2，《观堂集
　　林》，卷 11，总页 457。

[21] 参见胡厚宣：《殷代封建制度考》，《甲骨学商史论丛初编》(台北：大
　　通书局，1972 年)；严一萍：《夏商周文化异同考》，《大陆杂志》特
　　刊，1952 年；张光直：《夏商周三代都制与三代文化异同》，《中国青
　　铜器时代二集》(北京：三联书店，1990 年)。

　　商之季世，纪纲之废，道德之隳，极矣！周人数商之
罪……于《酒诰》曰："在今后嗣王酗身，厥命罔显于民，
只保越怨不易。诞惟厥纵淫泆于非彝，用燕，丧威仪，民
罔不尽伤心。惟荒腆于酒，不惟自息，乃逸。厥心疾很，
不克畏死，辜在商邑，越殷国民无罹。弗惟德馨香祀登闻
于天，诞惟民怨。庶群自酒，腥闻在上，故天降丧于殷，
罔爱于殷，惟逸。天非虐，惟民自速辜……"此非敌国诬
谤之言也，殷人亦屡言之。《西伯戡黎》曰："惟王淫戏用
自绝。"《微子》曰："我用沈酗于酒，用乱败厥德于下。
殷罔不小大，好草窃奸宄。卿士师师非度，凡有辜罪，乃
罔恒获。小民方兴，相为敌雠。"又曰："天毒降灾荒殷
邦，方兴沈酗于酒。乃罔畏畏，咈其耇长、旧有位人。今
殷民乃攘窃神祇之牺牷牲用，以容，将食无灾。"夫商道
尚鬼，乃至窃神祇之牺牲，卿士浊乱于上，而法令隳废于
下。举国上下，惟奸宄敌雠之是务，固不待孟津之会、牧
野之誓，而其亡已决矣！[22]

我们现在看到的殷周之际史料，大多经过周人整理，因此，商
人自己是否有另外的想法，其事遂不得而知。然而，依照周人
的观察与解释，商朝末年的时局是相当清楚的，这是个"淫
泆""奸宄""非彝""非度""丧威仪""荒腆于酒"的时代。

***

[22] 王国维，前揭书，册2，卷11，总页460—461。

而周初君王所要的风俗，正是殷末时风的反命题，其真实内涵如上引王国维言"亲亲、尊尊、贤贤，明男女之别"之事。《殷周制度论》一文对此有更详细的讨论，为避免瓜葛过远，故不录。

从殷末到周初，风尚变化甚大，这种变化是相当耐人寻味的。就王国维引用的殷末事例来看，我们发现其时殷人上上下下已丧失行为道德（"淫佚""奸宄"），丧失身体规范（"丧威仪"），更糟的是连规范的准则在何处，都茫不可见（"非彝""非度"）。个人的行为如陷入"非彝""非度"之地，表示其人人格的同一性业已面临崩溃的边缘，他连统摄知觉或统摄事物意义的功能都没有了，再往前发展一步，当是人格的解体或是生命的解体。[23] 同理，如一社会或文化处于"非彝""非度"之地，这表示此社会或文化也已陷于全面瓦解之边缘，它已无法提供最起码的运作架构，来保障此社会或文化内的因子之运动功能。我们可以设想任何人或任何组织在极度艰难的状况下仍能力求克服，但我们不能想像连最基本的定位架构都没有了，还有什么奋斗的方向可寻。哀莫大于心死，难莫难于顽

---

[23] 涂尔干解释"动乱型"（anomic）自杀，可作参考。动乱型自杀的起源是"人类行动之缺乏规范，以及由此引起的痛苦"（钟旭辉等译：《自杀论》，杭州：浙江人民出版社，1988 年，页 217）。涂尔干的解释采用了很多的统计资料，这固然可以支持他"自杀是种社会现象"的假说，然就现象学的观点来看，"自杀者已失去人生意义架构"此"心理事实"（对照涂氏所言之"社会事实"）恐怕是不能化约到其他领域里去的，涂尔干的解释似嫌不足。

洞失序。

造成殷人"非彝""非度"的原因也许不少，但在周初人物看来，最根本的原因乃是殷人酗酒所致。殷末酗酒之风大概很盛，此种时风给殷商帝国带来的祸害大概也非同寻常，所以在周初的文献里面，我们才会看到周初君王一再警告酗酒的危险。[24] 有关殷人酗酒的情况，我们不可能知道得一清二楚。但目前有研究显示：殷人沈缅于酒，结果给殷人带来无穷的祸害，此固是事实。但殷人嗜酒，与其将它放在道德的法庭上审判，不如寻求这个现象在殷商文化史的架构内到底该如何解释。很明显地，殷人既重祭礼，即不能不重献酒、饮酒，以求鬼神陟降，欣然来飨。我们可以设想：借着酒（甚或加上药）的麻醉及解放功效，饮酒者的神经麻木了，知觉模糊了，神人间的距离缩小了，甚至不见了，在迷离恍惚之间，人超越了他平日的状态，进入一种文化体制设定的特殊境界。既然要进入恍惚之境，因此，经验理性不得不告退，人日常的人格同一性也不得不打散。这种现象反映到个人或社会的体表上来，即是个人或社会的失序。如果此"因酒以致恍惚失序"的现象沿袭日久，其宗教神圣的意义不免日趋冷淡，而其社会文化解体的情况却日益明显，此后果不难设想

---

[24] 参见《诗经》的《大雅·荡》及《书经》中的《酒诰》《微子》诸篇。道光年间出土的大盂鼎铭文亦言及此事，铭文参见郭沫若：《两周金文辞大系》（东京：文求堂书店翻印，1932 年），页 32—33。

而知。[25]

西周春秋的威仪观所以兴起，我们可以把它放在商周之际文化精神的大转变底下理解。王国维认为周公制礼作乐乃是寓新文化、新道德于制度之中，笔者觉得这种解释是相当有说服力的——虽然周初先王的"制作"礼乐很可能是对旧制度的再改造，并在此再改造的过程中注进新的精神因素，这不见得是一种前无所承的创造——但语及新旧文化、新旧道德，我们还是可以往宗教精神及人的意识结构此深层向度挖掘。无疑地，西周春秋的圣王及君子所以特别着重人的威仪，乃因学者借着人的体表之自持，他可以定位自己，同时也就定位了社会的规范。在学者的一从龙一从虎之行为中，世界的秩序建立了，而群体与自体的意义体系也跟着挺立了起来。我们如果看到先秦文献的威仪观资料特别集中在《诗经》中与祭礼、饮酒有关的篇章，[26] 即可见出：威仪观原本即与宗教的祭典有关，而周人在学者最容易浑然忘我、举止失序的场合，仍旧强调：威仪不可失，它是人格的象征，也是社会规范的缩影。所以说："威

---

[25] 上述论点参照谢选骏的解释，见其《神话与民族精神》（济南：山东文艺出版社，1987 年），页 358—365。但谢文的重点与本文略有不同。谢文特别强调周初禁止群饮，事实上是一种宗教改革运动："周初统治者的重礼教、重'德化'、轻宗教、轻祭祀，抑制殷人旧有宗教信仰的政策，导致了一场事实上的宗教革新。这场运动也许未经点破，但却广泛而扎实地深入着，对后代中国'史官文化'的形成，起了直接作用。"（同上，页 364—365）此论点持之有故，可立一说。

[26] 参看《诗经·柏舟》《宾之初筵》《既醉》《假乐》《执竞》《泮水》诸篇。

仪棣棣，惟德之隅。"(《诗经·邶风》)殷人与周人在饮酒一事上的表现，恰好成为一组强烈的对照。

准上所说，我们认为：威仪观是顺着历史的发展而来的。它在结构上承继了感知神圣的宗教经验，而这种结构上的继承经由周公制礼作乐此事件之强化，更形成了威仪观的特定内涵。了解了这个源头，我们也就了解了为什么威仪观是礼乐文化共同体下的身体展现规范。简言之，乃因礼是社会的规范系统，是构成文化活动的内在轨约法则。君子原来是掌握礼的知识人，但在知识、行为及价值仍未分离的年代，"掌握礼的知识"也就意味着"礼的体现者"。君子依礼而行，体现了礼，因此，他也就体现了当时的规范系统及价值系统，其容貌自然而然地也就有威可畏，有象可仪。如果和孔、孟以后的儒家伦理比较的话，我们可以发现威仪观最大的特色，乃在它是以社会共同体规范的身分展现出来的伦理，"主体性"此时仍是若隐若现。因此，它虽然在君子的个体上表现出来，但它仍然只是社会性的身体之意义，缺乏"主体性"的真实内涵。

君子时期的身体观除了"摄威仪"这条主线索外，另外一条辅助性的线索则是"治血气"观。中国医学的一大特色，乃是它既具有类似现代解剖学意义的五脏六腑系统，又有气—经脉的系统。气—经脉虽不可见，但它却起了调节人身机能、调节人体自然与体外自然、调节先天与后天的诸种功能。因此，气—经脉虽是医学的语汇，但它却有很强烈的道德与形上学的内涵。[27]

气—经脉的发现显然是伴随着医学的进步而来，此系统何时被发现，恐怕已不可考；但可想见的是，只要针灸技术一成立，即预设着人身的气血经脉观念已广为人知。我们有理由相信：新石器时代的住民已经有了针砭气血的常识，[28] 但这种常识由技术的提升至理论的年代，恐怕得迟至西周春秋此经书时期。《国语·周语》分别记载过两则有关"气血"的言论，一是周定王的言论，一是单穆公对周景王的规谏。前者描述周定王批评当时的戎狄：

> 冒没轻儳，贪而不让，其血气不治，若禽兽焉。[29]

周定王的批评当然是相当的周室沙文主义，对异族充满了成见。但由他的语言，我们可以推出：人兽之别实即道德之别，而道德之别又与治不治血气有极端密切的关系。关于血气与道德的关联，同样在《国语·周语》里有一段更详细的解释，其言曰：

---

[27] 中国医学具有脏腑及气—经络两种系统，其特色参见加纳喜光：《中国医学の诞生》（东京：东京大学出版会，1987年），页123—150。石田秀实：《气·流れる身体》（东京：平河出版社，1987年），第1章。

[28] 关于针灸的起源，参见樊圃主编：《中国医学史》（贵阳：贵州人民出版社，1988年），页5—6；以及甄志亚主编：《中国医学史》（上海：上海科学技术出版社，1984年），页5—6。

[29] 《国语·周语中》（台北：台湾商务印书馆，四部丛刊本），卷2，页9。

> 口内味而耳内声，声味生气……若视听不和，而有震
> 眩，则味入不精；不精则气佚，气佚则不和，于是乎有狂
> 悖之言，有眩惑之明，有转易之名，有过慝之度。[30]

饮食、感官知觉、气、道德在此合成一片，生理、心理与规范
间的界限变得浑沦难辨。西周"君子"这席话的观念无疑地不
合后世价值与事实分离的哲学家之口味，但在西周春秋时期，
风、土、饮食、血气、道德原本就可以互相转换。此时"君
子"这种显性（explicit）的观念乃是建立在宇宙一体，更实
质地说，乃是气化一体的隐性观念系统上面。

　　既然气贯天地人，意识、自然与知觉同体，因此，所谓的
疾病遂不止是病理之事，它也是广义的道德问题。反过来说，
调治血气虽是养生之事，但它同时也是某种的道德实践。鲁昭
公元年，子产答覆郑君有关疾病之事时，说道：郑君当"节宣
其气，勿使有所壅闭湫底，以露其体，兹心不爽，而昏乱百
度"。[31] 子产在这里劝导国君，要他治理气，务使气能流通无
碍。气治理好了，心自然可以灵明不失。但气要治理好，却必
须先得配合四时，宣朗其气。子产这段话虽然简短，但气与宇
宙、与意识相关甚深，这点却是可以肯定的。子产这段话可以
代表中国传统的医学理念，尤其他论及气与身、心关系处，隐

---

[30]《国语·周语下》，卷3，页17。
[31]《十三经注疏·左传注疏》，卷41，页23。

约之间，已指出气为身体与心灵双方的基本要素，尔后中国儒道思想的身体观之重点即置于此处。[32]

西周春秋时期的"威仪观"与"血气观"是儒家思想的两个源头，这两种身体观触及了身体与礼、身体与心（或心气），甚至隐约间也触及了身体与自然（自然之气）的领域。我们可以说：后来儒者对身体的诸种解释都是沿着这个源头发展出来的。

二 孟子的践形观

西周春秋的威仪观与血气观对后世的影响很大，但它们的影响不是直线型的，而是透过一种转化，改头换面后，重新出发。威仪观与血气观转化后的身体观面貌，我们可以说是带有更强烈的、更觉醒的道德意识。如前面一节业已说过的，威仪观是一种礼乐文化共同体的道德，这是种以社会凝聚为导向的德行，与这种德行关联甚深的"礼""敬"等德目也只有放在共同体的伦理规范之意义下定位，才能呈显出它实质的意义。至于"血气观"虽已触及到内在的身体面，也触及到意识与身体、气的关联，但这种"触及"仍只是日用而不知，它仍旧可归入社会共同体的规范范围，尚不足以言"工夫"，因此，也

---

[32] 子产这段话在思想史上的意义参见石田秀实：《中国医学思想史》（东京：东京大学出版会，1992 年），页 16—19。

没有主体意识的觉醒可言。改造威仪观及血气观，使它们由共同体的德目一变而为具有主体的道德意识之德行者，即肇始于儒家文化的奠基者孔子，而大成于其私淑者孟子及孟子弟子。至于孔子所以能触发完成这项艰难的转化工程，我们可以说乃因"仁"的思想之发现所致。

孔子是周礼文化的继承者，也是改造者。他认为君子的威仪是必要的，所以说："不重则不威"（《论语·学而篇》）；"智及之，仁能守之，庄以莅之，动之不以礼，未善也。"（同上，《卫灵公篇》）[33] 但徒有礼，徒有威仪，这是不够的，最重要的，"君子"也罢，威仪也罢，任何德目如果还有真实的意义，而不只是条文形式，这些德目必须为一种真实的人格动力所贯穿，这种人格动力即是仁——更精确地说，"仁"当被视为人的本质，它联系了个人与社会、体内与体外，它具有充沛的心理—生理动能，但它也要以意义的形式——南乐山所谓的符号——展现出来。[34] 所以仁礼一体，这种一体是本质上的一体，而不是历史发展中产生的偶然结合。"仁礼一体"在身体观上展现，即是威仪的精神化，威仪与道德意识变成一体的外内两面。这是自有威仪观与血气观以来，酝酿儒家身体观转型最大的触媒。

仁与威仪如何结合？这是儒门自孔子以下必须处理的一

---

[33] 《十三经注疏·论语注疏》，前揭版，卷15，页9。

[34] 参见 R.C.Neville：《中国哲学的身体思维》，此文收入拙编：《中国古代思想中的气论与身体观》（台北：巨流图书公司，1993年），页208—212。

大课题，孔门高弟子夏、子张、子游等人在此皆曾用过心。然而，在孔子及其及门弟子的关怀中，虽涉及到身体的因素，但身体的因素基本上还是隐没在人格的概念里面。依照儒家思想后来的发展来看，谈身体不能只是抽象地谈及身体的躯体面，也不能只是限定在"修己以敬""修己以安人""修己以安百姓"这样的语言上面，更重要的，要触及身体与意识（心），以及外在身体（形）与内在身体（气）的关联。但在《论语》一书里，"心"字仅六见，比起《孟子》书中，"心"字多达一百一十七见，相去不可以道里计。显然，在孔子的阶段，人格的问题虽已觉醒，但身心关系却尚未成为重要的哲学问题。所以孔子不仅少谈"心"，更没有触及"身"与"心"的关联，比起后来儒家将身心视为一种同质不同相的统一体（孟子）、或异质而可转化使之相安的统一体（荀子），孔子的处理显然比较简单，[35] 或者该说：他另有关怀，仁与礼、仁与知、仁与忠恕，这些德目间的关系及体现才是孔门的主要要着力点。我们可以说：如果没有孔子"仁"的思想介入，影响后代儒家甚巨的"精神化之身体观"根本不可能出现，但"精神化的身体观"并不是孔门思想的核心因素。

"精神化的身体观"在战国初期儒家的著作中已可见到，[36]

---

[35] 以上论点参见王钧林：《从孔子到孟子的儒家"修己"思想》，王文为邹城孟子学术研究会主办"孟子学术思想国际研讨会"会议论文，（山东邹城，1994 年）。

[36] 参见本书第二章。

但严格说来，只有在孟子思想中，它才占有显著的地位。用《孟子》的话语讲，这种身体观可称作"践形"。"践形观"是儒家身体思想自"威仪观"与"血气观"以后的另一次大突破。

"践形"一词出自《孟子·尽心上》，其言脉络如下：

> 形色，天性也，惟圣人然后可以践形。

"践形"的"践"字在这里作"实现""朗现"义解，换言之，"践形"意指"充分实现学者的身体"。[37] 然而，为什么学者的身体有充分不充分实现的问题？为什么又只有圣人才可以充分实现身体？而且，我们还可以追问：形体具有形色，形色与孟子核心关怀的天与性之间，到底是个什么样的关系？

以上的疑问都是我们谈到"践形"的概念时，自然会引发的疑惑。但我们如再追问这些疑惑从何而来，很可能发现这些疑惑与我们对身体的理解，尤其是对孟子学的身体观的理解有关。在我们目前的文化氛围中，很少人特别注重身体的意义，我们的身体往往被视为生理的、与精神无关的，它是种感性欲望的集合，因此，也是维持社会秩序或实践道德必须克服的先期目标。[38] 孟子学的继承者王阳明言"不随躯壳起念"，亦有

---

[37] 参见本书页 143—146。

[38] 参见 B.S. Turner, *The Body and Society* (New York, 1989), pp.85—114.

此意。王阳明这段话以及一般对身体的定位不是不合法的。在
《孟子》书中，我们确实看到孟子一再对人的生理机能之鞭策。
他说："养心莫善于寡欲。"（《尽心下》）"志士不忘在沟壑，勇
士不忘丧其元。"（《滕文公下》）"生，亦我所欲也；义，亦我
所欲也。二者不可得兼，舍生而取义也。"（《告子上》）"故天
将降大任于斯人也，必先苦其心志，劳其筋骨，饿其体肤，
空乏其身，行拂乱其所为，所以动心忍性，增益其所不能。"
（《告子下》）由孟子这些话语看来，我们可以看出他对道德实
践的庄严、艰困有相当深刻的感受。而道德实践所以会这般艰
困，其主要的原因乃是人皆有欲望，而人的欲望则是扎根在人
的身体上的。如果用马库塞的意思讲，我们可以说：人的本质
就是人的情念欲望，[39] 而在诸种欲望中，生之欲望尤为强悍，
这是种维系生命存在的遗传本能。但依照孟子的道德理论，道
德并不附属于自然生命，恰好相反，人生时时会有两难的情
境，这两难的情境要求学者仅能在"道德"与"身体"中选择
其一，身体因此不免带有负面的意义。

　　道德与身体的冲突，用孟子的话讲，也可视为人性与欲望
的冲突。孟子异于其他哲学家之处，乃在他发现了道德的心性
论根源，孟子即在此心性的基源上界定人的本质。我们这样解
释，当然不表示孟子认为人的身体即非人性的展现。这就牵涉
到孟子有名的大体 / 小体、贵体 / 贱体的区分，这两种体的区

---

[39] 参见马库色著、罗丽英译：《爱欲与文明》，（台北：南方出版社，1988 年）。

分见于《孟子》书中哲学论辩意味最强的《告子上篇》，其文如下：

> 公都子问曰："钧是人也，或为大人，或为小人，何也？"孟子曰："从其大体为大人，从其小体为小人。"曰："钧是人也，或从其大体，或从其小体，何也？"曰："耳目之官不思，而蔽于物；物交物，则引之而已矣。心之官则思，思则得之，不思则不得也。此天之所与我者。先立乎其大者，则其小者弗能夺也，此为大人而已矣。"孟子曰："人之于身也，兼所爱。兼所爱，则兼所养也。无尺寸之肤不爱焉，则无尺寸之肤不养也。所以考其善不善者，岂有他哉？于己取之而已矣。体有贵贱，有小大。无以小害大，无以贱害贵。养其小者为小人，养其大者为大人。今有场师，舍其梧槚，养其樲棘，则为贱场师焉。养其一指而失其肩背，而不知也，则为狼疾人也。饮食之人，则人贱之矣，为其养小以失大也。饮食之人无有失也，则口腹岂适为尺寸之肤哉？"

很明显地，孟子区分两种"体"时，他是把身体和饮食的生理欲望、外物的诱导、价值的低贱连在一起的，把道德心性和自觉、高层价值相提并论。由孟子使用"体"这样的隐喻来看，他不但对"人性"重新定义，生理之性（或后世所谓气质之性，及告子所谓"生之谓性"的性）已不再被视为人的本质，人的本质当从四端处见出。他对身体也重新定义，生理的身体固然还是躯体，但真正"大"而"贵"的身体却别有所在，这种大而贵的身体显然是连着"心官之思"一齐实现的。

如上所说，孟子对人的生理躯体不会有太高的评价，因为这种躯体是学者道德进程中的一块绊脚石。但我们理解孟子的身体观时，重点不能仅在此一面。孟子对人的身体确实抱有"需要克治转化"的想法，但问题是，这样的想法是在：（1）与道德意识相对照之下，（2）道德实践的过程中，这两样背景下才能成立的。"身体需要克治转化"不是"身体"本质的定义，这点就像"放心（陷溺之心、非本之心）需要克治"不是心灵的本质定义一样。事实上，我们发现孟子对"身体"不是没有好感的一面，所以他宁愿借用"体"这样的传统语汇，并给它冠上"贵""大"的状词，借以形容人的道德心性。

如果我们不是只从"奋斗挣扎历程中的道德实践"之观点看身体，我们不难发现孟子的身体观是多面相的，但又是体系上一致的。孟子诚然重视身体对意识的顽抗性面相，但他另一方面又强调现实上身体与意识的连续性，及本质上两者的同一性。孟子的"践形观"就是建立在身体与意识的亲和性之基础上。简单地说，笔者认为践形观是建立在下列的理论预设上：

1. 现象上来看，任何人的身体都是不完整的，只有圣人才能使身体变得完整，所以"践形"预设的是种修养的观念。

2."身体"所以能经由学者的努力加以转化，乃因"身体"与"意识"在本源上是同质的。这种本源上同质的"身心一如"现象,圣人可以在果地境界上重新体现出来。

3. 意识所以和身体一源,乃因现象学地来看,此世之内没有无身体的意识,也没有无意识的身体,而在这两者中居间起作用的,乃是"气"。所以身体一活动,即有气的流行,也就有潜藏的意识作用。意识一活动,也即有气的流行,也就有隐藏的身体作用。

4. 因此,人体是由形—气—志三相一体的结构组成。与此结构相对的,也就有"养气""尽心""践形"三种工夫论;这三项词语如果被视为一种状态的抒义字,我们也可以说这三项代表的是种圆满人格的展现。

5. 形—气—志三相一体,这三部分可以分别有不同的工夫论。但孟子重视的是"志",也就是在道德意识作工夫,而在"气"与"形"上接收成果,所以"践形"与"养气"主要是"尽心"工夫的导出项目。

6. "践形"与"养气"虽然不是主轴的工夫论,但基于身体与意识的互动(现实义)及同体(存有论义),所以学者也宜在气上及形上用心。[40]

就第一点而言,在我们引用"践形"一语的出处时,已见过"唯圣人然后能践其形"的陈述。"践形"是个境界概念,它有待证成。与孟子关联颇深的《管子·内业篇》中有"形全""全形"之语,其义更完整。换言之,一般人的形体都是

---

[40] 详细论证参见本书页143—146。

不圆满的，只有"圣人"才会有圆满的身体。至于圆满的人格之身体为何？孟子没有直接定义，但他有具体的描述：

> 君子所性，仁义礼智根于心。其生色也，睟然见于面，盎于背，施于四体，四体不言而喻。

根据孟子的描述，我们发现君子的身体会发出一种独特的道德光辉，旁观者从旁见了，就知道其身体传达了某种特殊的讯息。孟子这里的描述多少有些神秘诡异，为什么圣人的身体就会和别人不一样呢？如果说拿破仑在浴室里和常人没有两样，那么，难道圣人在浴室里就会不同吗？

然而，主张圣人身体与常人不同，它是种精神化的身体，具有道德的光辉，此主张不仅见于《孟子》，在整个孟子学的传统中，我们一直可以找到类似的描述。站在批判的立场我们当然可以质疑孟子的主张，或者认为他的观点太简化了。很明显地，孟子这段叙述中缺少"合格的观察者"的论点。我们不能想像一位未经训练，或不同文化系统下的人士看儒家的圣人的形体，他能够看出什么东西来。但是，质疑归质疑，我们不能否认孟子的践形观是有理论依据的。其中一项即是：孟子不认为身体与意识是异质的，身心毋宁是一体的两相。在《孟子》书中我们看到许多有趣的例子都显现了这样的涵义，大家耳熟能详的"知言"理论，即预设着人的声音可以反映言说者内在的情感意识。又如医卜命相沾沾乐道的"存乎人者，莫良于眸子，眸子不能掩其恶。胸中正，则眸子瞭焉；胸中不正，则眸子眊焉！"也预设了身心一体的想法。这段话语看似诡异，儒家的圣人竟然也会窥伺臆测，私心用智！但这段话实际的意思乃指：人的眼睛是"心之浮也"，它"为神候，精之所在"，因此，眼睛的活动绝不只是生理活动的功能而已，它是精神的象征——或许该说：它就是精神，只是它落在精神的另一面相而已。[41]

上节所述，声音、眼光反映出行为者的精神，这两项知觉活动只是较突显的例子而已。如依孟子践形理论判断，我们不难推知：任何身体的展现，都不会只是生理的意义而已。反过来说，任何意识的活动也都不会只是精神的意义而已，它必然会与生理活动同时生起，只是这时的生理活动的行动者不一定自觉得到。这种身体与意识同时生起的现象，即儒家传统"内外相符"的思考模式，依孟子的话讲，即是"有诸内，必形诸外"。我们这里用"内—外"一词，可能还是强而名之。严格说来，身心当视为有机体的两种面相，心灵活动时，其势直入生理隐暗向度，[42] 这种隐暗向度即是心灵此焦点意识面相的支

---

[41] 参见本书页 101—103。在西洋的传统中，眼睛往往也被视为具有特殊的精神内涵，参见 Manly Hall 著、大沼忠弘等译：《人间——密仪神殿》，（东京：人文书院，1982 年），页 321—332。

[42] 笔者使用的"隐暗向度"（tacit dimension），借自 M.Polanyi。参见氏所著 *The Tacit Dimension* (Garden City, 1996), pp.3—25。Polanyi 重身体为一切知识的隐暗向度，与本文重点不同，然理论依据实多相通之处。

撑面；反过来讲，身心活动如以身体的展现为主，则意识面会翻转退入隐暗向度。身心在始源意义下既然是一体的，因此，任何知觉活动都是隐微的精神活动，此事遂不难理解。但孟子在此另有解释，他认为身心一体的理论与气分不开，人的身体是由形（体）—气—志（心）三者组成的结构。他说："志者，气之帅也；气者，体之充也。"了解孟子的身心理论或身体理论时，我们不能不把气的因素考虑进去。

孟子的身体思想很有特色，但无可否认，他的思想的主轴不在身体观，因此，对于形—气—神三者的具体关系，孟子并没有具体的展析。但放在践形观的视野下考虑，我们可以推论出这种身体结构与精神化的身体之形成，到底有何关系。如前所述，孟子界定人性，不从自然的生理机能，而是从四端之道德意识界定，这是人人知道的事。孟子从四端界定人性，并不表示他认为现实的意识都是善的，现实的意识永远是有夹杂的，善恶真伪，泯然难分。但孟子认为只要学者能扩充四端，那么，他终可转化人的意识结构。与此种工夫论并行的另外一个面相乃是：当学者的意识结构转化时，他的气与身体的结构也跟着转变。前文已说过：身为心的隐暗向度。放在《孟子》的脉络里讲，他进一步规定：气为心的隐暗向度。心到那里，气也跟着到那里；而心的活动是可以自觉到的，气则不容易觉察到。这就是他所提"志至焉，气次焉"的命题之旨义所在。既然志至气次，因此当志善时，气也跟着为善；志陷溺时，气也跟着黯然不明。既然始源的志（四端）是善的，因此，始源的气也是善的，这种气就是"夜气""平旦之气"。善志引发善气，两者一齐流行，撞击并转化人身的内在结构，结果是人身内在的意识与体气之存在地位跟着翻转，其结构面相即是"尽心"与"浩然之气"的呈现。而既然气是"体之充也"，因此，其人的形体也因其构造因子的彻底转换，其存在地位也不得不转换，此时其形体即会"生色"，睟面盎背，这就是践形。

如上所述，"践形"显然是由"养气"导引出来的，而"养气"则是"尽心"工夫的产物。就理论而言，"践形"与"养气"可以是独立的工夫，但在《孟子》一书的架构中，无疑地是以扩充四端的"尽心"为主要关怀，而其成效会在隐暗向度的形与气上彰显出来。简言之，在形—气—志的身体结构中，孟子工夫论的重点只能放在"志"上，所以他教导学者，特重立志。志，不但是心之所之，[43] 它所至之处，气也会跟着到。但如果人身是种同质性的机体，则心理的活动固然会参与到生理的向度；反过来讲，生理的活动也会渗进心理的向度。用孟子的话讲，志一固然会动气，气一也会动志。由此义一转，我们可以推论：孟子的践形观主要是在心上作工夫，但他不会反对以礼为规范或以调身为主的诸种"克己""治身"之自我锻炼。他的修养论是"由内往外扩充"式的，它早晚会和"由外往内安顿"的修养论思潮汇合。

---

[43] 许慎解"志"云："意也，从心，之亦声。"《诗序》曰："诗者，志之所之也。"参见段玉裁：《说文解字注》(台北：艺文印书馆，1979年)，篇10下，页24。

三 孟子后学的精气说与德之气说

从孟子起，儒家的道德哲学有很大的转变，心性论在儒学内部的分量逐日增加。但依孟子身心机体论的想法，没有脱离身体结构的心性这一回事。因此，当他将焦点集中在道德意识层讨论时，连带地，他也会触及到作为道德意识隐暗向度的身体。孟子认为现实的人的心性（道德意识）是可以改善，而且也应该改善的，良心充分实现出来的状态即是"尽心"。同样地，现实的人的身体也是可以改善，而且也应该改善的，身体充分显现出其理想潜能的状态即是"践形"。同样的推论我们也可以运用到气的成分上，理想的气之模态即是上下与天地同流的"浩然之气"。"尽心""践形""浩然之气"三者同步发展，同是果位层次的圣人之身心模态。孟子的重点无疑地放在道德意识的扩充这点上。孟子的后学大体也接受孟子学问的规模，但他们对孟子隐而未发的形—气问题更加关注。《管子》之《内业》《心术下》两篇与晚近出土的帛书《德行》及《四行》两篇在这方面表现得非常清楚，[44] 我们可以视这两支孟学

---

[44] 1973年湖南长沙马王堆出土了一批珍贵帛书，在《老子》甲本卷后有古佚书四篇，其中第一篇与第四篇与孟子关系特深。这两篇文章原无篇名，庞朴等人根据里面文句，定名为《五行篇》与《德圣篇》，学界多采用其说。魏启鹏先生在91年出的新书《德行校释》（成都：巴蜀书社，1991）里，力主当依古书通例，定名为《德行篇》及《四行篇》，笔者赞同魏氏此一解说。

流派为荀子以前儒家身体思想最重要的代表。

　　《管子》之《内业》《心术下》两篇及帛书《德行》《四行》两篇的年代及学派归属问题到底该如何解决，学界目前仍有龃龉。但笔者认为帛书两篇的年代及隶属学派是很清楚的，它当是战国晚期孟子后学所作，这点似乎不存在太多争议的空间。[45]《管子·内业》《心术下》两篇的问题比较复杂，它的写成年代、它的作者、它的思想倾向，在在都有人提出不同的看法。笔者不否认这两篇的内容综合性较强——如说成较为驳杂也未尝不可，但从理论内部考察，笔者认为它仍属于孟子一系，而且年代当晚于孟子。它的作者就像《德行》《四行》两篇的作者一样，都是孟子后学。

　　兹先从《管子》之《内业》《心术下》两篇谈起：

　　《管子》之《内业》《心术下》两篇和孟子思想契合极深，这两篇事实上属于同一个来源。这两篇文章的作者在文中先后提出道、精、气、神等重要的观念，和《孟子》一书的主要关怀比较起来，两者的关注焦点确实有所分别。但是当我们虑及《心术》《内业》之名，并参照孟子的"践形"理论时，则不难发现两者间的紧密关系。《管子》一书中的"心术"，其实质内

[45] 主张《德行》与《四行》两篇为战国晚期孟子后学所作的学者仍占上风，但反对以孟学定性，且将年代拉近至前汉时期的声音也听得见。最极端的主张参见池田知久《马王堆汉墓帛书〈五行篇〉所见之身心问题》一文，此文收入拙编：《中国古代思想中的气论及身体观》（台北：巨流图书公司，1993 年）。笔者对此两篇的学派归属及年代问题将另有考订。

涵其实即是"内业"，内心修业，或治内心之术，用今日的语汇讲，大可说成是"内心修养法"。[46] 但内心修养归内心修养，由于《管子》对身心的理解与今日一般所理解者大异其趣，而与中国传统的身心观较为接近，与孟子的思想契合更深，因此，当它处理所谓的内心的修养时，很自然而然地，就会把精、气、神、道等概念带出来。观后文，其义自见。

《管子》两篇与孟子思想有关，这是一般研究《管子》的学者都承认的，但这两篇与孟子有关，这种相关性不仅是泛泛的相关而已，而是最核心的关联。笔者曾罗列《管子》两篇主要的思想如下：一、人不是定型的、有限的存在，而是本质上即带有宇宙性。人格的概念一成立，即预设着人是在"天出其精，地出其形"的中和状态中，贞定其个体的。既定型后，人又可经由自己的努力，使自己再从业已定型的、有限的存在中转化其存在的结构，重新参与精气的流行。二、人所以能转化其存在的性质，又奠基在：（1）现实的人其身心都是不完整、有待发展的；（2）现实的人其身心并非被决定不能转移的，而是可转变的。三、可转变的根本因素，亦即其工夫论的核心所在，乃因人人皆有构成性命本质的精气隐伏在"彼心之心"底层。当精气弥漫至极，彻底显现时，亦即"彼心之心"由潜存变为彻底的朗现，管子称此为"全心"状态。四、全心状态时，

---

[46] 参见马非白：《〈管子・内业篇〉之精神学说及其他》，此文收入《纪念顾颉刚学术论文集》（成都：巴蜀书社，1990年）。

全心（意）是气，志（意）气合一，但另一方面，气也渗入身中，全身是气。比照"全心"此语，我们可称呼此时的身体状态为"全形"状态，用孟子的话诠释，也就是一种"践形"的状态。学者到达全心—全形境地时，身心一如，身体皆带有精神的涵意，其反应模式，可隐喻地说成"全身的思考"。五、连着"全心"体验时的一个附带现象，乃是人性的宇宙性也因精气之弥满，而重新复活。学者可在内静外敬的工夫中，体证万物毕得。[47]

根据上述的要点，《管子》两篇与《孟子》的亲和性不难对照见出。孟子有"践形"理论；管子也有"全形"理论。孟子的"践形"与"尽心"互为表里，有诸内，必形诸外；管子也说："心全于内，形全于外。"孟子言心，必推至四端之心，而由四端之心可再逆推至意识边缘地带的"夜气""平旦之气"；管子言心，也必推至隐藏的心中之心，此心中之心穷推其极，则为"心气"之流行。孟子言夜气—四端之心扩充至极，使学者身体完全转化后，身体自然会发出一种道德的光辉，睟面盎背，这就是践形以后的"生色"，因此，观者可不言可喻；管子也说："全心在中，不可蔽匿，和于形容，见于肤色。"孟子说及尽心、践形、养气以后的果地风光，有言曰："君子所过者化，所存者神，上下与天地同流。"又言："万物皆备于我矣！"管子也说："敬慎无忒，日新其德，遍知天下，

_____

[47] 参见本书页 275—276。

穷于四极。"又言："搏气如神，万物备存。"以上所述，仅举
荦荦大者，枝节末流之近似者犹不计算在内。孟子的身心理论
是相当有原创性的理论，《管子》两篇与它如此相近，绝非偶
然。我们如果假设这两篇的作者原本就是孟子后学，这两篇原
本就是为发挥孟子的内圣之学而作，那么，两者间的相似继承
就不足怪异了。

　　《管子》两篇的问题意识与解决方式无疑都是继承孟子而
来，然而因为它取径的角度不同，所以整篇文章的布局也就跟
着有了差异，旁观者见了也就容易忽略掉它的本来面貌。我们
这里说它取径不同，乃因在《孟子》书中，外在的政治及社会
问题仍占有相当的比重，而语及身心问题时，孟子虽然提出了
发人深省的践形理论，但严格说来，践形并不是孟子的理论焦
点，他理论的焦点是放在道德意识的扩充流行上，养气与践形
乃是尽心理论的生理面支柱，或者我们可说：是它的一体面相
之隐暗向度。如果养气与践形还有工夫论可谈的话，在孟子看
来，最多它们只能是辅助性的，身为隐暗向度的身体面不容易
成为学者的主要关怀。《管子》两篇作者恰好在这点上和孟子
的想法有了出入，《管子》两篇之作者当然将孟子的思想作为
自己理论的基本预设，但是他处理问题的重点和孟子不同，他
将理论焦点与隐暗向度的关怀顺序颠倒了过来。原来作为"尽
心"工夫的身体面向度被提到台面上来，成为《管子》两篇最
大的特色，这就是两篇当中一再提及的"精气"学说。

　　"气"这个词语原是先秦思想界分家分派以前，大家共同

的继承财产，但直到春秋、战国，这个词语特有的心性论内涵才特别彰显出来，孟子即是"气"概念发展史上重要的一位宗师。在前文中，我们已简略地讨论过孟子的养气思想。很明显地，孟子很重视气，而语及浩然之气，此气多少含有冥契经验的意味，它不带有经验论的性质。但气与体验形上学的关系如何，孟子并没有交代。我们这样说，当然不表示孟子没有形上学的立场，"尽心知性知天"虽为工夫论进程，但一语及天，事实上已是形上学的陈述。不管怎么说，体验形上学预设的"从体验契证形上学"，孟子着墨不多，《管子》两篇恰好补足了空隙。管子提出的精气说一方面可以解释学者的身心修养论之依据，一方面又补足了万物存有之说明。

《管子》所说的精气，也可称作气，又叫心气，笼统地说，又可称作道。由"道""精"之语，我们不难猜想它从客体面立论的兴趣远比孟子来得大。《内业》开宗明义言："万物之精，此则为生。下生五谷，上为列星……"这段话事实上已从思辨的向度给万物的存在一个形上的保证。然而，这种保证是如何造成的呢？独断地提出某种形上理论，又能解决什么事情呢？笔者觉得我们或许可以这么回答：管子精气说的形上理论事实上是他的身心修养论的扩大运用，"精气"一词既是形上学的语汇，但也是身心医学及体验哲学的语汇，而且当以后者为本。

我们已说过：精气说是孟子践形观隐暗向度的进一步发展，这个发展的方向我们大体可以列出如下：

　　它解释了身心两种不同模态背后的统一基础。在孟子的践形观中，我们早已清楚地看到身心一元论的叙述，也看到形—气—志一体三相结构中，气居有绾结两者的独特位置。但身心两者如何成为一体，孟子引而未发。管子则明言一切存在皆由精气构成，它是意识的构成物，也是生理结构的构成物，因此，两者的讯息是互相交换的。他说："精存自生，其外安荣，内藏以为泉原，浩然和平，以为气渊。渊之不涸，四体乃固。泉之不竭，九窍遂通……心全于中，形全于外，不逢天灾，不遇人害，谓之圣人。人能正静，皮肤裕宽，耳目聪明，筋信而骨强……"这些话语看似诡异，它们所传达的这种境界似乎也只有"圣人"才可以达到，它对我们一般人的意识并没有开放。但管子的关怀既然已放在身心体验哲学的隐暗向度，而这种身心一体的隐暗向度如要变成意识可以触及的明亮向度，它势必要在"圣人"的巅峰经验上显示不可。因此，它会在孟子的基础上，进一步提出精气说才是问题的根本，并描述身心一体的本地风光，这种选择毋宁是相当合理的。

　　其次，《管子》两篇的作者也提出了万物一体背后的理论基础。我们说过：孟子早有万物一体的说法，但他的说法描述的成分大于命题的意义。我们可以理解人间真是可以有这样的一种特殊经验，但这种特殊经验既然已牵涉到"个体""心物"等种种复杂的哲学难题，因此，学者听到了这种叙述后，很自然地会质疑道：它当如何解释？孟子在此点上保持了他珍贵的缄默。但《管子》两篇之作者由体验的身心哲学出发，他发现圣人可以感知事物彼此间的讯息，所以说："敬慎无忒，日新其德，遍知天下，穷于四极，敬发其充。"他又说："思之思之，又重思之。思之而不通，鬼神将通之；非鬼神之力也，精气之极也。四体既正，血气既静，一意搏心，耳目不淫，虽远若近。"这种类似超感官知觉的叙述并非想探索特异功能，它只是指涉"圣人"与万物有种讯息交感的关系。然则，何以能够交感？其原因乃是圣人能治气正心，朗现万物存在共同的底层，所以他与万物的关系已不再是时空格局中物与物交的模态，而是存在底层的气之感通。由此再进一步发展，《管子》两篇的作者即提出精气说作为"万物备存""遍知天下"的叙述之理论基础。

《管子》两篇的思想来源不是单一的，但由理论内部考察，我们有充分的理由相信它是继承孟子的体验哲学而来——与践形论关系尤深。此两篇进于孟子处，莫过于它特别突显出形—气—志此身体结构中的气。就工夫论的立场而言，我们或许可以说它躐等了，体证精气原本不是初学者之事。但放在孟子学的脉络来讲，它却赋予整个孟学身体观一种更广阔深远的视野。此后，我们知道身心讯息所以可以不断交换，以及体内体外的讯息所以可以不断返复，乃因人人皆具有精气之故。

当《管子》两篇从客体面论精气时，孟子学的另一支也从主体面论及气的问题——这里的主客之分当然是相对的，这一支孟子后学就是1972年湖南长沙马王堆出土的《德行》及《四行》两篇。

　　这两篇文章一出土，立刻引起学界普遍的重视，其中尤以"五行"一语引发的相关讨论更多。"五行"引起重视是可以理解的，因为两千年前荀子在《非十二子篇》里对子思、孟子学派的批判——"案往旧造说，谓之五行"[48] 云云，到底该如何解释，学界一直有很大的争议。《德行》与《四行》两篇一出土，大家才发现以往的解释都错了，正确的答案是：仁、义、礼、智、圣。《非十二子篇》的"五行"解释问题，笔者相信已经定案了，但孟子后学这两篇文章除了解决文献学上的疑点外，它本身到底有什么重要的意义，这点也许仍然值得细加讨论。

　　笔者认为"五行"的学说还是主要的关键，但关键处倒不在这个概念的语义指涉为何，而是如何理解"五行"的确实内涵，[49] 尤其是"行"之一字。"行"字在中国思想史上一再出现，佛教的"受想行识"、王阳明的"知行合一"等理论里都有"行"字。但这里的"行"字都不是作外在的行为解释，"五行"的"行"字亦然，它指涉的也不是外在的行为，而是内在心性一种真实流动的状态，其涵义与《庄子·天下篇》所云"语心之容，命之曰心之行"的"心之行"相当。由形式的意义再往实质面定义，我们可以说《德行》《四行》两篇所说

---

[48]　杨倞：《荀子注》（四部丛刊本），卷 3，《非十二子篇第六》，页 14。以下《荀子》引文皆出自此本。

[49]　关于思孟五行说的解释史，参见庞朴：《帛书五行篇研究》（济南：齐鲁书社，1980 年），页 1—6；影山辉国：《思孟五行说——その多样なる解释と庞朴说》，《东京大学教养部人文科学记要》，第 81 辑，1985 年。

的"五行"，乃指"五德在心性处流行"。至于《德行》《四行》两篇的旨要云何，笔者曾罗列出下列五项要点：

1. 思孟后学划分了行、德之行两种道德实践的模式，前者泛指外在的德行，后者则指内在化或意识化的道德心之流行。

2. 德之行的阶段可分为四行和、五行和两段。前者叫做"善"，它处于自觉的、意识的道德实践；后者叫做"德"，处于一种超自觉、甚或超越的道德实践。

3. 德之行反映在外部身体上的，可区分为"与体始与体终""与体始舍其体"两种方式。前者处在心灵对身体控制转化的位阶上；后者则身心一如，而且"德之行"的范围超出了个体性躯体的羁绊之外。

4. "德之行"所以能转化人的身体，主要是任一行的德之行都会带来与之一致的"德之气"。比如：仁之行即有仁气，义之行即有义气等等。德之行与德之气同步流行，同时改变学者的意识与身体结构。

5. 在"德之行"与"德之气"之间，我们发现"志"扮演相当重要的角色，只要志之所向，气即可随之流行。[50]

看过这五项要点后，我们不难发现"德之行""德之气"诸语虽然独特，但其整体架构却仿佛见过：它所说的要点与孟子的思想何其相似！为了证实本文的主题，笔者愿意再举一条

---

[50] 引自拙著：《德之行与德之气》，此文收入《中国文哲研究的回顾与展望论文集》（台北："中央研究院"中国文哲研究所，1992 年）。

论证，以显示《德行》《四行》的作者是不折不扣的孟子后学，他的问题意识及解决方式都是承自邹邑传统。我们前文探及孟子的"践形"理论时，曾说此理论预设了身心一元论以及身体可以精神化的前提，我们还举圣人的"生色"效果，以证明我们提出的假说是经得起文献的检证的。底下，我们且再看两条资料：

  1. 金声而玉振之者，动□〔而〕□□形善于外，有德者之〔美〕。

  2. 身调而神过，谓之玄同。

第一条资料出自《德行篇·说9》，第二条资料出自《四行篇》。第一条资料稍有缺字，然而其文义皎然可见，它的内涵岂不正是孟子所说："其生色也，睟然见于面，盎于背，施于四体"吗？而孟子的生色理论用来解释第二条资料的"身调神过"，也是恰当的。只是第二条资料更强调学者臻乎化境时，其身体结构是圆满的机体，知觉、意识、神气混合一片，遂成玄同。

  看过前面所举的五项要点再加上最后的补充说明后，我们不得不认为《德行》《四行》两篇的作者为孟学后劲，他不可能摆脱孟子的语汇及思考方式。而这位孟学后劲与孟子思想的接榫点，我们如果从身体观（或许该说身心观）入手，恰好可以对照而出。然而，《德行》《四行》两篇的作者既然是后学，他与宗师间当有差异与发展，笔者认为其发展主要就是他提出的"德之行"与"德之气"的观念。

在《孟子》一书中，我们看到的典型的孟子思考方式，乃
是他特别强调扩充，道德的进程就是从内在的性体，发为四
端—平旦之气往外伸展，并转化原先的身心结构之进程。《德
行》《四行》两篇的作者却反其道而行。身为孟子后学，他当
然不可能违反孟子理论的基本关怀与理论架构，但他将重点颠
倒了过来。他将一般的道德行为收归到内在身心上去体证。如
果道德真能在人的生命结构中引起相应的流行，那么，这样的
"德"才是真正的道德。换言之，真正的道德是要与身心结构
连续体连在一起的，所以说"德之行"。《德行》《四行》两篇
的作者在这点上显然与孟子的关怀重点不同。孟子强调"内在
生命底层的四端—平旦之气不断扩充，撞击原来的身心结构，
并转化之"。孟子后学则强调"学者当超脱一般所谓的德行之
束缚，返身体证内在生命是否引发某种相应的、有生理丰盈意
义基础的道德"。一由内往外扩充，一由外往内体证，进行方
向恰好对立。但这种对立当然只是形式意义的，两者对人身心
结构的理解并没有差异，只是孟子后学站在孟子的肩膀上，发
现到让道德更内在化后，学者才不致沦为"芸芸他者"中的一
员，[51] 只顺从不具有存在感的德目。

但语及内在化，"德之行"仍不够彻底，它仍带有太多意

---

[51] 此"芸芸他者"即海德格所说的 das Man，参见氏所著、陈嘉映等
译：《存在与时间》（北京：三联书店，1987 年），页 140—160。中译
本将 das Man 译作"常人"。

识成分的色彩。我们前面说过：孟子早已接触到心性论与形上学以及心性论与身体论的边界地带。孟子后学进于孟子之处，正在于他把这模糊的边界地带弄得更清楚，他发现到五种德之行都还有与之相应的气相呼应，仁德有仁气，义德有义气，礼德有礼气，圣德有圣气，每一德之行与每一德之气是一体的。[52] 可意识到的道德心面相乃是德之行，而可体证而不可指实的身心交接面相则是"德之气"。在五种德行与德气当中，"圣"与"圣气"地位尤高，其他四行及四气的地位是并列的，没有价值高低可分；而"圣"及"圣气"则是果地之事，是修养的理想状态。学者只有一一体证过其他四行之德及德之气后，才可领悟圣地风光。《四行篇》开宗明义即说："四行成，善心起；四行刑（形），圣气作。五行刑（形），惪（德）心起，和胄（谓）之惪（德）。"善和德是道德意识发展的两个阶段，孟子亦言："可欲之谓善，有诸己之谓信，充实之谓美，充实而有光辉之谓大，大而化之之谓圣，圣而不可知之谓神。"孟子后学的"善"之阶段相当于孟子所说的"善""信"两种位阶，"德"则与"美""大""圣""神"的位阶重合。在"德"的阶段，五种德之行与德之气混然为一，不可个别名状，此时学者的身心状态会显出两种特色：

---

[52] 帛书《德行篇》中只有仁气、义气、礼气，没有智、圣两气，此事费人猜疑。笔者认为最好的解释乃是：此二气原来的文本是有的，目前出土的帛书本没有保存好，所以湮灭掉了。观帛书另篇《四行》中有"圣气"一语，由此可略窥一斑。

1. 身心合一，所谓小体"与心若一，同于仁义"。(《说22》)

2. 证得无限，不受个体拘囿，这就是"舍（捨）体独心"(《说8》)的境界。

第二点的"舍体独心"一语其实有点语病，因为身心若一以后，即无从指认何者是身之面相，何者是心之面相，遑论要从中取舍了。但我们知道孟子后学的意思只是想强调在圣气流行之际，身心固然"玄同"，但体内外也无从分别，这才是真正的"一体"。

泛观《管子》两篇及帛书《德行》《四行》两篇后，我们发现到孟子以后儒学的一大发展，乃是在孟子已开发过的道德意识领域背后，寻找支持此道德意识领域的身心向度。这个向度是隐暗的，它不见得对日常的意识开放，但它却是所有道德意识模态的构成基础，而且学者经由工夫论的修习之后，原则上是可以体证的。这个隐暗向度即是中国思想独特的气之向度，而孟子后学在此独特向度上更确认气本身的价值地位，心善气亦善，所以以"精气""德之气"之名名之。但"精气""德之气"一方面固然是隐暗的，它内在于个人的身心底层，学者只有深之又深、精之又精以后才能体证。很吊诡地，它同时又是普遍的，学者只要体证此种气，他同时也就有天地人一体之感，《管子》两篇甚至由此建构出精气说的存有论。孟子真是儒门不世出的豪杰，他提出的工夫论横跨了人的形、气、志之身体结构，同时也跨进了个人与社会交往的领域。在形—气—志身体结构方面，他分别提出"践形""尽心""养气"之说，而其主要关怀则以"尽心"为主。他遗留下来的形、气部分，孟子后学适时提出了精气说与"德之气"说。道德气论的提出是相当有意义的，因为它不但一举攻克了孟子开辟出、而尚未摧陷廓清的战场；它同时也借着"气"这个华夏文化共同的母题，展开与其他的诸子百家与文化领域对话的工作。

四　荀子的礼义身体观

从孔子到孟子，再从孟子到孟子后学，我们可以看到儒家的道德哲学越来越内在化，也越来越脱离经验世界的参考架构。儒家思想这种变化，如果从心性论的观点来看，也许可以视为一种理论的进展；但对于对经验世界的意义架构感到兴趣的人而言，这种发展则令人感到不安，荀子正是后面所说的这一种人。

荀子的经历我们了解得不多，但有证据显示：他的思想应当有种发展的历程，成熟期的荀子思想和他某些阶段的想法并不相同。或者我们可以说：荀子的思想具有多样的面相，他虽然是先秦诸子中最具体系完整性的思想家，但不见得他思想体系内的每一因子都结合得非常严格。比如荀子是最强调经验的可验证性的，但他对《易经》居然相当重视，他的重视就相当耐人寻味。[53] 又如荀子一再批判孟子，但两人之间是否没有

---

[53]　参见李学勤：《帛书〈周易〉与荀子一系〈易〉学》，《中国文化》（香港：中华书局），创刊号，1989 年。

蜜月时期，或者没有共享的泉源，此事亦大为可疑。笔者认为在身体观方面，荀子与孟子固然差异极大，但相同之处也不算少，而此相同之处，还是他著作里面重要的成分。在他的著作的开宗明义章《劝学篇》里，荀子一再提到学者当立大志，志的目标即在圣人，圣人是人伦之至，他有他一定的气象，与常人不同。荀子说道：

> 学恶乎始？恶乎终？曰：其数则始乎诵经，终乎读礼；其义则始乎为士，终乎为圣人。

至于圣人的状况如何呢？荀子以他带着热烈布道的笔端继续写道：

> 君子之学也，入乎耳，著乎心，布乎四体，形乎动静。端而言，蠕而动，一可以为法则。小人之学也，入乎耳，出乎口。口耳之间则四寸耳，曷足以美七尺之躯哉！古之学者为己，今之学者为人。君子之学也，以美其身；小人之学也，以为禽犊。积土成山，风雨兴焉；积水成渊，蛟龙生焉；积善成德，而神明自得，圣心备焉！[54]

"君子之学也，入乎耳，著乎心，布乎四体，形乎动静"这样

---

[54] 以上引语皆出自《荀子·劝学篇》（四部丛刊本）。

的语言我们应该不至于感到陌生。孟子所谓"仁义礼智根于
心，其生色也，睟然见于面，盎于背，施于四体，四体不言而
喻"，与荀子所说的，简直是同一版本的不同摹写。显然，荀
子的道德不完全是"外在的"，它至少也有"诚于中，形于外"
的部分。

荀子不但提出类似生色、践形这样的现象，他还提出这种
由内而外的发展历程。在《不苟篇》中，荀子论道：

> 君子养心，莫善于诚，致诚则无他矣！唯仁之为守，
> 唯义之为行，诚心守仁则形，形则神，神则能化矣！诚心
> 行义则理，理则明，明则能变矣！变化代兴，谓之天德。

这一段话在《荀子》里是很特别的，它和《中庸》《孟子》论
诚，简直没有差别，尤其从"诚心守仁则形，形则神"以下的
文字，和《中庸》言"诚则形，形则著，著则明，明则动，动
则变，变则化"，更是如出一手。朱熹在《中庸》"诚则形"下
有注云："形者，积中而发外。"[55] 这样的话语向我们传达了什
么样的讯息呢？我们看到它传达了如下显著的内容：身心一
体；道德心会由内往外彰显到体表上来；观者见了，即知其人
之德，并自求向善。若此种种，皆是孟子学"践形"理论的核
心要义。而且荀子此处语及"神"，语及"仁"，在前面引文

---

[55]《四书纂疏·中庸纂疏》，前揭版，页129。

处，我们还见到"神明自得，而圣心备焉"的文字，这些语词使我们联想到的犹不止于孟子的化境——它已骎骎然进入了《中庸》所说的鸢飞鱼跃之形上境界。

《荀子》书中竟有类似孟子践形观的旨义，此事诚然费解。然而，问题或许可以这么看：荀子虽然有由内往外、转化身躯的思想，但由"内"到"外"不是直线型的，"内"因并不是"外"果的充分条件，最多它只是具备了某种的动力因，荀子这种想法和孟子学派视价值内在，道德即扎根于渊深的身心深层，大异其趣。其次，荀子固然也讲到"神""化"之境界，但在荀子的语汇体系中，这样的字眼并不代表神秘或超越的意涵，它只是描述经验性的完美状态，而能体证这种完美状态的当然是圣人，所以说：

> 曷谓神？曰：尽善挟治之谓神；曷谓固？曰：万物莫足以倾之之谓固。神固之谓圣人。

荀子喜欢讲"尽""固""备"等言语，这些语汇都表示了一种极致之意，而圣人正是这样的代表，因此，他说圣人是"备道全美者也"（《正论篇》）、"积善而全尽"者也（《儒效篇》）、"一而不贰"者也。圣人既然是道的具体化，因此，对凡人来说，这种人格当然就很难企及，所以可以用"神"字形容之。不管怎么说，以荀子重经验、重感官、重积累、反玄虚的思想，他不可能接受神秘或形上的论断。因此，他所使用的

"神"等语汇,只能当作一种没有决定体系意义的抒义字,而不是实体字,这是可以肯定的。

如果荀子有类似孟子的践形理论,但又没有践形理论涉及的心性理论与形上境界,那么,他所说的践形现象到底是怎么产生的呢?我们可以看荀子如何回答这个问题。他在《修身篇》说道:

> 治气养心之术:血气刚强,则柔之以调和;知虑渐深,则一之以易良;勇胆猛戾,则辅之以道顺;齐给便利,则节之以动止;狭隘褊小,则廓之以广大;卑湿重迟贪利,则抗之以高志;庸众驽散,则劫之以师友;怠慢僄弃,则照之以祸灾;愚款端悫,则合之以礼乐,通之以思索。凡治气养心之术,莫径由礼,莫要得师,莫神一好。夫是之谓治气养心之术也。

荀子重礼乐、政治等客观精神,这是大家都注意到的;但他对内在面的身心问题也未曾忽视,他说的治气养心之术其实也就是孟子的养气尽心之术,两者在语义上并没有什么不同。但在孟子的养气尽心中,学者要做的工夫乃是本心的不断自我提携,自作主宰。荀子的治气养心虽然也有要求学者返身内证,并思求以对立面的德性克治自己身心气质上的偏差。但荀子很明确地要求:工夫不能只是从内在面流出上着眼,人性不是价值的根源,学者没有那么强的自主性,他需要师长的扶持;

在学习态度上则要始终一贯，坚持下去；更重要的，一定要
遵循礼。

　　师长的扶持是教育意义上一种重要的助缘，"莫神一好"
则是一种最基本的学习态度。但语及荀子的身体观，最核心的
因素可能是他对人身的认识为何，以及他认为人身应达到什么
样的理想状态。在《王制篇》中，荀子提到人在自然世界中的
位阶，他说：

> 水火有气而无生，草木有生而无知，禽兽有知而无
> 义，人有气、有生、有知，亦且[56]有义，故最为天下贵。

荀子这里列出的宇宙图像颇类似突创进化论者所提出者：上层
要建筑在下层的结构上，但上层出现的新的因素却不是下层拥
有的。[57] 由水火而草木而禽兽而人的发展，实质上也就是由
气而生而知而义的上升。这里值得注意的是：荀子在本体宇宙
论方面，也接受气为万物构成的因素，人身也不例外，这点显
然与晚周的整体学术氛围一致。如果说"气"是构成水火、草
木、禽兽与人的共同因素，则原则上人与万物之间可以有一同

---

[56] 杨倞注"亦且"云："亦且者，言其中亦有无义者也。"此注甚是，荀
　　　子不会承认人有先验而内在的义的。此义参见朱晓海：《荀学一个侧
　　　面——气——的初步摹写》。文见拙编：《中国古代思想中的气论与身
　　　体观》，页 455。

[57] 参见 C.L. Morgan 著、施友忠译：《突创进化论》，（台北：台湾商务
　　　印书馆，1967 年）。

感共应的潜存结构。如果有人能使这潜存的结构浮显为现实，原则上他就可以自觉地参与万物潜存的活动。荀子向来厌恶虚幻不实之论，但他论及圣人之处，却认为圣人感应力甚强，他只要修身至极，即可气通宇宙，超越个体；百姓见到他了，也会不能自已地油然思善，安然迁化。笔者认为荀子这种结论即是建立在当时共通的概念——气——上面，所以，他所提出来的圣人性格也才会跟当时共同的理解有重叠的地方。

　　荀子认为气本身有交感的质性，他也有类似践形、生色的主张，但我们却不能设想荀子和孟子，《管子·内业》《心术下》两篇及帛书《德行》《四行》两篇作者所主张的践形理论一样。笔者认为其中的关键乃是：孟子学主张原身心气为一，而在终极意义上的气是种具有自我成长、丰盈意义、统绾意识与存在的生机，因此，四端与精气（夜气、平旦之气、心气）同步扩充的结果，终可转化学者定型的身心结构。但荀子的气就是一种准物质、体质意义的气，这种气是普遍的，因此，它有交感的功能。和近代唯物论的物质观念相比之下，荀子的气或许还不够彻底，物活论的盲肠毕竟没有割掉，但这不表示它可以成长、转化、主动地参与存在之流行。可以成长、转化存在状态的，乃是人心。

　　在荀子的系统中，心性是二分的。"性"取材质义，"生之所以然者谓之性；性之和所生，精合感应，不事而自然谓之性"。（《正名篇》）前一种解释是形式的，表示"性"只能是一种给与的（given）、未加解释的本然模态；但"性"虽是给与的、材质意义的，但这不表示"性"纯是"白板"，一切质性都是由经验导引出来的。荀子重经验，但他认为一切性有"和所生，精合感应"的基本属性。笔者认为他这里所说的性，其实就是气性。气性虽可精合感应，但它本身不具备善的属性，它仍是材质，只不过它比一般的材质更精微罢了。作为材质的气性既然摆脱不了它命定的构造，所以以它终究还是有待改造的。谁能改造呢？从人的结构上讲，能改变气性的即是"心"。荀子说：

> 耳目鼻口形能各有接，而不相能也，夫是之谓天官。心居中虚，以治五官，夫是之谓天君。（《天论》）
>
> 心者，形之君也，而神明之主也；出令而无所受令，自禁也，自使也，自夺也，自取也，自行也，自止也。故口可劫而使墨云，形可劫而使诎申，心不可劫而使易意，是之则受，非之则辞，故曰心容——其择也无禁，必自现；其物也杂博，其情之至也不贰。（《解蔽》）

"心容"就像"心行"一样，两者都是晚周思想家共同关怀的主题，[58] 荀子讲的"治气养心"之术，亦隶属于此范围。荀子在这方面的观点与道家的关怀重点不同，与孟子的想法也有同

---

[58] 梁启雄引《庄子·天下篇》"语心之容，命之曰心之行"，以证荀子"心容"之义，此注甚是。晚周诸子言心之语特多，孟子的"四端"、《德行篇》的"德行"、《管子》四篇的"心中之心"、庄子的"常心"、《易传》的"洗心"等等，皆是心容心行之语，荀子也参与了这股势力庞大的潮流。

有异。荀子的"心"是虚一而静的大清明心，这样的心与道家强调的虚静心相当类似，这点是许多学者都已注意到的。但两者间的差异也是很明显，荀子的心除特别注重道家一向特别不注重的理智功能外，在身心关系方面，两者的理解也不同。道家注重的是心气合流的深层之心，荀子则特别重视心对形气的宰治功能。老子视"心使气则强"为学者大忌；荀子则强调"心者，形之君而神明之主也"。显然，荀子还是注重道德自觉的首出地位，这点无疑地是儒门各派共同遵行的大传统。但在这大传统底下的各分支，其发展的方向并不一致。在工夫的历程上，孟子学派也是着重心（大体）对形气（小体）的主宰，但这种主宰是"导引使其合流"的主宰，所以说"志至焉，气次焉"，终至于浩然之气与天地同流。但荀子的心气是断层的，气就是气，它不是具有潜存精神作用的"精气"；但心不一样，在《赋篇》的"知赋"里，荀子说"心知"乃"血气之精也，志意之荣也"。在人身的结构中，心特别彰显其地位。它不离血气，但它是血气精英，所以可反过来治血气；它不离志意，但它是志意的华实，所以可反过来引导志意。

在荀子的系统中，修行的关键在于"心"，他说的心是"虚一而静"的大清明心。性属于自然，形气则是性的部分。"天生人成"是荀子哲学的基本命题，这个命题运用到身体观上来，则是"化性起伪"。[59] 然而，化性起伪的"伪"到底要

---

[59] 参见牟宗三：《名家与荀子》（台北：学生书局，1982年），页213—228。

伪到什么程度呢？大清明心所要达到的境地又为何呢？谈到此处，我们不得不再度正视荀子的心灵概念。荀子以"虚一而静"释大清明心，这是他的"心"之概念之消极面。但单单虚静无法穷尽"心"的内涵，它还有积极面，它的积极面乃是建构在清明理智功能上的"统类心"。[60] 荀子的自然（天）是中性的，它提供了质料，但它没有提供价值，价值的秩序是由"心"建构的。

荀子特别重视秩序，而自然原来就是浑沌、无秩序。《性恶篇》所言之性恶本非真恶，这是可以确定的。但人原始的生命是浑沌失序，这点也是确定的。能带领学者走出这块浑沌区域的，正是人心。荀子曾赞美穷尽大清明心的大人说："经纬天地，而材官万物，制割大理，而宇宙裹矣！明参日月，大满八极，夫是之谓大人。"荀子很重视"明"，[61] 也着重君子可以和天地或日月相参。他使用这些意象显然和《孟子》《中庸》含有冥契经验的叙述不同。但他说的"明"也不仅是透过认知，对对象因而有深刻的体认，大清明心的"明"和认知心的"明"到底不一样。简单地说，荀子的大清明心除了强调认知的功能外，它还具备存有论的功能，亦即它可定位宇宙。唐

---

[60] 参见唐君毅：《中国哲学原论·导论篇》（台北：学生书局，1986 年），第 4 章。

[61] 参见蒋年丰：《荀子"隆礼义而杀诗书"涵义之重探——从"克明克类"的世界着眼》，此文收入《先秦儒法道思想之交融及其影响》（台中：东海大学文学院，1989 年）。

君毅先生以统类心解荀子之心，其解实远较一般的认知心之说来得合理。由于认知中有定位的作用，所以大清明心扩充至极，整体的自然界就有了重新塑造的构造，失序的浑沌因此也就变为可以理解的秩序，这显然是种可以比配造化的创造。荀子所以喜欢讲圣人之神明，或言人心可以上配天地、日月，我们可以从此思过半矣！在荀子的大清明心的重新定位之作用下，人身的一切也会从自然的状态中获得改变，成为理想的模式。荀子的准"践形"理论和孟子学派的所以不同，我们可以这样说：孟子学派的是"由内往外，心气不断流行渗化，终至于转化人的存在"；而荀子则强调大清明心对人身的认知、主宰、重新定位，人的自然之身因此可转化成符合道德的一种模态。但心灵在指导人身成功之后，原被压抑的气也跟着清明起来，并发挥其感应的能力，所以荀子也有类似践形的理论。但是，心和气在荀子体系中，终究是断层的两橛，所以荀子不会有"扩充心气，以践其形"的主张。

如果人心是转化人身的动力因，但又不足以美圣人之身的话，那么，圣人的美其身还需要什么条件呢？落实来说，也就是心是透过了什么媒介去改造人身呢？我们前文已说过：单单大清明心是不足的，荀子不主心性合一，因此，在心中真是没有价值的根源，根源只能在人身之外，这种根源就是荀子一再强调的礼。他说：

凡用血气、志意、知虑，由礼则治通，不由礼则勃

乱提僈。食饮、衣服、居处、动静，由礼则和节，不由礼
则触陷生疾。容貌、态度、进退、趋行，由礼则雅，不由
礼则夷固僻违，庸众而野。故人无礼则不生，事无礼则不
成，国家无礼则不宁。(《修身篇》)

礼者，所以正身也。(同上)

夫目好色，耳好声，口好味，心好利，骨体肤理好愉
佚，是皆生于人之情性者也。感而自然，不待事而后生者
也。夫感而不能然，必且待事而后然者，谓之生于伪。是
性伪之所生，其不同之征也。故圣人化性而起伪，伪起而
生礼义，礼义生而制法度。然则礼义法度者，是圣人之所
生也。(《性恶篇》)

荀子的性、生、身之概念实质上是相同的，它们要有价值，必
须经过一番改造，改造的标准则是礼。如在"礼"此一原则
上，更强调其正当性的分辨面，也可以说成"礼义"。礼义先
于个体存在，它隶属于第三世界，[62] 但第三世界的符号因素却
渗透到第二世界的意识活动里面，参差浃汇，混然一体。荀子
认为人身只有经过礼义的范铸以后，才能真正地完成其自体，
成为人身。更严格说来，只有经过礼义范铸以后，人才成为
人。自然人是前于人的兽性阶段，超越礼义之外的冥契人或仙

---

[62] 三个世界及第三世界的理论参见波普尔 (Karl R. Popper) 著、纪树立
编译:《科学知识进化论》(北京: 三联书店，1987 年)，页 309—326。

人，则言不雅驯，君子所不道。

依荀子的思想体系，人的定义就是社会人（礼义之人），没有抽离人群独立的自然人这一回事。同样的，依他的思想往下推，人的身体也当是社会化的身体，没有独立于社会规范（礼义）之外的身体可寻。荀子这种看待身体的方式曲高和寡，儒门中公然反对此说的人不多，但能彰显其义的更少。其实，被视为"大醇小疵"、甚或异端的荀子在这点上，真是具有非同寻常的洞见。当代一位人类学家综论人身与社会的关系时说道：

　　群体（social body）检束了躯体（physical body）呈现的方式。躯体的所作所为永远要受到群体（社会）范畴的修正，也惟有借着群体的范畴，躯体才可以被理解。因此，我们可以说躯体的所作所为事实上显现了某种的社会观。在这两种"体"的展现之间，意义永不停歇地交换，此体强化彼体之范畴，反之亦然。由于互动所致，因此，任何"体"本身都是极受制约的表现媒介。躯体的行住坐卧有种种的样态，五花八门，不一而足，但都显示了群体的压力。我们如关心躯体当如何整饰？当如何摄食调养？当如何医疗？或我们如想了解躯体当如何睡眠？如何运动？它会经历什么样的阶段？它忍受痛苦可以到达什么程度？它的生命模态为何？总之，也就是我们如想了解躯体所浸渍的文化范畴是什么回事，我们必须将它与社会如何

被看待的范畴紧密相联，因为这些看待社会的范畴同样也
著上了文明化的躯体之概念。[63]

简言之，也就是没有脱离群体的躯体，也没有脱离躯体的
群体，一般所谓的躯体与群体概念都是被建构起来的，而且
都是简化过的。如现象学地就这两种"体"的实质观察之，
群体与躯体的范畴有种共振性，两者相摄相入，不能孤离
来看。

群体是理解人的躯体表现无可避免的向度，彼此的范畴互
相指涉，这样的观点正是荀子想要表达的，而"礼，体也"[64]
此一古训所要传达的也正是这个讯息。荀子的礼之学说无疑有
很强的文化背景作支柱，但荀子更强调"学者当将礼体之于
身，学者的身体展现即是礼之展现"，这是种"礼能弘人，人
更能弘礼"的思想。荀子注重知识、学习、记忆，这点是大家
共同承认的；而荀子的知识理论之大宗乃是礼义，这点也是可
以肯定的。但放在身体论这样的观点来看荀子的学说，我们发
现更值得深思的理论乃是：荀子的知识不是主客认知型的知
识，而是体—知合一的知识。任何的知识如真要成为有用的知
识，它一定是"著乎心，布乎四体，形乎动静"（《劝学篇》），
这才是"君子之学"。反之，不能渗入里里外外，不足以"美

---

[63] M. Douglas, *Natural Symbols* (New York,1982), p.65。

[64] 参见刘熙：《释名·释言语》（台北：台湾商务印书馆，四部丛刊本），
卷4，页25。

七尺之躯"的，这只能是"小人之学"。由于知识即是体知合一，而知识主要的内容乃是礼义，因此，荀子论身、论礼，其结果必然是身礼合一。君子一定不能"独立孔门无一事，只输颜氏得心斋"，他的人格非得具有丰富的文化内涵不可。这种丰富的文化内涵渗入其骨髓，使他脱胎换骨，一扬眉、一转瞬之间，都是礼之显现。因此，君子的身体已经不仅是文化系统（礼）的记号（sign）或是指标（indicator），而是礼之体现。但由于礼是文化系统之总称，是组成社会家国的规范法则，因此，荀子论身，其身遂不仅是身—礼合一，它必然还是身—礼—群同一，此乃其理论所必涵。他所理解的这种圣人（君子）人格与后世理学家所言，其间异同，实有值得深思体玩之处。

准上所说，我们可以看出构成荀子身体观的三项要因乃是：自然的感官—气之身躯、虚一而静的大清明统类心、依礼义而行的完美身体之行为法则。自然提供了材质，心灵提供了动力，礼提供了形式与目的。从孔子到孟子，我们看到了心性论的因素逐日占取上风；从孟子到荀子，我们看到了客观精神的倾向又逐渐压倒了主观的精神。荀子对于孟子，确实误解甚多，孟、荀之间的思想行程大概谈不上是调适而上遂的发展。但宋明儒者一向认为荀子不见道，其学无本，此种判断恐亦未必得当。"内外""本末"诸类语言也是虚义字，它的真实指涉只能在体系当中定位。孟子学派的本末内外，不见得符合荀子学派的规定，反之亦然。假如我们承认"既得结构"

（forestructure）是人性必然的命运，[65] 也承认礼是"社会事实"的成分，而且假如我们进一步承认仁礼是一体的两面，至少是不可分割的连体概念，[66] 那么，荀子之以礼治身，使身成为礼义化的身体，其说遂可自成理路，殊难以无本无源之言讥之。

五　二源三派之身体观原型

荀子是先秦儒家最后一位大师，他一过世，辉煌而惨烈的战国时代即告结束，而儒家的身体观之发展恰好也暂告一段落。站在战国秦、汉之交的转捩点，我们一回首，不难发现：身体观虽然没有成为先秦学术的大论述，但自有神圣的经典（五经）以来，它即成为许多重要命题背后的隐形预设。而且，先秦重要学派的一些思想巨子在提出心性形上学的问题时，往往也会把这重要而隐性的因素带到公开的论坛上来。这种情况不仅见之于儒家，道家的情形也相当明显。本文因重点所限，

---

[65] 关于"既得结构"及连带而来的"先期之知"（fore-understanding）、"先期之见"（prejudice）等概念之意义，参见 H.G. Gadamer, *Truth and Method*, trans. G. Barden (London,1975), pp.235—267。

[66] Fingarette 认为孔子的仁与礼是一体的两面，而且仁没有心理学的内涵，氏之言曾引起相当热烈的讨论。笔者不能赞成孔子的"仁"没有所谓"心理学"的内涵，但 Fingarette 的解释确实很有理趣，如果他能将他的解释移之于荀子，由此立论，其结论可能更为恰当。Fingarette 之语参见 *Confucius—The Secular as Sacred* (London, 1972) 一书，尤其是页 37—56。

所以讨论的范围仅限定在儒家。

从经书的记载直到《荀子》所论，我们发现儒家身体观的发展轨道颇饶趣味。在孔子以前，"导血气"与"摄威仪"是西周春秋"君子"最熟悉的两种修身方法。"导血气"是由人身内面立论，它牵涉到意识与身心结构的问题；"摄威仪"则由人身外面着眼，它牵涉到礼义与社会化的问题。前一种身体观，我们可称之为"气化的身体"；后一种身体观，我们称之为"社会化的身体"。气化的身体与社会化的身体是先秦儒家身体观的两个源头，同时也是贯穿这时期儒家身体观的两条主动脉。从孔子到孟子到《管子》之《内业》《心术下》两篇及帛书《德行》《四行》两篇的作者，我们看到儒家的成德之教越来越重视心性论的因素，而气的思想也随着道德意识体证的深入，逐渐地浮上问题意识上来，并与形、神的概念结合，成为这支儒家学派的成德之学之具体化依据。但从孔子、子张、子夏以下直到荀子，我们也看到儒家另有一支"社会化的身体观"在流动，这种身体观的特色到了荀子身上，终于彻底显现。这种的身体观强调人与社会的本质关联，没有无社会之身心，也没有无身心之社会，内—外、特殊—普遍乃是相反相成的对立统一。

"气化的身体观"与"社会化的身体观"这两条路线犹可再论。我们如果将战国中晚期的儒家身体观视作一整体看待，不难发现"气化的身体观"还可再分成两种，一种是从心性论着眼立论，一种是从本体宇宙论着眼立论。从心性论着眼立论所见到的气化，严格说来，实乃心气化，亦即人的意识与存在之统一。至于从本体宇宙论所见的气化，则主张人的存在与自然原本同质流通。如果从后代儒家圆教的观点看来，客观面与主观面原本是一体的两相，心性本体与宇宙本体本同一体，因此，我们也可以说：两种气的分别并没有必要。但是，就思想史的发展脉络来看，这两种气的区别确实存在，而且它们代表的两条路线一直延伸到相当遥远的后代。如是说来，我们可将先秦儒家的身体观视作后来同类型概念的源头及原型，这种原型可分成以下三种：

一、礼义的身体观：这是种社会化的身体，它强调人的本质、身体与社会的建构是分不开的，荀子是典型的代表。

二、心气化的身体观：它强调心性论与身体论的机体关系，这是建立在"经验我与深层本我（self）"及"意识主体与身体主体"间都具有连续性的一种身体观，孟子的践形观及其后学的心气观是典型的代表。

三、自然气化的身体观：这种身体观强调自然与人身同是气化产物，因此有同一性，自然与人在内在的本质上即是感应的。这种身体观在秦、汉以后蔚为大宗，但在《管子》两篇的精气说以及《左传》《易传》等文献所记载的气之理论中，我们已可看出这样的思想走向。

以上三种分法当然还是相当理想类型的，事实就像"光谱"这个隐喻所指示的一样，在光谱的两极间往往还有其他的颜色，而且颜色与颜色间的界限不容易划分清楚，彼此渗入反倒是常态。先秦儒家的身体观亦是如此。战国儒家诸子的身体观通常不是纯粹属于社会、心气或自然的范围。即使像荀子这样逻辑性格强的思想家，我们也发现到他思想中的身体既需要在礼义中成就自己，但它内在还是由一种构成万物本质的气所组成。至于心气化与宇宙气化的身体观重叠处更多，此事不难理解。因为在天道性命贯通的格局下，人存在本质的极限处，恰好也就是进入与自然气化同体流行的门槛，深层自我与无限是比邻而居的。

儒家"二源三派"的身体观牵涉到一些哲学上的基本难题，要解决这些问题殊非易事，但这已不属于本章探讨的范围。我们最后仅想举一个质疑略加讨论。此质疑即是：为什么谈论儒家的身体观，不客观分析其"身体"概念的内涵为何，而偏要绕道讨论"威仪""践形""德行—德气"的观念？这些观念不是该属于"修身"而非"身体"吗？

以上的质疑诚然可以提出，但这样的质疑对象恰好是儒家学者视为理所当然的预设。儒家在成德之教此大传统规范下，它所看到的家国社会、个人身心都不会只是纯从经验性格的立场下判断。恰恰好相反，儒家既然高举道德的理想主义之大旗，它所看到的完满类型一定是落在与此现实世界矛盾冲突——至少是有相当距离——的另一层秩序上。换言之，此世之内的家国社会、个人身心都是不完整的，它们永远有待补足证成。孟子所以讲践形，《管子》所以讲全形，荀子所以说"美身"，其道理皆在此。依先秦儒家的观点看来，像"身体"这样与人的实践息息相关的项目，只从非存在的"定有"（ontic）观点看是不恰当的，要看只能"存有论地"（ontologically）看。[67] 身体观的严格意义就是"修身"，现实最后总还是要皈依一种顺着"存在"发展上来的规范的。

---

[67] "定有"或"物论的"（ontic）与"存有论的"（ontological）之区分，参见 M. Heidegger, *Being & Time,* trans. J. Macquarrie & E. Robinson (New York, 1962), pp.28—35。中译本，前揭书，页11—19。

第二章　论公孙尼子的养气说

——兼论与孟子的关系

　　《汉书·艺文志》录有《公孙尼子》一书，二十八篇，列在儒家部分。在杂家部分又列有《公孙尼子》一篇。前书注云："七十子之弟子。"后书无注。[1] 到了《隋书·经籍志》儒家部分，则有《公孙尼子》一卷，注语云："尼似孔子弟子。"[2]《旧唐书·经籍志》[3] 及《新唐书·艺文志》亦载《公孙尼子》一卷。[4]《汉书·艺文志》载录的廿八篇与一篇两本的关系如何，我们现在已无从知道。然鉴于《艺文志》所载诸子书多有类似《公孙尼子》之情况者，因此，《公孙尼子》一书两见，不无可能是"别裁""互著"之例。[5] 至于《汉书》里的一篇本与后来隋、唐时期的一卷本究竟是同是异，我们也不清楚。因为这两本书（？）后来都失传了。两本《公孙尼子》全文虽

[1]《汉书·艺文志》（台北：鼎文书局，1983 年），总页 1725、1741。

[2]《隋书·经籍志》（台北：鼎文书局，1983 年），卷 34，总页 997。

[3]《旧唐书》（台北：鼎文书局，1985 年），卷 477，总页 2024。

[4]《新唐书》（台北：鼎文书局，1985 年），卷 59，总页 1510。

[5] "别裁""互著"之说出自章学诚，参见《校雠通义》，卷 1，《互著第三》《别裁第四》。此书收入《粤雅堂丛书》。

已无法看到，但幸好还有些断简残篇留下，让后人可以略窥一斑。

公孙尼子的著作除见于后人的辑本之外，还牵涉到《乐记》此一大公案。《隋书·音乐志》曾引用萧衍诏语及沈约的《奏答》，讨论音乐诸事。在《奏答》中，沈约明言"《乐记》取《公孙尼子》"。[6] 唐张守节在《史记正义》里亦云："《乐记》者，公孙尼子次撰也。"[7] 梁、唐时期，《公孙尼子》书犹在，沈、张之说当信而有证。《意林》一书曾引公孙尼子之言："乐者，先王所以饰喜也；军旅者，先王所以饰怒也。"[8]《初学记》亦曾引其说曰："乐者，审一以定和，比物以饰节。"[9] 这两段话语赫然也见于今本《乐记》，可以当作沈、张之说的有力佐证。此外，王充曾赞美公孙尼子的情性理论"颇得其正"，而据王

---

[6] 卷 13，总页 288。在《奏答》里，沈约明确地说：（一）汉武帝时，河间献王与毛生等采取《周官》及诸子言乐事，作《乐记》；（二）刘向校书，又得廿三篇《乐记》，此本与河间献王采集流传下来的集子不同；（三）《乐记》取自《公孙尼子》。据沈约文"《别录》所载，已复亡逸"，刘向的校本《乐记》或已遗佚。至于第一、第三两种说法何以并存，沈约没有进一步解释。

[7] 《史记·乐书》（台北：鼎文书局，1985 年），卷 24，总页 1234。

[8] 马总：《意林》（四部丛刊本），卷 2，页 20。原文作《公孙文子》一卷，马国翰（《玉函山房辑佚书》，总页 2532）、洪迈、王应麟等人皆已指出"文"为"尼"字之误（引见四部丛刊本，案语）。《太平御览》引文多有与《意林》引的数条《公孙尼子》相同者，而其书名正作《公孙尼子》。吴静安《公孙尼子学说源流考》（《南京教育学院学报·社科版》，1985 年第 1 期）证明《意林》引作《公孙文子》，乃因公孙尼字文之故，其论证可备一说。

[9] 徐坚：《初学记》（台北：鼎文书局，1976 年），卷 15，总页 367。

充的标准情性理论看来，《论衡》相关之说与《乐记》所言，确实有极相近之处（参见后文），这多少也可提供我们一些线索。

在唐朝前，《公孙尼子》曾被采编入《乐记》中，此事大概很难否认。然而，《乐记》一书在古籍中是有名的复杂，《史记·乐书》《荀子·乐论》的内容与《乐记》所说大体雷同，其他典籍与之相近者也有。有关《乐记》构成之事的考证极为烦琐，论著亦不少，[10] 笔者无意也无能一一校其是非。但大体上说来，笔者接受的是武内义雄与郭沫若的解释，[11] 他们认为目前流通的《乐记》取之于《公孙尼子》一书的说法是可靠的。退一步想，纵使《乐记》"真正的作者"不是公孙尼子，但至少《公孙尼子》一书中曾有《乐记》此文。鉴于古人对于"作者"的观念与今人不同，而且古书的流传也与近代书籍的流传

---

[10] 参见蔡海云：《荀子乐论篇与乐记之纠葛》，《天声》，第 1 期，1971 年；许祖成：《乐记句释》，《中兴文史学报》，第 3 期，1973 年。萨孟武：《论乐记》，《食货》，第 4 卷第 12 期，1975 年；李涤生：《荀子乐论篇试释》，《中兴文史学报》，第 6 期，1976 年；吴毓清：《〈乐记〉的成书年代及其作者》，《音乐学丛刊》，1981 年第 1 期；孙尧年：《〈乐记〉作者问题考辨》，《文史》，第 10 辑，1980 年；蒋孔扬：《评〈礼记·乐记〉的音乐美学思想》，《中国社会科学》，1984 年第 3 期；陈野：《〈乐记〉撰作年代辨析》，《浙江学刊》，1987 年第 3 期。与本文关系较深的王梦鸥、郭沫若、武内义雄、松本幸男的文章，参见注⑪及注⑮。

[11] 参见武内义雄：《诸子概说》，《武内义雄全集》（东京：角川书店，1980 年），卷 7，页 32—34；郭沫若：《公孙尼子与其音乐理论》，此文收入《青铜时代》，《郭沫若全集·历史编》（北京：人民出版社，1982 年），第 1 卷。

有异，[12] 公孙尼子或他人将《乐记》"采编"（如果《乐记》不是公孙尼子"作"的话）入《公孙尼子》一书时，是很自觉地意识到书中的内容是相互一致的。因此，从学派的观点看，我们没有理由将《乐记》从《公孙尼子》的学说体系里排除出去。

我们所以不得不将《乐记》纳入《公孙尼子》的学说中讨论，有多重的理由。比如：《乐记》从性情观点论礼乐的篇章和《荀子·乐论》引的《乐记》古说恰好一致。[13] 前面引用过的《公孙尼子》两条佚文，恰好也见于《乐化章》。更重要的，如前所说，我们认为洪颐煊与马国翰采辑的《公孙尼子》佚文，[14] 和《乐记》从性情立论的章节，在观点上可以互相呼应。我们此处特别强调"从性情立论"，乃因《乐记》一书原由十一篇组成，里面的内容不免有驳杂参差之处。因此，我们将尽量以《乐记》里从性情观点讨论礼乐的篇章，亦即孔颖达引《郑目录》所说的《乐本》《乐言》《乐象》《乐化》四篇

---

[12] 参见李零：《出土发现与古书年代的再认识》，《九州学刊》，第 3 卷第 1 期，1988 年。

[13] 参见松本幸男，前揭文；陈野：《从文献比较中看〈乐记〉的撰作年代》，《杭州大学学报》，第 17 卷第 3 期，1987 年。

[14] 《公孙尼子》一卷，洪颐煊纂集，原收入《经典集林》卷 20，后收入艺文印书馆影印《百部丛书集成》之《问经堂丛书》第 6 函，第 46 种。马国翰辑《公孙尼子》亦一卷，两书辑佚条目稍有参差，而马辑本为详。以下引文，基本上以马辑本为主。另《礼记》中有《缁衣》一篇，《礼记正义》引刘瓛云："《缁衣》，公孙尼子作。"然沈约前揭文则云此篇取自《子思子》。同一篇文章同时见于或取材于两个来源，这两个来源究竟有什么样的关系，这是很值得注意的现象。

为限，[15] 从宇宙论观点讨论礼乐的篇章则缺而不论。

参考洪颐煊与马国翰辑的佚文以及《乐记》里的相关章节后，我们发现到公孙尼子在论礼乐、性情、工夫方面，有极特殊的观点。这种观点一方面补白了先秦思想史光谱里的某些空隙，一方面更逼使我们不得不正视他与孟子学的关系。

一 《公孙尼子》残篇之养气说

在洪、马两氏采录的佚文里，字数最多，文意最完整，也最足以见出公孙尼子思想骨干的，莫过于《春秋繁露·循天之道》引用的公孙尼子之养气理论，[16] 其言如下：

> 养气曰：里藏泰实则气不通，泰虚则气不足。热胜则气寒，□□□□□。泰劳则气不入，泰佚则气宛至。怒则气高，喜则气散。忧则气狂，惧则气慑。凡此十者，气之害也，而皆生于不中。故君子怒则反中而自说以和，喜则

---

[15] 《乐记》共有十一章：《乐本》《乐论》《乐施》《乐言》《乐礼》《乐情》《乐化》《乐象》《宾牟贾》《师乙》《魏文侯》。然见于《礼记·乐记》《史记·乐书》《郑目录》中的次序并不一样，每篇文章的始末也不完全吻合（详情参见王梦鸥：《乐记考》，《孔孟学报》，第 4 期，1962 年；以及松本幸男：《礼记乐记篇的成立について》，《立命馆文学》，1970 年）。本文取《史记正义》的分段。

[16] 董仲舒原文作"公孙之养气"。《太平御览》卷 467 引《公孙尼子》曰："君子怒则自说以和，喜则收之以正。"此二语恰好见于董氏所引公孙氏之说，故知其人为公孙尼子。

反中而收之以政，忧则反中而舒之以意，惧则反中而实之
以精，夫中和之不可反如此。故君子道至，气则华而上。
凡气从心；心，气之君也，何为而气不随也。[17]

公孙尼子的养气理论，我们可以撮要如下四点：

一、造成气之害的因素有二：

（一）形体上的失衡，如太实、太虚、太劳、太佚、寒、热
皆会导致身内之气的失常。

（二）情感上的失衡，如怒、喜、忧、惧等，也会导致身内
之气失常。

二、气正不正常的标准，或气完不完美的状态，乃在它能
否呈现"中"，更具体地说，则是"中和"。中和是究竟的德性。

三、气从心，心帅气。

四、当君子臻乎完美境界时（道至），其气会升华有容光，
呈流行状态（华而上）。

一之（一）项里举出的种种失衡现象，虽然名称繁复，炫
人眼目，其实此种理论并不特殊，它指的是形体与身内之气的
有机关联。《孟子·公孙丑上》提到"今夫蹶者、趋者，是气
也，而反动其心"，[18] 即为相似之事例。《孟子》此段话语的主
旨虽落在"气一也会动志"上面，但此"气一"的前提乃因人

---

[17] 卷16，页11—12，四部丛刊本。据原注校语，原文当少五字。另本
"气则"作"而"，本文从原注引另本。

[18] 四部丛刊本，卷3，页6。

的形体状态改变所致。至于《管子·内业篇》所说："凡食之道，大充，伤而形不臧。大摄，骨枯而血沍……饱则疾动，饥则广思，老则长虑。"[19] 更明显地指出人的形体因素如果没有安顿好，精气的流通不免会受到阻塞。《公孙尼子》《孟子》《管子》的作者皆有治气、养气的学说，治气、养气首先遇到的问题，往往就是如何对待学者的形体。因此，贯穿于这三家的学说中，我们发现其间有重视形体对气的影响此一共同因素，这毋宁是相当自然的事。

明乎上文所说，我们对于底下三条零星的资料，可以重新为它们定位。此三条资料所言如下：

> 太古之人饮露，食草木实。圣人为火食，号燧人，饮食以通血气。[20]

> 人有三百六十节，当天之数也。形体有骨肉，当地之厚也。有孔窍血脉，当川谷也。血气者，风雨也。多食甘者，有益于肉而骨不利。多食辛者，有益于筋而气不利。[21]

> 孔子有疾，哀公使医视之。医曰："子居处饮食何如？"孔子曰："某春居葛笼，夏居密阳，秋不风，冬不

---

[19] 四部丛刊本，卷16，页4。
[20] 引自《太平御览》，卷849；《北堂书钞》，卷142。洪颐煊本字句稍有差异，此处从马国翰辑本。
[21] 《意林》（四部丛刊本），卷2，页20。《太平御览》（四部丛刊本），卷360，页5；卷375上，页3—4；卷849，页2，先后皆引用到此段话的片段。

炀，饮食不馈，饮酒不勤。"医曰："是良乐也。"[22]

这三条描述的都是具体的养生之术，也可以说是养气之术的初阶。第一条指出了生产血气的物质条件乃是饮食，至于饮食如何变成血气，而血气又具备了什么样的性质，公孙尼子没有再加以详说。但衡诸《左传》《国语》的相关资料，我们知道在先秦时期，认为血气、道德与饮食息息相关的想法，是相当流行的，《公孙尼子》此条资料恰好反映了一时的思潮。由饮食与人身相关的前提往下推，我们可以预期：如果在饮食上有任何偏斜闪失，在身躯上一定会反映出其后果，第二条所说的，正是人的身躯与饮食间的一种对应函数。《周礼·天官》云："凡药以酸养骨，以辛养筋，以咸养脉，以苦养气，以甘养肉。"[23] 与公孙尼子所说，恰可互相印证。这种人身躯体部位与气味相应的学说，很可能也是当时医学理论被思想家吸收以后的一种反映。由以上两条资料再往下推，我们还可推出底下这个结论：要调摄身躯，必须先调摄好饮食；如饮食之外，能再注意自然环境的配合，那当然更理想。孔子"春居葛笼，夏居密阳，秋不风，冬不炀，饮食不馈，饮酒不勤"，在医师看来，当然是最好的养生之道了。以上三条文献皆卑之无甚高论，而且文字细碎，颇似杂录，但其理论与养气说是一致的。

---

[22] 《太平御览》，卷 21，页 9；及卷 724，页 4。

[23] 《周礼·天官·冢宰下》(四部丛刊本)，卷 2，总页 22。郑注云："以类相养也。"此注甚是。

调摄外在的形躯状态是第一步，调摄内在的情绪欲望是第二步。在引文中，我们可以看到人的七情六欲与气的模态有种同步的展现：当情绪发怒时，气跟着升高；心情喜悦时，气跟着松散；畏惧的时候，气会收缩；只有"忧"的时候，很奇怪的，气的状态竟然是狂。既然有高，有散，有狂，有慑，我们可以追问："高""散""狂""慑"这些语言都预设它们是偏离"标准"以外的"偏差"语言，那么，是什么样的标准才使得气展现的强弱幅度带上了"价值"的色彩呢？又是什么样的因素才造成了学者的情念受到干扰，而影响了气的展现呢？

据公孙尼子的解释，气所以有高、散、狂、慑，乃因它们偏离了"中"，"中"是衡量气适不适中的标准。如果在形容"中"此一"体段"之外，复指实其间的内涵，我们可以用"和"形容其间身心恰如其分的平衡状态。"中和"乃是判断的最高标准，因果系列的最终依据，所以说"中和之不可反如此"。

"中""和""中和"作为一种最高的价值，在中国有极深远的传统，[24] 早在孔子以前的"君子"时代，中和之为德已被

[24]"中"作为一种极高的道德价值，见于先秦诸多典籍，详情参见敏泽：《中国美学思想史》（济南：齐鲁书社，1987年），卷1，第4章，第4节《中行、中声及中和之美》；平田荣：《中についての一考察》，《宇野哲人先生白寿祝贺记念东洋论丛》，1974年；高桥峻：《中の思想について》，《汉学杂志》，第7卷第3期，1939年；金谷治：《中と和》，《文化》，第15卷第4期，1951年。最详细的讨论参见笠原仲二：《"中"にまつはる样样の想念》㈠—㈥，《立命馆文学》，第133、135、142、145、147、152诸期，1956—1958年。

视为最高的表德；孔子以后，我们还可看到这种观念四方流播，成为国人意识积淀中最重要的成分之一。但中和的价值虽然普为儒家学者接受，什么才是真正的中和，却不是没有争议。一般而论，儒者大体都可接受中和是种动态的和谐，它因时因地、因人因事而有不同的展现，人文世界有人文世界之中和，自然世界有自然世界之中和，每一微观之中各有其中和，但综合起来看，又是一大中和，中和是内在于宇宙的根本秩序。然而，当儒者进一步将中和落在心性层面谈时，如何界定中和，却有严重的出入。简单地谈，此中的出入乃因一落在经验层论，一落在超越层论。落在经验层论的"中"，乃指喜怒哀乐尚未发作起的混和状态，此即程伊川所说的"在中"。[25]在中的心灵如果圆融和谐，或其发作出来时恰到好处，即可称之为"和"。反之，从超越层看的"中"，乃指作为存在大本的根源，此根源承道以成，不落偏斜，所以名之曰"中"。此时的"中"不只是状词字，而且也是实体字，我们可名之曰"中体"。由中体而有创造性之妙用，此妙用神感神应，恰如其分，所以名之曰"和"。笼统而言，从超越层界定"中"的性格者，在子思作《中庸》前，前人未之或见，而子思以后的先秦儒家，亦少踵武其迹者。横贯先秦儒学史，我们所看到对"中"

---

[25] "在中"一词出自《二程全书·河南程氏遗书·伊川先生语四》（京都：中文出版社，1972年），卷19，页26—29。其理论意义参见牟宗三先生：《心体与性体》（台北：正中书局，1975年），第2册，页350—385。

或"中和"的解释，虽深浅不同，但基本上都是落在经验层谈的。[26]

论及有关"中"的解释，我们自然会联想到：《中庸》论中，何尝不是从"喜怒哀乐之未发"界定，它与其他诸子所说者，到底有何差异？我们为什么要特地将它们划分开来？

差异很大，由于这个问题会影响到我们对公孙尼子"中"的理论之解释，也影响到他与孟子间的学术观之异同，所以在此笔者愿借牟宗三先生的话语为证，并稍作解释。牟先生认为"喜怒哀乐之未发谓之中"有二解：

> 一解是即就喜怒哀乐未发时之潜隐未分的浑然状态说中，因此，喜怒哀乐之未发即是其潜隐未分的浑然中体之未发。已发，则即是浑然中体之发。发出来的即是此喜怒哀乐，未发出来的即是喜怒哀乐之退藏于密。[27]

而《中庸》的原意应当是这样子的：

> 就喜怒哀乐未发之静时见一超越之中体，故中体得为天下之大本。中体与喜怒哀乐之情乃异质之两层，非同质

---

[26] 有关《中庸》"中"的思想之特色，参见牟宗三，前揭文；大滨皓：《中の思想》，此文收入《中国古代思想论》（东京：劲草书房，1977年），页241—289。

[27] 参见牟宗三，前揭书，册3，页100—101。

同层之一体而转者。[28]

《中庸》第二章论中和处相当缴绕，程、朱在这方面花费了相当多的工夫解析。但透过《中庸》天道性命相贯通的大格局定位下，"中和"当如牟宗三先生所说的，此点不成问题。

回过头来，我们可以再反省公孙尼子所说的中到底何意？和《中庸》所说的"中为天下之大本"的观点对照之下，公孙尼子所说的中仅是"喜怒哀乐未发前全身和谐的一种状态"。因此，学者在诸情贲起，身心失中时，他要努力从事的，仅是让这些干扰的因素消弭于无形，回复至心灵和谐的境地，但此时的境地却不是"逆觉以体证大本"的层次。这点我们可由公孙尼子的"反中"理论见出。

"反中"原可以有各种的解释，宋、明儒凡主张逆觉以体证天道性命的学派，大体都可以将"中"的地位提升至"中体"的果地层次。但公孙尼子所说的"反中"却是相当具体，也可以说是比较低层次的在"调摄体气"上作工夫。因此，学者只要一发怒，即要用"和"此一手段，造成"说"的效果，以中和之，最后达到"中"的状况。如果喜的时候，即要用"政"此一手段，造成"收"的效果，以返回"中"的状态。其他失衡状况的中和处置，皆可依此类推。我们不妨简单表列其格局如下：

---

[28] 参见牟宗三，前揭书，册3，页101。

失衡的情绪	平衡的手段	手段的模态	达成的效果
怒	和	悦	中
喜	政	收	中
忧	意	舒	中
惧	精	实	中

如上表所列，公孙尼子所谓的"反中"，其层次正如荀子所说的"治气养心"之术的位阶。荀子所说的"治气养心"，乃意味着：

> 血气刚强，则柔之以调和。智虑渐深，则一之以易良。勇胆猛戾，则辅之以道顺。齐给便利，则节之以动止。狭隘褊小，则廓之以广大。卑湿重迟贪利，则抗之以高志。庸众驽散，则劫之以师友。怠慢僄弃，则照之以祸灾。愚款端悫，则合之以礼乐，通之以思索。

杨倞在"通之以思索"下，总结上述诸术之大要，注云："皆言修身之术在攻其所短也。"[29] 此注甚是。然而，我们如进一步观察，还可发现：所谓攻其所短，乃指透过一种与缺点对反的德性，加以整治化除，以达中和。比如刚强过度僵硬，所以加上调和后，可臻乎中庸。智虑渐深，易趋险诈，所以以易良治

---

[29]《荀子》（四部丛刊本），卷1，页18—19。

化以后，可返中和。其余的性情偏差及校正方式皆可如是类推
云云。

公孙尼子所说的养气与荀子此处所说的治气，其实质内涵
是一样的。但公孙尼子将他的养气学说和性情理论合起来讨论
时（见后文），我们还很容易联想到周敦颐在《通书·师第七》
所说的："性者，刚柔善恶，中而已矣。圣人立教，俾人自易
其恶，自至其中而止矣！" [30] 公孙尼子与周敦颐不仅使用的语
句类似，思想内容也大体相近。因为气质之性或刚或柔，皆可
以有善恶两面，因此，学者的要务乃是使刚性恶的一面之猛、
隘、强梁，变为善的一面之义、直、断、严毅、干固，柔性恶
的一面之懦弱、无断、邪佞，变为善的一面之慈、顺、巽。这
就是"中""和""中节也"，亦即人的身—心—气一种无过与
不及的调适状态。周敦颐为理学开山祖，他所说的"性"兼有
程子区分开的义理之性与气质之性两种，而以上引文则侧重气
质之性。周敦颐的例子对我们下文区别《乐记》言性与理学家
之异同时，多少可以有些启示。

公孙尼子的"反中"，如果指的是喜怒哀乐未发前一体浑
然的状态，那么，造成"中"失衡状态的原因为何呢？在马国
翰辑的佚文里，我们找不到明确的解说，但下面这条佚文已笼
统提到：

---

[30] 《周子全书·通书》（京都：中文出版社，1981 年），卷 2，页 8。

众人役物而忘情。[31]

"役物"应当即是"役于物"，换言之，由于人役于物，因此忘掉了"情"。"情"可以作"实"解，但由《乐记》补充（见下节），我们有理由相信这里的"情"指示的是种具有实质内涵的心理状态。[32] 这点我们可曲折从《论衡·本性篇》的一则文字谈起。王充在《本性篇》里谈到，"昔儒旧生"著作文章，检讨性情问题的人很多，从周人世硕提出性有善有恶以下，各种观点层出不断。然而，"论情性竟无定是，唯世硕、公孙尼子之徒颇得其正"。至于"正"到底"正"在何处，王充当时没写下来，如今时移世迁，古籍残佚，后人要追溯其事，当然倍增困难。可是，王充虽然没有摘章引句，指出公孙尼子的正论为何，他自己的"正论"却说得很清楚。在评骘各家的观点前，他先立下"正确"的标准：

> 情性者，人治之本，礼乐所由生也。故原情性之极，礼为之防，乐为之节。性有卑谦辞让，故制礼以道其宜。情有好恶喜怒哀乐，故作乐以通其敬。礼所以制，乐所为

---

[31] 引自《昭明文选》（台北：汉京文化事业有限公司，1983年），沈休文《三月三日率尔成篇》，李善注，卷30，页23。

[32] 罗焌《诸子学述》认为"众人役物而忘情"的"众人"当为"圣人"之误（台北：河洛图书出版社，1974年，页158）。罗氏之说有一定的理路，但笔者认为原文旨义，按字索解，也可讲得通，没有必要改字。

作者，情与性也。[33]

"性有卑谦辞让"，自然指的不是人性本善——王充在人性论上是反孟子，而主张性有善有恶的说法的。王充此段话很容易令我们联想起《乐记》将人的性情与礼乐配合而论的架构，而且以价值中性的好恶喜怒哀乐作为情的实质内涵，也与《乐记》的观点相通。佚文里的"役物"与"忘情"已暗示了人的气所以会失衡，与内外两面的情物有密切的关系。至于此关系实际上如何，只有等我们厘清了《乐记》里的一些核心观点后，才能看得出来。此处我们仅能说，公孙尼子的思想里具有：（一）性情理论；（二）与性情理论相关的礼乐学说；（三）性情所以会失掉其性情之正的解说。有关本节整理出来排列于上的公孙尼子养气说的第三、四点，由于佚文相关资料不足，我们将移到第三节处，与《乐记》的相关思想一并讨论。底下，我们将重心转到《乐记》，先观察此篇文章对于人的性情有什么样的探讨。

二 《乐记》论心气性情、音乐与世界之关系

《乐记》一文一项很大的特色，乃是将礼乐（尤其是乐）

[33]《论衡·本性篇》（四部丛刊本），卷3，页14。

和人的性情并加讨论，但《乐记》所说的性情为何，却存在着各种不同的认知。为澄清其间的内涵，我们先从下面这段讨论音乐起源的文章开始研究起：

> 凡音之起，由人心生也。人心之动，物使之然也。感于物而动，故形于声；声相应，故生变；变成方，谓之音。比音而乐之，及干戚羽旄，谓之乐。乐者，音之所由生也，其本在人心之感于物也。是故其哀心感者，其声噍以杀。其乐心感者，其声啴以缓。其喜心感者，其声发以散。其怒心感者，其声粗以厉。其敬心感者，其声直以廉。其爱心感者，其声和以柔。六者非性也，感于物而后动。
>
> 凡音者，生人心者也。性动于中，故形于声。声成文，谓之音。是故治世之音安，以乐其政和；乱世之音怨，以怒其政乖；亡国之音哀，以思其民困。[34]声音之道，与政通矣。
>
> 夫民有血气心知之性，而无哀乐喜怒之常，应感起物而动，然后心术形焉。是故志微噍杀之音作，而民思忧；啴谐慢易繁文简节之音作，而民康乐。粗厉猛起奋末广贲

---

[34] 据陆德明《经典释文》，"治世之音"以下三句有三种读法，一是"治世之音安以乐，其政和；乱世之音怨以怒，其政乖；亡国之音哀以思，其民困"。一是"雷（次宗）读"，此种读法在安、怨、哀字下断读，在乐、怒、思字下再断读。这两种读法意思差不多。第三种是"崔（灵恩）读"，郭沫若（前揭文）从之，本文亦从之。

> 之音作，而民刚毅。廉直劲正庄诚之音作，而民肃敬。宽
> 裕肉好顺成和动之音作，而民慈爱。流辟邪散狄成涤滥之
> 音作，而民淫乱。

以上三段文字词义繁沓迭映，颇多重复，但其梗概基本上是清楚的。

首先，我们发现《乐记篇》的作者将音乐当作情感的体现形式（expressive form）。他界定音乐时，虽然不否认后者与乐器的关系，但他更重视的，毋宁是音乐性情间的本质系联。简单地说，公孙尼子认为人心有什么样的感受，他就要寻求某种恰当的形式——或者该说：它会转化成某种模态，然后展现在声音、韵律上，所以外显的声音韵律与内在的情感模态乃是一而二，二而一的。比如哀感与噍杀声、乐感与啴缓声、喜感与发散声、怒感与粗厉声、敬感与直廉声、爱感与和柔声，两两间有种对应的关系。因此，闻其外可知其内，有其内也必显扬于外。乐本质上就是人心展现的一种模态，离乐无心，离心无乐。

第二，人是种感通的存在体。在《乐记》一文中，我们一直看到作者强调人心有主动、互动的一种交感能力。在开宗明义处，我们就看到了"凡音之起，由人心生也。人心之动，物使之然也。感于物而动，故形于声；声相应，故生变……"这样的语言。在这段引文中，"起""生""动""感""动""形""相应""生变"等具有主动性、互动性的语汇交迭呈现。言其主动性，乃因人心具有特殊的通感（sympathetical）能力。言

其互动性，乃因人心的存在本身不是一种抽象思维后抽离过的存在，而是"与世界同在互入"的一种有机关系网的存在。因此，感通之所以为感通，乃是心灵在杂多绵叠的关系网中之意义的不断生成。

第三，由前项往下推，即有"礼乐刑政，其极一也"（《乐本章》）的理论出现。因为人是种感通的存在，而感通的过程中，外在与内在会有互相影响的一种关系。所以不只情感会主动外显，发而为喜，外在的政治社会环境也会影响到音乐，连带地也就会成为塑造人现实情性的主导力量。比如说："志微噍杀之音作，而民思忧；啴谐慢易繁文简节之音作，而民康乐……"音乐的形式改变了，人心也跟着改变；人心已变，政治的状况也跟着改变，所以说：治世之音、乱世之音、亡国之音皆会有一相应的安、怨或哀等情感模态如期呈现。皇侃云："夫乐之起，其事有二：一是人心感乐，乐声从心而生；一是乐感人心，心随乐声而变也。"[35] 其言甚谛。由于人是一种感通的存在，而且一生下来就处于"与世同在"的交互结构中，因此，人与音乐的关系，基本上是乐声从心而生—心随乐声而变—乐声从心而生—心随乐声而变的无限辩证、彼此加强之返复过程。由"心随乐声而变"一转，我们知道：要使政治上轨道，釜底抽薪之计，莫如转化音乐的展现。换言之，音乐是一种政治学；政治学从性情的根源上讲，也是一种音乐学。

---

[35] 张守节《史记正义》引皇侃语，《史记》卷24，总页1179。

第四，由于乐是人情感外显的形式，它与政治社会世界
又有一种互感的关系，所以当学者在反思人的性情—乐之形
式—外在世界三者之关联时，即有"心术形焉"。"心术"之
"术"，据郑玄解，乃"所由也"；[36]据孔颖达疏，乃"所由之
道路"。在《乐记·乐象章》另有"不接心术"一词，郑玄在
此复有注云："术，犹道也。"显然郑玄的注与孔颖达的疏是
一致的。"心术"一词在子书中较为常见，其义高者有如《管
子·心术》上、下或《淮南子·人间训》所云。《心术》上、
下其文详密，但没有在语义上明确界定心术何意。《淮南子》则
明确指出："发一端，散无竟，周八极，总一筦，谓之心。见本
而知末，视指而睹归，执一而应万，握要而治详，谓之术。"[37]
这里的心术观念混和着道家超越的道以及黄老学派道术的理
念，是内圣外王得以运作的心性依据。然而，"心术"也可往
下讲，《鬼谷子·外篇·本经阴符七命》说道："术"乃"心气
之道所由舍者也，神乃为之使。九窍十二舍者，气之门户。"[38]
其言隐隐然已有修炼思想的因素在内。《乐记》所说的"心术"
似乎上不及《管子》《淮南子》的心之层次，下也尚未具体到如

---

[36] 《礼记注疏》（台北：艺文印书馆），卷 38，页 5。以下引用《礼记》
文字皆出自此版本。

[37] 《淮南子·人间训》（四部丛刊本），卷 18，页 1。

[38] 《子学名著集成》编印会影印道藏本，卷下，总页 105。张心澂《伪
书通考》（台北：宏业书局，1979 年）订《鬼谷子》为伪书，见页
835—838。赵铁寒：《鬼谷子考辨》，《大陆杂志》，第 14 卷第 5、6
期，1957 年，以及萧登福：《鬼谷子研究》，（台北：文津出版社，
1984 年），页 30—73，则认为真伪夹杂。

《鬼谷子》所说。它只是现象学式地表达过:"在世界感染声乐、世界—声乐感染人心,及人心感应声乐、人心—声乐感应世界的辩证过程中,有一种具体的心气或心意流行之途形成了。"(心术形焉)简言之,人的心灵结构在具体的礼乐刑政及主体心知交互作用下,会有一种相应而又特殊的模态呈显出来。

心术既然形焉,我们可以再度追问:就儒家基本关怀的心性论而言,公孙尼子将心术形成的基础定位在何处?此外,心术如果有规范意义的话,它的目的要往何处落实?在此节归纳出来的第一、二点处,我们已经知道乐是性情展现的有机形式,而人的性情则是种感通的存在。但是,性情、感通云云,皆可有各种不同的层次。"神也者,妙万物而为言也"[39]是种超越的感通;"铜山西崩,灵钟东应"则是种物性相应的感通。[40]《乐记》里的感通思想及其生起背景之性情,到底落在那个层面?这个问题的答案其实已经隐藏在本节引文第三条的资料里,在这条资料中,公孙尼子说道:"民有血气心知之性,而无哀乐喜怒之常。"笔者认为这就是公孙尼子的性情理论。依据这个定义,我们发现他所说的性情与思孟学派所说的不同,后者的性情皆有超越面,人顺着性情承体起用,即有大本达道,学者当下即可摆落凡态,对越道体。但公孙尼子所说的性情是落在经验层的心气论来谈的,是就人为一感性的存在

---

[39] 语出《易经·说卦》(四部丛刊本),卷9,页2。

[40] 语出《世说新语·文学篇》(四部丛刊本),卷上之下,页27,"殷荆州曾问远公"条。

来论。惟其为一感性的存在，所以其感应外物如能适如其分，并在感应的展现形式（诗、乐）上彻底显现的话，感性的人可以充分发挥诗教、乐教所要求的效果，并在感性而杂多的世界中获得人性完美的自我实现。可是也正因为其人为一感性的存在，"无哀乐喜怒之常"，所以在与外物交感纠结的感受过程中，不免会过与不及，终导致人性的物化。

以上所说的论点，我们在《乐本章》里一段很受注目的文字中，可以找到佐证。这段文字也可以解释当人物化了以后，他要回归到一个什么样的精神状态。《乐本章》这段文字是这样写的：

> 先王之制礼乐也，非以极口腹耳目之欲也，将以教民平好恶，而反人道之正也。人生而静，天之性也。感于物而动，性之欲也。物至知知，然后好恶形焉。好恶无节于内，知诱于外，不能反躬，天理灭矣！夫物之感人无穷，而人之好恶无节，则是物至而人化物也。人化物也者，灭天理而穷人欲者也……

《乐本章》此段话语里因为有"天理""人生而静""反躬"等语汇，很容易令人联想到《中庸》或周濂溪哲学的核心观念。[41]

---

[41] 关于此段话与超越的道体之解释，普见于宋、明儒者的著作，比如：朱熹：《乐记动静说》，《文集》（四部丛刊本），卷67，页8—9；陈澔，见注㊷；以及陈旸著：《乐书》（四库全书本），卷10，页5、页7。从这些著作中，我们可以看到一种很典型的心性论解释。

所以在理学的传统中，这段文字很受重视，比如一本以理学观点诠释的流行注本即说道："人生而静者，喜怒哀乐未发之中，天命之性也。感于物而动，则性发而为情也。人心虚灵，知觉事至物来，则必知之而好恶形焉。好善恶恶，则道心之知觉原于义理者也；好妍恶丑，则人心之知觉发于形气者也……"[42] 如是云云。

　　《乐本章》这段话能否说得这么高，相当可疑。上述的注文显然是把《乐记》理学化了。事实上，《乐本章》这里所说的"静""天理"都是深层的经验性心灵的表义字，它们的地位不当被提升至超越的心性之属性。关于这一点，当代同情儒家的学者并不隐讳。[43] 但陆象山认为"人生而静"的思想本自老氏，[44] 非儒学正宗，其说却可商榷。就"历史的渊源"而言，乐与人性虚静的理论相提并论，在周、秦诸子的文章里，间可见到。[45] 它们是否受老子虚静之学的启发，很难一定这么讲，虽然可能性是有的。但纵使有影响，笔者认为这种影响并没有造成根本上的转变。《乐本章》所说的"人生而静"，不能把它

[42] 陈澔：《礼记集说》（四库全书本），卷7，页6。

[43] 参见唐君毅先生：《中国哲学原论·原道篇》（香港：新亚研究所，1973年），卷2，页664—665。劳思光：《中国哲学史》（台北：三民书局，1981年），卷2，页65—67。

[44] 《象山先生全集·语录上》（四部丛刊本），卷34，页1—2，"天理人欲之言"条。

[45] 在《荀子·乐论》《吕氏春秋·侈乐》《淮南子·原道》等篇章，都可以看到类似的观念。详情参见田中麻纱巳：《礼记乐记篇の音乐理论と性说》，《文化》，第36卷第4期，1973年。

同《老子》《管子》，以及周濂溪所说的虚静之道，相提并论。它当是个深层的经验心灵的抒义字，意指喜怒哀乐诸情尚未生起的原始状态。符合此种原始状态的心灵层次，在《乐记》里称呼作"中""躬"或"和"。"中"（躬、和）是心灵的理想状态，但心灵作为一感通的作用体，它很容易在与感人无穷的物之交会中，"物至而人化物"。物化了以后，惟有心灵提撕，让物化的意识活化一番，才可免于"精神化为物质性自然"的危机。此种提撕、活化的过程，即第一节引文所说的"反中"。此"反中"的观念也见于《乐记》的章节，下文我们将再处理此问题。

但在进一步讨论前，我们需要澄清一个问题，此即本节所说，重点落在划分《乐记》所说的人之性情，与思孟学派所说的有别。然而，如果我们从两者之共同面，或《乐记》的经验主体与一般的经验主体之差异面谈起，我们又可发现另外一种面相。《乐记》所说的"人生而静""天理""反躬"等，虽然不一定如理学家所理解的那般超越，但理学家所以这样理解，也有原因可说。因为《乐记》所举的这些语汇，其经验性格仍不是一般经验主义所设想的那种经验，亦即前者仍未对我们的感官知觉开放。这些语汇所描述的，乃是我们感官知觉之身体后面，一种体气流行的程态。学者在经过长期的修养体证工夫后，可以感受到这种程态的流行，但无法以理智确实地辨识它或定位它。这种流行的程态再深一层，即可达到理学所说"天道性命"之层次。《乐记》强调人身内部有种体气、知觉、性情交融的主体，这种主体虽与生俱有，但它是未完成的、模糊的，它有待内外调适，多方转化，最后才能使学者的内在身体与全身谐和一致，浑沦自在。当我们谈及《乐记》的经验性格时，对于这种反西洋经验主义的"经验性"，不得不加以注意。

三　乐与内外身体

在第一节处，我们引目前可见的《公孙尼子》佚文，知道其中有养气、治气学说，有调摄生理的主张，也有礼乐缘情性而生的意涵，同时，他主张的情性并不像思孟学派从超越面立根基，而是就经验层面的血气心知、喜怒哀乐立论。在第二节处，我们分析了《乐记》里面一些从性情立论的音乐学说，发现它与第一节所说，基本上一致，许多地方还可互相补充。

然而，本文的重点是放在公孙尼子的养气理论，对于气的属性、气与性情的关系，应当有一解说。尤其乐与气的关系如何，需要做更详细的说明。很明显地，在佚文处，我们看到的养气方式，乃是以意志帅引气，使各种过分与不及的气，经由中和的作用，返归于中。可是在《乐记》处，用以调节学者情性的却是乐。"以乐调性情血气"和"以意志帅引性情血气"，这两者虽然都涉及转化学者深层身心的问题，但其间的关系究竟如何，应当解释得更明确些。

关于乐与气的关系，笔者认为唐君毅先生的解释相当合理。他在《礼记中之礼乐之道与天地之道》一文中说道：

　　人之以言自表其情志，始于人之发声，以自表其情。声之本身，固亦能表情，如感叹词之声，即直接可表悲喜之情者也。人说一语言时，发声之大小、长短、抑扬、高下，亦皆可表其相关联之情志者也。人之言语，始于自表情志，而不在指物命人。故表情志之言，为言之始，而声为言之始。即以声表情，为以言表情志之始。声之所以能表情，则又由于声之出于吾人之体气之转动。体气之动转，与吾人之身体之生理之变化相依。而此生理之变化，又与吾人心之情志之变化相依。故情动于身，而有生理之变化，此生理之变化，或直接引起身体之动作，或只引起一体气之转动。身体之动作有序有则，而为礼之所规范。体气之转动，显为声之高下，有一定之比例，而成乐音。乐音之相继，有节奏而相和，即成乐。声可表情，则音乐亦可表情。情有喜怒哀乐，亦有善与不善之别，则音乐亦可表喜怒哀乐，而亦有善与不善之别。亦如人之身体动作态度之可表情，而亦有善与不善之别也。人可以合礼之态度行为，以培养人之善情，使人成其善德；则人亦可以音乐养之善情，以使人成其善德也。由此乐歌之声，直接出于人之体气之转动，又可一方连于人之身体行为，而声又为表情志之言之始，故歌乐所关连之体气，乃兼连于人之言与行；而其与吾人之生命之关系，即更有切于礼者。此即儒家之重礼，而或更重歌乐者也。[46]

---

[46]《中国哲学原论·原道篇》，卷2，页661。

唐先生之言虽泛论《礼记》，其实可视同《乐记》一文之撮要，其说旨约义远，文理丰赡，故不嫌辞费，特加征引，以作为本节下文之印证。

由唐先生文，我们可看出情动于身→体气转动→声音高下→乐音相继，这种系列是连串而下，不可割裂的。由体气介于情动与成乐中间，而且成为其间由隐至显不可分割的有机性组成因素，我们可以理解《乐记·乐本章》开宗明义所主张的："心生音起、声形乐成"之大纲架，此大纲架意味着任何显相后面都有气流贯其间。直言之，其背后乃预设着"心与气并起"及"气与感官之声并显"两义。而依据这两义推衍，我们很自然地可以得到一种结论：人精神的意向、内在体气的流转、外在感官的显现三者有种有机的关联，甚至，我们还可将它们视为一个整体的三个展现面相，而这三种面相基本上是由内而外、由隐而显的历程摊展。

更重要的，我们可以很确定地厘清乐与气的关系。《乐记》的重点无疑地是将乐收归到人性情上来解释，乐之有音有节，有干戚羽旄，这已是外显的尾闾，其本源乃在人的性情声气转动之间。职是之故，凡气所具有的属性及其能达成的功能，乐也兼可做到。反过来讲，凡乐的所行所为也会影响到气的展现。《乐记》之作者虽然没有像《礼记·孔子闲居》那样公然提倡"无声之乐"的理论，[47] 但两者无疑都承认人身内部天生

---

[47] 有关"无声之乐"与人性的问题，参见马浮：《复性书院讲录》（台北：广文书局，1964 年），卷 4，页 13—22。

即有种自然的韵律，这种韵律是一切音乐的胚胎。换言之，人身深层的心气只要自然一流行，即有某种和谐模态的"音乐"发生。行文至此，我们不得不承认一项基本的前提，此即：公孙尼子所说的气纵然无形无象，但它不可能是凌乱芜杂的物质结构，相反的，它先天上即有一种秩序。此义一转，我们也可以说：他所主张的养气及乐教理论，基本上是同一种类型的工夫。其范围或有广狭之异，其调和冶化的步骤或有自然与勉强之别，但其工夫背后的理论依据（亦即其工夫论涉及的存有论意义）却是相同的。

我们在第一节整理出来四项要点，其中第三项言及"气从心，心帅气"，第四项则触及到"气可升华，有容光，呈流行状态"，我们认为这种观点在《乐记》里也是很明显的。而"君子道至，气则华而上，凡气从心……"所要达到的"中和"状态，在《乐记》里也是一项主轴的观念。由于这几项观念往往联在一起，整体出现，所以我们在底下的引文中，将笼罩这三者的领域，不再一一区别开来。且看下文所述：

> 先王本之情性，稽之度数，制之礼义，合生气之和，道五常之行。使之阳而不散，阴而不密，刚气不怒，柔气不慑，四畅交于中，而发作于外，皆安其位，而不相夺也。
>
> 凡奸声感人，而逆气应之，逆气成象，而淫乐兴焉。正声感人，而顺气应之，顺气成象，而和乐兴焉。倡和有应，回邪曲直，各归其分，而万物之理，各以类相动也。

是故君子反情以和其志，比类以成其行，奋至德之光，动四气之和，以著万物之理。

乐行而伦清，耳目聪明，血气和平，移风易俗，天下皆宁。

德者，性之端也；乐者，德之华也；金石丝竹，乐之器也。诗，言其志也；歌，咏其声也；舞，动其容也。三者本于心，然后乐气从之，是故情深而文明，气盛而化神，和顺积中，而英华发外，唯乐不可以为伪。

致乐以治心，则易直子谅之心油然生矣。易直子谅之心生则乐，乐则安，安则久，久则天，天则神。天则不言而信，神则不怒而威，致远以治心者也。

乐者天地之命，中和之纪，人情之所不能免也。

在以上的引文中，我们发现其间一项最凸显的特色，乃在内在的生理律动（气、声）与外在的体貌间有种不断彰显的过程，而在这种彰显的过程中，精神的价值也随着生理的律动，扩充到人的感官形躯。反过来讲，学者如果够资格的话，他可以由某人之显以知其隐，由某人之外以知其内。为方便起见，我们不妨称呼此种"由内渗透至外，由外朗现其内"的模式为一种"体现论"。

依据公孙尼子的体现论，随着心志—声气之动，人的意向—气机隐涵的精神及生理之内容，会逐层地渗透到人的全身上来。"心生则乐，乐则安，安则久，久则天，天则神"所描述的，正是乐不断彰显、不断扩充的面向，及乎天、神之境，其层次已臻乎超自觉之化境。此时意志与体气合一，人躯体的存在即标举着一种精神的客观化，所以可不言而信，不怒而威。为什么此时可以有这种特殊的感染力？因为随着学者意志的努力（心则乐，乐则安，安则久⋯⋯），其形体也会显现相对应的转化。等意志已入超自觉之天、神境地，其外貌也会变得"耳目聪明，血气和平"，"情深而文明，气盛而化神，和顺积中，而英华发外"。最后的联语"和顺积中，英华发外"和《公孙尼子》佚文"君子道至，气则华而上"，显然可以互相诠释，两者同样强调君子除内在性情从容温和外，他的外在体表也会容光焕发，自然精彩。而这种现象乃是心志声气不断外显的体现论之结果。

有"英华发外"的面相，自然要预设着有"和顺积中"的前提。但此事犹可再进一解，因为《乐记》的"和顺"指的虽然是人的体气宁静不起波澜的一种状态，但他的体气从来没有和大自然的背景分开，因此，当此书进而规定此"和顺"的实质状态时，它说道"阳而不散，阴而不密，刚气不怒，柔气不慑""顺气成象，和乐兴焉""奋至德之光，动四气之和"，这种"和"的状态因为"体段"不偏不倚，所以也称呼作"中"。以上所说的"阳""阴""刚""柔""四气"这些语汇显然不仅可运用到人文世界来，它们还蕴含着浓厚的宇宙论的气息。由《乐记》偏好此种语汇看来，我们不但可以理解人的体气与外貌及精神间的连续性，我们也可理解人身与宇宙的基本律动

（阴阳）是种有机的平衡。由小周天贯穿到大周天，都可呈显出一种有机的动态的和谐，这就是中和。

乐的作用，简单地说，即是要求达到"四畅交于中，而发作于外""和顺积中，而英华发外"，内、外两者皆优柔餍饫、和浃融释。而乐所以有这种作用，我们前面业已说过：它是伴随着学者心生气行的一种外显之自然历程。但从另外一个面相说，乐之彰显如不得其道，反而会使得人的"放心邪气"（《乐化章》）扩充到人的身体上来，导致人化于物。所以乐除了有"施""生""动"的功能外，公孙尼子也强调其逆反学者性情外显的另一种反面功能。这样的反面功能，公孙尼子称为"放"或"流"，[48] "放"与"流"皆指人的性情偏离"中"以后的模态。明白乐可能导致这个面相后，我们也就可以理解他为什么一方面会强调"乐主其盈"，但一方面又说"乐盈而反，以反为文"的原因所在。因为"乐盈而不反则放"，这样的乐反而会造成乐之自我解体。无疑地，音乐只要泛滥成灾，流而不反，即与人的中和情性对反，故需返流而回。

"反"字一语极堪玩味，郑玄注"以反为文"云："反谓自抑止也。文犹美也、善也。"郑注有部分的道理，因为我们在《乐化章》"乐得其反则安"句下几句后，即看到公孙尼子一下简单总结道："不使放心邪气得接焉，是先王立乐之方也。"可见以意志主宰我们的行为，不使后者狂盲走作，是《乐记》主

---

[48] 语出《乐化章》"乐盈而不反则放"及"使其声足乐而不流"。

要的一种关怀。职是之故，"以反为文"乃意指在由隐而显的体现过程前，意志对心灵时时要做检肃清理的工作，使后者随时都能保持"中""和""虚"的状态，等后者开始发用流行之后，才能英华发外。

"反"作"自抑止"解是有一定的根据，但《乐记》里的"反"主要不是指抑止防检，而当作回返之"返"解，其字义正如前文第二节业已引用过的"将以教民平好恶，而反人道之正"的"反"字。此处的"反"字无论如何不是"抑止"意，只能是"回返"意。确定了此点后，我们可以理解"反躬""反情以和其志，比类以成其行""反情以和其志，广乐以成其教"这些语言该如何解释。这里的"反情"一语虽也隐含着对情感之压抑意，但更重要地，它毋宁指学者在从隐至显的过程中，如发现其间有任何偏差，当顺着其显再逆返至隐。简单地说，笔者认为这里的"反情"，其工夫型态如同后世儒者所说的"逆"或"复"；其工夫预设则为一种"交感不已，可顺可逆的身体观"；而它所要达到的目的，即是前文业已说过的中和之境地。因此，其表面语义虽与佚文里的"反中"不同，实质内涵上，逆返后的情即是逆返后的中，两者不多不少，恰好一样。

准上所说，当我们接受了"反"作"逆反"解释后，可以看出从心气声韵到英华发外，有种双向的运行途径，也可以看出乐在"反情"的工夫中扮演的功能，类似佚文里"意志导引某种偏失之气，使归中和"的角色。显然，这里的乐无论如何是要配合心志声气的流行一体显现，否则，无法解释"反情"如何可能，就像没有陪伴心志声气的流行，它也无法解释何以能英华发外一样。心志声气是音乐能在人躯体上体现精神内涵的身心依据。

如果说心志声气是音乐能养气、调气，达成英华发外的身心依据，我们也不宜忽略《乐记》在调摄身心以至英华发外方面，也有《春秋繁露》引公孙尼子养气说不及的地方。后者的养气显然较侧重意志对内在身体的控制、转化，因此，意志与身体难免有种紧张的对立关系。《乐记》则侧重顺着学者内在身体的韵律，可以引发潜藏的能力，自我体现精神的向度。不但如此，《乐记》还强调音乐自从人的精神分化出去，定型成为作品以后，还可反过来影响学者的身心模态，使学者在不知不觉中，从容更新内在的生命。两相比较之下，两者虽然相辅相成，但《乐记》所论，似乎尤能发挥孔门乐教大义。

四 公孙尼子与孟子

据以上三节所论，我们可以看出《乐记》与《公孙尼子》其他佚文在大的理论骨架上是一致的：两者同样强调"中和"是修养的极致；两者同样强调"中"指一种虚静平和、情欲未起的状态；两者同样强调身内有气，气可调治转化；两者同样也强调转化后的气可以升华，见于形体。当然，《乐记》特别着重动心、生气、生声、终以成乐，乐反过来又可影响学者的性情。这样的观点我们在《公孙尼子》佚文里是见不到的，但见不到并不表示有任何的冲突。尤其我们如考虑到现在所能见到的佚文只是原著里的极小部分，更没有理由将这点并不构成冲突的因素扩大解释。总之，不管就理论系统内部考量，或就以往的载录，我们都有理由相信《乐记》与马国翰、洪颐煊辑录的佚文都是《公孙尼子》一书之作品，至少与后者的理论可以相容。

如果公孙尼子具有上述诸节所说的特色，我们很容易联想到：他的思想与孟子有什么关系？事实上，首先想到两者可能有关系的，并不始于今日，早在两千多年前，董仲舒已经想到了。董仲舒在《春秋繁露·循天之道》中，特别强调中和的价值。对于中和的理论，董仲舒有自创新义处，也有继承旧说处。在继承旧说的部分，他引用了孟子为证，他说孟子的"善养吾浩然之气"，乃希求达到："行必终礼而心自喜，常以阳得生其意也。"[49] 这也是一种中和之境。除了孟子外，他又援引了我们在第一节业已引用过的公孙尼子之养气论以为印证。董仲舒虽没有明言公孙尼子与孟子的关系，但两者并列一起，主题又相同，自然很容易启人联想：两者间是否有密切的学说传承关系？

---

[49] 董仲舒，前揭书，页11。董氏说孟子养气，"常以阳得生其意"，其说就字面理解，于《孟子》本文无据，但实质上可通。然"行必终礼而心自喜"云云，虽不违反孟子学说，却也看不出与养气说有特殊的本质性关联。

　　笔者认为在"养气"及其相关子题上，公孙尼子与孟子的关系是很密切的。《孟子·公孙丑》有《知言养气》一章，此章论及道德意志与气的关系，以及道德意志—气扩充至极的种种境界，其言明快详赡，振聋发聩。此间的理论可简述如下：孟子认为人的良知一发动，即带有类似"平旦之气""夜气"此类性质的良气之流行；此良知—良气之扩充可以充分转化人身内在盈满的体气，及乎体气彻底转化，一是皆良，人的身体也会跟着转化，全体转为精神的存在，反映出一种无形而可感人的容光，这就是所谓的"生色"。换言之，人的躯体就像人的道德一样，不是一生下来就完整的，它需要自觉的发展。发展到达极致，身体潜能彻底发挥，身心融为一如，知觉性情一体，孟子说，这时的身体才是人本来当有的形态（践形）。然而，当人一尽心、一践形时，其时的意识也会发生一种质的突破，它可上下与天地同流，这也就是知性知天的境界。简言之，养气的极致＝尽心＝践形＝知性知天＝万物备于我。以上的诸多等号当然不是指其语义内涵相同——它们指涉的语言意义如"形""心""气"等，显然不太一样。我们所以认为它们一样，乃因这些概念所指涉的境界是相同的，所以只要一个出现，其余也就跟着出现。[50]

　　比较孟子与公孙尼子的论点，我们可以发现两者间的异同。本文第一节罗列的公孙尼子气论之要点有四：一、形体与

---

[50] 参见本书第三章。

情感上的失衡会妨害气；二、气完美的状态是"中"（或说"中和"）；三、气从心，心为气之君；四、君子道至，气可升华流行。这四点笔者认为和孟子的养气说都是相合的，尤其是第三、四点和孟子养气论的核心理论——志至气次、以志帅气、践形时可睟面盎背、志气流贯全身——更是若合符契。公孙尼子和孟子在这两点上面，不但思想极为近似，连文字本身都如出一手。像"养气""践形"这般特殊的理论，同时见于年代相接的两位儒者身上，实在很难不引起我们的注意。

此外，还有没有其他的佐证呢？笔者认为有的。在目前可见的《公孙尼子》佚文中我们可看到底下的两条材料：

> 心者，众智之要，物皆求于心。
>
> 修心而不知命，犹无室而归。

这两条资料虽然文义不甚完备，但可视为儒家心性论的论述，却是可以肯定的。很明显地，仅就字面而论，我们也会有似曾相识之感。前人早已明确指出其间的关系：

> 右录……文不完具，义可推知，皆言儒者安心立命之学也。其一言人心之灵已具众理，及应万事，皆当反求诸心。即孟子所谓"万物皆备于我矣，反身而诚，乐莫大焉"是也（《尽心上篇》）。其一言死生穷达，皆本天命，君子知之，不假强求，惟修其心而已。苟不知

命，患得患失，旁皇无归，心何能修。孔子曰："不知命，无以为君子也。"（《论语·尧曰篇》）孟子曰："殀寿不贰，修身以俟之，所以立命也。"（《尽心上篇》）即此义也。[51]

罗氏引用的两段《孟子》文字，都是书中重要的章节。《公孙尼子》一书剩下来的文字不是那么多，但在这断简残篇中，我们发现在关键处，公孙尼子与孟子居然是如此地接近。不管孟子在此处是否曾改造公孙尼子的思想，[52] 但至少在问题意识及文字上面，他是承续后者发展下来的。

公孙尼子与孟子的关系，我们还可间接地从两者与子思的关系谈起。孟子与子思在学问上渊源极深，这已是众所共知的事实。[53] 而公孙尼子与子思可能也有师门渊源。这两位学者的渊源，我们可从底下两点揣测之。

一、与《易传》的关系：《易传》在儒家经典中，也是篇争论较多的作品，它的作者及成书年代曾被推得很后，但随着

---

[51] 罗焌，前揭书，页 158。

[52] "物皆求于心"可以是认识论的用法，也可以是"天道性命相通"的本体论命题。"知命"的"命"可以视为人生不可避免的机遇性之限制原理，也可视为人性承自道体之超越规范。公孙尼子这两段话都太简短，因此，我们很难推测孟子是继承了他，还是改造了他。但不管是继承或是改造，这两段话都可视为孟子提出相关命题时的重要参考因素。

[53] 简要的论证参见杨树达：《孟子学说多本子思考》，此文收入《增订积微居小学金石论丛》，（北京：科学出版社，1955 年），卷 5，总页 220。

出土材料不断增加,《易传》与孔子关联颇深的旧说又逐渐复活。[54] 而子思在孔门儒者中, 与《易传》关系特深, 这是不成问题的。[55]《公孙尼子》残缺已甚, 但其中"君子行善必有报, 小人行不善必有报", 当与《文言》"积善之家, 必有余庆; 积不善之家, 必有余殃"的思想相关。《乐记》与《易传》相关, 更是明显, 其中有一整段一整段相似的, [56] 这种情况只能从同出一源解释。由以上所论, 我们有理由进一步证实陶潜所说"传

---

[54] 参见韩仲民:《帛书〈系辞〉浅说》,《孔子研究》, 1988 年第 4 期; 李学勤:《从帛书〈易传〉看孔子与〈易〉》,《中原文物》, 1989 年第 2 期; 李学勤:《帛书〈系辞〉略论》,《齐鲁学刊》, 1989 年第 4 期。

[55] 参见武内义雄:《易と中庸の研究》,《武内义雄全集》, 卷 3; 以及李学勤:《〈易传〉与〈子思子〉》,《中国文化》, 创刊号, 1989 年。

[56] 参见下列图表比较:

《乐记》	《易传》
地气上齐, 天气下降, 阴阳相摩, 天地相荡。 　鼓之以雷霆, 奋之以风雨, 动之以四时, 暖之以日月, 而百化兴焉, 如此, 则乐者天地之和也…… 　乐著太始, 礼居成物。	是故刚柔相摩, 八卦相荡。 　鼓之以雷霆, 润之以风雨, 日月运行, 一寒一暑。 　乾知太始, 坤作成物。
天尊地卑, 君臣定矣。卑高以陈, 贵贱位矣。动静有常, 大小殊矣。方以类聚, 物以群分, 则性命不同矣。在天成象, 在地成形。如此, 则礼者天地之别也。	天尊地卑, 乾坤定矣。卑高以陈, 贵贱位矣。动静有常, 刚柔断矣。方以类聚, 物以群分, 吉凶生矣。在天成象, 在地成形, 变化见矣。

《易》为道，为洁净精微之儒"的"公孙氏"，[57] 当是"公孙尼子"，其情况一如董仲舒所说的"公孙"是"公孙尼子"一样。

二、与《缁衣篇》的关系：《礼记·缁衣篇》可能取自《子思子》，但《礼记正义》又说《缁衣篇》为公孙尼子作，前人多认为二说必有一误，而以公孙尼子为误的可能性较大。但我们如果知道古人对"作者"的认识与今人异，古书的编成也与现代的书籍不同，我们对先秦典籍真假的观念可能需要重新考虑。有学者认为"《子思子》有《缁衣》而《公孙尼子》复有《缁衣》，是公孙尼子绍述子思之证"。[58] 笔者认为"绍述"假说可能需要进一步证实，但其说法至少比一真一假的互反说要来得合理。

以上两说都不能视为定论，但都是相当可能的。难道两者间没有差别吗？差别是有的，而且其差别的意义非常重大。我们在前文论及两者相同处时，有意省略"中"（或"中和"）此项，即缘于此项隐含公孙尼子与孟子思想极大的分歧。"中"是公孙尼子养气论所欲达成的目标，《乐记》对于学者以乐治身、臻乎中和的境界，尤多赞美。但很奇怪地，孟子对于"中"之为德，并未蓄意提及，反而，我们还看到"子莫执中，执中为近之；执中无权，犹执一也"（《尽心上篇》）的批判。孟子这种倾向所以特别值得留意，乃因孟子与子思在学问的

---

[57]《集圣贤群辅录》下（四部丛刊本），《笺注陶渊明集》，卷10，总页89。

[58] 吴静安，前揭文。

传承上有极为密切的关系，[59] 而子思学说的主要宗旨之一即是
"中""中和""中庸"的理论。[60] 孟子曾受业于子思学派之门，
但却无意承继"中"之学说，反而批判子莫执中之理论，[61] 这

----

[59] 孟子的师承有三说：一说孟子受业于子思之门人，此说最早提出者为
司马迁；一说孟子曾受业于子思儿子子上，此说见于《孟子外书·性善
辩》；另一说则认为孟子曾师事子思，刘向在《列女传》（四部丛刊本）卷
1 "邹孟轲母"条、赵岐在《孟子题辞》（四部丛刊本，页 1）中皆如此主
张。以上三种说法，除子上说因出自"伪中出伪"（梁启超语，见《要籍
解题及其读法》，台北：华正书局，1974 年，页 13）的《孟子外书》，采
信者较少外，其他两种皆各有支持者。一般而言，早期信子思说的人颇
多，后来的发展则以司马迁的观点较占上风。子思说难以成立的原因，主
要是子思的卒年与孟子的生年相去甚远，两者如要配合起来，让孟子得
以亲炙子思，有许多文献上的记载必须重新解释。子思门人之说则无此
问题。然而，以上三说虽然不同，它们都指出孟子与子思学问有相关之
处，这点却是一致的。有关孟子师承的讨论文章相当多，简要的论点参
见杨伯峻：《孟子译注·导言》（台北：华正书局，1986 年），页 1—2。

[60] 我这里的主要论据是从《中庸》来的。子思作《中庸》，明见司马迁
《史记·孔子世家》（总页 1946）。当代怀疑子思作《中庸》说的不乏其
人，但能举证说整本著作皆很可疑的，倒甚罕见。冯友兰与武内义雄不
约而同，皆指出《中庸》首尾可能是后人所增添，中间部分则是原著骨
干。冯说见旧版《中国哲学史》，台湾版，页 447—448。武内义雄说见
《子思子考》，此文收入江侠庵编译《先秦经籍考》（台北：新欣出版社，
1970 年），页 113—122。笔者认为这种观点很值得重视。

[61] 孟子评骘杨、墨、兼及子莫，但子莫其名，先秦其他典籍未之或见。汉
赵岐注《孟子》云："子莫，鲁之贤人也。"孙诒让《籀膏述林》疑子莫
即魏公子牟（台北：广文书局，1971 年，卷 1，页 27b—29a），俞樾从
之。罗根泽在《子莫考》（文见《国学论丛》，第 4 期，1929 年）一文中，
力辩其非，并主张子莫当即颛孙子莫。钱穆《先秦诸子系年》（台北：东
大图书公司，1986 年，页 248—250）从之，并进一步主张其人当为子
张之子申详。今按：孙、俞之说无据，罗、钱之评无误。子莫材料太少，
罗氏的假说至少可满足：（一）其名为子莫，（二）鲁人这两点。但对第
三点"执中"的理论却无法说明。笔者认为罗氏的假说目前很 （转下页）

种现象毋宁是相当特殊的。

　　"中"事实上是可以上下其讲的，孟子不强调"中"，但他强调的"时""权"等观念，依据后来程、朱学者的解释，其实还是一种"中"。[62] 孟子可能有意避免过度使用此一词汇，但换来换去，所得结果实质上却依旧不变。不过由孟子无意特别彰扬"中"的概念此一事实，我们可以揣测其中应当有些忌讳。

　　忌讳何在呢？其答案应当是落在"中"的实质指谓上面。我们前文业已说过：公孙尼子所说的"中"，乃意指一种虚静平和、阴阳协调、诸欲未起的状态。即使连后世学者颇喜张皇称道的"人生而静，天之性也"之理论，其实也不出一种特殊的经验层的虚静心灵，根本上并没有直透先天造化前，所以与《中庸》所说的作为大本之"中"，不能相提并论。关于这一点，我们如果再想到公孙尼子强调的性情是放在文化世界脉络底下的性情，是礼乐刑政可以运作的一种交感不已的作用体，我们对他将养气、证道置放在这种性情的杂多交会之基盘上立论，就不至于感到惊讶。我们甚至于还可承认：这种安排是合法的。

　　（接上页）难推翻，但我们也可考虑公孙尼子与子莫的关系。首先，"尼"有"莫"意，明见《孟子》书中，此符合先秦人物名字互训之意。其次，公孙尼子有"反中"理论，恰与"执中"之说相映，此当非偶然。然公孙尼子籍贯不明，故此说亦有缺憾。在书缺有间的情况下，颢孙子莫说一如公孙尼子说，两说皆有待更进一步之证实。

[62] 简要的论点参见赵顺孙编：《四书纂疏·孟子纂疏》（台北：新兴书局，1972年），卷13，页22—23，引程伊川、朱熹等各家说法；以及黎靖德编：《朱子语类》（台北：汉京文化事业有限公司，1980年），卷62，页1—6，引朱熹与弟子问答的论点。

　　放在《中庸》《孟子》的脉络来看，笔者上述所谓的合法性或许需要斟酌，这当中当然就牵涉到学派基本的预设问题。因为依思孟学派的观念，当"大本"一失，底下的许多枝节再怎么恰当，总是弥补不过来。而所谓的"大本"，当然意指人的性情有承体起用，直接与超越的道体睹面相照的一个面相，换另一种观点说，也就是我们不能不承认性善的理论。惟其性善，所以凡其心之动，其情之感，皆有源头活水流注，皆有一纵贯的、纯一的轨约作用渗乎其间的意识与行为。反过来讲，公孙尼子论人之性情则不能及乎此，王充虽特别推崇公孙尼子，认为在人性论的议海论潮中，公孙尼子与世硕独得其正，然而这三子所说的性情都是从"用气为性，性成命定"（《论衡·无形篇》）以后的立场设论，如果从思孟学派的立场考虑，他们会认为这三子对于命定性成以后尚可有向上一机，未能充分体会，[63] 因此，公孙尼子虽然养气调心，但养气调心所得，却不能极尽高明之境。

　　所谓不能极尽高明之境，这和公孙尼子的理论基磐有关。因为在孟子的践形、养气的理论中，只要学者一践形，必然也会涵摄着尽心、知天的层面，身心一如、物我不分、天人合一都是这种工夫模式下自然会导出的结论。换言之，在意识层上不断提撕扩充的过程，也是良知良气逐渐转化形体的过程，同

---

[63] 此一特性可说是依据告子"生之谓性"的传统下来的，两汉学者论人之情性，大抵不出此格局。此中细节参见牟宗三先生：《才性与玄理》（台北：学生书局，1975年），页1—42。

时也是经验人随着其躯体之转化而回归至"原初"（存有论意义）的宇宙人之历程。[64] 按陆象山的说法，这是种彻上彻下的简易工夫。[65] 但公孙尼子的养气论中，因为缺乏一种存有论的基磐，所以也就缺少了其心气扩充所得的一种境界。董仲舒、王充皆有取于公孙尼子的性情学说，乃因后者可以提供一种经验性的人性理论，[66] 透过礼乐养气的工夫训练后，又可以安定学者之心志，使他们对现实的世界全体图像有一明确的实践视野。这种方向与董、王两氏对人性的理解，以及对世界承担的观点，都较为接近。然而，也就是在"人性"这点上，董、王两家对孟子非议颇深。我们可以理解：他们势必也不能接受孟子提出的从"性善"以迄"尽心知性知天"的一连串相关命题。

行文至此，我们发现孟子与公孙尼子间有种微妙的关系，这两者间要是说没有关系，是很难令人信服的。但如果说两者间大体一致，也不能这么说。显然，两者的相似处与相异处都

---

[64]　"宇宙人"意指带有宇宙意识之人（"宇宙意识"一词借自 R.M. Bucke, *Cosmic Consciousness* 一 书 书 名, New York, 1969, 其旨义参见页 1—18），其实质内涵也就是 E. Neumann 所说的：可以内外冥合的"冥契人"（参见 E. Neumann, "Mystical Man," in J. Campbell ed., *The Mystic Vision*, Princeton, 1982）。

[65]　陆九渊，前揭书，卷 34，页 9，"乾以易知"条。同卷，页 17，"先生云后世言道理者"条。

[66]　王充《论衡·本性篇》言公孙尼子与世硕主张人性有善有恶。荀悦《申鉴·杂言下》（四部丛刊本，卷 5，页 5）却说公孙尼子主张性无善恶。《公孙尼子》全书业已散佚，我们很难具体掌握其人性的论证，但不管他主张的是有善有恶说或性无善恶说，其理论都是独立于孟子人性论以外的另一种说法，换言之，都没有孟子人性论所涵的超越面。

很清楚，而且在先秦诸子中，不容易找到可以与他们两人的气论相比配的论点。因此，如说这两者间有种学说的渊源关系，这是相当可能的事。这个问题也就触及到了孟子养气说或所谓的神秘观念之起源问题。

"神秘"一词如果取义于"内外一体，物我冥合"此义，那么，孟子确实是有神秘思想，[67] 而这种思想显然和他的养气理论有关。在先秦儒学中，孟子这种立场是比较特别的。孟子自言他所学的是孔子的言行，但现行的《论语》本子中，我们很难发现到类似"上下与天地同流""塞于天地之间"的语言，孔门弟子甚至还明言"夫子之言性与天道，不可得而闻也"，[68] 因此，即使孔子再有多少的话语尚未被发现，我们大概都不容易从中挖掘出与孟子"养气""知天"类似的观点。再加上儒家长期以来一直被定位在"方内""人文主义""家族伦理""农业社会伦理"的范围内，[69] 因此，孟子养气、知天的理论越发显得突兀，不合儒门常规了。

---

[67] 早在冯友兰的旧版《中国哲学史》（页 164—166）业已指出此点。

[68] 《论语·公冶长》（四部丛刊本），卷 3，页 5。

[69] 此种观点极为流行，早期学者如吴虞（《儒家主张阶级制度之害》，《新青年》，第 3 卷第 4 期，1917 年）、齐思和（《封建制度与儒家思想》，《燕京学报》，第 2 卷第 7 期，1937 年）、曾謇（《古代宗法社会与儒家思想的发展》，《食货》，第 5 卷第 7 期，1937 年），以迄当代的任继愈（《论儒教的形成》，《中国社会科学》，1980 年第 1 期）、李泽厚（《孔子再评价》，《中国社会科学》，1980 年第 2 期，后收入《中国古代思想史论》，北京：人民出版社，1986 年），虽言有深浅，意有善恶，但大体具有某些共同的倾向。

　　由于不合儒门常规，所以给孟子这些思想找儒门以外的源头之看法，一直有人尝试去作。其中，将孟子这些思想与稷下学派，尤其是《管子》四篇合并讨论，并视后者为前者的源头之看法，一向很流行。[70] 将孟子和齐地的原始宗教观比配，想尽量找出两者间关系的人，也所在多有。[71] 至于从气功或修炼观点，检讨孟子养气说的源头的理论，最近也可见到 [72]——虽然学院内的人不太愿意支持这样的观点。

　　孟子养气说的源头问题确实很吸引人，但也很令人迷惑。在战国中晚期，我们可以在不同的学派间找到类似的、至少相关的气之理论，《孟子》《管子》《庄子》《文子》这些书都有，而且都是相当显眼的观念。但何以"气"在这个时期特别流

---

[70] 郭沫若是最典型的代表，其言参见《宋钘尹文遗著考》，此文收入《青铜时代》，《郭沫若全集·历史编》（北京：人民出版社，1982 年），第 1 卷。贝塚茂树在《孟子》（东京：讲谈社，1985 年，页 36—37）也笃定地说：孟子曾受《管子》四篇等"异端思想之影响"。

[71] 有关孟子"神秘"的思想与齐学的关系，参见小野泽精一：《齐鲁の学における气の概念》，此文收入小野泽精一等编：《气の思想》（东京：东京大学出版会，1978 年）。

[72] 乾一夫《孟子の夜气说》（《二松学舍大学论集百周年纪念号》，1977 年）一文指出孟子养气理论与修炼说及瑜珈的关系。张荣明：《中国古代气功与先秦哲学》（上海：人民出版社，1987 年），第 12 章《孟子思想与古代气功》；王卜雄、周世荣合著：《中国气功学术发展史》（长沙：湖南科学技术出版社，1989 年），页 76—78，也征引了相关文献，证明孟子的气论与气功有关。这些观点新奇可喜，但这四位作者虽然指出孟子带有修炼者显现出来的身心气象，却没有告诉我们是否只有经由气功才可达到，也没有告诉我们《孟子》书中有什么具体的修炼法门。

行，此事真是费人猜疑。但不管怎么说，寻找孟子养气说的源头时，将线索往同代的学者身上找，然后将孟子的相关观念视为继承过来的思想，这种解决方式并没有根据。何况，如《管子》四篇的作者等人，他们究竟比孟子早或晚，应该是个开放的问题，没有任何足够的证据可以证明他们的年代比孟子的早。

笔者不能确认孟子的养气说是否可以从儒门外找到源头。但退一步想，纵使孟子曾从同代的思想家接受了类似的思想，我们也不能排除他有承自前代儒者或承自当时文化部门（如医学或宗教），再加以发展、自创新说的可能性。

后头所说的这两种可能性，即笔者所赞成的立场。我们已经看过公孙尼子与孟子养气说的异同，我们初步的结论是：两者一定有关系，而且，这种关系不是孟子影响公孙尼子，而是公孙尼子的养气理论遗泽于孟子。当然，如果有人再度追问：公孙尼子的养气说又是怎么来的？"影响"的问题还是会再次被提出来。不过，这已是另外一个主题的事了。

五 尚待解决的学派归属问题

公孙尼子遗留下来的文献不算多，但经过一番整理，我们发现这些断简残篇居然可以透露出许多重要的讯息。他与孟子的关系尤其值得我们注意。根据我们前面四节烦琐的讨论，我们发现公孙尼子在许多身心性命问题的反省上，已先孟子而着鞭。孟子固然是天挺英豪，儒门不世出的怪杰。但他一些受后儒重视的理论，有许多是前有所承，不是凭空创造出来的。孟子进于公孙尼子之处，乃在他能由血气性情交互作用的身体观及其连带而来的工夫论，再往深一层，打破内在与超越的隔阂，提出"性善""尽心知性知天"等彻底的圆融之教之旨。相形之下，公孙尼子强调非超越性的血气心知性情之身体，以及礼乐与养气交互调养的工夫论，则有助于人文世界之化成。

很可惜的，公孙尼子这些理论后来没有受到应有的重视，因此，除了少数观点被整编到《礼记》及《孟子》，改头换面，仍得有发展外，其他都散佚不见了。历史有幸有不幸，《孟子》一书论及身心性命问题的要旨，在理学兴起以前，也可以说是千载寂寞，若存若亡。但到了宋朝以后，孟子这些观点却被视为儒家的奠基石，是儒家可以抗衡佛、老"异端"最犀利的武器。《公孙尼子》一书如果能流传至两宋，没有太多散佚的话，它未尝没有成为显学的可能。

我们对公孙尼子的背景了解相当有限，《汉书·艺文志》认为他是七十子弟子，《隋书·经籍志》则认为系孔子弟子，近人多认为七十子弟子之说较可靠，[73] 笔者也赞成这种看法。此外，有关公孙尼子的资料，我们现在再也找不出了。但《汉书·艺文志》列《公孙尼子》此书时，将它列在《魏文侯》

---

[73] 郭沫若（前揭文）则认为公孙尼子可能是孔子的弟子公孙龙，其说无据。

六篇及《李克》七篇（下有注：子夏弟子，为魏文侯相）后面，这种安排也许可以提供一点额外的线索。因为魏文侯、李克皆曾受学子夏，而现行《乐记》文中，复有《魏文侯》一章，记魏文侯与子夏的问答语。[74] 因此，这三本并列的典籍有可能隶属同一个学派，据武内义雄的说法，此学派即是子夏学派。[75]

武内义雄将公孙尼子归入子夏学派，此说如果成立的话，我们立刻联想到《诗大序》与《乐记》的关系。这两篇文章相似之处是很明显的，两者不但在内容上都主张诗、乐缘于"心生""性情"之说，也主张诗乐与人内在的生理韵律有关，也强调诗、乐与风俗政教的关系，甚至两者在词句上都有近似之处。而《诗大序》一文的由来虽有各种说法，但根本的源头可溯自子夏，一般而言，却是学界目前很难完全漠视的论点。[76] 由这条线索看来，公孙尼子与子夏是可能有关联的。当然，论者或许会提出异议，认为这种假说的证据仍不够强。笔者也同

---

[74] 马国翰认为此篇乃《汉书·艺文志》所列《魏文侯书》佚文。参见前揭书，总页 2522—2523。

[75] 参见武内义雄，前揭书，页 33；松本幸男，前揭文。

[76] 《诗序》作者众说纷纭，卫宏说与子夏—毛公说争执尤烈。但子夏—毛公说提出的年代较早，提出者又是较为可靠的经学大师郑玄，在文献的解释上也能自立一说，而且也符合汉儒传《诗》之体例，所以要完全将子夏的因素从《诗序》的传承中排除掉，不太容易。详情参见范文澜：《群经概论》（北京学海出版社影印朴社出版社，1933年），页 119—123；王锡荣：《关于〈毛诗序〉作者问题的商讨》，《文史》，第 10 辑，1980 年；徐复观：《中国经学史的基础》（台北：学生书局，1982 年），页 151—160。

意这种异议可以言之成理，不过，在传记资料极端缺乏的情况下，如果有些合理的背景假说，且此假说与思想的内在理路相合的话，仍然是值得注意的。至于公孙尼子如何同时与子思及子夏学派有渊源，或者孟子与公孙尼子、子夏学派间的具体关系如何，由于书缺有间，所以纵使有一些可能性可谈，我们也只能暂时存疑。[77]

---

[77] 蒙文通《儒家哲学思想之发展》言及公孙尼子除与孟子相关外，也影响了《管子》四篇（此文收入《古史甄微》，成都：巴蜀书社，1987年，页71—72、100）。《管子》四篇与孟子关联颇深（参见前引小野泽精一文、郭沫若文以及拙作），在气论这方面的观点上尤其明显，因此，蒙氏的论点虽然论证上稍嫌薄弱，大体上还是可以自圆其说的。至于"公孙尼子与子夏学派有关"及"公孙尼子与子思、孟子、《管子》四篇有关"这两点假说到底该如何解释？两种假说是否一定互斥？依笔者目前所能掌握的知识而言，尚无法绘构一明确的图像，故暂时两说并存，以俟贤者解惑。

第三章　论孟子的践形观
——以持志养气为中心展开的工夫论面相

孟子是先秦儒学的一个高峰，他继承了孔子的志业，实质建构了儒学内圣的规模。宋儒陆九渊有言："夫子以仁发明斯道，其言浑无罅缝。孟子十字打开，更无隐遁。"[1] 所谓"十字打开"，即是"分解以立义"。[2] 孔子亲身体之、浑化言之的儒学规模，到了孟子手上，即纲举目张，方向确定，成为规范尔后儒学发展的一个主要依据。

孟子继承孔子之处固有多端，但如置放在狭义的内圣范围考虑的话，孟子主要是赋予孔子"仁"的学说一种心性论的基础。但孟子所主张的心性论虽然是以"道德的体现者"（moral agent）为中心面展开的，其工夫穷尽所致，却不是个体的体现者之范围所能拘囿，它远达到超越境界，使人在有限的存在向度内可以取得无限的意义。换言之，孟子所说的心性不能以一般心理学的意识概念等同之，也不能将它

---

[1]《象山先生全集·语录上》（四部丛刊本），卷 24，页 5。此一刻本有错简，笔者据他本补正。

[2] 牟宗三：《从陆象山到刘蕺山》（台北：学生书局，1979 年），页 4。

限定在人的道德自主的范围内，而切断它通往"智思界"的管道。[3]

以上简单勾勒出来的孟子心性论纲要，在晚近的研究中，已发挥得相当鞭辟入里，毫末皆尽。不同的解释当然是有的，但这无碍于上文所述者是种强而有力的解说。本文的基本前提也是建立在孟子的心性论兼具内在及超越的向度此点上面，但重点稍有不同。研究孟子的体验形上学自然可以从孟子的主要哲学概念着手，解析"心""性""情""才""命""天"等等间的关系，观看其哲学体系与其工夫间的往来呼应。但是，"体验的形上学"顾名思义，未尝没有蕴含"以体证验之的形上学"之意味。从有我有对的道德实践活动进到无我无对的超道德活动时，如果说体验者的身心形体居间扮演了相当重要的角色，这是一个相当可能的预设，而从《孟子》书中的记载看来，本文认为这种预设是可以成立的。底下，本文将从孟子的"践形"理论开始谈及，进一步涉及气—志—身—心—天之间的复杂论点。

一　"践形"一词释义

"践形"一词出自《孟子·尽心上》:

---

[3] 参见牟宗三:《圆善论》(台北: 学生书局，1985 年)，第 4 章及第 6 章第 5 节。

> 形色，天性也。惟圣人然后可以践形。[4]

此段文句虽然简短，但后代的注释却出入甚大。首先，就"践形"一词而言，即有诸种不同的注解。

最早的注家赵岐注云：

> 践，履居之也。《易》曰："黄中通理"。圣人内外文明，然后能以正道履居此美形。不言居色，主名尊阳抑阴之义也。[5]

以"履"训"践"，在汉代小学的传统里，是可以找到佐证的。[6] 以"尊阳抑阴"解孟子何以言"践形"，不言"居色"，在汉儒普重阳尊阴卑的思潮底下，也可以说代表当时经学家共同的观点。[7] 清儒中主张反宋返汉的不乏其人，因此，申赵岐之

---

[4] 引自《四书纂疏·孟子纂疏》（台北：新兴书局影印复性书院刻本，1972 年)，卷 13，页 33。

[5] 《十三经注疏·孟子注疏》（台北：艺文印书馆，1955 年)，卷 13 下，页 9。以下所言经书注疏，如未说明出处，皆引自此版本。

[6] 参见许慎著、段玉裁注：《说文解字注》（台北：艺文印书馆，1979 年)篇 2 下，页 27。

[7] 阴阳观念的起源及流变相当复杂，但大体说来，先秦儒家还算平等看待阴阳，不在其间划分善恶高下。真正完成阳尊阴卑思想体系的思想家，当推董仲舒。尔后学者看待此问题时，通常也沿袭董仲舒的格局。详细论证参见徐复观：《两汉思想史》（台北：学生书局，1979 年)，卷 2，页 373—384；及《阴阳五行及其有关文献的研究》，此文收入《中国人性论史》（台北：台湾商务印书馆，1975 年)，页 578—583；以及泽田多喜男：《董仲舒天人相关说试探——特にその阴阳说の构造について一》，《日本文化研究所研究报告》三，1967 年。

说，而反当时居官学地位的程朱注释者，也所在多有。焦循
《孟子正义》可以说是本典型的代表，[8] 因其文俱在，且观点只
是申赵岐注解，故不录，以免枝蔓。

宋儒兴起后，对孟子此段语则另有说。朱子《四书集注》
里的解释大体可以代表程朱学派理学家的观点，兹录其言如
下，以供参较：

> 践如践言之践，盖众人有是形而不能尽其理，故无以
> 践其形。[9]

在《语录》《文集》里，朱子也批评汉儒解"践"为"践履"
之意，根本误解了语意。"践，犹践言、践约之践。"[10]

汉、宋儒注解的差异处何在呢？朱子批评赵岐注解有差
失，这种差失是否那么重要呢？笔者认为两者间的差距影响
确实是相当大的。赵岐认为孟子讲践形而不言居色云云，显
然是把太多汉儒特有的观点读进《孟子》书中。先别说孟子是
否有类似董仲舒、赵岐等人的阳尊阴卑的观念，单从文章脉络
考察，强将形色分成阴阳两种属性，恐怕也很难和整段文字的

---

[8] 焦循虽循"训诂明而后义理明"之方法注经，然与清代的"汉学"又
有差异。参见侯外庐：《近代中国思想发展史》（重庆：生活书店，
1947年），上册，第10章，第3节；钱穆：《中国近三百年学术史》
（台北：台湾商务印书馆，1966年），下册，页453—478。

[9] 引自《四书纂疏·孟子纂疏》，卷13，页33。以下朱注引文皆出此版本。

[10] 参见《纂疏》，卷13，页33—34汇集《文集》及《语录》里的各种解说。

意思相呼应。此段是非由于和本文主题相去较远，所以我们不妨暂且搁置，不再深论。底下，我们先将焦点集中在"践"字的解释上。如前引文所指，赵岐注"践"为"履"，与朱子之注"践"为"践言""践约"之践，虽然不一定冲突，但两者的方向无疑出入甚大。就"践履"义谈，"践形"其实即指道德主体可因其优越的德性，强制形体，使后者动旋中道，合礼合仪。此践履义一转，即有居位之意，此时的"践"实即"盘据"。但不管践履也罢，盘据也罢，基本上赵注是把人的形躯视为中性的。有待一种异质性的"道德"来加以整饬约束。

朱子不取践履义，而取如"践言""践约"之"践"，乃意指人形体可以充分地实现（realize）、朗现（disclose），甚至不妨称之为体现（embody）。和上述的践履、居位意思相比之下，朱注最大的歧异点乃在：他不将形体视为纯中性的、物理意义的躯体，而是将形体视为不断成长、不断走向完善的一种有机历程之从事者。因此，形体之趋于完美，并非缘于外力之践履、居位，而是形体内在自有一种动力，此种动力可将形体从一种欠缺的不完美状态，扩充到至善至美。朱子又引程子之言曰："此言圣人尽得人道，而能充其形也。""充其形"一语即指人现实的形躯都不是圆满自足的，它必须充分地体现，才能使潜存者变为即存者。

了解"践形"一义在赵、朱两家的出入后，我们可以再比较两家对全文的理解，看那家可以作为我们进一步研讨的起点。且先看赵岐注：

> 形，谓君子体貌严尊也。《尚书·洪范》："一曰貌。"
> 色，谓妇人妖丽之容。《诗》曰："颜如舜华。"此皆天假
> 施于人也。

朱注：

> 人之有形有色，无不各有自然之理，所谓天性也。

赵岐以"体貌严尊"释"形"，以"履居此美形"释"践
形"，这种注解是否有依据呢？事实上是有的，先秦儒家在谈
到人的形躯与道德实践的关系时，早已有类似的理念，而且此
种理念源远流长，纵贯了相当长的一段历史。这种理念简单地
谈，可以称之为"威仪观"。"威仪"一词在《诗》《书》里面，
已被视为君子人格不可缺少的向度。春秋时代的"君子"更进
而解释何谓威仪：

> 有威而可畏谓之威，有仪而可象谓之仪。[11]

"威仪"事实上即是以"礼仪"规范人的形躯，使它动容周旋，
莫不中节，因而使百姓在当时的社会规范影响下，对"君子"

---

[11]《十三经注疏·左传注疏》（台北：艺文印书馆），襄公三十一年，卷
40，页23。

自然生起效法、尊崇之心。[12] 赵岐注解形体与道德的关系时，主要就是缘着这条脉络下来的。但是赵岐的注虽远绍《诗》《书》，近合汉代社会思想体制，无奈孟子的重点却不是置放在威仪观上面。荀子会批评孟子不晓得"隆礼义而杀诗书"，[13] 即意指孟子学的精神中，作为消极防闲意义、或引导道德意志使之具体化的"礼"并没有占据太重要的位置。在下文中，我们将进一步指出孟子说"践形"，当从"体现"的角度着眼，"威仪"云云虽不见得相反，但至少不相干；因此，赵岐倡之、焦循和之的"威仪观解释模式"，我们遂不得不放弃。连带地，当我们检讨孟子的形体观所关联到的诸多问题时，这条以"社会规范居履形体，美化形体"为中心展开的路线，也很难再列入我们考虑的核心范围内。

不取赵注，那么，取朱注是否可行呢？本文认为朱注解释"践"如"践约""践言"之"践"是可取的；只有圣人才能充分践形，这也是可取的。但是，践形是否要体现形体具有的各种"自然之理"，却大有商量余地。无疑地，朱子此处的注解已不再是语义学的解释，而是由文字的考订进入到哲学的诠释。这种哲学的诠释在以往程朱学派的眼光中，当然视为孟

---

[12] 关于威仪观总总，参见贝塚茂树：《威仪——周代贵族生活的理念とその儒教化》，此文收入《中国古代の传承》（东京：中央公论社，1976 年）。

[13] 关于"隆礼义而杀诗书"的观念，参见牟宗三：《名家与荀子》（台北：学生书局，1982 年），页 195—213。蒋年丰先生在东海大学主办的第一届"中国思想史研讨会"上所提论文《荀子"隆礼义而杀诗书"之重探》，对此观念另有新解。

子学精蕴的调适发展。然而，朱子这里所用的"格物穷理"的思考模式纵然可视为一种"发展"，但孟子"原意"是否真要往此方向发展，从宋季以下，怀疑者可谓代不乏人。[14] 基本上，"穷理"不会是孟子学的核心观念——不管它是否有助孟子学往前顺遂发展——这点大概是很难否认的。如果"践形"有"体现"义，但所体现者却又不是朱子思想中的"尽其理"，那么，显然我们应当选择赵岐、朱子、焦循以外的另一种解释典范。

二　生色说

王夫之即提供我们这种典范。王夫之的惟气论立场是否真能别开孟子践形哲学形上蕴含的生面，或许更须深论。但他主张的理气不分，生性融贯，却可彰显孟子践形观的体现形体之特色。兹引述他在《尚书引义》的观点如下：

> 形者，性之凝。色者，才之撰也。故曰：汤武身之也。谓即身而道在也。道恶乎察？察于天地。性恶乎著？著于形色。有形斯以谓之身，形无有不善，身无有不善，故汤武身之而以圣……[15]

[14] 参见黄俊杰：《朱子对孟子知言养气说的诠释及其回响》，台湾《清华学报》，第 18 卷，第 2 期，1988 年。
[15] 《船山全集》（台北：华文书局，1965 年），册 2，卷 4，页 16b 至页 17a。

在《读四书大全说》此本煌煌巨著里，王夫之发挥得更加彻底：

孟子道个"形色，天性也"，忒煞奇特。此却与程子所论气禀之性有不善者大别，但是人之受命则无有不善也。盖人之受命于天而有其性，天之命人以性，而成之形。虽曰性具于心，乃所谓心者，又岂别有匡壳，空空洞洞立乎一处者哉！只者不思而蔽于物一层，便谓之耳目之官；其能思而有得者即谓之心官，而为性之所藏。究竟此小体大体之分，如言"形而上者谓之道，形而下者谓之器"，实一贯也。合下粗浮用来，便唤作耳目之官；里面密藏底，便唤作心……故从其一本，则形色无非性，而必无性外之形色，以于小体之外别有大体之区宇。若圣人之所以为圣功，则达其一实之理于所可至者无不至焉，故程子曰"充其形"。形色则即是天性，而要以天性充形色，必不可于形色求作用。于形色求作用，则但得形色合下一层粗浮底气魄，乃造化之迹，而非吾形色之实……尽性斯以践形，唯圣人能尽其性，斯以能践其形。不然，则只是外面一段粗浮底灵明化迹，里面却空虚不曾踏着，故曰践，曰充，与《易》言蕴，《书》言衷一理。盖形色，气也；性，理也。气本有理之气，故形色为天性，而有理乃以达其气，则唯尽性而后能践形。由此言之，则大体固行乎小体之中，而小体不足以为大体之累，特从小体者失其大而成乎小，则从所小而有害于大耳。小大异，而体有

合；从之者异，而大小则元一致也。大人省察以成作圣之
功，则屏其小而务其大，养其所以充者，而不使向外一重
浮动之灵得以乘权，此作圣之始务也。圣人光辉变化而极
乎大人之事，则凡气皆理，而理无不充者；气无不效，则
不复戒小体之夺，而浑然合一矣！此又大人圣人化与未化
之分，缓急先后之序也。[16]

王夫之此段话语可谓善解，孟子"践形观"的蕴含确实不出乎
是。综览引文所述，我们发现王夫之是从理气一元、生性不离
的观点立论，与程朱的基本立场颇有差距，借用王夫之的注
语，我们可以说这是另一种类型的"一本论"。[17] 惟其为一本，
所以天、性、心、形是同质的，是一路贯穿下来的。但在一路

---

[16]《船山全集》，册9，卷10，页44b 至页45b。

[17] "一本"一词语出《孟子·滕文公上》。宋明儒因重融会、一贯，所以
在各家体系内，往往皆有"一本"的要求，只是如何"一本"，各家的
解释不太一样。程颢思想特重圆融，所以"一本"迹象最显（参见牟
宗三：《心体与性体》，台北：正中书局，1975 年修二版，册 2，第 1
章）。王夫之"统形上形下，而以气化为形上、为体，即形器明道，即
事见理，即用见体"（唐君毅：《中国哲学原论·原教篇》，香港：新
亚研究所，1975 年，页 515），未尝不是一种"气的一本论"。又，本
文第一份评审报告书指出：孟子用"一本"，其原始脉络是作为伦理
问题提出的，而此伦理问题背后又反映出殷人与周人礼制之巨大差异。
按周人宗法制，整个族群结构是以高曾祖父子一系直线为主轴，此为
"一本"。而"二本"则是商人的礼制，以当事人两者相互关系来计算
亲等。前者是"周道尊尊"，后者是"殷道亲亲"。评审报告的补充与
本文重点不太相同，但由"一本"说的原始义及引申义的语义演变，
我们可以看出思想史的某些侧面。

贯穿的过程中，也一路日益受到定型，渐有限制。有限制即小，所以形体名之为"小体"。相对之下，通于性、天的心灵则名之为"大体"。但小体虽小，它却是具体化原理显现处，没有它，大体亦无处着落。因此，小体亦不小。王夫之由此解释大体、小体"有合""一致""一本"。因此，凡是不能重视人身的正面意义者，在王夫之看来，都是对于孟子学的误解。

但大、小体虽原为一本，可是在气性日生日成的过程中，大体与小体总是有差距。惟因有差距，所以无状无象的心反而以"大"形容之，有状有象的感官知觉却以"小"形容之。而学者的用心所在，乃是要逆溯人自然生命的行程，强使业已分化的大体、小体再度融合无间，化为一本。简单地讲，我们可以说：一本日渐显现的过程，也就是大体逐渐渗透到小体的过程。渗透至尽，则小体从外貌看虽若无改变，但其意义则与大体毫无差别。用道德性较强的语言表达，这也就是"形色则即是天性，而要以天性充形色，必不可于形色求作用"。所谓的践形之践，即在转形色为天性此一意义上言。王夫之引儒家经典里的"蕴""衷"之概念，认为这与"践""充"义同。这样的比配是有道理的，[18] 但语义上稍有滑移，因为这两组的语

---

[18] "蕴""缊"两字相通，"缊"字见《周易·系辞上》"乾坤，其易之缊耶！"（《周易注疏》，卷7，页31）及《系辞下》"天地缊缊"（同上，卷8，页14）。"衷"字见《尚书·汤诰》"惟皇上帝降衷于下民"（《尚书注疏》，卷8，页10）。

义虽然连绵一贯，但"蕴""衷"指的是一种潜存的根基，而"践""充"则指将"蕴""衷"体现至极的过程或结果。总之，"形色，天性也。惟圣人然后可以践形"，据王夫之解此段话，它是由下列两个子题组合而成：

1. 是本体论上的一本论：理气不二，生性同一。

2. 是工夫论上的体现论：理渗入气，即气是理。心渗入身，即身是心。

即气是理，即身是心，这种观念怎么解释呢？王夫之是否可能也在注解时，带进太多个人独特的哲学观点，无意间以窃据者的身分取代了注释者？笔者认为王夫之的解释是极恰当的，孟子"大体""小体"的著名分别，[19] 并不妨碍两者可以是本源上或在终极境界上同一——落实下来讲，也就是人的身体（生理）现象都可视为道德（心理）现象的征候。沿着外在的征候往内追寻，可以求得与之符应的人格层次。我们且以底下三则例子说明其间的关系。

一、孟子曰："存乎人者，莫良于眸子。眸子不能掩其恶。胸中正，则眸子瞭焉；胸中不正，则眸子眊焉。听其言也，观其眸子，人焉廋哉！"

---

[19] 语见《告子上》第 15 条（条文依杨伯峻《孟子译注》的编法 ［台北：源流出版社翻印，1982 年］）。朱子注云："大体，心也；小体，耳目之类也。"同篇第 14 条孟子又说"体有贵贱，有小大"，其意亦同。

存者，察也。[20] 此篇为孟子观人理论的主要篇章之一，但是，所谓的观人到底是什么意义的观人呢？为什么从感官之一的眼睛可以看出其人的善恶？这种将生理学的辞汇转译成伦理学的辞汇之正当性基础，到底建立在何种理论上呢？就历史的脉络来看，孟子此段话语或许承继孔子"视其所以，观其所由，察其所安"（《论语·为政》）的知人论人传统，[21] 但就理论依据来看，孟子这里应当已经作了一种知识论的转移。早在《大戴礼记》业已指出：

> 目者，心之浮也。言者，事之指也。作于中，则播于外矣！故曰：以其见者占其隐者。[22]

此段话虽难言其源何出，[23] 但其理论恰可与孟子言论相互发

---

[20] 杨伯峻，前揭书，页117。赵岐注，以"在"释"存"，此注在《说文解字》《尔雅》上皆可找到根据。然在"章指"处，赵岐复云"存而察之，善恶不隐"，是赵岐"盖以存为在，即以在为察"。参见《孟子正义》（台北：世界书局，1956年），卷7，页305。

[21] 参见贝塚茂树：《孟子》（东京：讲谈社，1985年），页210。

[22] 《曾子立事篇》（四部丛刊本），卷4，页5。卢辩注云"心之行于言目也"，此注洵是无误。

[23] 马王堆出土帛书《十大经》有文云："有人将来，唯目之瞻。言之壹，行之壹，得而勿失。言之采，行之熙，得而勿以。是故言者，心之符也；色者，心之华也；气者，心之浮也……"（《帛书老子》，台北：河洛出版社，1975年，页222）《十大经》此段话与《孟子》《大戴礼》论心与目、与气的关系等，可以互相发挥。这三段话语同样指出：人的形体、言语皆是人的意识之显相，因此，学者可以"以其见者占其隐者"。《十大经》虽不无可能早在公元前四世纪即已流传（参见《帛书老子》，页245），换言之，孟子或许有机会看到，《曾子立事篇》的作者也可能见过，但三者间究竟是什么样的影响关系，仍有待进一步的探究。

挥——如果《大戴礼记》此篇晚出的话，视之为注脚，亦无不可。

"目者，心之浮也"，"作于中，则播于外"这种理论正显示出：像眼睛这类的感官知觉，不能仅以感官知觉视之，它通于心，与心相应——"心之浮"其实未尝不可视之为"心之孚"。因此，凡眼睛上的反应不只限定于知觉层而已，它也反映出精神层的隐微深度。这种心理—生理现象相通的解释格局，后世注释家也不是没注意到，如最早的注家赵岐即说此篇宗旨为：

> 目为神候，精之所在。存而察之，善恶不隐，知人之道，斯为审矣！

前面两句不只指出观目察人的生理基础，隐约之间，我们还可看到当时医学观念的曲折反射。[24] 宋儒真德秀总结此篇大义，亦曰：

---

[24] 参见焦循注引《白虎通》《魏志·管辂传》《大戴礼记·曾子天圆》等篇的观点。见前揭书，下册，页305。《黄帝内经·灵枢·大惑论》亦云："目者，五脏六腑之精也，营卫魂魄之所常营也，神气之所生也。故神劳则魂魄散，志意乱，是故瞳子黑。"（四部丛刊，台北：商务印书馆，卷12，页12）此段记载也透露了眼睛与神气志意的关系。此外，《邪气藏府病形篇》也表达了类似的涵意。这种关系的建立到底源于何时，目前虽尚未确定，但多少可以提供我们一些理解孟子论眸子的线索。

> 目者，精神之所发；而言者，心术之所形。故审其言
> 之邪正，验其目之明昧，而其人之贤否不可掩焉，此观人
> 之一法也。[25]

此注解也是承续《大戴礼记》及赵注的脉络而来。值得注意的
是：在目心相通这点上，汉儒宋儒间并无歧异。

是否目于诸感官中较为特殊，其为窍之内通精神也最甚，
因此，观目虽可知心，观其他感官或形体则无此作用？事实不
然，且看下一条资料：

> 二、孟子自范之齐，望见齐王之子，喟然叹曰："居移
> 气，养移体，大哉居乎！夫非尽人之子与？"

赵岐注曰：

> 孟子之范，见王子之仪，声气高凉，不与人同……喟
> 然叹曰：居尊则气高，居卑则气下，居之移人气志，使之
> 高凉，若供养之移人形身，使充盛也。大哉居乎者……

"高凉"即"高亮"。[26] 孟子此文虽强调居处对人的影响，但其

---

[25]《孟子纂疏》，卷7，页22—23。
[26]《孟子正义》，页550。

重点其实是指人如能居仁由义，"德润身"的效果将会大不可言。因此，"居移气，养移体"云云，并不是一种环境决定论的主张，而是"人的形体并非定然不变，它可因诸种力量的渗透转化，使其存在的性格跟着发生转变"的一种理念。而发生转变的力量固然可以来自后天环境的习染风化，然依孟子学的风格，我们可以预期：他一定强调若夫豪杰之士，所谓的力量即不会来自习染，也不会来自圣贤的感召，而是他自己立法，从四端流行处自充自盈，自生自长，从最隐微的地方转变人的气性，及其至也，则于外在的形躯处证其效果。

若曰上述申论推衍太多，尚乏佐证，我们不妨再看下列一条资料：

> 三、孟子曰："……君子所性，虽大行不加焉，虽穷居不损焉，分定故也。君子所性，仁义礼智根于心，其生色也，睟然见于面，盎于背，施于四体，四体不言而喻。"

在此段重要的章节中，孟子将君子的欲求分成三层：欲之、乐之、性之。"性之"的范围超出感性的需求，以及种种社会的价值规范之外，它是由先验的"性"畅发，随之扩及其他领域。所谓由先验的"性"畅发，依孟子"从心见性"的基本前提，我们知道非得从四端之发用流行处开始不可。

开始发用流行以后呢？孟子告诉我们："其生色也，睟然见于面，盎于背，施于四体。"朱子注云：

> 生，发见也。睟然，清和润泽之貌。盎，丰厚盈溢之意。施于四体，谓见于动作威仪之间也。

"施"字据焦循注，义同"流"字。[27] 由"清和润泽""丰厚盈溢""流于四体"等看来，我们可以发现孟子与朱子这里使用的表达方式，是种"水"的隐喻。水之为物，"源泉混混，不舍昼夜，盈科而后进，放乎四海。"（《离娄下》）它内部有种有机成长的潜因，只要这些潜因没有受到阻碍，它即可无限成长外显，终至于"放乎四海"。回到喻根所指，如果顺着四端发行，它可以在我们的感官四肢、动容周旋间，呈现精神的极致境界。在这种境界中，人的身体成为精神化的身体。"精神"不再是无形无象，也不再只是"意识"，它从生命的最内部以迄形躯的最外表，不断地渗透、转化、体现，终至于"小体"无"小"义，全体皆大，旁观者可在无言之中触目证道。

三　养气论

小体可化为大体，生理现象可视为导向精神向度的征候，此事就《孟子》文献考订，应当不难成立。但是，我们难免追问：如何可能？孟子重一本，言从心见性，工夫上强调扩充，这固然是事实。但孟子所说的，是从道德意志着眼，是落在人

---

[27]《孟子正义》，页 536。

的"精神"层面来谈，这怎么可能会和人的形体息息相关？

如果我们将身与心视为两种绝对异质的范畴，"身体的精神化"这种概念自然比较难以处理。但是，孟子在处理始于良知的扩充，以至身体的精神化为止的修养过程时，其典范并不是建立在身—心为两种绝对异质属性的设定上，而是建立在战国中期一种独特的身心观上。依据这种观点，当人的主观意志（或道德意志）发动时，它可以带动（或许该说：它本身也是）一种生理性质的力量，这种生理性质的力量可滋润、转化或体现我们的形体。因此，学者如从他个人主观的意识着眼，当然会认为他成德的过程乃是"精神"不断的加深、加强、扩充、克服。意志经过不断磨炼后，终至于一无疑惑，全不畏惧。但在孟子看来，这种道德意志的发用流行，自充自成固然无误，然而，毕竟也只是一种"解释"的面相而已。在解释中，某些无法被"解释的架构"消解融释的成分无意间即被化约掉了。因此，如果我们不从主体的意识直接着眼，而从此道德意识运作时的生理现象着手考虑，那么我们将会发现到：伴随着主体道德意识的升华及扩大，某种生命性质的力量也在升华及扩大，此时的主体意识与此时的生理力量可说如两束芦，互倚不倒。缺乏其中的任何一项，都不能使一方如理朗畅地流行。这种生理的力量即《孟子》书中主要的哲学术语之一的"气"。

气之为物惟恍惟惚，极难形容，在《公孙丑篇》的《知言养气章》里，孟子面对学生的质疑：何谓浩然之气？即承认道："难言也。"但虽然难言，孟子在不同的场合里，还是发表过不算少的意见。因此，我们不妨观看孟子到底给我们传达什么样"难言"的讯息。底下，我们也就从这篇孟子自认难言、但也言之最为详尽的《公孙丑上》第二章开始探讨起。

公孙丑问曰："夫子加齐之卿相，得行道焉，虽由此霸王，不异矣！如此，则动心否乎？"孟子曰："否。我四十不动心。"……曰："不动心有道乎？"曰："有。北宫黝之养勇也，不肤挠，不目逃，思以一毫挫于人，若挞之于市朝；不受于褐宽博，亦不受于万乘之君；视刺万乘之君，若刺褐夫；无严诸侯，恶声至，必反之。孟施舍之所养勇也，曰：'视不胜犹胜也；量敌而后进，虑胜而后会，是畏三军者也。舍岂能为必胜哉？能无惧而已矣。'孟施舍似曾子，北宫黝似子夏。夫二子之勇，未知其孰贤，然而孟施舍守约也。昔者曾子谓子襄曰：'子好勇乎？吾尝闻大勇于夫子矣：自反而不缩，虽褐宽博，吾不惴焉；自反而缩，虽千万人吾往矣。'孟施舍之守气，又不如曾子之守约也。"曰："敢问夫子之不动心与告子之不动心，可得闻与？""告子曰：'不得于言，勿求于心；不得于心，勿求于气。'不得于心，勿求于气，可；不得于言，勿求于心，不可。夫志，气之帅也；气，体之充也。夫志至焉，气次焉。故曰：持其志，无暴其气。""既曰：志至焉，气次焉，又曰：持其志，无暴其气，何也？"曰："志壹则动气，气壹则动志也。今夫蹶者、趋者，是气也，而反动其心。""敢问

夫子恶乎长？"曰："我知言，我善养吾浩然之气。""敢问
何谓浩然之气？"曰："难言也。其为气也，至大至刚，以
直养而无害，则塞于天地之间。其为气也，配义与道；无
是，馁也。是集义所生者，非义袭而取之也。行有不慊于
心，则馁矣。我故曰：告子未尝知义，以其外之也。必有
事焉，而勿正。心勿忘，勿助长也。无若宋人然……"

孟子的养气理论在儒学发展史上有极为重大的意义，[28]但这篇文
章也是有名的难解。[29]降及近世，由于思考典范不同，问题意
识多歧，[30]因此，面对着"难言"之气时，解释更难强挽一致。

---

[28] 程子即赞叹《孟子》此章"扩前圣所未发"，"学者所宜潜心而玩索
也"。引自《孟子纂疏》，卷 3，页 27。

[29] 关于此章的复杂情况，参见黄俊杰：《孟子知言养气章集释新诠》，以
及文后附录的"引用书目"及"孟子知言养气章相关研究书目"，见
《台大历史学报》，第 14 期，1988 年。

[30] 晚近台湾对于孟子思想的诸种解释，参见尤信雄：《六十年来之孟子
学》，此文收入《六十年来之国学》（台北：正中书局，1975 年），册
1。大陆几本较有影响力的思想史或哲学史著作，则大体将孟子此方面的
理论烙上"唯心主义""先验主义"或"主观的唯心主义"等等标记。侯
外庐等合著的《中国思想通史》第 1 卷（北京：人民出版社，1957 年，
第 11 章，页 394—399）、任继愈的《中国哲学史》（北京：人民出版社，
1979 年，第 5 章，页 145—150）及《中国哲学发展史》（北京：人民出
版社，1983 年，页 317—323）莫不如是。冯友兰新编的《中国哲学史
新编》虽对孟子的养气说持肯定态度，但依然用了"唯心主义"此类在
大陆学界甚见贬义的状词定位孟子（北京：人民出版社，1983 年，册
2，页 61）。B. Schwartz 曾指出先秦思想里的"气"字具有各种不同涵
意，在西洋哲学里，很难找到与它相应之概念，其言甚是。参见 *The
World of Thought in Ancient China* (London,1985), pp.179—184。

但站在本文的立场，我们发现此文至少具备了下列数项特色：

一、养气的工夫离不开养勇、不动心的论述框架。

二、养气、不动心的框架背后预设"以意志主宰躯体"的哲学命题。

三、"以意志主宰躯体"的命题有两种型态：一出于主观的个人气性，此时意志与躯体间是种操控性格的主从关系。另外一种则是出于内在超越相贯通的道德意志，它与躯体的关系是不断地渗透之，转化之，终至于志、气、形同质化，全身皆是精神之流行。

四、道德意志要走完全程，使志、气、形同质化，必须预设着有种特殊性质的"气"居间沟通两者。

五、但道德意志要转化形、气，也必须先使意志道德化；要道德化，则必须持久不断地"集义"。

六、个人的气扩充至极，其气会逸出"个人"的范围之外，与天地之气同流，内外合而为一。

就第一点而言，我们可以从当时的文化氛围考察。孟子举告子、北宫黝、孟施舍、子夏、曾子为例，借以形容"勇"的各种层次。由于年代缅邈，书缺有间，这些人物到底有多少"勇"的理论，我们已很难仔细追索。但是由《孟子》书中引的理论，以及见之于后世的断简残篇，[31] 我们不难发现：战

---

[31] 参见《孟子正义》上，页 111—113，及黄俊杰，前揭文，页 97—102 所引各项资料。

国时期儒家诸子，甚至当时的许多思想家，都有某些"勇"的理论及表现。关于"勇"的理论，为什么会在此时期特别突显，可以有各种的解释。或曰：从他们出生的背景考虑，这种现象是可以理解的。因为战国时期士已由传统的宗法制度中游离出来，在社会中取得独立的地位，所以才有孟子的"说大人则藐之""将大有为之君，必有所不召之臣"，以及颜斶的"士贵耳，王者不贵"[32]之理论。这些语言都显示在各国国君竭力争取人才的风气下，士本身有浓厚的自尊意识。自尊意识是跨进勇气的最佳法门。或曰：当时的士人既多以游说的"客"之形态出现，奔走于各国之间，因此，为自卫计，不得不讲究"勇"。至于像孟子这般"后车数十乘，从者数百人，传食于诸侯"的集体行动，为免遭受盗匪侵袭，特别注重武装，讲求勇气，自然是很合理的行动。[33] 何况，天下大乱，兵戎孔急，讲武之风大兴，孟子在齐国临淄这种大都会客居，免不了会和当时的说客探讨"勇"的理论等等，[34] 这也都是可以理解的。

以上所说的"勇"之种种，固然多少都可自圆其说，但如依孟子、曾子的观点来看，这些当然都是相当外缘性的解释。因为真正使儒者一无畏惧，临死不忘丧其元的力量，乃是他们对于"道"的坚持。因此，即使面临再大的障碍，他们依然能

---

[32] 《战国策·齐策卷第四》（四部丛刊本），页 12。

[33] 参见渡边卓：《战国的儒家の遍历生活》，页 357—361，此文收入《古代中国思想の研究》（东京：创文社，1977 年）。

[34] 贝塚茂树，前揭书，页 131。

以"王道讲说者"的自我认同身分上说下教，卓励慷慨，绝不
阉媚。所谓"儒者，柔也"的声训解释，与事实相去太远。[35]
从孔子以降，我们可以看到儒家诸子对于"勇"的反省可说史
不绝书。不宁惟是，甚至从孔子以降，我们还可看到不少儒门
中人本身即以勇气见称于世。[36] 换言之，他们还保持文武尚未
分殊发展以前的士之形态。

儒家对于"勇"的重视还不能只从上述的因素着眼，我们
关心的是：如果从实践的观点考虑，儒家思想中会涌现"勇"
的因素乃是事所必至，理所当然。因为勇之所以为勇，乃是以
人的意志发动一项道德的行为，去克服一项极困难的目标。由
于此时的目标极为艰难，它对于人身心的行动是种障碍，如处
理不顺遂的话，很可能会对行为者造成极大的伤害。但如果面
对该克服的障碍而不去克服，这就是种道德意志的薄弱，其逃
避的结果反过来会进一步削弱人的道德意志，连带地，也就是
对人之所以为人的本质之进一步的摧残。所以，见义不为不仅
非勇也，如依孟子的理论判断，这还是对人性的戕伤，因此，

---

[35] 参见熊十力：《读经示要》（台北：广文书局，1972 年），卷 1，页
111—129；徐复观：《孟子知言养气试释》，此文收入《中国思想史论
集》（台北：学生书局，1975 年）；余英时：《中国知识阶层史论》（台
北：联经出版公司，1980 年），页 38—57。

[36] 参见注 ③ 引黄俊杰文，及杜正胜：《孔子是力士吗？》，《历史月刊》，
第 20 期，1989 年。第一份评审报告认为由孔子此类的材料以及其弟
子的相关文献看来，可能早在春秋时代即已有"勇"之理论及表现，
笔者赞成此评审意见的观点。

也就是距离"禽兽"越近。孟子使用的一些激昂言辞，如"非人也""禽兽也"，我们如放在这种脉络下衡量，不是不能言之成理的。

由"养勇"的理论，我们可以推知它必须预设一种有待克服的"身体外之对象性"障碍。但要克服障碍，必须预设实践者能先行克服自己的躯体之"维系生存"的本能，而且最好不仅消极地克服之，还要积极地转化之，使它成为正面推动的力量。在这种"双重的克服阶段"中，第一层的克服身心形体所对之外在性障碍，不是本文重点所在，也不是《孟子》此章的核心观念，所以暂且不论。仅就第二点而论，无疑地，道德意志与形体的关系可分成前文业已说过的两种：一、"以气制心"，使心不动。主体意志以监督者、居高操控者的姿态，强使生理—心理的机制反应不起。其次，乃是"以直道养其心"，使心气相合，意志与血气同时拓展，刹那并生，不断随着人的生命发展前进。[37]

以气制心的类型见于北宫黝、孟施舍、告子。这几人的工夫理论虽然不同，但同样是以个人主体的意志去操控生理—心理的本能反应，却毫无差别。他们不承认人的"主观"意志有先验的、"客观"的基础，在这点上彼此也是毫无差别。此外，孟子认为在体验伴随着良知的发用流行中，有种极精微的

---

[37] "以气制心"及"以直道养其心"的分法，参见《孟子正义》（页115）引毛奇龄《逸讲笺》语。

气——我们不妨假称为"内气"[38]——这点极为重要，但北宫黝、孟施舍、告子三人依然同样不能理解。

孟子主张的，当然是第二种类型的"以直道养其心"的工夫。这种工夫模式严格说来，并不是孟子首创。在《知言养气章》里的曾子承受孔子之语言，不折不扣即是以直道养其心。事实上，我们可以这样说：儒门中人没有人可以反对这种工夫，即使连重经验积累工夫的荀子也不能反对。孟子"以直道养其心"的工夫之所以特殊，乃在：

一、此工夫伴随着转化生理的功能，而生理所以能转化，又缘于"气"居间流行渗透。

二、此工夫伴随着"气"的不断流行，它最后可达到与天地同流的境界。

总计以上两点，我们可以说：良知的扩充也就是养气的工夫，良知的上下与天地同流，也就是养气的极致。

"气"的介入，无疑是孟子言良知时一项很突出的特色。就"自觉"作工夫而言，提撕本心，当下认取，无疑地是人实

---

[38] "内气"一语借自唐代道家所用辞汇，其意略同内心之元气。胎息或先天之气等语汇亦大抵可与之交换（参见福井文雅：《儒道佛三教における气》，页324—327，此文收入小野泽精一、福永光司、山井涌合编：《气の思想》东京：东京大学出版会，1986年）。儒家思想中，与此对应者首推程颐的"真元之气"之理论。真元之气的解释颇纷歧，笔者同意土田健次郎在《道学の形成と气》的解释："真元之气"与"内气"关联颇深（此文收入前揭书《气の思想》，页433）。为行文方便及强调浩然之气先验地内在于吾人之身，所以本文迳取"内气"一辞。

践时应走的方向。但就此工夫存有论的依据而言，"气"是超自觉的，是与良知同根，但比良知的心理涌现更基源的基础。气，乃体之充也，但其性质绝不能只以"物质"视之。在孟子看来，人身之气也有道德的涵义，因此，气如能"配义与道"，气即可获得与自己存在的性格呼应的展现。它扩而充之，即可彻底朗现潜能。但气除了具备道德意义外，它还是一种前知觉的存在，在这种存在中，人与世界是种同质性的合一。所以当气由潜能变为现实时，人与世界原始的合一关系，也势必由潜藏性的"在己"状态变为可以体证的朗现状态。

孟子谈意识与形体的关系时，最后都绾结到更基源的"气"这个概念。有关此方面的佐证，除了前文业已探讨过的"居移气，养移体"等少数章句外，我们很容易联想到《告子上·牛山之木章》的论点：

> 孟子曰："牛山之木尝美矣，以其郊于大国也，斧斤伐之，可以为美乎？是其日夜之所息，雨露之所润，非无萌蘖之生焉，牛羊又从而牧之，是以若彼濯濯也。人见其濯濯也，以为未尝有材焉。此岂山之性也哉？虽存乎人者，岂无仁义之心哉？其所以放其良心者，亦犹斧斤之于木也。旦旦而伐之，可以为美乎？其日夜之所息，平旦之气，其好恶与人相近也者几希，则其旦昼之所为，有牿亡之矣。牿之反覆，则其夜气不足以存。夜气不足以存，则其违禽兽不远矣！人见其禽兽也，而以为未尝有才焉者，

是岂人之情也哉？故苟得其养，无物不长；苟失其养，无物不消。孔子曰：'操则存，舍则亡，出入无时，莫知其乡。'惟心之谓与？"

"平旦之气"与"夜气"两词造语奇特，先秦子书罕见。以往的注家解释此篇时，一般也未赋予太大的意义。但是，放在气—形—意志的关系下考量时，我们首先注意到的，就是此种类型的气并非只是中性意义的体气。诚如孟子所述，它"好恶与人相近"，换言之，也就是它与常人一样具有善的性向。其次，我们注意到的，乃是此种气之生成作用并非缘于个人主观的能力，相反地，正因为人在睡觉或在初醒时，诸缘放下，尘虑不起，所以它反而可以顺遂流行。配合孟子"乍见孺子将入于井"的例子来看，我们可以说：孟子行文的策略都是用以强调人心有种非经验性的机能。引而申之，也就是孟子主张有种前知觉的、先验的道德意志；同样地，也有种前知觉的、先验的气。第三，我们发现到孟子此处的譬喻"草木之萌蘖"意指植物的生命与人的道德生命都有一种有机的生长，只要不要受到后天因素的阻扰，它们内部的潜能都可以先后实现。[39] 最后，我们还发现到：孟子使用"夜气"的概念时，很可能与当时的医学及养生思想有关。据《黄帝内经》所示，人身的体气不是

---

[39] 关于树木的隐喻，大室干雄《孟子における历史の不幸》(《东京支那学报》，15 号，1969 年) 一文颇有新义，惟重点与本文不同。

等价的，经由一夜的滋息，及乎平旦时的"气"乃是善的。[40]
屈原在《远游》一文中也说及炼气的奥旨："于中夜存"。[41] 这
些都显示"夜气"一说不是泛泛之论，它背后还大有可说。[42]

经由《牛山之木》及《知言养气》两章的论述，我们恐怕不
能不承认：孟子谈到人的道德实践时，一方面固然强调道德意志
（大体）对躯体（小体）的主导性格；但另一方面他也强调：构
成小体的外部形态固然有其貌相声色的姿态，以及各自不同的知
觉功能；但自内部而言，却是由气充塞。这一点所以重要，乃
因道德意志作用时，绝不只是空洞的意向所致而已，它一定伴
随着气的流行同时呈现，从工夫始点以迄终点，莫不如是。这
种观点再换另一种说法来谈，我们可以说：依孟子义，心当即
为理。但心有理之客观义，不妨碍它也有气之具体性原则参与
其间。很诡谲地，孟子谈到道德实践时的身心关系时，他提出：

---

[40] 《黄帝内经・灵枢・营卫生会第十八》（四部丛刊本），卷4，页15。

[41] ［宋］洪兴祖在《楚辞补注》（台北：长安出版社，1984年，页167）
已指出此句与《孟子》中"夜气"的关系。

[42] 孟子的"夜气""平旦之气"之说重点不在养生，这是无可怀疑的。但
这些观念如果不是孟子自创，而是他借自其他文化领域，那么，在
"新溶进的孟子思想体系"与"原有的思想体系"间，应当还是有理论
上内在的关系。后世的葛弘《抱朴子・释滞篇》与陶弘景《养性延命
篇》皆言及"从夜半至日中为生气"。《黄帝内经・素问・刺法论篇》
亦云"寅时面向南，静神不思乱……"云云，这些话语也许都传达了
某些线索。张荣明《中国古代气功与先秦哲学》（上海：人民出版社，
1987年，页231—234）已指出了这些材料与《孟子》"夜气说"的关
系，但笔者对其结论暂持保留态度。此外，孙子的"朝气锐，昼气惰，
暮气归"（《孙子集注・军争篇》，四部丛刊本，卷7，页26）也不无
可能透露了与"夜气""平旦之气"说的系联。

1. 就工夫论所涉及的形体之表相而论，心主宰外部的形体，可以使形体彻底地精神化。

2. 就工夫论所涉及的形体之底层而论，心也引导内部的形体（体气），使体气如理流行。

3. 就存有论之"始源"观点而论，心善气亦善，而且，心还与内部的气同流。

以上三点之间——尤其是后面两点——似乎南辕北辙，永难辐辏，但孟子的践形思想确实是建立在这种特殊的身心观上面。下节，我们将检讨这两点蕴涵的问题。

四 形—气—神之身体观与精神化之身体

哲学上的身心问题在西洋是争议甚久的陈年课题，如依上述孟子的思想，我们可以重组另外一种类型的问题典范。简单地讲，孟子学的身心问题应当是身（体、形）—气—心（志、意）的问题。或者，我们可以援用《淮南子·原道训》的解释："夫形者，生之舍也；气者，生之充也；神者，生之制也。"[43] 这是种解释为形—气—神的典范。笔者认为《淮南子》此段话语如果不是自觉地在诠释孟子的身心观，至少也与孟子的理论相呼应。本文底下的选择将以形—气—神的构造为主，而暂时不取形—气—心的组合。舍此就彼的原因，并非源于

---

[43]《淮南子》（台北：台湾商务印书馆，四部丛刊本），卷1，页16。

两者实质上有太大的差异，而是"神"字在先秦哲学中有特殊
的涵意，它可以在"体气"与"良知"之间搭上一道桥梁，使
一般所谓的"灵—肉"或"意识—自然"间的强烈对决，有
一种连续性及相互的渗透性，对我们了解孟子的"良知与气的
关系"，可以有比较直接的帮助。

　　以"形—气—神"代"形—气—心"的方便理由，我们可
从第三节文末综合出来的三点小结论着眼。如果说心可引导气，
那么，两者应是一种主—从的位阶关系。但是，心与内部之气
同流，此时的心与气之关系绝不是主—从的价值层断裂之位阶
对照，而是一体两面之同时生起。那时，到底何者比较可靠呢？

　　这个问题其实也就是公孙丑的问题，当他听到孟子讲
"志，至焉，气次焉"，又言"持其志，无暴其气"时，即大
惑不解，问道："何也？"——因为"志至气次"表面上类似
"历时性"（diachronic)，而非"同时性"（synchronic)，事
实上却是同时并起。但"持其志，毋暴其气"明显地是指主体
对客体的一种引导关系。前儒说的是："志气既不相离，持志
即是养气，何必又无暴其气？……"[44] 孟子的回答我们都知道，
他说"志壹则动气，气壹则动志"，意指在工夫的历程中，所
谓的生理组成因素之气如不善加调摄的话，也会影响到所谓的
精神性质之志。因此，虽说志气相伴而生，但平日言行如稍疏
忽的话，也有可能反过来影响到"志"，使学者在气之莽撞中，

―――――――――
[44]《孟子正义》引陈组绶《近圣居燃犀解》言，见页117。

随躯壳起念。

孟子关心的是具体实践中的问题，对"志"与"气"之先后如何，未再深论。但我们如果顺着他的话语往下推论，可以代进一解："志至焉，气次焉"与"持其志，无暴其气"并不冲突。两者虽同样言及"志"与"气"的关系，但其关系的程态不同，所以两个表面语意相反的命题并不矛盾。当"志至气次"在理想状态时，此时的气是符合良知的"内气"；"持其志，毋暴其气"的气却是接近价值中立的体气（血气、营卫之气）。所以我们如不涉及这两种气的"始源"如何，而纯就现实的层面观察，我们可以说：人的志意与气的关系永远是处在这两种气的混合夹杂中，内气多一分，人的生命也就清明一分，回归到人应有的形态也就越接近一分。反之，如任由体气作主，则不免会时常"气壹则动志"，甚至会日丧其心，久假不归。这种优劣混合比例的两极，下焉者，即孟子愤慨言及的"禽兽"——虽然孟子也认为人不管堕落到何等层次，总有阴蛰之一丝良知按捺不住，希望能随时乘机挣脱奋起。上焉者即践形之圣人，此时圣人的体气完全良知化，有气皆知，无气非良，[45] 人的生理层次完全是道德心的体现面。

由于人的现实生命中有两种气的纠葛，因此，从道德实

---

[45] 黄宗羲：《孟子师说》云："知者，气之灵者也。气而不灵则昏浊之气而已。养气之后，则气化为知，定静而能虑……"（见《黄宗羲全集》，杭州：浙江古籍出版社，1985年，册1，卷2，页64）黄宗羲言"气"与"知"的关系甚可玩味，此种"知"绝不只是认知的知，它毋宁更接近王学传统里的良知。

践的观点来看，人必须从"持其志（志气合一）毋暴其气（体气）"到良知与"良气"同时生起，最后使百体从令，全部体气化为神气之流行。就孟子的观点看，这是学者必走的一种过程。但是，在这种过程中，我们还是可以追问：如果所谓的体气可以转化为内气，那么，这两种气到底是一种气，还是两种气？如果是两种气的话，那么，两者是如何会合为一的？如果是一种气的话，那么，在"一"中仍能维持"二"的析合转化，这到底是什么形成的？

以上的问题在《孟子》书中并没有显题化，但是，很明显地，我们可以从《知言养气章》中获得两个小前提。首先，就"根源的"或终极的观点来看的话，气只有一种，换言之，在"浩然之气"的流行境界中，我们无从分别此际何处浩然？何处非浩然？更不用说范围狭至人身的范围内，还有任何区别内气与体气差异的空间。但是，"始源"或终极地看是一回事，现实地看又是一回事。就现实地看，一定有与道德意志合的气，也有不合的气。而这两种气在实践上的关系，乃是前者不断转化后者，这是无可怀疑的。朱子在说明人身之气与浩然之气的关系时，论道：

> 气只是一个气，但从义理中出来者即浩然之气；从血肉身中出来者，为血气之气耳。[46]

----

[46]《朱子语类》（台北：汉京文化事业有限公司，1980 年），卷 52，页 10。

此言甚是。我们前文屡用"内气"而不直接用"浩然之气"一辞，虽不免有养生家"先天之气"的暗示在内，但其内涵其实是一样的。两者都是指向人的生命中有种先验的趋向善之能力。这种能力虽然隐藏在天地之间，但其萌发处却只在人身上一点良知流行处。惟有顺着此灵光一点不时彰显，最后才可光耀天下。换言之，也就是只有经由内气流通，最后才可引发浩然之气弥漫。

简言之，笼统地就现实经验谈体气与内气（浩然之气）的关系，不妨说成两者"不一亦不异"。学者的工夫即是要使"不一"变成"不异"。"不一"变成"不异"的关键在于：气能否从"义理"中来；换言之，能否"配义与道"。能的话，可充塞天地之间；不能的话，馁矣！尤其值得注意的是，要配义与道，一定要符合真正的道德，不可袭取外貌，勉强摹画。勉强摹画的结果，于行事之功效，或不无可取；于自家性命成长，却了无助益。所谓"配义与道"，"一方面是了解一种义理，对之有确信，此可称为'明道'；一方面是常作他所认为是应该作的事，此可称为'集义'。合此两方面，就是'配义与道'。此两方面的工夫，缺一不可"。[47] 简言之，也就是要使学者的道德意志彻底集中，使其意念绝对净化，使他的行为绝对如理。经过这道转换的程序后，浩然之气即可油然自生。

显然，"配义与道""集义所生"云云，很符合我们对一

---

[47] 冯友兰：《中国哲学史新编》，册 2，页 92。

件道德行为的叙述。但这种"主观的"道德意志产生的正面效果——浩然之气，及其负面的效应——馁矣，到底只是一种"感受"呢？还是真有"气的转换"呢？

　　这个问题与我们前文所说的"内气外气是一是异的析合过程"的问题关联颇深。依孟子义，这个问题无疑地可以直截了当地回答：产生浩然之气并转化体气，这可以"主观地感受到"，但这也是"客观的描述"。孟子言道德，有一项相当基本的规定：它不只是个人主观的感受，它与人的身家性命息息相关。乍见孺子将入于井会生怵惕恻隐之心，此是事实。但尽恻隐之心直至极致，可知性知天，也是事实。孟子不接受义袭的道德行为，即因这种行为没办法使我们的道德心有一丝一毫的成长，因此，连带地，也就不能使我们的存在性质发生任何精微的变化。反过来讲，一件真正符合道德的行为，一定是经由我们的道德心往上触动到性天的层次，因此，这是有本有源、可以成长的"一本"。

　　但是"触动到性天的层次"云云，这还是比较从正统的心性论观点，谈及个体与超越层的系属问题。落在具体的个人感受层来谈，即是"志至气次"；用医家的语言转译之，也就是"以意引气"；如用理学家的语言表达，这正是名副其实的"以理生气"。在孟子的思想体系中，只要是真正的以理生气，一定是如火之始燃，如泉之始达，它有无穷的前途要拓宽，但它也有无穷的潜力隐藏在其"始"之际。这种因理所生的气虽不可见，但它可从人身的最内部开始不断转化人存在的性格。如果连不受人主观意志作用的貌象声色之生理性身躯都可在浩然之气的浸润中，移形换色，那么，这为什么不是一种实在呢？事实上，依传统的解释典范来讲，气可以是主观层面感受到的一种状态，也可以是一种客观的、物质性质似的描述。同样地，由气扩充到极致的浩然之气也可以是同时兼具主、客观两相——严格说来，在此境界中时，或许根本不该用主、客观等范畴强加在当时的知觉经验上面。因此，孟子在使用气的概念描述人的道德行为时，事实上是有合法性的依据的。这不但不存在着所谓的误用的问题，[48] 而且反而因使用了气字，更可以合理地挂搭起道德体验时的身心关系。

经由上述工夫论的观点着眼后，我们可以更进一步从形上学—知识论的角度，检证《知言养气章》中身心关系此一争议甚久的复杂问题。如前所述，孟子论及身心问题时，其概念架构并不是绕着"身"与"心"两极展开的。在"心"上面，我们还可想到与之直接联系的"性"。换言之，超越的本体离不开我们具体的感受意识。自另一头言，在"身"（或称作"形"）内面，还有充塞其间的"气"。换言之，知觉功能特定难移的形体也可在一种流动的生命能中统摄起来。不特如

---

[48] 认为气本来是偏向物质性的，后来被孟子误用或扭曲的观点，在大陆几本流传甚广的哲学史或思想史里，大体都可看到。如任继愈即云："寡欲和养气都是对于唯物主义学派，特别是宋、尹学派，进行唯心主义的歪曲和改造……"（《中国哲学史》，北京：人民出版社，1979 年，第 1 册，页 157）

此，"性""心"一头与"性""身"一头也并非绝对隔绝。事实刚好相反，孟子强调若学者反身而诚时，性→心→气→形可一贯而下（参见下节），更无隐遁。我们可以看出：在这种身心观的典范下，"气"居间联系了"性""心"与"形"。所以气如理时，它可配心与性，直贯形体；形体也可因气之贯注，上通心性。在这种境界下，气不能不含有"精神"的性质。反过来讲，气不如理时，即与"心""性"断绝联系，它不但因此成了无源死水，难以为继，而且也无从滋润形体。由这种观点来看，此时的气不能不是一种与躯壳同位、含带"物质"性的某物。总之，气之为物，就其全幅展现来看，它贯通"心""物"，不容偏废。

引而申之，由"气"即可谈到"神"，也可回到本节开始处我们选用形—气—神而不用形—气—心的问题。就《淮南子》使用的"神"之概念来看，它绾合了"心"与"气"，既有气之灵，也有心之灵之意。"神"用于指涉心气之寂感妙用时，与"内气"一词所说相同，其性质似乎偏向存在，而远离意识。但就存有的位序来谈时，它与孟子所说：配合道义的"志"之流行，又是同质的一贯。"志"是气与道义合，但实践者尚在跨迈前进的旅途中，所以重道德意识的主观面。"神"也是气与道义合，但实践者此时已由主观进入超主观，全身是气，全身是志，形气志融会贯通。总之，我们很难将"神"强划是"心"与"气"的任一头。因为如就人内部的体证立论，形—气—神的解释架构未尝不可以体气—气—神气的架构取而代之。

经由以上曲折的讨论，为什么孟子的践形哲学中会认为形体本身有道德的涵意，我们现在可以大体明白了。形体之所以能生色睟盎，根本的原因不是用人的道德意识强加在形体上的结果，而是人身内部本来就具足这种条件。在孟子看来，形体不只是貌象声色，具备各种知觉功能而已，在貌象声色诸种知觉功能后面，还弥漫着充盈身体、毫无歉虚的气；但这种体气也不是最终极的，在体气背后还有伴随良知流行时一种极隐微、前知觉的内气。所以形体生色之原因，乃是良知流行，不断转化体气；而转化的气充盈全身后，复可参与到人的感官知觉来。由良知神气之流行 → 体气之充分转化 → 形体之彻底精神化，我们可以看出这是种不断扩充，不断占领价值中立区域，使之完全转化成道德成就表征的一种过程。

五　尽心与养气的同步性

当形体彻底精神化时，我们知道这是工夫的极致，所以说惟圣人然后可以践形。但是，在《知言养气章》里，我们也看到工夫极致的另一景象："以直养而无害，则塞于天地之间。"就意象而言，生色睟盎与塞于天地显然相去甚远，前者预设着凝聚于"个人形体"的一种气象，后者却是超出个体之外的一种"超主体意识"的气之流行。这两种到底是同是异，是别是一？

就意象的语义指涉来论，两者自然是不会一样的。但就两者所代表的修养层次而论，却是不容强分轩轾。简言之，顺着孟子修养工夫穷究其蕴，良知会在个体上显现征兆；它也会在超个体上的层次显现一种境界。就前者而言，良知有明显的道德义；就后者而言，良知逐渐由道德层进入到存在层。"自然"与"价值"在分流后再度逆转同源。

以上的命题所以可能，和孟子气的理论有关，和孟子尽心知性知天的工夫论关系更大。《公孙丑篇》有充塞天地的浩然之气之说，在其他篇章中，也有类似的天人相合之冥契境界，比如说：

> 万物皆备于我矣！反身而诚，乐莫大焉；强恕而行，求仁莫近焉！（《尽心上》）

> 君子所过者化，所存者神，上下与天地同流，岂曰小补之哉！（同上）

> 尽其心者，知其性；知其性，则知天矣。存其心，养其性，所以事天也。夭寿不贰，修身以俟之，所以立命也。（同上）

晚近处理孟子此类言论者，不管持肯定或否定的态度，常以"神秘主义"一词名之。[49] "神秘主义"在日常语义中歧义甚大，但如

---

[49] 冯友兰早在旧版《中国哲学史》（台北：蓝灯出版社，1989 年，页164—166）即指出孟子思想中有此倾向。山室三良《孟子に于ける神秘的一侧面とその来源》（《哲学年报》，第 24 期，1962 年）则指出此神秘思想与齐学的关系。注 ⑨ 所引大陆学者诸书多少也都喜欢将孟子思想往神秘主义路上导引，如侯外庐等合著《中国思想通史》第 1 卷，第 11 章，页 412 处即是。

果我们以各大教"神秘主义"（笔者宁取"冥契主义"一词）常见
的"解消个体性，与更高的实在合一"比拟之的话，孟子这些话
语确实是种冥契主义的语言[50]——所谓的冥契主义不一定要素隐
行怪。如果"天道性命相贯通"可视为中国哲学的一项主要特色，
那么，孟子的心性思想中会呈现所谓的"天人合一"之思想，绝
不是非常奇异可怪之说；相反地，这可视为儒家哲学里的一个
原型，它是指引后代儒家——尤其是陆王学派——的主要走向。

　　关于孟子心性论隐含的天道性命相贯通之特色，因非本文
主旨所在，且论者已多，故此处不再涉及。但是放在"形体"
或"个体"的观点下考虑，我们可以用另外一种想法去诠释
它。假如说：透过尽心知性的水闸，人的个体性质可以消失，
溶入一种更高的实在，那么，视为每一个体本质的"性"字，
其意义非扩大不可。而据前代儒者的解释，确实也常将"性"
字扩大运用，认为人处在某种终极的体验时，可以亲证到"精
密"的性与"宏大"的道、天等相合。[51] 换言之，这些语言的
语义内涵固然不同，但其指涉却是"一也"。[52] 但是，"气，体

---

[50] "解消个体性，与更高层实在合一"几乎是所有冥契者共同的体验，
参见 W. T. Stace, *Mysticism and Philosophy* (London,1973),
pp.110—123。笔者认为：我们如果愿意接受孟子"尽心知性知天"的
思想是其体系里相当重要的一个环节，而且也可以解释成"天道性命
相贯通"的一种类型的话，那么，未尝不可正视其间隐含的冥契因素。

[51] 此分别取自朱子，参见《朱子语类》，卷6，页1。

[52] "一也"是典型的理学语言，即使分析性格最强的程颐也有此倾向，如
《河南程氏遗书》(《二程集》，上册，台北：里仁书局，1982年)，卷
22上，页296；卷18，页204，皆有是言。

之充也"，当尽心以知天时，充塞在个体内的气是否也发生了
转变？

我们可先考察"尽心"这个观念。"尽心"一词见于《尽
心篇》首章，历代学者对此篇向来重视，但这个辞语在《孟
子》全书中却仅一见。就"尽心"语义考察，当然预设我们目
前的心灵尚未穷尽它应有的状态，养心的目标即摆在"人可以
充分体现心灵的本质"这点上面。但人要充分体现心灵，我们
前文业已说过，必需"志"（良知）"气"（内气）相合之道德
意识不断转化人身内部之体气，使体气后来皆可化为"内气"，
志气相合，一是皆良，体现了这种境界后才算达到"尽"的志
步。换言之，只要"尽心"的概念一成立，这也就意味着人身
的体气皆已转化成义理之气。而既然心气不二，全气皆理，体
验者尽其心以后，可以当下体证"天"。那么，换另一种角度
来看，我们也可以说：此时气也会与"已尽之心"一同朗现，
心至气次，同样弥漫在天地间。

弥漫在天地间的气之状态，孟子即称之为"浩然之气"。
"浩然"据朱子注，乃"盛大流行之貌"；依焦循引颜师古注，
则作"纯一之气"解。笔者认为：如依孟子义，两者皆通。因
惟有纯一，它才可进入同质的流行中。而此时的流行因无内外
本末可分，所以为方便形容之，也可摹写其状为盛大流行。知
性知天，是孟子养心工夫的极致；浩然之气充塞天地间，则是
孟子养气工夫的终点目标。然而，孟子思想中的养心工夫其实
也就是养气工夫，因此，知性知天的层次与浩然之气的层次，

两者不多不少，恰好一致。由这点结论再往前推论，我们可以说：既然尽心知性知天时，其时的心不再是主体义，其时的性不再是个体的本质义，所以浩然之气流行时，其时的气也不再是个体的、主观意义的体气，而是普遍的、同质性的"纯一之气"。

以上所述尽心与浩然之气的关系，当然不免需要后人的居间诠释，才能寻绎出其间的内涵。但是，相关的文献也不是不能作佐证用。《管子》四篇《心术上》《心术下》《白心》《内业》与《孟子》书中气之理论，有相当密切关系的假说，自从郭沫若提出此点，[53]并引起学界的检讨后，已日渐受到重视。[54]笔者对郭沫若的假说与论证有些保留，但基本上赞成《心术下》及《内业篇》与孟子关系为密切。在这两篇文章当中，我们即可见到"全心""气充形""万物备存"等等的概念。这些

---

[53] 《青铜时代》（北京：人民出版社，1982 年），《郭沫若全集·历史编》，第 1 卷，页 562—563。

[54] 郭文引起的波澜当然主要是绕着他的"《管子》四篇为宋钘尹文的著作"之假说展开的，里面的细节参见穴泽辰雄：《〈管子〉四篇の思想につつて（その一）——心术上篇の思想》，《东洋大学文学记纪要·东洋学论丛》，第 36 集，1983 年；原宗子：《管子研究の现状と课题》，《流通经济大学论集》，卷 19，第 1 期，1984 年。就论及《孟子》与《管子》思想中"气"的概论之关系，小野泽精一的《齐鲁の学における气の概念——〈孟子〉と〈管子〉》（此文收入前揭书《气の思想》）论证相当有力。山室三良前揭文亦提出了类似的观点。A.C. Graham 虽然也提出了两者间的关系，但他特别强调《戒篇》所反映出的告子思想。参见 *Studies in Chinese Philosophy & Philosophical Literature* (Singapore,1986), pp.22—26。

语言与孟子所说的"尽心""气者体之充""万物皆备于我"等的理论，不该没有核心的系联。关于管、孟间的详细比较，由于不是本文宗旨所在，此处无法处理。我们仅选择"全心"一辞作个简单的比较。

《管子·内业》中，"全心"一辞数次出现，[55] 此辞语意指心灵一种完整的状态。这种完整的状态是学者体道过程所欲达到的目的，因为和此目的的境界相比之下，我们现实的心灵都是不完整的。但虽然不完整，却不是没有转变的机会，因为我们每个人心中皆有精气，只要我们在体证时，能使心与精气相合，即可体现"心中之心"。心中之心在工夫起点时只是体验者整个心灵的一小部分，其他部分的心灵仍是各种情绪意念陪伴着体气的狂盲。但人如果经由"内静外敬"的历程，由莽撞的体气盘旋的领域会逐渐被克服转化，最后达到"意行似天"的层次，此时即是心的整全性格之回复。在这种"全心"状态中，体验者一方面体会到个人的精气弥漫无际，与天合一；另一方面则可体证到气入形中，全形皆气，人的存在成为精气的流行场。[56]

管子"全心"的理论恰可拿来与孟子"尽心""养气"的

---

[55] 《心术下》也有类似的概念，但"全心"全写作"金心"。郭沫若：《管子集校》（《郭沫若全集·历史编》，第 6 卷，北京：人民出版社，1984 年），引刘绩、洪颐煊、冡田虎之说，皆认为"金"当为"全"。笔者赞成郭校本的说法。

[56] 参见本书第五章《论〈管子·心术下〉〈内业〉两篇的精气说与全心论》。

理论相互印证。经由这项资料的补充，我们更有理由相信：孟子践形理论臻乎极境时，它一方面在人的形体上显现征兆，使形体全化为精神流贯区域，另一方面也使得人身所有的气全化为纯一的浩然之气。在此浩然之气中没有主客内外之分，所以所谓的浩然之气在内或在外的争议，即失掉了它理论上的有效性。[57] 此际，我们仅知道全宇宙都是由道德走向超道德的宇宙。此际，万物在我，但物无物义，一切都是在圣而不可知之神气流行中。

六 践形观在儒家成德传统中的意义

战国时期，"从自己身上寻得个人终极的根基（本性），并与超越的道（天）合一"的观念，一时蔚为风潮。这个思潮的来龙去脉目前仍不十分清楚，就文献所知的，老子可能是首位将此论点显题化的哲学家。[58] 但到了前四世纪左右，这样的思潮却同时在一些重要的思想家身上发现，《孟子》《庄子》《管子》《文子》这些书籍中，都有相当数量的文字描述此一现象。

---

[57] 浩然之气是己内之气或己外之气的讨论，参见《朱子语类》，卷 52，页 10—14。西岛长孙《读孟丛钞》及中井履轩《孟子逢原》亦有是论，引见黄俊杰，前揭文，页 120—125。

[58] 先秦道家的气论主要关怀有二，一是宇宙生成论的，一是养生论的，此两种气最后又是一体的。《老子》书中"气"的理论虽只集中三处，但却形成尔后道家思想发展的胚胎。参见福永光司：《道家の气论と〈淮南子〉の气》，此文收入《气の思想》，页 126—133。

到战国晚期以后，类似的问题意识仍是瓣香不断。[59] 为何在这么短的时间内同时有同样的关怀出现？是诸子思想互相影响的结果？还是夹杂着传统宗教的作用？或是战国时期医学思潮日进千里，因此，其生命观会曲折地反射到当时思想家的身上？

　　也许以上所提的质疑都有可能，但就文献而言，其发生学的因果论断恐怕尚难充分建立。不过，纵使发生学上的因果关系难明，我们如对此问题暂时存而不论，而将孟子践形学说的重点置放在当时的思潮下考虑，多少仍可以看出他的哲学思想与其他诸子之异同。

　　显然，给孔子指引出的"仁"一种身心的、但也是超越的依据，是孟子思想主要的关怀点。在《孟子》七篇，尤其是《告子篇》中，我们知道孟子提出了"性善论"作为这种关怀的奠基石。儒家传统里对于人性善恶的问题一直研讨不断，其原因主要是这个理论牵涉到"成德如何可能"此一关键性的主题。而孟子的性善论从宋朝以后，即成为尔后儒家学者解释人性理论时最主要的依据。本文从形—气—神的角度解释孟子的实践思想时，其实也是奠基在性善论的基磐上，但侧重的层

---

[59]《荀子·修身》有言："扁善之度：以治气养生，则身后彭祖；以修身自强，则名配尧舜。"（四部丛刊本，卷1，页17）《吕氏春秋·重己》亦言："世之人主贵人，无贤不肖，莫不欲长生久视……"（四部丛刊本，《孟春纪》，卷1，页8）。这些说的虽偏向养生之术，但其背后的理论依据都是落在"治气养生"上面。至于此时期比较系统性的著作，当推屈原的《远游》以及晚近马王堆出土、庞朴定名为《五行篇》的孟子学佚书（参见庞朴：《帛书五行篇研究》，济南：齐鲁书社，1988年）。

面不一样。当孟子从性善谈到尽心知性知天时，当然也免不了
是在做一种理论的陈述，但笔者毋宁相信他陈述的理论固然使
用到"概念"，但这种概念却不必起源于理论严密架构所需。代
孟子想，最合理的情况乃是它奠基在对某种知觉的描述上面。

正因孟子践形思想奠基在体验者自身的内部知觉上面，所
以可履坚踏实，语不落空。我们看到《孟子》书中对人性极
度的信任，这样的信任恐怕离不开儒家重实践甚于思辨，每有
所论必依亲证的信念而来。笔者认为以往几种比较具有说服
力的解释，从"性即理""心即理"到牟宗三先生所说的"智
的直觉"之角度，在解释孟子思想中内在的超越性方面，[60] 大
体都有其体系内部的正当性的基础。但既然心气不离，志至气
次，因此，从战国时期特殊的身体观着眼，也未尝不可殊途同
归，从旁突显出"生色睟盎、与天地同流"的特色。从这种
角度看，我们发现到孟子之所愿，固然是学孔子，但在"学"
的传承中，孟子也接受了新的挑战。他将成德的基础扩展到
形—气—神的身体观上面。从此，道德不再只是人性里的社
会性、或道德情感的事，他与人的存在及全体世界的超越存在
都息息相关。简言之，宗教性的安身立命要求，人人当下具

---

[60] 朱子常以"格物穷理"的模式解释经书思想，对《知言养气章》的解释
亦不免此种倾向，参见徐复观前揭文对朱子解释的批判。关于"心即
理""性即理""智的直觉"等观念与《孟子》一书中主要观念的关系，
散见牟宗三先生三大册的《心体与性体》(台北：正中书局，1975年)
及《从陆象山到刘蕺山》论孟子处。最密集、也是最近的观点，参见
《圆善论》(台北：学生书局，1985年)一书，尤其第1、2、3章。

足，毋庸外求。

但自另一方面而言，虽然孟子在其工夫论思想中，引进（或反映）了当时特殊的身心观，然孟子言及践形理论时，也有和老、庄、文子、屈原等人明显不同之处。最重要、也是最容易看出的一点差别，莫过于孟子远比其他诸子重视"志"，尤其重视"志"里的道德涵义。即使亲密如《孟子》之于《管子》两篇，后者大体说来也是重气甚于重志，而孟子却明言学者当持志养气，勿暴乱之。[61] 至于老、庄、老子、屈原等人，他们论及气的理论时，重视的是种减损的虚静之道。心灵经由欲望之不断解消，体气之日益内敛，最后可以体证心气流行的境界。孟子自然不反对这种工夫方式，但他更强调志意扩充时，带引出的气之不断扩张流行。也正因为孟子所说的道德乃意志与气混合同流的结果，所以其浩然之气呈显出的形相是"至大至刚"，沛然莫之能御。这与道家的"专气致柔"，[62] 显然颇有差距。

由孟子重志甚于重气，养心甚于养气，我们可以追问孟子到底有无转化生理体能，如熊经鸟伸，吐故纳新的"治气"之术？要解决这个问题，最好能找屈原做个比较，因为他的《远游》一文无疑是有炼形治气之说的，而且是先秦文献里最典型

---

[61] 参见小野泽精一，前揭文，页45—66；吉永慎二郎：《孟轲の不动心の思想史的意味》，《日本中国学会报》，第37期，1985年，页39—41。

[62] "专气致柔"一词出自《老子》第十章，河上公注云："专守精气使不乱，则形体能应之而柔顺。"（四部丛刊本，卷上，页5）

的代表。但孟子呢？孟子说"以志帅气"，又说"气，体之充
也"，工夫极致时，浩然之气又可弥布天地之间。凡此之类的
形容与以养生为目的之"治气之术"是相通的。[63] 但孟子有这
方面的描述，并不表示导致这种境界的描述只能有一种来源，
王夫之评后代学者用文武火炼丹等等的理论解释《孟子》的
《养气章》时，说道："孟子说养气元不曾说调息遣魔，又不曾
说降伏者气。"[64] 学者往往错将"养"字作"驯服调御"说，因
此反而把正解的"长养"说给忘掉了。[65] 笔者认为王夫之的解
释是相当合理的，孟子的"养"是"长养"之谓，在长养——
也就是扩充——的过程中，志气合流，不断使躯体精神化，此
际的"气"自然是浩然一气，更无驳杂。但就《孟子》七篇看
来，全书确实没有行气锻炼的学说夹杂在内。孟子重长养尽心
甚于重致虚守静，而最后同样可以达到形体—世界—道的一
体转化，一切万物皆在圣而不可知的神化境界中，浑然同流。
这种"意志下工夫，形气收效果"的境界无疑是孟子践形思想
相当突显的特征，也是后代儒者能在佛道胜场的心性论外，别
树一帜的主要思想来源。

---

[63] 小野泽精一已指出孟子的"浩然之气"与齐国的养生之术有关系（参
　　见前揭文，页 61—63）。乾一夫：《孟子と夜气说》（《二松学舍大学论
　　集百周年纪念号》，1977 年）更指出孟子的养气说与当代及后代的修
　　炼理论有关联，甚至与瑜珈的修行方式也可相互发明。乾氏之说颇有
　　新论，但文献的佐证似嫌不足。

[64] 《读四书大全说》，卷 8，页 22a。

[65] 同上，页 23b。

底下，笔者将综合上述所论，简略撮要如下：在第一、二两节我们先检证"践形"的各种解说，在排除赵岐及朱子的注解，以及解析"存乎人者莫良于眸子""居移气，养移体""睟面盎背"诸章的义理后，笔者认为孟子的践形观指的是在身心一如、生性相续的"一本论"格局下，全身皆为精神渗化的一种解说。在第三、四两节中，笔者进一步解析《知言养气章》以及《牛山之木章》，并指出人的身体所以能体现精神的向度，乃因良知的流行即是一种先验的"内气"之流行，良知乃即知即气，即往外扩充即渗透人身。但就经验层面来看，人身乃由体气组成，所以良知—内气（此时可称之为"神"）往身体渗透转化时，也可以看成这是良知—内气对体气的克服转变，使之同质化。但良知—内气要能有机地扩充，它必须顺着人先验的"懿德"流行，否则，"行有不慊于心，则馁矣"。因此，"配义与道"是学者充分践形必须经由的工夫管道。

在第五段，笔者指出当学者能践其形时，亦即良知神气之流行 → 体气之充分转化 → 形体之彻底精神化，三者贯穿为一时，由于其时学者已充分体现其人之本质（尽心知性），因此，他也可以体证"上下与天地同流"之层次。换言之，"践形"的终极境界之表征有二：一是在个体性、主体性的"身体全化为精神流行之场"此点上面；二是在超乎个体性的、超乎意识层的"内外冥合"之超越境界之上。

在第六段，笔者从外缘的角度考察，认为孟子的践形观与战国中晚期思想家的身心观有相通之处——很可能这些思想家共同分享了某些文化因素，因此，才会在彼此的著作中出现了某些"共同论述"——但孟子特别重视道德意志的能动性及规范性，这点却是孟子学的特殊性所在。最后，笔者针对"孟子思想中是否有修炼形体的治气之术"这点略加说明。笔者认为孟子的"践形""养气"之说与养生家的修炼理论，确实有某些相通之处，但由于两者的论述架构不同，因此，其相通之处不能过度夸大。何况，就我们目前所知的材料来看，孟子思想中是找不到"调息谴魔""驯服调御"之说的。

第四章　知言、践形与圣人

　　《孟子·公孙丑上》有篇《知言养气章》，在《孟子》七篇中，此章一向受到重视。笔者曾撰《论孟子的践形观》一文，[1]文中触及了"践形"与"养气"的内在理路关系，但同一章里的"知言"部分则阙而不论。笔者这样的处理其实是有遗漏的，因为"知言"与"养气"隶属同章，两者在理论层面上是相互支持的。而且，"知言"事实上也与"践形"的理论关联很深，两者关联的分量不下于"养气"之于"践形"。孟子老早已自觉到这个问题，孟子的后学踵事增华，对知言的相关问题也颇有发挥。为了弥补前文之疏，同时也为了突显孟子学中声音—听觉与道德实践的关系，所以另撰此篇，以求正于海内外之大雅君子。

一　知言与践形

　　《知言养气章》起于孟子弟子公孙丑问孟子关于不动心之

---

[1] 台湾《清华学报》，新 20 卷，第 1 期，1990 年；亦见本书第三章。

事。孟子举北宫黝、孟施舍、曾子等人为例，借以说明养勇与不动心的诸种情况。这三人的养勇理论都是《孟子》里的名文，而且原文俱在，所以在此不再引证。[2] 但其中不无与本文主题相关的材料，如北宫黝的养勇方法中有"恶声至，必反之"的讲法，我们可以说这是以"言"为核心的修养理论；孟施舍的养勇诀窍据孟子讲则是"守气"，"气"无疑地是此派方法的关键观念；但两人的方法又不如曾子之"守约"，曾子的"守约"则是"守义"，亦即以道德意志为依归，为方便探讨起见，我们不妨称此为以"志"为主导的养勇方法。由北宫黝而孟施舍而曾子，事实上即是由"以言"→"以气"→"以志"作为修养论主线的发展历程。从这种发展的历程中，我们发现"勇"的层次显然一层比一层高，而这种勇的层次恰好又与人格的层次成正比，观后此义自见。我们在此仅独断而扼要地提出言—气—志这组三元的观念丛，并将此观念丛当作他们养勇的特色，以及当作"知言"理论的一条先行线索。

除了上述北宫黝、孟施舍、曾子三人的养勇理论涉及到的部分外，孟子《知言养气章》的"知言"理论集中在下列三处：

首先，在"我知言，我善养吾浩然之气"此句。这是孟子对公孙丑的问句"夫子恶乎长"的解答，这句话牵涉到"知言"与"养气"的问题。

---

[2] 参见赵岐：《孟子注》（四部丛刊本），《公孙丑上》，卷3，页4、5。以下引《孟子》文，皆出自此版本。

其次，则为有名的"知言"主题："诐辞知其所蔽，淫辞知其所陷，邪辞知其所离，遁辞知其所穷。生于其心，害于其政；发于其政，害于其事。"这段话显然牵涉到"言"与"心"。

第三，在提到孟子本身的特长之前，他曾介绍告子到达不动心境界的方法及限制。他说："告子曰：'不得于言，勿求于心；不得于心，勿求于气。'不得于心，勿求于气，可。不得于言，勿求于心，不可。"《孟子》这段话虽然将重点置于"不动心"的主旨，但其理论事实上又与"知言"主旨相关，不但相关，事实上还是解决问题的关键，所以我们可以将它列入《知言养气章》里讨论"知言"的第三个子题。

以上三点，当然以第二点为核心，我们现在谈到孟子的知言理论，通常也是以这点为主。但是，"知言"理论如果只限定在这点上理解，文献不但显得单薄，而且其理论内涵也无法充分展开。

但由于心—言的关系比较符合中国传统的思维习惯，前人对这点的发挥也比较一致，所以我们还是从第二点谈起。朱熹在《四书集注》里注解第二点道，"人之有言皆本于其心，其心明乎正理而无蔽，然后其言平正通达而无病。苟为不然，则必有是四者之病矣！即其言之病，而知其心之失，又知其害于政事之决然而不可易者如此……"云云，[3] 朱注甚是。《孟子》

---

[3]《四书纂疏・孟子纂疏》(新兴书局影印复性书院校刊本，1972 年)，卷 3，页 21。

本文及朱注皆明白易晓，秦、汉以前，诸子百家中多有"内外相符"或"表里相应"的理论，[4] 儒家诸子强调尤甚。《礼记·大学》云："诚于中，形于外。"同书《乐记》云："和顺积中，而英华发外。"《大戴礼·文王官人》亦云："诚在其中，志见于外。"孟子亦云："有诸内，必形诸外。"（《告子下》）这些句子语汇虽然不同，但无疑地都指出人内在的情感与外在的表现间有种符应的关系。孟子提到的诐、淫、邪、遁辞也是反映了言说者某种相应的心境，因此，旁观者才可从其表现中分辨出蔽、陷、离、穷的状态。

从"表里""内外"的观点解释孟子的"知言"理论，当然只是说着了一边，因为这里面的另一边还牵涉到"如何理解语言透露出来的精神向度"的问题。而且，即使此边的"语言透露精神向度"的命题仍大有可说，本文后头将再处理。我们现在关怀的是："表里"的"里"字或"内外"的"内"字能否进一步地挖深？如果不能的话，《孟子》的那段话已泄露无遗，我们大可不必再讨论下去了。但笔者认为这个问题事实上关联上前举第一个问题："知言"与"养气"是否相关，也与第三个问题——告子的不动心工夫理论——有内在的系联！

孟子的《知言养气章》相当重要，一般人也认为其理论比起孟子其他观点来得复杂，但偏偏"知言"论里的一些关键

---

[4] 参见刘长林，《说气》，刘文收入拙编：《中国古代思想中的气论及身体观》（台北：巨流图书公司，1993 年），页 133—136。

性概念孟子并没有特地处理。然而，孟子的知言养气论虽说特别，但其特别并不是特别到完全由孟子只手独辟出来的。早有学者指出：孟子的"养气"理论事实上是战国诸子"公共论述"（common discourse）下的一个案例 。[5] 这种说法并不是否认孟子是位有原创性的思想家，而是指出这位原创性甚强的思想家之论述往往也需要放在时代思潮的脉络底下考量，才能显出他的观点的真正价值。本文作者认为孟子的"养气"理论固然如此，他的"知言"理论也略相仿佛。因此，底下我们想借着追溯其问题模式之源头，大略推测孟子的"知言"理论该往哪个方向落实。

孟子提到告子的不动心工夫论，说他的主张是"不得于言，勿求于心；不得于心，勿求于气"，言、心、气三者并列。而如前所说，北宫黝的养勇论有以"言"为中心的倾向，这项理论可能牵涉到"得不得言"的问题；孟施舍的养勇论明显地是"守气"，曾子则是"持志"。由以上的线索，我们可以归结出言—心—气此组三元并列的关联，此三元一组的概念见之于告子及先前的养勇诸子，但不仅止于此。我们有充分的理由相信：这样的格局在春秋时期已大略具备了，且看底下三条资料：

---

[5] 参见 B. I. Schwartz, *The World of Thought in Ancient China* (Cambridge/Mass. 1985), pp.173—185.

味以行气，气以实志，志以定言，言以出令。(《左传》昭公九年) [6]

食为味，味为气，气为志，发志为言，发言定名，名以出信，信载义而行之，禄不可后也。[7] (《大戴礼记·四代》)

味入不精，不精则气佚，气佚则不和，于是乎有狂悖之言……出令不信，刑政放纷，动不顺时，民无据依，不知所力，各有离心。(《国语·周语下》) [8]

这三条资料很可能都成之于孟子之前。前两条从正面立论，气—志—言三元一组的结构皎然显现。两者语言近似，第二条或许是沿袭第一条而来。第三条则从反面入手，其语言虽不若前两条明白揭出气—志—言的结构，但至少气—言是种表里的关系是很清楚的。

我们如拿这三条资料和孟子"诐淫邪遁之言"一段比较，不难发现两者间有种连续的继承关系，至少两者都强调语言与政治息息相关。语言正，则政治亦正；语言偏颇，则政治亦不免隳颓。从春秋的"君子"以至孔子、孟子，儒家对语言的政治功能一直相当重视。但我们所以拿春秋时代这三条资料和孟子的知言理论比勘，重点犹不仅止于语言政治学。而是透过这

---

[6] 参见杜预注、孔颖达疏：《左传》(台北：艺文印书馆，《十三经注疏》本)，昭公九年，卷45，页9。

[7] 《大戴礼记》(四部丛刊本)，《四代》，卷9，页7。

[8] 《国语》(四部丛刊本)，《周语下》，卷3，页17。

三条资料的背景，我们相信儒家的传统里有气—志—言三位一体的思想，因此，当我们理解孟子的知言理论时，有必要考虑孟子这方面的想法并不是异军突起、恍然大悟下的命题。同样在《知言养气章》里，既有告子"言—心—气"的理论架构，又有"恶声至，必反之"及"守气""持志"的养勇方法。更重要地，孟子又把"知言"与"养气"并列，这绝不是偶然的。孟子这些叙述事实上都反映了儒家的一种大传统，知言显然不能脱离气、志（心）的概念单独立论。

如果说儒家的传统与《知言养气章》的文字仍不够支持气—志—言的假说的话，我们还可从孟子同代的思想家及孟子本人的相关言论，抽绎出类似的想法。

与孟子并世而生的庄子有一著名的理论，此即"心斋"说。庄子论"心斋"曰：

> 若一志，无听之以耳，而听之于心；无听之于心，而听之于气。（《庄子·人间世篇》）[9]

与庄子年代可能相去不远的文子亦有言道：

> 上学以神听，中学以心听，下学以耳听。（《文子·

---

[9] 参见郭象注：《庄子》（台北：先知出版社，《二十二子》本），《人间世篇》，卷2，页9。

道德》)[10]

在道家的传统里，"神"字代表气之妙用，因此，"听之于气"及"以神听"两者的涵意应当是相同的。《庄子》和《文子》引文中的"听"字显然不是描述耳朵感官的作用，而是一种隐喻，意指对事物的体受理会。和气—志—言的架构对照之下，我们当然可以说庄子、文子的说法不可与之相提并论，因为气—志—言一组是泛论语言的成形过程，而庄子、文子的气—心—耳一组讲的却是主体的不同感知模式。然而，这两者施用的范围虽然不一样，其理论依据却是一样的。我们后头将会指出："知言"理论原本即预设着道德主体感知语言的面相，气—志—言与气—心—耳两组概念只能是一体的两面。[11]

气—志—言三者乃层层涵摄的三个不同模态，这个现象与孟子的"践形"理论可以互相发明。依孟子"践形论"的说法，人的身体主要不是物质性的躯体，而是生理心理不分、有待证成的道德作用体。它组成的因素与其说是身心二元，还不如说是气—志—形这样的一元三相。所以说一元三相，乃因人存在的底层是志气同流的，意识与自然在根源处并没有分

---

[10] ［宋］杜道坚撰：《文子缵义·道德》（台北：先知出版社，《二十二子》本），卷5，页1。

[11] 杜正胜在《形体、精气与魂魄——中国传统对"人"认识的形成》一文（《新史学》，第2卷第3期，1991年9月）中已指出上述两组文献的关系，但重点与本文不同。

流，但由于人具有不断感应交通的表现（expressive）性格，因此，志气会不断彰显到人的体表上来。因此，如果一位够格的学者在旁观察的话，他可以从其体表的眼神、表情、举止判断其人内在的精神向度。然而，如果眼神、表情、举止可以体现学者内在的精神向度的话，为什么语言、声音不可以？事实上，在《孟子》一书中即有几个例子描述孟子从人的声音判断其人的人格层次（见后）。单单由孟子主张气—志—形这样的表现性形体观，我们也可以推论出气—志—言可以视为其形体观的一种变形。而知言离不开养气，此事亦不难思索而知。进一步而论，"知言"不妨视为孟子"践形"理论的一个分支。

二　声音、气与精神之展现

确定言—志—气是组完整的概念体系后，我们对《知言养气章》里一些模糊的地带可以看得更清楚。在第一节处，我们提到孟子的知言理论包含了他对告子以及先前北宫黝、孟施舍、曾子的养勇理论之评述。然而，告子"不得于言，勿求于心；不得于心，勿求于气"的理论是有名地难解，历代的注家可以说是绞尽脑汁，各出己意，但结果还是莫衷一是，异论纷纷。笔者觉得既然直接诠解很难说通，我们不妨从这组理论的相关背景厘清起。

我们在前文一再将告子不动心理论与北宫黝、孟施舍、曾子的养勇理论相提并论，这是有理由的。笔者认为告子的理论即是对北宫、孟施、曾子三位前贤观点的综合性抉择。北宫黝的养勇方法是"恶声至，必反之"，其判断标准是看外在的语言现象能不能符合我的意；如不合我意，即迅速以恶言相向，反击回去。因此，如果使用告子的语汇诠释的话，我们可以说其养勇方法为能不能"得于言"。孟施舍则不问外在语言如何，也不管内在情感如何，唯一要做的只是"守气"，因此，我们可以说：他的标准为是否能"得于气"。至于曾子养勇，纯靠良知的道德判断，其余一概割舍，我们可以说其标准为能否"得于心"。这三者各有特色，同样可达到勇往直前的境界，但孟子无疑认为曾子的方法较高明。告子的理论与孟子对告子的批判，我们如果把它们放在北宫、孟施、曾三人的叙述格局中衡量，不难看出其前后的系联处。只是"得于气"或"守气"这样的概念在我们目前当今的哲学或医学中找不到相应的范畴，因此，今人理解起来较为费事。但我们如确认有形—气—志或言—气—志这样的身体范畴组别，我们大概可以合理地假设：在战国风起云涌的养勇风气下，侧重不同身体构造因素的人，可能可以相应地形成不同的修养重点。因此，我们也就很难否认在"得于言"及"得于心"之外，另有一项独立的"得于气"。"得于气"之"气"无疑地含有我们今日所说的"意志"之部分内涵，但我们也不该将此字隐含的身心医学及形上学意味漏掉。否则，"得于气"和"得于心"就无从分别了。

其次，告子的理论所以读起来别扭，很可能与"言""心""气"这三项词语指涉的对象不同有关。言—心—气这组概念

如当作语言观或身体观的一个分支来看，它们原本指涉的是泛
称的人体或语言构造，没有特定人称的问题。但当告子将这组
概念放到"不动心""养勇"的论述架构中理解时，即有意识
反映的前提，也就有了"谁的言、谁的心、谁的气"的名称问
题。在北宫黝及告子理论中的"言"，指的是对象之言，亦即
"对他人之言该起什么反应"；但其余部分所述及的"志"与
"气"，则是指自己身上的，亦即"自己的志或气该怎么反应"。
两者指涉的对象显然不同，但告子由于用了相似的语式，将
"不得于言"与"不得于心"并列，因此，难免会招来混淆。

　　另外还有一点相关的，此即告子主张"义外"之论，他这
套不动心之道很可能也与义外之论有关。在言—志—气这组
概念里，我们知道气是根本的、内在的，而言只是尾闾、外在
的。然而告子之养勇却是从尾闾、外在的部分做起，而"气"
的部分被摆在最后，但不可见的"气"事实上又几乎无事可
作，因此，他的学说的重点其实只能放在"意志对语言、心情
的操控"上面。所以他的不动心理论既建立在一种"客观主
义"的义外之论上面，但也建立在一种王阳明所谓"硬把捉着
此心"[12] 的主观意志论上面。告子的"客观主义的义外之论"
具体内容虽不得详，然就《孟子》引用到他残缺不全的论点看
来，告子虽然同意人内在有道德情感（仁内），但他似乎又笼

[12] 参见陈荣捷编注：《王阳明传习录详注集评》（台北：学生书局，1983
　　年），卷上，第81条。

统地主张价值根源当外在化（义外），"仁""义"异质异源。
而且，在脱主观价值的外在化过程中，他又无法达到道家或理
学家所说"以物付物""以物观物"的超脱境界。因此，他的
"义外"只能是"价值、判断外在于人"的认知性原则。反过
来说，他的主观意志论虽强调意志的重要，但其意志因缺乏仁
义内在的活水涌现，所以不免只是种个人性的、无法配合普遍
原则（用孟子的话讲，就是"配义与道"）的强度意志，因此，
也就无法进入由"气"通向的身心底层之性命天道层次。综合
来说，告子的养勇理论中没有"气"的问题，北宫黝之类的
"血气""体气"之气固然没有，孟子之类的"与道德意识并生
之浩然之气"也没有。

　　准上所说，笔者觉得在历代各种注解中，韩儒丁茶山的注
释还是比较明快可靠的，他注解道：

　　　　不得于言，谓言有所跲；不得于心，谓心有不慊。告
　　子以为言有所跲，便当弃置，勿复求其故于吾心，所以自
　　守而不动心；心有不慊，便当弃置，勿复求其验于吾气，
　　亦所以自守而不动心也。告子之学，盖不问是非，惟以不
　　动心为主。[13]

---

[13] 引自黄俊杰：《孟子思想史论》（台北：东大图书公司，1991年），
　　　页360。

告子的不动心之道，确实就是以不动心为主。所以在养勇的磨炼中，他得时时提撕意志：往内，希望不会受到气的运行之干扰；往外，希望意志不会随语言的是非得失起伏，语言带来的问题即在语言中了结，不致影响到实践者的心境。丁注中的"言有所跲"，意指"于别人之言有所跲"；"心有不慊"，意指"于己心有所不慊"。两者指涉对象不同，但实质内涵以心为主。告子的不动心即是在这种强度的、检察官式的督核意志中建立的，而言一志一气也就在这检察官式的督核意志中断裂成三片。

看完告子的不动心理论后，我们可以理解他与北宫黝、孟施舍的差异何在。依告子的想法，北宫黝做事虽然依照外在情势而行，但因为不懂得义外之论，因此，他的行为完全受制于流动不已的客观情势所挑引起来的内在情绪，外在稍有刺激——包括语言在内——他即起强烈的反应。而孟施舍虽然用的方法较为简要，却又把重点放错了边。他是"守气"，守气像传说中的剑客使用的方法，这是以气制心，既不让客观的情势，也不让主观的因素介入行为当中。他所凭依的，乃是身体内部一种非形非心的流动性气机。比较之下，曾子与告子两人的修养论皆以"心"为主，距离较近，但告子"仁内义外"的主张又与曾子所说南辕北辙。告子、曾子、孟施舍、北宫黝怎么养勇，怎么不动心，这些问题不是本文的关怀。但他们的养勇或不动心理论牵涉到言的问题，我们就非注意不可了。很明显地，告子讲"不得于言，勿求于心"，是想将言与心的关系切断，让"言"成为一独立的领域。告子这种讲法受到孟子以及尔后儒家学派的强烈抨击。若语其实，告子这样的义外之论并非完全向壁虚构，它不无可能具有实在论的性格。[14] 如果公孙龙子听到他的理论的话，也许会欣然接受。

但孟子是无法接受的。我们知道在孟子的践形理论中，人身体任何知觉的发露、人的意志之呈显，以及人身内部气的流转都是"一体"展现的，这是彻底的一本论。同样地，依照孟子的知言理论，人的语言展现、人的意志以及人身内部气的流转也都是"一体"展现的，没有言与心断层这回事。孟子距今两千多年，我们很难要求他的思想具有现代完整的语言理论，但由他的整体思想以及他对践形、知言的理解，我们有充分的理由认为他很自觉地反对"将心从言中剥夺掉"的想法。事实上，从语言中分析出语言指涉的客观内涵，或从语言中分析其腔调、语式等认知因素，这样的活动都是后起的，它不符合人原始的经验。在人真正的言说或听觉经验中，"语言的内涵与运动模式"或"语言的客观指涉与精神向度"是分不开的。卡西勒说得好：

　　显然地，语言无意将世界区分为"内"与"外"这两个独立分别的领域，就语言的本性而言，它就无意于这

---

[14] 参见陈大齐：《孟子的义内说与告子的义外说》，此文收入《名理论丛》（台北：正中书局，1970 年）。

样作。因为精神的"内涵"与感觉的表现是合在一块儿的。前者绝不是独立自足、先于后者存在的，而是内在于它，联成一片。内涵与表现所以能够成立，只因它们彼此穿透；它们相依而生所得之意义并不是外塑于它们的，而是"构成"它们自体的因素。我们这里面对的，并不是中介性质的，而是根本综合的事物。语言是整体升起的，它的任何成分，从最基层的感性展现以至高超的精神展现，都结合在一起。这种情况不仅见于具体成形、分析性强的语言，即使最简单的内在历程之拟声表现，也都显示出这种无法分解的涵摄作用，都显示出这种历程本身并不是完整、封闭的领域。意识的兴起似乎仅是偶然的，为了与他人沟通而已。但事实上不是的，它显示出表象上看来外在的东西其实正是它自己成形的核心要素。[15]

从这样的观点来看，卡西勒认为现代有些语言心理学派将语言的问题归到表现运动心理学类门下讨论，是有道理的。

卡西勒这种解释隐含了一种语言有机体的想法，语言的精神内涵—客观指涉、表现过程—构成因素在本质上，即是无法拆开的。孟子的知言理论虽然言简辞短，但他的旨归显然与语言有机论的想法是一致的。孟子不赞成北宫黝，也不赞成

---

[15] Cassirer, *The Philosophy of Symbolic Forms* (New Haven, 1955), Vol. 1, pp.178f.

告子的理论，主要的一项原因即是他们割裂了语言与精神的关联。我们回过头来再看他斩钉截铁的知言例子："诐辞知其所蔽，淫辞知其所陷，邪辞知其所离，遁辞知其所穷。"孟子为什么会这样想，我们现在可以很清楚地理解：听言知情此事原则上不难解释，因为语言不仅仅是项指涉的工具，它永远离不开主体的因素。任何的语言不管它要表达多普遍永恒的真理，它永远有个别的、主观的成分在内。精神性即蕴涵于语言的表现性当中，因此，如果言说者在精神上真有所蔽、陷、离、穷的困境的话，他的语言即会让它体现出来。问题是：听者有没有办法听出来而已！

由于孟子认定语言的展现与精神的内涵合一不分，而他对他自己洞穿语言、知人论世的能力一向又非常自信，因此，我们可以理解《孟子》书中记载他闻人之声即可下判断之事。比如他到齐国，见齐王之子，闻其"声气高凉，不与人同"，[16] 因此，慨然叹道："居移气，养移体。"孟子的感慨虽然强调居处环境对人的影响，但由他的言外之意，我们不难理解：人的声音反映了某种美感的或价值的意味。又如孟子见梁襄王，初见面的印象很坏，孟子的印象与梁襄王不知威仪，尤其在言语表现上大大失态，关联也很深。[17]

在以上两个闻声知人的例子中，都与声气有关。我们本

---

[16] 赵岐：《孟子注》（四部丛刊本），注《孟子自范之齐章》，卷 13，页 15。
[17] 同上，卷 1，页 8。

节的讨论，直至目前为止，却都强调心（志）与言的关系。然而，讨论孟子的知言，如不触及到气，这样的讨论是不完整的。就在气与志的关系上面，我们可以理解孟子知言理论的特色，以及他对告子"不得于心，勿求于气"的真正态度。

众所共知，孟子对告子"不得于心，勿求于气"的说法，下了个"可"字的判断。但可虽可，这"可"字中到底有几分真正的赞成，恐怕不无可疑。历来注家中，颇有人认为孟子的头点得很勉强，笔者赞成这种注解。[18] 我们前文中引王阳明的解释：告子的不动心是"硬把捉着此心"。因此，他所说的心是高高在上、检视一切的心，而气则是一种隐微的生命力之气，需要受到心的支配，心与气是异质的两橛。孟子不认为告子这种解释完全谬误。孟子是古今思想家当中少见的着重道德意识强度的人，因此，以心支气，就像以大体支配小体，这种主张不是说不通的。但孟子和告子共同的途径也只能走到此为止。孟子承认告子的理论有一定的道理，也有一定的效应，所以告子可先他不动心，但是"心"与"气"截然对反这样的路线是不符合孟子的讲法的。孟子承认就现象学的观点来看，人身有种中性的、甚或容易拖累道德意识的体气，这是事实；但人的道德意识不是一种空泛的意识，它只要一流行，即一方面是先验地受之于天，而一方面又会带动全身躯体隐微的变化，

---

[18] 朱熹即云："然凡曰可者，亦仅可而有所未尽之词耳。"引自《孟子纂疏》，卷3，页11。

落实而言，也就是会引起气的流行撞击，这更是一种道德的事实。孟子称呼此为"志至焉，气次焉"或"以志帅气"，用理学家的语言来说，也就是"以理生气"。以理生气，要生到全身的体气都受转化，与心合一，成了义理之气，此路相当遥远，所以孟子的效应反而不如告子的快。但由于以志帅气，志至气次，因此，这样的工夫是有本有源的，它的前景可以渗透到人全身的体表及血气，使义理与生理有机地化成一片；它的背后则进入性天层次，有无量的资源作后盾。

配合着孟子对言—志与志—气两方面的观点，我们可以看出他与传统"气以实志，志以定言"这种理论的差距。传统这种看法是与主体无关的语言存有论，语言的根据被推衍到气的根据上来。孟子没有评骘此论之是非，但孟子的思想中，应然的问题（道德的问题）居属一切问题的优越地位。因此，他将言—志—气的重心转到中间的"志"之项目。孟子在这点上有很强的洞见，他发现到道德意志与身体的表现（包含言语）是分不开的，而人的道德意志最终又可扩充到无限的超越层次。由此一转，言语的地位也跟着转变，它从符号的位置一变而为意义的体现者，它又从主体意义的体现者一变而为超越意义的指标。所以孟子看待语言，就像他看待身体的展现一样，认为原则上都是可以彻上彻下的。

孟子离我们已远，孟子列举的圣人离我们更远，他们的言语到底能透露出多少的精神向度？即使有的话，我们到底能体证多少？这都已不可知。然而，认为有德者之言其音质与常人不同，这点想法在整个孟子学的传统一直是存在着的。《孟子》书曾用"金声玉振"之语形容集大成之圣人，注家一般多认为孟子是用音乐的术语形容圣人之大成，这种注解大概是合理的。但《孟子》原文实在简约，对活在不同时代的文化氛围的人而言，总还是有些雾里看花之感。孟子后学、1973 年年底出土帛书《德行篇》[19] 之作者对集大成的"金声玉振"之圣人另有解释，他说：

> 金声而玉振之，有德者也。金声，善也；玉言，圣也。善，人道也；德，天道也。唯有德者然后能金声而玉振之。[20]
>
> 金声而玉振之者，动而□□形善于外，有德者之美。圣之思也轻，轻则形，形则不忘，不忘则聪，聪则闻君子道，闻君子道则玉言，玉言则〔形，形〕则圣。

如果说"金声玉振"在《孟子》原来的用法是种比喻的话，在《德行篇》里的用法则是描述的意义多于比喻的叙述。孟子学

---

[19] 马王堆出土与孟子相关之两篇帛书，马王堆汉墓整理小组及庞朴皆定名为《五行》与《德圣》。魏启鹏《德行校释》（成都：巴蜀书社，1991 年）则取先秦古书通例，定名为《德行》与《四行》。笔者以前引用其文亦采《五行》《德圣》之名，但"五行"一语确实容易混淆，魏启鹏用"德行"代之，虽依古书通例，未再说明其他理由，但此书名其实较符合原书旨义，故从之。

[20] 释文采自庞朴：《帛书五行篇研究》（济南：齐鲁书社，1980 年），页 55。以下引文皆出自此书，不再注明。

的践形观有种独特的理论，此即它们认为当学者充分实践他们的身体后，身体会显出一种光辉，孟子称呼此为"生色"，《公孙尼子》称之为"华而上"，《乐记》则以"英华发外"名之，《德行篇》亦有"玉色"一辞。

在容貌上有"玉色"，在声音上则有"玉言"，如果言说者是尚未达到圣人境界的贤人，那么，他的声音只能是"金声"。金声指的是有德而尚未化之者的声音，多铿锵刚硬，少中和蕴藉，其位阶比圆润流转的"玉言"差一级，但同样也反映了"人的声音可随精神境界高低改变"此一事实。谈及道德品第之圣人位阶，竟然谈到身体表象之玉色、玉言，这种结果似乎有些诡谲。但放在孟子学的传统，甚至放在整个中国体验哲学的传统来看，以金玉形容体道者之肤色、声气绝非罕见。这种现象不管要怎么解释，但先决条件总当承认它是客观存在的。[21]

三 圣、声、听

如果说语言可以彰显志气，它是意识—结构、主观—客观的绾结点，那么，我们不得不问知言理论内涵的一个问题：

---

[21] 以金玉形容声音、颜色，两汉前儒家古籍如《诗经》《韩诗外传》《尚书大传》等，皆有此用法（参见庞朴，前揭书，页 49 注 ③ 引文），《德行篇》显然和这些典籍共享同一个传统。但两者语汇雷同，并不表示实质意义不变。事实上由于《德行篇》作者对人的身心性命另有理解，因此，他借来的语汇之意义也就跟着改变了。

怎样才可以理解它？客体面上有那些质素摆在那边是一回事，观者或听者能否体会那些质素又是另一回事！体会者自己本身是否当有资格的限制？

　　孟子的回答是肯定的，孟子的门生后学也认为不是一般人都可闻声知情的。早在孟子以前，孔子已说过："不知言，无以知人也。"[22] 孔子这段话是《论语》最后的两句，可谓是压轴之作，孔子或许有特别叮咛之意。他论及自家人格的成长时，又说"六十而耳顺"，"耳顺"之辞造语特殊，古今注家或认为这个词汇指向一种极难契近的境界，[23] 笔者认为这种解释是合理的。孟子也认为能够知言并不容易，他虽没有明说只有圣人才可以做得到，但他慨然以道自任，以孔子的继承人自居，而当时的人恐怕又多以为闻声知情是品位相当高的圣哲才具有的本事。难怪公孙丑等人听到了孟子的夫子自道以后，不免怀疑："夫子既圣矣！"如果夫子不圣，怎么能够从学者的诐、淫、邪、遁之辞中，知其辞为诐、淫、邪、遁，而且知道讲者的精神状态陷入"蔽、陷、离、穷"的困境？

　　从孔子的耳顺以至孟子的知言，我们都可看到儒家对"闻声知情"的重视，但特别强调耳朵知觉的特殊地位，也特别强调道德实践与听觉关系的典籍，莫过于前文业已引用过的帛书《德行篇》。此书有文说道：

---

[22]　《论语・尧曰》（台北：艺文印书馆，《十三经注疏》本），卷20，页5。
[23]　参见张岱：《四书遇》（杭州：浙江古籍出版社，1985年），引杨复所、王龙溪之语，页84。

　　　"不忘则聪"。聪者，圣之藏于耳者也，犹孔子之闻轻
　　者之鼓而得夏之卢也。

　　　"聪则闻君子道"。道者，天道也，闻君子道之志，耳
　　而知之也。闻君子道，聪也。

　　　闻而知之，圣也；圣人知天道。

《四行篇》亦云：

　　　圣者，声也。

《德行篇》作者很注重"聪"德，所以"聪者，圣之藏于耳者
也"的命题一再出现。依据《德行篇》与《四行篇》的讲法，
圣人（用《德行篇》的术语，当作"君子"）体道以后，不但
口中吐出来的话语是金声、玉言，他的听觉也特别灵敏，可以
闻声知情。他所知的情，最重要的当然是君子道或天道；但
不仅如此，像孔子"闻轻者之鼓而得夏之卢也"，其意虽不得
详，[24] 但指的是耳根圆通，闻声知情，此事殆无可疑。汉人发
挥孟子学大义，曾云：

　　　圣者，通也，道也，声也。道无所不通，明无所不

---

[24] 魏启鹏（前揭书，页28—29）与庞朴（前揭书，页50—51）皆有注解，
　　但皆苦不易得其谛解。

照, 闻声知情, 与天地合德, 日月合明, 四时合序, 鬼神合吉。[25]

圣者, 声也, 通也。言其闻声知情, 通于天地, 条畅万物, 故曰圣。[26]

汉人治经, 多奇异可怪之言,《白虎通》与《风俗通义》这两条经文表面上看来也有此种倾向, 但事实上, 这两条所说有种理路。往上我们可以追溯这种概念到战国末期, 从帛书《德行》《四行》两篇到《白虎通》《风俗通义》, 这当中有条一贯的线索, 很可能汉人这种观念即直接承自帛书两篇。

圣人与声音、听觉有关, 此事颇堪玩味。儒家学问如果只是尽伦、尽制之学, 那么, 从孟子直到《风俗通义》的讲法, 当然都很可疑。但"圣人"如果与人的身心锻炼有关, 那么, 上述的说法不是不能谈。圣人与言说、听觉有关, 此事在后代或不可解, 但值得注意的是: 这种观念来源甚早, 孟子学"知言"的概念其实是种返祖现象。郭沫若《卜辞通纂·畋游》云:

古听、声、圣乃一字。其字即作耶, 从口耳会意。言口有所言, 耳得之而为声, 其得声动作则为听。圣、声、

---

[25] 参见班固纂集:《白虎通德论》(四部丛刊本), 卷6, 页5。
[26] 此为佚文, 文见王利器校注:《风俗通义校注》(台北: 明文书局, 1982年), 页618。

> 听均后起之字也。圣从耴壬声，仅于耴之初文符以声符而已。[27]

郭沫若为古文字学家，其说信而有证，目前讨论"圣"观念的学者，也多采用其说。顾颉刚在《"圣"、"贤"观念和字义的演变》一文中，更以他惯有的黄河奔流泥沙俱下的方式，广采经子文字众多说法，印证了郭氏的主张。

顾颉刚广采众说，追溯"圣"字历史的目的，只是想指出："圣的意义，从语源学上看，最初非常简单，只是聪明人的意思，'圣人'也只是对聪明人的一个普通称呼，没有什么玄妙的深意。它所有的各种崇高和神秘的意义，完全是后人一次又一次地根据了时代的需要加上去的。"[28]顾氏从先秦文献中找了许多材料支持他的假说，我们当然不能说他凿空虚造。但"圣"字是否原来只是普通的聪明人之意？"圣"字后来的深化，是否后人累积加上去的结果？此事其实大可商榷。"圣"字有一发展的历程，在人文化已盛、而孔子尚未兴起的时代或

---

[27]《卜辞通纂》（台北：大通书局，1976 年 5 月版），总页 489。郭说现普为学界接受，晚近出土马王堆《老子》甲本中，圣字多作"声"；马王堆《老子》乙本中，"圣"作"耴"，均可为郭氏之说作补充。请参考：William G. Balty, "The Religious and Philosophical Significance of the 'Hsiang Erh' Lao Tzu is the Hight of Ma-Wang-tui Silk Manuscripts," *Bulletin of the School of Oriental and African Studies*, XLV:1 (1982), pp.101f.。此条资料承蒙评审人提供，谨致谢意。

[28] 文见《中国哲学》（北京：三联书店，1979 年），第 1 辑。

某些地区，"圣"不无可能已沦为"只是聪明人"之意，但我们不宜忘掉：在还没有除魅的年代，上帝、鬼神还时时介入人间的事务，其时人与上帝鬼神交通的一项主要媒介，恐怕就是来自于人的耳朵。如果一般人的耳朵不够灵的话，至少巫师、先知、天子、"君子"等人的耳朵是不太一样的。从《旧约》以至《诗》《书》所载，我们发现古代民族中总有少数人特别听得见来自于神圣界的声音，这绝不是偶然的。[29]"圣"的概念不管后来经过怎样曲折的演变，但"圣人"的原始意义绝不会仅是普通的聪明人而已。

儒家兴起以前的圣人不是普通的聪明人，他"闻声知情"，这不表示说：他与孟子学重视的"闻声知情"之圣人两者的性格大体一致。我们诚然支持两者间有连续性，但我们更强调孟子学的"知言"理论在返祖基础上的开拓性，它是伴随着孔子的"仁"的学说、孟子的"性善""养气""尽心知性知天"的理论一齐来的。换言之，"知言"的理论和人格的深化有绝对密切的关系。当孟子提出"意识的展现（心）溶入存在的流行（气）"，又提出"意识的展现与知觉的运动分不开"时，我们发现他所说的圣人之闻声知情，已经不能仅以神秘的能力视之。前文引用《白虎通》《风俗通义》，皆言及"圣"字有"通"义。此义无误，圣人所以能知言，闻其声而知其义，前

---

[29] 引见秦家懿：《"圣"在中国思想史内的多重意义》，台湾《清华学报》，新 17 卷，第 1、2 期合刊，1985 年，页 25。

提条件当然是能"通"人之心。但孟子学的通,有一深刻的理论基础,它是建立在气的感通基础上。正如流行于战国时期的"气"之理论一样,孟子认为人存在的底层乃是气的流通,但既言及气,它就不是个体性的,而是普遍的。就形上学观点的存在的位阶而言,它先于意识;就心灵构造而论,它又是意识之后的隐暗向度。对于如何理解他人语言后面的心意,现代哲学家颇有论述,或言相互主体性、或言 Dasein-with、或言隐暗之知(tacit knowing)、或言 the flesh,现代哲学家使用的语汇自然较贴切现代的脉搏,因此,也比较容易让人理解。相形之下,孟子的气之理论较为古老,多少有些"神秘"。但神秘不神秘,一大半的原因要看放在什么样的典范来看。"气"的理论无限运用,解释太广,当然连带地也就减杀了其解释的价值。但放在孟子学的范围下,用气的感通解释"知言",仍然有一套足以自圆其说的解释。因为依据孟子的解释,每个人都是秉天地正道以生,在生命的本源处,人性本善,然而其时的性不只是"但理",它有强烈的精神性格(心);而心也不只是主体意义的心,它有种实质的流行(命、气)。所以根本上说来,能尽心知性知天的圣人,他原则上也就可以穷尽气之本源,亦即可以穷尽言之依据。

但我们一般论言,当然不会推得那么远。"知言"的范围是在某种情境范围里的个人之事。我们"知言",永远是知某人之言,而不会知"人生而静以上不容说"的人之语言,那么,孟子的"知言"理论显然仍需有说。

事情也许可以这么说，就动力的条件而言，"气"仍是必须的。因为只有带着充沛的气的人，才可以提供通感他人语言背后的心意的力量。但如要具足充沛之气，据孟子的说法，非得"配义与道"或"集义"不可。纯依靠血气或强以心制气，都不能使学者自内在生命产生丰沛的动能。告子可以先孟子不动心，却无法先孟子知言。而且我们可说：他终其一生都无法知言，其理由乃是他的志与气与言是断层的，缺少贯穿他人意识层的志气动能。而孟子所讲的浩然之气是义理与血气的合一，全气是义，全义是气，整个身体运动的表现都是浩然之气的流转之场。因此，依据孟子乃至中国的身体观，学者所以能知言，不能不先预设着一种具有强烈感通能力的主体。而"知言"与"养气"所以同章并论，我们也可以思过半矣！

讲"知言"，居然讲到气，讲到生命力，讲到感通，这似乎还是玄谈，还是把形上学的预设带到经验的问题上来。但气有形上学的蕴含固然是事实，这未必表示"气与知言有关"即是游谈无根之玄论，根本的问题还是在孟子学的一些基本预设和今人不同。照孟子解，学者所以被要求要有很强的生命力，其理由主要是：主体才可以有足够的动力，穿透由气质、欲望、意识形态种种组成的帷幕，直入他人生命深处。但何以他人生命可以被穿透呢？根本的原因还是他人的生命也是由气组成。气是先验的受之于天，但它也和特定的时代风尚、地理条件、个人情况一齐成长，它是超自觉的，而又在意识与一切心身组织之后。因此，在人意识兴起之前，或在人意识放下、一切未起之时，个体与个体之间事实上不只是"间"（inter-）的关系，而是早有共同的基础——气——在彼此间流动。因此，如果学者生命力特强，他可闻声知情的话，原则上，他即可穿透彼此生命共同享有的气之底层。孟子学特别重视学者生命本身的动能，认为这是理解（understanding）的先决要件，这种观点无疑地与当代诠释学的主流相反。在主流诠释学看来，孟子学不只流于心理主义，在相当程度内，他还把诠释学变成神秘学的分支。[30] 但在孟子学看来，不论主体动能，而单单从心灵的经验内容、文献的论述基础、哲学的预设讲"诠释如何可能"，事实上是买椟还珠，把核心的因素给漏掉了。

孟子将"知言"理论与气结合，犹不仅止于"闻声知情"的范围而已，他更进一步将范围扩充到文献的理解上去。孟子在这方面的观点又和主流的诠释学观点相反。吕格尔（Paul Ricoeur）曾批评早期某些心理主义的诠释学家道：他们想利用文献，从事逆体验的工作，因而重温原作者创作的意图，这根本是缘木求鱼之事。道理很简单，原作者已经死了，我们怎能确定我们了解的是他真正的旨意？我们能作的，或者能够奢

---

[30] 海德格、梅露庞帝、嘉达美等当代哲学家皆不认为人可以拥有一种透明的主体，而且这种不能还不仅是技术上的，而是从人的本质上而言即不可能。事实上，我们单从海、嘉两人思想以 historicity、effective-historical consciousness 界定人的存在，即可知其旨归何在。所以嘉达美可公然宣称："（人是一种）历史性的存在，这也就意味着自我的认知永远不可能完成。"参见 Gadamer, *Truth and Method*, trans. G. Barden and J. Cumming (London, 1975), p.269.

求的，只是期待读者与作品间有一"视界的融合"，而不能跳出此步，去追求一个业已消失的主体。[31] 吕格尔的观点有种理路，笔者也相信孟子是可以同意他的部分说法的，比如"视境融合"之说即是。但像"作者已写出作品，作品与作者的旨义即已切断"之说，他断难同意。整体孟子学（尤其是《管子》两篇）认为气是人生命的根本，但其作用犹不仅在第二世界的内心孤明里，它还会外显到知觉，尤其会外显到文字上去，成为"第三世界"的有机构造成分。[32] 在孟子学看，重要著作（尤其经书）所以能流传久远，根本的原因是它的物质基础（纸、字）和原作者的创作意图是合一的。为什么可以合一？这当然可以仔细讨论，但孟子学显然这样一口认定。由于原作者的旨义——其中即包含其结构面的心力因素——已凝聚在作品中，所以读者如果合格的话，他即可从作者业已写出，甚至作者业已逝世的作品中，读出丰盈的意义出来。

孟子不但认为学者可以知经书之言，他还主张：连远古圣人之言，我们都可以理解。《荀子》书中也有类似的理论。荀子主张我们人类具有统类心，因此，经由类推的程序，我们知道古人的精神怎么回事。孟子不会反对荀子"类"的讲法，但重点与依据不同。他认为学者只要立志，即可上通古圣，所以

---

[31] 以上所说，参见 Paul Ricoeur, *Interpretation Theory* (Texas, 1976), pp.89—95.

[32] 此处用的三个世界之观念，借自波普 Karl R. Popper, *Objective Knowledge* (Oxford,1979), p.74.

一切圣人皆可为我之师。在《礼记》及后来的宋明理学中，颇有些论述主张后人所以能感格古人，其原因乃是精气弥漫天地，古人虽死，其气不爽，因此，后儒如果心诚气正，自可感通一切。《孟子》书中还没有这样的理论，但他无疑认为知古圣心意不但可能，而且是成德之学必备的一项重要条件。依据他"志至气次"的理论，我们可以推测：后人理解先圣，其基本预设乃是志气之交流。由此看来，《礼记》及理学家之说，恐怕还是符合孟子理论的。至于孟子这种"尚友古人"或"上师古圣"所理解的"言"，到底有几分是真正的古人或古圣的"个体性""私人性"因素之语言，或有几分是孟子认定的通古今之共通性道德类型（如四端），这当然犹需考量。但孟子强调"学者立志兴起，即可上通古人"，这种诠释理论是相当特别的，现代的诠释学多不谈，而在中国解经传统中，却源远流长，蔚为大宗。

四 听 之 以 身

诠释的问题犹有可说，我们留待最后一节再谈。底下，我们再问孟子学理论架构中的一个重要问题：如果说圣人与听、言有关，而听、言又得追溯到气才可穷究其本。反过来说，追溯到气时的口耳之觉是否还能保持口耳之觉独立的性质？它的意义是否会发生变化？

我们所以会提出这个问题，正因这个问题在孟子学里有一种特别的视野。在帛书《德行篇》里，圣人的耳目往往相提并论，耳根虽有殊胜之处，但目根亦不能免，所以说：

> "不聪不明"。聪也者，圣藏之于耳者也；明也者，智
> 之藏于目者也。聪，圣之始也；明，智之始也。故曰：
> "不聪明则不圣智"，圣智必由聪明。圣始天，智始人；圣
> 为崇，智为广。
>
> 　未尝闻君子道，谓之不聪；未尝见贤人，谓之不明。
> 闻君子道而不知其君子道也，谓之不圣；见贤人而不知其
> 有德也，谓之不智。见而知之，智也；闻而知之，圣也。
>
> 　明明，智也；赫赫，圣〔也〕。"明明在下，赫赫在
> 上"，此之谓也。

依据《德行篇》的理论，人的各种德性如果能行之于内（或说
"形"之于内），那就叫做"德之行"。德之行有五，此即仁义
礼智圣。当仁、义、礼、智诸行行于内时，诸德之行犹可分别
而观，一一特色鲜明。但德之行五时，各德之行融合为一，更
无区别可言，此之谓"圣"。它这种理论反应到人的五官上去，
可能即有五官与五德之行的比配关系之涵意。但我们可见者仅
是耳与圣配、目与智配。如从耳目之德而言，则为聪与圣配、
明与智配。而且，智—明—目被视为人性开展的基础（"智始
人"），圣—聪—耳则被视为进入超越领域的门槛（"圣始天"）。

　　从孟子到孟子后学思想的一大演变，乃是孟子后学将孟子
心学进一步地深层化，而深层化的现象有二，一落在意识底层

的气之流行，一反显在人体表的知觉运动、身体表现。孟子的圣、智概念被引申到圣之气、智之气及聪明概念，亦属此例。然而，孟子后学对孟子思想虽踵事发挥，他发挥的方向是继承孟子来的，两者并没有悖谬；聪明耳目的概念亦如此。孟子对"口耳之学"的观念我们已略加陈述如上。孟子对眼睛的重视也不是找不到证据的，《离娄上》孟子有言曰："存乎人者，莫良于眸子，眸子不能掩其恶。胸中正，则眸子瞭焉；胸中不正，则眸子眊焉。听其言也，观其眸子，人焉廋哉！"笔者曾论述过：在先秦两汉的身体观里面，眼睛决不仅是生理的器官而已，它是"精神之所发"（真德秀语）。因此，一位合格的观察员可以从人眼睛的神采动作，判断其人之善恶或精神状态。更值得注意的是，孟子在此段话语中，将"观其眸子"与"听其言也"相提并论，[33] 同视为观人论人的两大法宝。

孟子学派重视耳目之官及聪明之德，这是很值得体玩的。马浮说得好："群经中赞圣人之德者多言聪明，如《易》曰：'古之聪明睿知、神武而不杀者夫。'《书》曰：'明四目，达四聪，宣聪明，作元后。'《中庸》曰：'聪明睿智足以有临也。'盖聪明是耳目之大用，睿智是心之大用，此犹佛氏之言四智矣！孔子见温伯雪子而言曰：'若夫人者目击而道存矣！'又自称：'六十而耳顺。'《中庸》曰：'鸢飞戾天，鱼跃于渊，言其上下察也。'程子谓：'此是子思吃紧为人处，活泼泼地。'

---

[33] 参见本书第三章。

于此会得，方可于费中见隐。此理昭著，更无壅隔，乃可谓视极其明，听极其聪，而视听之理得矣！"[34] 马先生为当代通儒，深造自得，要言不繁。儒家耳目之官所代表的意义，可谓被一口道尽。马浮之言虽贯穿儒学传统而发，但其根本理趣，其实是从孔孟大本大宗的身心之学而来。他的话语句句皆有来历，而且无一出自冷僻之书，只是一般人多习而不察，一下子就错过了。可见观察者的眼光不同后，所看到的儒家传统也会跟着显示出更深刻的意义。

马浮在前面引文"此犹佛氏之言四智矣"底下有注云："转五识成成所作智……聪明属成所作智。"马浮写此文是在二十世纪初期，其时儒学经过佛老的不断刺激以及宋明理学的长期洗礼，对人的意识与知觉的关系之理解，很多地方当然已超过先秦儒学的规模。因此，他解释聪明，是站在"转识成智"的立场注解的。如果说耳目可以转化，那么，鼻舌身也未尝不可转化。宋明儒学从程明道、谢上蔡以至王阳明、罗近溪，多有主张性身不分、作用见性、五官交融的理论，这种想法显然是孟子学践形理论的发展。但"发展"的观念其实预设了先前已有萌芽的种子。即以五官互融，同为意识（良知）的发用而论，此种接近于"共同之觉"（synesthesia）的理论，我们在帛书《德行篇》里看到君子能消化各种"德之行""以

---

[34] 参见《泰和宜山会语合刊·宜山会语》（台北：广文书局，1980 年），页 25—26。

五为一"的说法时，不是同时也看到了隐含在人的知觉展现上，五官的功能也都可交相融释，完全由一种志气不分的作用所流贯吗？这也就是"乐也者流体，机然忘塞"（《德行篇》）及"身调而神过，谓之玄同"（《四行篇》）之意。

笔者由口耳触及到眼耳，再触及到五官，事实上也就是由孟子的"知言"触及到"聪明"再触及到"践形"的理论。而在知言以下一系列的实践活动当中，声音与听觉占有相当重要的地位。声音先且不谈，听觉的重要诚如王龙溪所说："目有开闭，口有吐纳，鼻有呼吸，惟耳无出入。"[35] 从人一初生开始时，人的存在就是透过全身的知觉不断对外开放，其中呼吸一吐一纳，影响生命至巨至微，可以说气的流通是透过鼻端进行的。但如语及意识的成长，耳得之而为声的效果占的比例似乎尤为重人。声音无形无臭，但声音不是抽象的音调高低，具体的声音都是事事物物的声音。大块噫气，其名为风，这是风的具体声音。风声之中，雄风、雌风、春风、秋风亦各有声，每种风声皆带来各种不同的讯息。各种声音之中，语言与婴儿的意识成长之关系尤为密切。任何语言都不是抽象的，语言永远带有主体性、个别性的一面。因此，早在意识苗壮以前，我们已听过男女老少、喜怒哀乐诸种人生实相的声音，这些声音体现了许多具体而不可捉摸揣测的隐衷微情，而这些隐衷微情深入到言说者心气底层，与他的身体表现同体显露。而我们的听

[35] 同注 ㉓。

觉也是扎根于心气的基础上，而由于人的经验使然，听觉本身自然即具有初层的、前反省的分别及诠释的能力，或者我们该说，即具有彰显存有（being）的功能，而这层分别、诠释的能力与人的其他知觉的诠释能力又是相通的。因此，听觉重要，乃因耳根特利，它是意识彰显最重要的孔道。但要定位听觉，不能徒从其自身着眼，而当放在人整体的表现系统考虑。唐·伊德（Don Ihde）解释此义如下：

> 我或可集中听力，使听觉面相特显突出，但这种效果也只是相对的而已。我无法将它从处境、牵连之物及其完整经验（global experience）的背景割裂开来。就此意义而言，"纯粹的"听觉经验在现象学上是不可能的……从现象学的观点看，我不只是用我的"耳朵"听，我事实上是用我的全身去"听"，我的耳朵最多只是听觉中"核心"的器官而已。[36]

唐·伊德的观察是有道理的，我们要听，确实不能只听之于耳，而当听之于身。引申而论，我们想要真正而完整地知言，也不能仅依靠现前的耳朵，而当有践形工夫作背景，有聪明睿智从旁支撑，才可能慢慢趋近孟子所希求的耳顺圆通，听出言者的字字句句皆反映了他不可掩抑的心声。

---

[36] Don Ihde, *Listening and Voice* (Ohio Univ. Press,1976), pp.44—45.

五　金声玉言与圣之聪明

解析"知言"理论，讲到"养气""聪明""践形"等观念，是否学者即真的可以听出言者不可掩抑的心声呢？我们前面四节的叙述固然冗长，但其节目其实不难厘清。我们认为孟子的"知言"理论是奠定在下列的几项基础上的：

（一）语言不只是生理—物理现象，它反映了言者的精神向度。

（二）圣人耳根圆通，他可以解读语言的意义。

（三）孟子的语言观是奠定在言—气—心的基础上，而言—气—心又是形—气—心（志）此身体观的一个分支。

（四）说与听都是扎根于全身而以口耳为核心的一种知觉活动，因此，"知言"也要配合"践形""养气"的工夫，才可达成耳根圆通的目的。

根据这四项理论预设，我们认为孟子《知言养气章》的两个主题"知言"与"养气"有内在的逻辑关系，北宫黝、孟施舍、曾子、告子、孟子等人的"养勇""养气"理论也与"知言"说密切相关。

如上所述，笔者认为我们的解说比笼统的采内外（表里）相符理论要来得周延。"诐辞知其所蔽，淫辞知其所陷，邪辞知其所离，遁辞知其所穷"此段名言诚然说的是"知言"之事，但它是知言理论的部分，而非全部。它背后涉及的源头深远多了，不穷究到我们上述的纲领，是无法畅尽其旨要的。但是，笔者上述的解释也有明显的漏洞，只要不是太粗心的读者都可以看得出来，他可以毫无困难地质疑道：前文缴绕那么久的"言"，到底是什么意义的"言"？构成语言的基本要素有声音，有意义。前文说"语言反映精神向度""圣人闻声知情""言—气—心的语言观是形—气—心身体观的分支"等等理论所说的"言"，其实都是声，它缺乏语义，因此也缺乏比较明确的经验内容。若此之"言"，怎能称得上完备呢？我们不要忘了：当孟子说起"知言"之例时，他不仅对言者下了价值判断，他也对他的语言内容下了事实判断，或者该说，这两种判断是同时下的。但既然下了事实判断，因此，这种判断所涉及的语言内涵就不能没有经验的性格。当孟子说"诐辞知其所蔽，淫辞知其所陷，邪辞知其所离，遁辞知其所穷"时，他所使用的诐、淫、邪、遁等语汇不可能只是指涉语言的声调音色等形式因素，而将语义的因素排除在外。

以上的质疑相当合理，孟子的"知言"理论确实需要回答，否则，它的解释范围仍然不够周延。"如何知言"这样的质疑，简单地说，就牵涉到诠释学的核心理论："理解如何可能？"

孟子知言理论的特殊处无疑在"言"所涉及的知觉及心性层面，我们可以说这些论点类似"哲学诠释学"的论点。但孟子对于方法的问题虽然着墨不多，却不是没有涉及。而且，就像《孟子》书中有些重要观念虽然所占篇幅不多，其理论意义却很重大一样（"尽心知性知天"只出现一次，却是孟子体验形上学最根本的命题），孟子讲"如何知言的方法"言简意赅，而在孟子思想体系中却占有相当的地位。他提出知言的方法有三，一是"集义"，二是"以意逆志"，三是"知人论世"。

"集义"一辞是《知言养气章》重要的概念，在原文的脉络里面，它是配合着养气的方法说的。孟子主张真正的浩然之气不是天空掉下来的，它要经过培养的过程才可以达到。至于如何培养呢？诀窍在于"配义与道"，更简洁地讲，也就是"集义"。但"集义"一辞的文献脉络虽然是跟着"养气"问题而来，它的义理脉络却不仅如此。从我们以上所述孟子"知言"理论的架构以及从《知言养气章》的全文脉络看来，"知言""养气"与"集义"的关系都是一体而生的，这几个重要词语在概念内涵上即互相指涉，不能切割。"集义"与"知言"相关，这种提法不但在思想内部上解得通，在文献理解上也是站得住脚的。

但"集义"虽说与"知言"相关，"集义"该怎么理解？却又有两套完全不同的解释。在王阳明的系统中，没有独立的"集义"工夫，"义"就是良知，"集义"就是致良知。[37] 既然理在心中，不在外界，所以学者体道，不需要有"集结"的历程，只要扩充即是。王阳明这种注解可以找到训诂学的依据，[38]

---

[37] 陈荣捷：《王阳明传习录详注集评》，《答聂文蔚》，页268—269。

[38] 赵岐、焦循皆训"集"为"杂"，"集义"意为"与义杂生"，也就是"与义合生"。这种注释与朱注相反，与王阳明之说反而相近。

而且就"价值内在"这点而言，它也符合孟子学的基本规定。但就"文义"而言，孟子这里讲的"集义"是否需要直接推到先验的心性根源，似乎犹待商榷。

朱熹的注解与王阳明不同，他认为"集义"就是"积善"。[39] 朱注与他个人的哲学立场分不开，朱熹思想中的"义"不会是心的层性，它是心之外的性理，心透过认知的过程后，可以将之内摄。我们如果不问语言背后的哲学立场如何，笔者认为朱熹的注比王阳明的理解符合文义。孟子在文章脉络中，诚然反对"从外袭义，依仿而行"，但他不反对善也要有成长的过程，而这种成长的过程势必要含有经验的因素。简言之，孟子提出"集义"的观念时，重点是"如何促使浩然之气不断成长"，而不是"浩然之气的依据何在"，换言之，也就是"德行"观念大于"德性"观念。因此，虽然王阳明的理解在义理上是恰当的，而且颇能发明孟子之说，但放在《知言养气章》的脉络下看，我们不能不认为"积善"之说是恰当的。

承认"集义"有不断累积经验的面相，我们可以进一步澄清它与"知言"的内在关联。如前所言，知言并不是一件容易做到的事，严格说来，它是果位之事，而不是始学者入手的途径。[40] 因此，学者要能闻声知情，他必须对"声"所代表的

---

[39]《孟子纂疏》，卷 3，页 17。

[40] 王夫之即说："若人将集义事且置下，不料理，且一味求为知言之学，有不流而为小人儒者哉！知言，是孟子极顶处，唯灼然见义于内，而精义入神，方得知言。"文见《读四书大全说》（台北：河洛图书出版社，1974 年），卷 8，页 26。

"生理化精神"及"经验性语义内涵"皆了解不可。反过来说，如只了解"声"的知觉面而不知其语义面，比如说学者初到异语言或异文化的地区，他对语声所代表的意义，也不可能完全解读。程伊川说"处物为义"，[41] 笔者觉得至少在"集义"这个语言脉络下，他的解说是合理的。在"处物"的过程中，他一方面要了解来自于经验的内涵，一方面又要培养内在正当的意识。只有长期积累"义"所代表的内、外两面，学者才可让他的耳朵适应声音所代表的意义，并安于（inhabit）此适应所形成的自在之习（habit），习性成自然之后，学者才有"知言"可言。

但"知言"的范围不限于言谈层面，阅读层面也当包含在内。我们前文提过：现代诠释家往往主张诠释的对象不当在"作者"，而当在"作品"，作品开出的世界往往超出作者的意图之外。但孟子一向支持作品与作者的内在关联，他不否认作品内涵与作者意图可能有差距，但这种差距不是不可以克服的，更不需要牺牲作者。孟子说：克服作者与作品差距的方法是"以意逆志"，"以意逆志"即是以读者之意去逆作者之志。

"以意逆志"当然要建立在他人之志（other minds）可以理解的基础上。孟子对理解的可能性一向深具信心，他这种信心当然与他心性—形上学的预设有关。在感通之气遍布

---

[41] 参见程颐、朱熹著：《易程传·易本义》（台北：河洛图书出版社，1974 年），《艮·象传》，卷 6，页 468。

一切存在的前提下，"讯息的交流"原本就是万物的基本存在模态，更不用说人心的感通能力了。但由于文献与读者之间时空、文字、意识形态造成的阻隔甚大，孟子因此提出：学者需要较大的努力，才能将之克服，并吸纳（appropriate）其意义。但虽说要较大的努力，事实上也不难。孟子看待人性，一直着重其普遍面，"个体是不可言诠的"（Individuum est ineffabile）此信条刚好和孟子的人学观念成一对比。正因着重普遍面，所以孟子认为人与人"同类"，彼此有同样的嗜好、同样的倾向，以及大体同样的人性构造。因此，在了解相关时代及社会背景的前提下，孟子认为不要说读者了解作者没有问题，即使千百世之下的学者，只要一听到千百世之上的圣哲之片言只语，他也可以揣度其心，得其意图。

与"以意逆志"说相伴而生的，乃是"知人论世"的理论。孟子一向强调人的自觉、自主，摆脱一切外在的纠葛。但他在论及理解他人（包含语言）的问题时，又很重视时代与社会环境塑造人格的力量。他认为不同时代之民性格各不相同，所以说："霸者之民，欢虞如也；王者之民，皞皞如也。"（《尽心上》）他也认为收成情况的良窳会影响到百姓性格的展现；所以说："富岁子弟多赖，凶岁子弟多暴。"（《告子上》）进而言之，人的居住环境、文化习尚都会影响一个人的人格形貌，所以孟子最后以"居移气，养移体"概括此义。但孟子"知人论世"的主张一方面固然强调人因时代环境的影响所造成的差异性，但自另一方面而言，既然时代环境先于个体，习俗、风尚、语言、意识形态先于个人意识，所以相同时代环境下的人在相当的范围内，也自然会烙上相同的印记。如此说来，"知人论世"可以视为一把双面之刃，它同时切出了人性之同与人性之异两面。

孟子在提出"以意逆志"的诠释原则后，又加上"知人论世"的原则，这是相当耐人寻味的。我们一般都同意孟子对人的能动性、人理解他人的可能性，甚具信心。如果说一般诠释学家的基本心态是关怀"理解如何可能？"那么，孟子的基本心态是先验地肯定这种可能，并怀疑："理解如何不可能？"孟子这种信心不是凭空而至的，放在他自己的系统下解释，完全可以自圆其说。但当我们强调孟子这种诠释的特色时，也不宜忘掉：孟子对"距离"不是没注意到；对文字构造、意识形态造成的阻碍需要克服，他事实上也有相当的自觉，"知人论世"说即是最好的一项明证。

综述孟子"知言"的理论，笔者认为它与孟子心性—形上学的关联甚深，这点事实上也是孟子诠释理论最具特色的部分。此外，在方法论上，孟子提出"集义""以意逆志""知人论世"诸说，作为诠释的辅助工具。在表面零散的对话体文字下，我们发现孟子的知言理论还是相当完整的。至于孟子这样的知言理论是否真能达成"知言"的效果？此事诚然可以商榷。孟子本人当然不会怀疑的，但我们如果站在其他不同的传统上（比如说：现代诠释学），反省孟子的理论，可能会觉得他的主张过度乐观了，对于诠释所遭遇到的诸多难题视而不见。显然，孟子的"知言"理论如果要当成一组至今仍然有效的解释命题，它势必得回答来自某些心理分析学家（无意识决定论）、马克思主义者（经济决定论）、语言学家（语言决定论）等等的质疑。如何解答，兹事体大，笔者无能妄赞一词。但笔者认为：如果我们还不放弃"知言"的主张，那么，在今日谈"知言"，或许还得从"对话"开始谈起。

第五章 《管子·心术下》《内业》两篇的精气说与全心论

　　现存《管子》一书中有《白心》《心术上》《心术下》《内业》四篇。这四篇文章虽然篇幅独立，不相隶属，但由于其处理问题的途径颇为奇特，观点相涉者亦深，所以古来即常被视为一组相关的文章讨论，很受重视。[1] 晚近由于对哲学史的某些问题重新探索（如此四篇与稷下学派的关联[2]），对某些哲学

---

[1] ［宋］张嵲即言："《管子》，天下奇文也。《白心》、《心术》上下、《内业》诸篇，是其功业所本。"晁氏亦云："《心术》《白心》诸篇亦尝侧闻正心诚意之道，其能一天下，致君为五霸之盛，宜矣！"以上引文皆出自《管子》，房玄龄注（一云：尹知章注）、戴望校（台北：台湾商务印书馆，国学基本丛书本），册1，文评。以下引《管子》文，如未经指出，均出自此戴校房注本《管子》。

[2] 简单的线索可以从"《管子》四篇是否代表宋钘、尹文学说"探讨起。主张可以的，从刘节（《管子中所见之宋钘一派学说》，原发表于 1943 年《说文月刊》，后收入 1963 年《古史考存》）、郭沫若（《宋钘尹文遗著考》，此文收入《青铜时代》，重庆：文治出版社，1945 年；此书后来收入《郭沫若全集·历史编》，北京：人民出版社，1982 年，第 1 卷）以下，支持者不乏其人。但反对的，从罗根泽（《管子探讨》，台北：里仁书局，1981 年，页 86—91）、武内义雄（《管子の心术と内业》，《支那学》第 10 卷特别号，1942 年）以降，也不时可见。但反对《管子》四篇可代表宋、尹学说的学者，彼此的主张也大有出入。晚近（转下页）

议题也有新的检证（如精气学说的问题 [3]），在这种重新评价的趋势中，往往会牵涉到此四篇的论点，因此，其地位有水涨船高之趋势。笔者原来也接受"《管子》四篇"的提法，但目前则较接受一种逐渐扩散的论点，这种论点主张《管子》四篇的内容并不是同质的，它至少可分为两组，其中《内业篇》或《内业》加上《心术下》两篇可视为独立的单元，它们的思想与《白心》《心术上》不同。[4] 笔者由于写过专文讨论此事，[5] 所以文章重点会置放在理论内部的构造上面，外缘的问题将避免涉及。

（接上页）由于新资料出土，新的诠释观点也慢慢出现，如滕复：《黄老哲学对道的改造和发展》，《哲学研究》，1986 年第 9 期；胡家聪：《从〈心术上〉看早期的黄老学说》，《中国哲学史论丛》一（福州：福建人民出版社，1984 年），皆将《管子》四篇和新近出土的资料并论。有关《管子》四篇的学派归属问题，理应重探。

[3] 笔者所见，有黄明同：《浅谈〈管子·内业〉精气说的特点》，《华南师院学报》，1981 年第 1 期；周立升、王德敏合著：《〈管子〉中的精气论及其历史贡献》，《哲学研究》，1983 年第 5 期；连登岗：《论气功在中国古代哲学发展过程中的作用》，《中国哲学史研究》，1987 年 3 月号；李从珍：《〈管子〉的哲学与医学思想》，《自然辩证法通讯》，1986 年第 1 期；张荣明：《中国古代气功与先秦哲学》第 9 章《宋钘、尹文思想与古代气功》，上海：人民出版社，1987 年；石田秀实：《管子四篇と荀子正名篇とにおける"ことば"の问题》《日本中国学会报》，第 37 期，1985 年。以上诸文虽详略不同，然皆言及"气"与"道"与个人生命之间的关系。

[4] 裘锡圭：《马王堆〈老子〉甲乙本卷前后佚书与"道法家"》，《中国哲学》，第 2 辑，1979 年。朱伯崑：《〈管子〉四篇考》，《中国哲学史论文集》，第 1 辑（济南：山东人民出版社，1979 年）。

[5] 参见拙作：《论〈管子〉四篇的学派归属问题——一个孟子学的观点》，《鹅湖学志》，第 13 期，1994 年 12 月，页 63—105。

本文的重探以"精气"及"全心"理论为核心，再铺展开其间隐含的身体观及形上学的问题。在文章的论述结构上，笔者首先从分析文献入手，观看这两篇的理论要素。据第一节的分析，我们可以看出《管子》两篇的一大特色乃是将道落实到人身的"精气"上解释，亦即它不是一种设准，而是可以体得。其次，本文进一步确定道落实到人身上的另外一个意涵，乃指道只能安居在"心中之心"。"心中之心"彻底显现的境界，也就是精气弥满，心的本质彻底朗现的"全心"状态。在第三、四节，本文将分析"全心"的概念，指出此概念意味着一种"全身的思考"，但此类型的思考不是感性的或智性的，而是带有心灵—形上学的性质。学者体证"全心"经验时，不但全身体气转化，精气流行，而且其意识所及的一切存在之气，也都转变其存在的性格，回归到精气状态中。最后，笔者认为"内静外敬"之道是学者体证全心境界的必经之途，此工夫模式虽夹有儒家思想的因素，但大体上是依循道家逆觉式的修养工夫。底下，笔者将依上述纲要，依次讨论。

一　两篇之气为身心之气

《管子·心术下》《内业》两篇一项很重要的特色，我们可以开宗明义地说，乃是将"道"的层次落实到人身上之气来讲，而人身之气又与存在本质之"精气"及意识神感妙用之深层之心（管子称之为"心中之心"）息息相关。

就历史的脉络考察，道与气的关系如何演变，目前仍难彻底厘清。《管子》由于成书年代及学派定位都仍有异议，因此，更难依照时间的顺序，抽绎出其间的来龙去脉。[6] 但历史传承的线索虽然不明，我们如从此两篇的内部理论、甚至是语汇本身考察，依然可以看到管子蓄意结合道与气的痕迹。比如《心术下》说：

　　气者，身之充也。

《内业篇》则写作：

　　夫道者，所以充形也。

道可充形，显然这种道已不仅仅是泛泛而论的形上实体或自然律，而是构成人的生命，与人的存在息息相关的本质。

　　引而论之，由于这两篇特别强调道的体证性质，道即是气，气即是道，两者实泯不可分。因此，如果我们从"属性"的观点考察，可以发现：这两篇对于气的属性之描述，往往可移之于道。反过来说，描述道的属性之语汇，也可施用到气的

---

[6] 此四篇的年代问题也是众说纷纭，形同猜覆。从比老子还早的宗教体验转化而来（赤塚忠：《古代の信仰体验と道家の思辨法》，《斯文》，第 35 号，1963 年），以至战国秦汉之际所作（唐君毅：《中国哲学原论·原道篇》，卷 1，香港：新亚研究所，1973 年，页 428—434），各种推论都有。但就像先秦其他典籍所面临的情况一样，这些推论都不易找到足够的文献支持。

概念上。比如说，作为终极原理的道自本自根，永恒不变，因此超乎动静之外，不能以有限的、相对的概念形容之。但管子却说道：

> 夫道者，所以充形也，而人不能固，其往不复，其来不舍。（《内业》）

可充形、也可遍流万物的道，其性格显然不是超绝的。我们如果以"气"字代替之，应当更符合作为一种流行的存在之描述。[7]显然，管子是从道的实际指涉着眼，确认其内涵为始源之气。

至于"气"的属性如何，我们不妨参考下文所述：

> 凡物之精，此则为生。下生五谷，上为列星。流于天地之间，谓之鬼神；藏于胸中，谓之圣人。是故民气杲乎如登于天，杳乎如入于渊，淖乎如在于海，卒乎如在于己。[8]（《内业》）

---

[7] "气"可解释为存在的流行或流行的存在，参见唐君毅：《中国哲学原论·原道篇》，（香港：新亚研究所，1973年），卷2，页789。当然，"气"的实质指涉为何，就像"存在"的实质指涉为何一样，需要放在具体的文献下考量，才能定位。

[8] 郭校本引丁士涵云："此"字当为"化"字之误；石一参则云：当作"比"（《郭沫若全集·历史编》，第7卷，页121）。冯友兰却认为此处的"此"字意指下文"是故此气也"的"此气"，原文无误（《中国哲学史新编》，北京：人民出版社，1984年，册2，页203）。此处暂且遵从冯说。

这里所说的"精"，实即"精气"，亦即比一般的气更始源、更精纯的气。[9] 精气可生五谷，成列星，灵鬼神，换言之，它有创造性。其流行又如登于天，如入于渊，如在于海，如在于己。此种语言换成另一种说法，其实即指精气遍布一切，是所有个体存在的根基。能具备创造性，又能成为存有根基的终极实体，从《老子》以来，我们就不能不联想到这是"道"。[10]

"道"与"气"可互相诠释，这点无疑地是《管子·内业》等两篇的一大特色，但在两汉时期的哲学著作中，我们也发现到：此时期的哲学之主要特色，也是以"气"释"道"。在尔后的思潮衍变中，我们也不难找到"道""气"紧密相联的哲学家。那么，《管子》所述，与后来所谓的"元气论"或"唯气论"，是否相同？

由于"气"是中国哲学主要的范畴之一，从先秦以降，几乎各家各派都会使用到它。因此，要确定《管子》这两篇的气之理论与后来者所用的是否相同，恐怕只有一一比核，仔细参较后，才能划分其间的涯略。但是，笼统说来，见于后代（尤

---

[9] 《内业篇》房注"气之尤精者为之精"，冯友兰引申发挥道："'精'的本义是细末，引申指一切细微的东西。'精'是'气之精者'，就是说'精'是气中更细微的部分。既然有'气之精者'，必也有气之粗者，即气之比较粗的一部分。"（同上，页204）冯说可从，然"气"是否可视为物质的概念，可能有待更细致的规定。

[10] 参见《老子》第1、4、6、14、21、25、34、40、42、51诸章。纵然老子的"道"可被诠释为仅是境界型态的类型，但它至少有客观性、实体性、创造性的"姿态"则不能泯。参见牟宗三：《才性与玄理》（台北：学生书局，1975年），页270。

其汉代）的宇宙论格局之元气论，与管子所说，差异极大。我
们且以底下两则材料，作为"元气说"[11]的抽样代表：

> 天地未形，冯冯翼翼，洞洞灟灟，故曰太始。太始生
> 虚霩，虚霩生宇宙，宇宙生元气。元气有涯垠，清阳者薄
> 靡而为天，重浊者凝滞而为地。[12]

> 元者，气也。无形以起，有形以分，造起天地，天地
> 始也。[13]

"元气"在两者中所占的位置显然不太一样，依何休解释，它
首出庶物。依《淮南子》的宇宙生成论，元气之上还有宇宙、
虚霩、太始诸阶段。但就元气是配合宇宙生成论的格局，以及
就元气是构成物之所以为物的质料此两点来看，刘安与何休所
说并没有什么出入。

相形之下《管子》这两篇的特色可以明显看出来。刘安与
何休重视的宇宙生成论，在《管子》这两篇中并没有占据特殊
的地位。管子重视的，乃是气与修养论的关系，而此处的修养

---

[11] 关于"元气论"的背景资料，参见周桂钿：《气、元气及其一元论》，
《中国哲学史研究》，1983 年第 4 期。

[12] 《淮南子·天文训》（四部丛刊本，台北：台湾商务印书馆），卷 3，页
1。笔者引文，根据王引之校注，参见刘文典：《淮南鸿烈集解》（北
京：中华书局，1989 年），页 79。

[13] 《春秋公羊传》（台北：艺文印书馆，《十三经注疏》本），隐公元年，
何休注，卷 1，页 5。

论又是奠基在战国时期对于人身理解的基础上。[14] 关于气与人身的关系，且看底下两则资料：

> 形不正者德不来，中不精者心不治。正形饰德，万物毕得，翼然自来。神莫知其极，昭知天下，通于四极……是故意气定然后反正。气者，身之充也。行者，正之义也。充不美，则心不得……[15]（《心术下》）
>
> 精也者，气之精者也。气，道乃生，生乃思，思乃知，知乃止矣！（《内业》）

由以上两则资料，我们可归纳出底下两点小结论，作为进一步探讨的基础：

（一）人身由气组成。但这里所谓的组成是什么涵意呢？是否身为形式因，而气是形式的架构里面之内容？还是离气无身，身不多不少，恰是气的集合之综合体？笔者认为《管子》的意思指的是后一种情况（见后）。

（二）心的作用也离不开气，由"中不精者心不治""充不美，则心不得"及"气，道乃生，生乃思，思乃知"，我们可

---

[14] 关于此问题，参见唐君毅：《中国哲学原论·原道篇》，卷2，页782—789；小野泽精一、福永光司、山井勇等编：《气の思想》（东京大学出版会，1986年），页30—81及126—146。

[15] "正形饰德"句下，郭校本引刘绩云："后《内业》作'正形摄德'"云云。引李哲明云："'饰'当为'饬'。《内业》云'摄德'，摄亦整摄之意。饰德则虚为，非其义矣。"前揭书，第6卷，页430。

以理解心与气之紧密存在。[16] 但所谓的紧密依存，不能相离，到底什么涵意呢？是否两者各为独立之物，心乃具意向性之目的因，而气为动力因，心气虽不离，但亦不杂？或者其意乃指两者在根源上是同质的，心等于气，气等于心？笔者认为后一种解释是较合理的。

此外，再配合前文所讲的道、气之观念而论，我们还可推衍出底下这点小结论出来：

（三）道、气、精、神、心这些概念根源上说来，也是同质的。形上学的术语可用于伦理学，反之，伦理学的术语也可用于形上学，彼是出入，并不是范畴的误用。

以上抽绎出来的三点要项，是我们剖析《管子》这两篇的身、心、形上问题时，不能不正视的基本前提。

二 "心中有心"里之心气

上节第二点小结论简略谈到"心"的地位，此节我们将继续探讨此一关键性的概念。首先，就《管子·心术》《白心》《内业》诸篇顾名思义，我们可知这些名称皆与战国时期流行的"心"之理论有关。"内业"之名先秦典籍鲜见，但四篇中

---

[16] "道乃生"的"道"字依文脉看，当作动词使用。郭校本引戴望云："道"当作"通"解。然笔者同意周立升、王德敏的观点，此处的"道"字应当即为"导"字（前揭文，页75）。借孟子的语言来说，"志一"可以"动气"。

凡言及"中"或"内"字之处，其意大抵指的是一种深根宁极意义的心灵。因此，内心之业其意可能是与"外业"作一对照，它强调人的意识所牵联到的问题，而非外王之道，所以归根究柢，"内业"一名其意实与"心术"之名相同。[17]

"心术"一词在古籍中出现的较为频繁。《墨子·非儒下》《号令》两篇，《庄子·天道》，《礼记·乐记》，《荀子·解蔽》《成相》两篇，《文子·九守》以及《管子·七法》这些篇章中，都有"心术"之名。据《心术上》的解释，所谓心术也者，乃"无为而制窍者也"。但在同书《七法篇》中，却又说道："实也、诚也、厚也、施也、度也、恕也，谓之心术。"此两种解释显然不太一样。但我们如进一步检讨，当可发现：此两种解释其实不相妨碍，它们之所以一从"无为"着眼，一从正面的心之诸德着眼，乃因随顺行文需要，分别强调"心术"之两种不同实质面相。[18] 如就语义所指涉的而言，"心术"当即如荀子所谓的"治气养心之术"。换言之，"心术"一如"白心""内业"，指涉的都是一种内心之学。

《管子》内心之学牵涉到的领域相当广，但笔者认为此学说的一项主要特色，乃是它将心分为两层，所谓：

---

[17] 唐君毅，前揭书，卷 1，页 428—429。

[18] 关于"心术"一辞的语意，参见郭校本，第 6 卷，页 403—404；张舜徽：《周秦道论发微》（台北：木铎出版社，1983 年），页 203—204；穴泽辰雄：《管子四篇の思想についてしその一——心术上篇の思想》，《东洋大学文学部纪要——东洋学论丛》，第 36 集，1983 年，页 11—12。

> 心以藏心，心之中又有心焉。彼心之心，意以先言，
> 意然后形，形然后思。[19]

两种心的分别虽然在《庄子》书中也可见到，[20] 但由于《管子》首先将它显题化，以理论的形式明确指出，因此，这种分别在其思想体系中所占的位置，显然比"常心"与"心"在《庄子》书中的分别，要来得重要。

既然有两层心的分别，而且底层的心是在"意感"、言语之前，因此，管子论及的治气养心之术，其实质的内涵也就是在意感—言语之心与前意感—前言语之心这两层的心灵间如何调停返复的过程。谈到两层心灵的调停返复，笔者觉得为突显《管子》的论点起见，休姆（David Hume）在这方面的立场，恰可拿来对照。这种对照是颇饶意味的，因为在休姆看来，所谓的心灵或人格的自我同一性，是没有这回事的：

> 它们都只是那些以不能想像的速度互相接续着、并处

---

[19] 本文引自《内业篇》，"意以先言"，原文作"音以先言"。然在《心术下》有类似的句子，此句"音"作"意"。刘绩言此乃字误，王念孙则主张两"音"字读为"意"。参见郭校本，第 7 卷，页 132。此处的"音"字不当作"声音"解，房注误。

[20] 《庄子·德充符》言"以其知得其心，以其心得其常心"，见王先谦，前揭书，页 48。唐君毅先生认为庄子是国史上首位划分两种不同心灵的思想家，参见《中国哲学原论·导论篇》（香港：人生出版社，1966 年），页 101。

于永远流动和运动之中的知觉的集合体，或一束知觉。[21]

恰巧就在"心灵仅是一束不同的知觉或不同的知觉之集合体"这点上，管子和休姆有极大的分歧。我们可以设想：假如管子有机会回应休姆的陈辞，[22] 他应当会同意休姆确实看到了部分的实相，因为我们现实的心灵的确是流转起伏，诸觉不定，现在、未来、过去诸心皆不可得。但是管子应该不会同意休姆所描述的心灵现象即是完整的图像，因为管子认为：在"意""言""思"的后面，还有一种不可意求、无从言得、难以思取的心灵。放在休姆的架构下类比，可以说有两种心灵，一是诸种知觉轮转的，一是前知觉的。

这种前知觉的心灵即为管子所谓的"彼心之心"。但由前节所论，我们也知道"心"的概念离不开"气"，较一般心灵更深隐的"彼心之心"自然也离不开比一般气更精微的某种类型之气。我们在《管子·内业》等篇见到"心气""灵气""精气""雲气"这些语汇，它们指的都是"彼心之心"的妙用。由具有思维属性的心灵可用前知觉、前思维性质的"气"字诠释，我们不难窥伺两者的关系。底下，仅略检讨这些气的涵义：

---

[21] D. Hume, *A Treatise of Human Nature* (New York: Everyman Edition, 1984), p.239。译文见《英国经验哲学资料选辑》（台北：仰哲出版社，1984 年），页 290。

[22] 此处的"管子"暂时设定为《管子》四篇的作者，下同，不再分辨。

（一）心气：其意乃为"全心之气"，[23] 而"全心"所指的正是"心"复原（或许该说扩充）至"彼心之心"的完整境界之描述（参见第三节）。

（二）灵气：其意乃气之灵者，其位置据《内业篇》所定，乃落于心灵之中（在心）。换言之，当灵气在心时，心即是气，气即感即灵。

（三）精气：心本来就是"精之所舍"，精气当然说的是"气之尤精者"。[24]

（四）雲气：此词虽可依字面意义解作"能调其气，故比于雲意之行气"，然据安井衡、郭沫若二氏解，"雲"当即"云"字，此字可解作"运"。《内业》"云气意行似天"，当意指心气运行，与意谐和，仿如一体。[25]

"心气""灵气""精气""雲气"这些语词的语意虽然不同。但我们可以看出：它们的语言构造都是在"气"此一基磐上，加上形容灵明莫测的状词，用以突显"彼心之心"的神妙质性。换言之，这些语词语义虽然不同，却可互相规定，彼此补充，丰富其共同的指涉——"彼心之心"。准此，我们不但

---

[23] 房玄龄注语，戴校本，页102。

[24] 道家里的"精"，略同西洋哲学所谓的本质，气则略同本质之显为变化，参见唐君毅：《中国哲学原论·原道篇》，卷2，页789。但管子思想特殊者，在于将此精、气内敛到"心"上来谈，视心之底层可为精气之流布，参见鬼丸纪：《管子四篇における养生说について》，《日本中国学会报》，卷35，1983年，页63。

[25] 郭校本，第7卷，页140—141。

可将"心"转换至"彼心之心"的过程，解释成从气转换到"心气""精气""灵气""雲气"的过程。而且，我们还可认定荀子所说的"治气养心之术"，如放在《管子》四篇的脉络考察，根本是将两种本质上相同、着重点稍有差异的工夫摆在一起，视为同义复词看待，而非"治气"之外复有"养心"，"养心"之外复有"治气"。

然而，养成彼心之心，虽然必得先治化一般之气，使它变为"精""灵""运"的存在流行，可是，形体的因素怎么办？在前节中，我们不但看到管子强调心灵的作用出于气，他也强调身体的构成因素为气，显然，心—气与形—气之间有密切的关联。谈"治气养心"，而抛开形体的因素，这是讲不通的。既然心—气—身三者间恰好汇成一复杂的结构性关系，我们不妨回想前节引文，试简略分析其涵义如下：

（一）"形不正者德不来，中不精者心不至"：《管子》此处所说的"德"字，其意乃是精气下注于人身，成为人之本质。德者，得也，其实质的内涵乃是人得自于天之精气。"精"字指的当是"精者，气之精也"之"精"。[26] 形体正，德才会来。德落实后所成的精气正，心才会至。由此种论述看来，此一小

---

[26]《内业篇》"中不精"作"中不静"，"精"与"静"语意不同。但我们也知道：管子一直强调心要宁静淡漠以后，才能使"精"流下居住（此是顺管子文脉讲，事实上是"精"才能朗显）。因此，"精"与"静"虽表达意思相去甚远，却同为管子思想所涵。"精"先要"静"，"静"以后，也就会有"精"。

段话可以铺展成下列的片面性呈显之因果关系：形（身）→精气→心，前者在理想的状况底下"决定"了后者的显现。

（二）"气者，身之充也……充不美则心不得"此句单独看，义同上点所说。但我们可再从另一个面相看待此问题，且看《内业篇》解释如何才能获得此种气："是故此气也，不可止以力，而可安以德；不可呼以声，而可迎以意。"气虽是人身的形构基础，但它可以从"在其自体"的存在状态中被唤醒过来，成为与意志同流的一种存在（但这时的意志不是一种人为强力的意志，而是"德""意"，详情见下文）。综合这两小段引文，可发现另一种顺序的体现关系：心（意）→气→身，此顺序同样显现前者在理想的状况底下，必会"决定"后者的展现。

身→气→心与心→气→身的关系恰好构成一种双回向的对流。就前者而言，学者在身体上的任何行为举止都会影响到人的心灵上来；反过来说，学者心上的起意转念也会影响到人的身体。而这两组作用的系列所以能互相返复，乃因终极上说来，身不离气，即身是气；心也不离气，即心是气。这种关系也可逆向说：气不离身，即气是身；气也不离心，即气是心。

就终极的观点着眼的两组序列，逆向的序列似乎较为怪异，因"身"预设的是一种"个体"的概念，而"气"却是超越个体的一种存在之流行，"气"的外延范围应当大于"身"，怎么会即气是身？同样的，"心"在日常语义中的用法指的也是"个体"具有的一种思维感受功能，"即气是心"怎么说得通？就理论推论所得的，确实不太符合经验的现象，更与我们日常的语义悖谬，但放在《管子》这两篇的架构下考量，上述所言却是可以说得通的。下文第四节论及其身体观与形上学的系联时，我们将指出在超越的体证状况下，我与非我参差互入时，"身""我"等观念都会有一种语义的转移。

至于顺向的序列也不是很符合日常的经验，因为如果"即身是气，即心是气"，是否也可以说：即身是心呢？我们能接受将身体的现象诠释成为心灵的现象吗？或者我们能接受现在所谓的生理学之词汇和心理学之词汇之相互诠释吗？如果可以的话，那么，"身"还有什么作用？是否它本身还具有独立于心、气之外的一种价值？

三　全心说与全身之思考

最后一小段牵联到的问题，确实都不容易依我们日常的经验法则解释得通，但《管子》认为就"终极"的意义说来，这些现象是不难理解的——或者该说：不是"理解"的问题，而是自然的呈现。因为这本来就是人之所以为人的结构性因素，只要"人"的概念一成立，即潜藏着这种身即是心，心即是身，身心一如的可能性。但既是一种可能性，这无异说：它与现实还有段距离，因此，从潜能到朗现之间还有工夫可作，如此才可臻于完美。完美的状态，《管子》称之为"全心"。到达

"全心"的工夫,《管子》称之为"内静外敬"的工夫。

《管子》书中"全心"的概念极为特殊,"全心"在其他段落中因行文需要,也可写作"心全"。"全心"是人达到最完美的境地时,才能彻底朗现的境界。换言之,除非是"圣人",否则人的心灵都是不全的。底下,我们且看《管子》如何描述"全心":

> 全心在中,不可蔽匿。和于形容,见于肤色。善气迎人,亲于弟兄;恶气迎人,害于戎兵。不言之声,疾于雷鼓。心气之形,明于日月,察于父母。[27](《内业》)
>
> 精存自生,其外安荣,内藏以为泉原。浩然和平,以为气渊。渊之不涸,四体乃固;泉之不竭,九窍遂通。乃能穷天地,被四海。中无惑意,外无邪灾。心全于中,形全于外,不逢天灾,不遇人害,谓之圣人。人能正静,皮肤裕宽,耳目聪明,筋信而骨强……(同上)

既然有"全心",当然也就有不全之心。既然圣人才可全心,那么,凡未臻于果位境界的学者,他们的心灵永远只能是在一种趋于完整的过程。

什么才能叫做完整?前文我们说过:管子思想中,心有

---

[27] 郭校本引刘绩、王念孙之说,认为"和于形容"之"和"当为"知"字之误(第7卷,页134)。由《心术下》"外见于形容,可知于颜色"判断,郭校有一定的道理。但由《管子》四篇特重"和"的思想看来,不用改字也可说得通。

双重的意义，一是经验意义的心，一是超越意义的"彼心之心"。但这双重意义的心事实上又是双层的，它们分属不同的存在秩序，但联结一起，成为人存在的根基。"全心"的意义，据管子说，乃是"彼心之心"逐渐扩充渗透，渗透到经验意义的心也完全化为精气之流行，两层心复合为一，此时即叫"全心"。[28] 由于"彼心之心"是精气在流行，因此当它彻底朗现学者之心时，全心也成了精气流行的感通体，所以管子又称呼此时的心为"心气"。

既然"全心"是全体皆气，但气又是"身之充也……充不美，则心不得"。因此，当心得气充之时，我们可以预期人的身体也会有相应的体现。果不其然，在"全心"的状态时，人的精神境界可以"和于形容，见于肤色"，可以"四体乃固……九窍遂通……皮肤裕宽，耳目聪明，筋信而骨强"。换言之，人生理的存在，都是精气流通的场所，也都是道德的表征。事实上，前面引《内业篇》文"心全于中，形全于外"已

---

[28] "全心"的理论也见于《心术下》，此篇的相关文字与《内业篇》所引的文字差不多，但"全心"作"金心"，"全心之形"作"金心之形"。郭校本（第6卷，页437）引刘绩、洪颐煊、冢田虎之说，皆认为"金"乃"全"之误。郭氏又引俞樾与许维遹之说，主张"金"为"正"之误。按：前一种说法是对的。因：（1）《心术下》的"金心在中不可匿"最可参较的对应句子乃是《内业》的"全心在中，不可蔽匿"；（2）俞、许两氏主张的"正心"乃指中正不偏之心，与"全心"的文意不同，所属段落也不同，不宜用此校彼；（3）"金""全"字近易误，马王堆出土《帛书老子》22章"曲则全""诚全归之"，其"全"字皆误作"金"字（《帛书老子》，台北：河洛图书出版社，1975年，页24、25），此亦可作一旁证。

将"全心"的身心状态说得很清楚：当心灵趋于完整时，人的身体才会变得完整。心全则形全，全形则预设着全心。反过来说，芸芸众生的身体都是不完整的，有待转化。管子的观点很值得注意，因为在这种精气贯穿身、心两者的思想体系底下，身心平行、属性各不相同的观点是无从成立的。管子的叙述绝不是语言技巧的夸饰、类比，也不是犯了"错置范畴的谬误"，而是"不同典范下的不同观物方式"。

管子的精气学说可以解释生理现象，也可以解释心理现象，因此，认为此种主张谬误的不乏其人。[29] 但是，在此我们不得不承认：管子这种观点是有一套理论基础的，而且他所以如此主张，也绝对不是一时的疏忽，而是其理论体系内部自然可以导出的结果。由于管子此处的理论和笛卡尔以下所理解的身心关系大异其趣，因此，我们不妨再罗列以下数则资料，以供参较：

（一）"人能正静者，筋肕而骨强。"（《心术下》）

（二）"定心在中，耳目聪明，四肢坚固，可以为精舍。精也者，气之精者也。"（《内业》）

（三）"四体既正，血气既静，一意搏心，耳目不淫。"（同上）

---

[29] 如侯外庐：《中国思想通史》第1卷（北京：人民出版社，1957年），页357—359；任继愈主编：《中国哲学史》（北京：人民出版社，1979年），第1册，第2篇，页117；冯友兰：《中国哲学史新编》（北京：人民出版社，1984年），册2，页212—213。类似的批评也普见于许多的单篇论文中。

（四）"得道之人，理蒸而毛泄，胸中无败。"[30]（同上）

由以上四条资料，我们可以看出管子处理身心问题时，不但很自觉，而且还特别强调身体的所有部门（筋骨、耳目、皮肤、形容、四肢、肌理、毛发）都是精神的显现。因此，"全心"一辞的涵义已经超出了"心"的语义之外，它连"身"的范围都渗透进去了。既然"身"的性质已经改变，它完全转化成与心气同质的存在，那么，身除了具有道德的、精神的内涵外，是否它也可反映心气的功能？

可以的！只是此时的"心气"已超出一般的心灵之上，它是前意向、前思虑的一种物我交通之模式。所以"圣人"与物交通，并不是"认识"的关系，也没有主客的格局可分，他是以"全身思考"——不，应当说：全体存在——的模式，与物同流，彼此一同呈现。什么叫做以全体存在的模式与物同流？我们还是迂回地从文献资料探讨起。

在《内业》及《心术下》皆有如下的句子：

> 能搏乎？能一乎？能无卜筮而知吉凶乎？
> 能止乎？能已乎？能勿求诸人而得之己乎？
> 思之！思之！又重思之！思之而不通，鬼神将通之。
> 非鬼神之力也，精气之极也！

---

[30] "理丞而毛泄"原文作"理丞屯泄"，兹据王引之说改，见郭校本，第7卷，页142。

"搏"依注家解，当作"专"。[31] 专心一意，自然可以不依赖卜筮，而了知吉凶。"卜筮"是沟通神人的媒介，具有超凡入圣，灵应无比的功能，但心灵如能专一，却可比它还要灵验。"止乎""已乎"此种语言表达的是典型道家"为道日损"的工夫，[32] 唯有不断止之、已之，返身自求，才能体道，也才能在意念、欲望平息的宁静心地中，与万物相互流通。"思"此处不当作"思虑"解，思虑在"为道日损"的工夫中，大体是负面的因素，需要损之又损的。管子也告诉我们："思之而不舍，内困外薄，不蚤为图，生将巽舍。"[33]（《内业》）显然，"思之！思之！"的"思"不是智思的思，它接近孟子所说的"心之官则思"的"思"，它代表心灵一种觉醒灵敏的根本属性。[34] 正因它常惺惺，不落昏沉，所以灵敏至极，神感神应，若得天助。"能无卜筮而知吉凶"，"思之而不通，鬼神将告之（《内业篇》作"通之"）"，这些语言都描述"圣人"达到"全心"状

---

[31] 参见郭校本，第 7 卷，页 135，引诸家校释。

[32] 按照赤塚忠的解释，道家代表的是一种"否定逻辑"，《管子·心术》代表的则是此种逻辑的最早典范。参见氏所著：《道家思想之本质》，页 3—11、14—44。此文收入东京大学主编《中国思想之研究》（二），《道家与道教思想》，邱棨鐊等译（台北：幼狮文化事业公司，1979 年）。

[33] 巽，让也。参见郭校本，第 7 卷，页 136。

[34] 徐复观言："思包含反省与思考的两种意思；在孟子则特别重在反省这一方面。仁义为人心所固有，一念的反省、自觉，便当下呈现出来……因此，孟子特别重视'思'字，如……"（前揭书，页 171）孟子的"思"重点不在思考层面，此言甚是。但除了徐先生所说的"反省"之功能外，"思"还可指向更基源、尚未呈显对象活动前的一种机能。

态时，其感应领悟，往往超乎人力之外，因此，旁观者，甚至事后自己回想时，都会觉得此中不可思议。

为何不可思议？因为可思议的只有在"心"的范围才有效，当"彼心之心"与"心"重合，完全化为心起之流行后，它与外物之关系，已不是"心→思→外物"，换言之，即不是 SVO（主词＋动词＋受词）语式下的运用项，而是心气←→万物之精气，一体流通。此时的流通既然神感神应，内不见思虑，外不见物象，其感通悟知完全超出"人力"之外，所以依世俗的观点解释，很容易就将"鬼神"的因素带进解释的圈子来。而事实上，管子也常用"神"字来解释此种物我交流的情况——当然其超自然的奇迹、巫魅色彩已被转化了。[35]

管子"全心"的理论隐含了"以人的整体存在去感思"的想法，他是中国哲学史上少数最早关怀此问题的先驱者——也许就是最早的一位。但管子所以提出这套理论，绝非只是缘于理论的兴趣，也绝非一时的、地域性的。因为既然人的身体千百年来没有基本上的改变，所以纵使修行法门有别，学派解释不一，但牵连到的人之存在根基总有相通之处。为了普遍化

---

[35] 冯友兰认为管子所说的圣人乃因聚集众多的精气所致，其色彩略同古代巫、觋，所以不免是"宗教思想的残余的表现"（前揭书，页214）。柴田清继《管子四篇における神と道》（《日本中国学会报》，第36期，1984年）亦探讨管子的"神"与传统的鬼神观之继承问题。笔者认为：不管就"历史"的渊源来谈，管子的"神"与"鬼神"有何瓜葛丝连，在其体系中，作为"具备人格意识的超自然存在"与"精气感通万物之神机妙用"，是可以很清楚地划分开的，它不像冯氏设想的那般不彻底。

《管子》的理论起见，底下我们将援引"全身思考"的概念，当作参考的线索。

心理学家荣格（Carl. Jung）在一篇报告中曾指出：对许多初民而言，用头脑思考是件荒谬绝伦的事情。他们或不思考；如思考的话，所用的部位也许是心，也许是腹，但绝不会是头。"在荷马的时代，横膈膜上下被视为精神活动的场域。"荣格如是说道。[36]

荣格的观察是否有偏呢？或者"用头部以外的部位思考"是否仅限于初民呢？不是的，铃木大拙援引荣格的观察后，再下按语道：

> 也许这有点原始，但用"腹部""心脏"或"横膈膜区域""思考"，此事意味深远。有某种类型的"思考"是经由全身或全体"人格"来做的，而且这种"思考"无法用概念形构。如果按照我们的想法，不免会将这种思考转成日常的意识面相，而且是在"我们最珍贵的脑袋里"发生的。然而，横膈膜的思考不是一种"情念的思想"，它不属于我们教科书上经常使用的心理学的范畴。假如我们想给它定位的话，我们不妨称之为心灵—形上学的。[37]

---

[36] 引自 D. F. Suzuki, "The Awakening of a New Consciousness in Zen," in J. Campbell ed., *Man and Transformation* (Princeton, 1980), p.201.

[37] 同上。

"腹部""心脏""横膈膜"的思考严格说来是不恰当的，因为思考可以落在"心灵—形上学"的领域时，它就不会特别受限于某躯体的部位，它应当如铃木所说的，是"全身""全体人格"的。

既然是"全身""全体人格"的，怎么又会是心灵—形上学的？"人"的领域的事怎么会和"天"的领域的事相关？在第四节，我们将探讨这问题。此处，且先将重点置放到铃木所说的体验者之思考不是"情念的思考"，它根本不能用我们日常心理学的辞汇加以描述，此言甚有理趣。放在《管子》两篇的系统下考虑，"全身的思考"一辞恰好是一最好的形容。当"道乃思"的精气遍布全身时（也就是"全心"状态时），岂非"全身"皆在"思考"？但此时的"思考"不是脑神经的思考，它不依日常思考的规则从事，这是种"无思之思"的感通。[38]明乎此，我们对"能毋卜筮而知其吉凶""能勿问于人而自得于己"等语，当然不会感到讶异，对底下文字所述的境界，也不至于感到不合情理、意外突兀。且看下文所述：

　　四体既正，血气既静，一意搏心，耳目不淫，虽远若

---

[38] 这种"无思之思"未必就如任继愈（前揭书）等认为的"神秘主义"，它还是可以建立在东洋医学特定的身心观上。参见汤浅泰雄：《身体》（东京：创文社，1981年）、《气·修行·身体》（东京：平河出版社，1988年）；石田秀实：《气·流れる身体》（东京：平河出版社，1988年）。这些著作多少可提供我们一些不同的观点。

近！（《内业》）

专于意，一于心，耳目端，知远之证。（《心术下》）

人能正静者，筋肕而骨强；能戴大圜者，体乎大方；镜大清者，视乎大明。正静不失，日新其德。照知天下，通于四极！（《心术下》）

由以上引文，我们可以看出"全心"的思考具有下列三项特色：

（一）它是"身""心"一如，两者在此境界时可以显现相同的属性：在《内业》中的例子，乃是"四体""血气"与"心""意"同时发挥作用。在《心术下》的例子中，"耳目"与"心""意"同用；"筋""骨"也发挥了"照知"的功能。换言之，"全心"和"全形"同时呈现。

（二）它超出了日常经验的心理、物理法则：由"鬼神将通之""鬼神将告之""虽远若近""通于四极"等语句看来，"全心"的物我交感方式与日常经验的"心"所行者大异其趣。

（三）"全心"之"思"乃依"照知"而"通"的方式：日常思考所预设的"主""客"或"思维主体""思维客体"之基础，在此完全不能适用。"全心"之"通于物"，乃是刹时并起，物无物相，心失心像。所以管子称呼此为"照知"的感通模式，而且，此"照知"所及的范围不像一般经验常受对象限制，它是"照知天下"，"通于四极"。换言之，"全身的思考"会波及到"天下""四极"之场域。

四 扩充精气与万物毕得

这如何解释？"全身"所及怎么能触及到"天下""四极"？或者用铃木的语言来说，"全体人格"的事怎么会是"心灵—形而上学的"？本节我们将检讨此一论点，此一检讨同时也就是对管子的形上思想之剖析。

首先，我们不妨先分析引文所说的"心灵—形而上学的"此一述词。这种观念如能成立，恐须先行预设：

（一）"心灵"的本质与万物的本质是同质的。

（二）"心灵"的本质经由某种过程，可以转化"个体"的限制，使它与万物的本质可同质性地混一流通。

就第一点来讲，管子将一切的存在都化归为精气的作用，这是不成问题的。第一节的引文处，我们已见过管子开宗明义即断然宣称："凡物之精，此则为生。下生五谷，上为列星。流于天地之间，谓之鬼神；藏于胸中，谓之圣人。"（《内业》）"凡物"就其存在的样态而论，自然是千殊万差。但就其构成的本质来看，却都是"精气"。因此，世间存在的秩序我们可以依表里两层来论：

表层	五谷≠列星≠鬼神≠圣人≠其他万物
底层	精气＝精气＝精气＝精气＝其他万物之精气

对于表层诸项之所以不同，管子未曾深论。但底层所以相

同，管子却很确切地指出：唯一的原因，乃是精气的缘故。因为它"虚其无形，虚则不屈，无形则无所位赶，无所位赶"故：

> 遍流万物而不变。(《心术上》)

"遍流万物"，则精气下注于一切存在，为其所得。"不变"，则万物都是"同质的本性"展开后殊差的存在。反过来讲，如果能穿透殊差的存在，进入底层本性，则物我一体呈现，乃顺理成章之事。

但是，如何可能？我们且看管子下文的解说：

> 道满天下，普在民所，民不能知也。一言之解，上察于天，下极于地，蟠满九州。何谓解之？在于心安。[39]
> (《内业》)

> 凡道无所，善心安爱，心静气理，道乃可止。彼道

---

[39] 此段文意除字面显示出的外，罗焌另有一解，他说："天，颠也。地，底地。此以天地，喻人之顶踵。州，窍也，九州，犹言九窍也。"张舜徽称罗氏解为"妙悟"(前揭书，页289)。张、罗两氏之解虽乖违语义，但人身与天地比配，原为传统古老的思想之一；体道者以一身之阴阳，汇合天地阴阳升降之位，在先秦时期也不无踪迹可寻(参见刘武：《庄子集解内篇补正》，台北：木铎出版社，1988年，页14—17)。因此，两氏的理解未尝不可自圆其说。何况，精气流行时，既然没有内外主客可分，则所谓的"在身""在外"，即无多大的意义，至少，"内""外"须重新定义。

不远，民得以产；彼道不离，民因以知。是故卒乎其如可
与索，眇眇乎其如穷无所。彼道之情，恶音与声，修心静
音，道乃可得。（同上）

道遍布天下，可是百姓却日用而不知；要知"道"，惟一的管
道乃是"心安"。惟有"心安"了以后，"道乃可止"，"道乃可
得"。止之得之后，因心与精气合一，随着精气之遍满天下，
道自然也就"上察于天，下极于地，蟠满九州"，"眇眇乎其如
穷无所"。

就心与道的关系而论，管子的立场是相当典型的儒、道形
上学的模式。他一方面强调"道"不是思辨下的产物，它是绝
对的真实，而且可以体得。另一方面他也强调体得的唯一途径
是经由心灵——或者该说，是经由心灵的转化。谈到此处，我
们不妨回想前节论及心与气的关系时，曾说过："全心"的成
立是"彼心之心"彻底渗化日常之心，两者浑融涣释，化为心
气之流行的成果。而且在"全心"状态时，心 ←→ 气 ←→ 身
三者返复自在，没有所谓的异质存在所造成的扞格。但"全
心"境界所臻位阶不仅于此，因为此际的身心既然都是心气流
行，浑沦涣化，所以人的"个体"已不再成为人物交通的障
碍，相反的，它反而成为内外交通的管道。因此，经由感官、
身躯之沟通体内、外，"全心"的范围势必非扩大不可。它从
"人"的范围延伸至"物"，更根源地讲，是延伸至"天"——
或者没有延伸可言，而是精气刹那一体贯通。

明乎此，我们可以说"全心"的境界一达到时，它会带来两种急剧的转化：

（一）它使人存在的性格发生变化，全身是心是气，全气在心在身。

（二）它使万物存在的性格也发生变化，万物在心在气，气通身心万物。[40]

这两种急剧的变化其实是一种变化的两种面相，凡一必含二，凡二也必含一。心灵的体证开启了道与物关系的大门，体证至极，心臻完整（全心），形上世界的真实意境也就于焉展现。

由万物在心在气，我们可以理解"全心"的性质确实远离日常语义下的"心理"之性质，它与铃木所谓的"心灵—形上学的"反而极为接近。确定了此点后，我们对于下列诸条资料所显现的图像，将不致感到惊讶。且看其叙述：

> 此气也……敬守勿失，是谓成德。德成而智出，万物（果）〔毕〕得。[41]（《内业》）
>
> 化不易气，变不易智，惟执一之君子能为此乎！执一不失，能君万物！（同上）
>
> 敬除其舍，精将自来，精想思之，宁念治之……得

---

[40] 管子"全心"境界与孟子"践形"境界在这两点上非常接近，参见本书第三章。

[41] 本作"果"字，郭校本（第7卷，页123）引王念孙、安井衡诸家说法，皆校作"毕"字。

之而勿舍，耳目不淫，心无他图，正心在中，万物得度。
（《内业》）

道满天下，普在民所，民不能知也。一言之解，上察于
天，下极于地，蟠满九州。何谓解之？在于心安。（同上）

精存自生，其外安荣，内藏以为泉原……泉之不竭，
九窍遂通，乃能穷天地，被四海。（同上）

敬慎无忒，日新其德。偏知天下，穷于四极，敬发其
充，是谓内得。（同上）

正形饰德，万物毕得，翼然自来，神莫知其极。昭知
天下，通于四极。（《心术下》）

执一之君子执一而不失，能君万物。日月与之同光，
天地与之同理。（同上）

"能君万物""万物得度"这种语辞仿佛预设了心操控万物，使
万物在心灵的规划中呈现了某种人为的秩序。但事实上不然，
管子在这方面的立场和荀子不同，他所说的"能君万物""万
物得度"，事实上没有"君"意，也没有"度"意，其实质内
涵可说即是"万物毕得"。而所谓的"万物毕得"，并非是心在
寂静中呈显万象，而是精气至极时，它可"上察于天，下极
于地，蟠满九州"。[42]借用《白心篇》"法无法，始无始，终

_____

[42] 此处的"察"字作"至"解，见郭校本，页131。《庄子·刻意篇》
云："精神四达并流，无所不极，上际于天，下蟠于地。"（王先谦，前
揭书，页133）可以和本文相互参较。

无终，弱无弱"的语式，我们可以说"万物毕得"也是"物无物"，"得无得"。因为"得"与"物"的概念严格说来，和"精气流通"本身是不相干的。

何以"万物毕得"其实是无一物可得？因为如有物可得的话，一要有"想得"的摄取意识，二要有"被摄取物"的对象存在。在前者，则此意识要从原始的纯知觉（或超知觉）的气之流行中跃起、分裂；在后者，则此物要从万物之"象""气"交汇中突显出来，与其完整的背景对决。以分裂出的明确意识（智思）摄取分裂的明确物象（对象），虽可不断增加经验内容，却使得根源性的统体和谐永不再来。

确定上述所说后，我们可以理解管子此处的"万物毕得"不会是认知的累积所得，也不会是精神的辩证发展所设置的圆满终点图像。他早告诉我们：理智在此派不上用场，在修养的过程中，这甚至有反效果。[43] "全体"的获得也与不断克服异化、不断调适上遂的发展无关。"万物毕得"是"翼然自来，神莫知其极"，此际可"昭知天下，通于四极"。正如我们前文说过的，一体流行的境界之所以发生，不系乎人力，更远超乎智力。因此，"昭知"之"知"绝不是理智之智，它就如同体道经验时常伴随而生的"白""光""明"等属性一般，指的是精气汇流时的一种妙用。所以在上述引文的最后一条，管子用"日

---

[43]《心术下》云："意以先言，意然后形，形然后思，思然后知。凡心之形，过知失生。""知"是意识生起的最后阶段，此阶段一有偏闪，即易导致差忒，所以说"思索精者明益衰"（《白心》）。

月与之同光，天地与之同理"此种描述，类比精气昭知之超越一般的认识能力。类似的类比，我们在《庄子》《易传》描述圣人的超凡入圣时，也可见到。[44]"全心"具有心灵的一形上学的性质，此种理论特色居然也普见于战国时期儒道诸子的典籍中。不管此种普见是否某一学派影响散播的结果，或是因内部的需求，个别独立发生，管子在身、心、物、气或形上、形下间所建构出的理论体系，总是代表中国思想一极特殊的进路。

五　内静外敬之修养论

"全心"境界指的既然是气弥满时，气贯身心、物我、有无的一种情境，所以它如能真实地呈现，而不是理论的预设，那么，先决的条件应当是："如何使精力弥满？"换句话说，假如"全心"可体验得到，"全心"之际呈显的形上境界可视为体验的形上学之具体展现，那么，工夫当如何做？

管子认为做工夫要有做工夫时的立足点，人所以能达到"全心"，最根本的基础是人存在的构造本来就上通"全心"。精气流行，弥漫六合，落实到人身上来后，即成为人性。在前个体的弥沦状态，可称之为"道"；道落实到个体上来，即名之为"德"。"道"与"德"在语义施用的范围上虽广狭不同，

---

[44] 如庄子描述"心斋""坐忘""见独""天光"境界，《易传》描述至人之"神"时，所言皆是。

论其本质却殊无差异，所以说：

> 天之道，虚其无形……故遍流万物而不变。德者，道
> 之舍，物得以生，生知得以职道之精。故德者，得也。得
> 也者，其谓所得以然也。以无为之谓道，舍之之谓德，故
> 道之与德无间。(《心术上》)

"德"可以视为"道"落实所致的"个体化原理"。

但"道与德为虚位"，[45] 诸子百家皆可各道其道，各德其
德，所以落实下来讲，应当对"道""德"有一实质的指谓，
或者应当站在已成"个体"的人之立场，对于人如何实践的先
验基础，有一合理的说明。《内业篇》即针对此点，说明道：

> 凡人之生也，天出其精，地出其形，合此以为人。和
> 乃生，不和不生。

地如何出其形？管子没有进一步地解说。从存有论的立场看，
天所出的精与地所出的形之间的关系如何维系？两者是同是
异？管子也未曾进一步地说明。[46] 他只是笼统地站在"民兼天

---

[45] 韩愈：《昌黎先生集》(台北：新兴书局影印同治己巳年东雅堂本，
1970 年)，卷 11，页 1。

[46] 平行的二元论是最常被用来解释一种观点，参见任继愈，前揭书，页
117；冯友兰，前揭书，页 212—213；黄明同，前揭文，页 39。

地之德以生"的观点，对于人之所以为人的存在依据，稍加勾
勒。虽然如此，管子还是提供了我们下列的线索：

一、人有先验的"精"；

二、人的生命最理想的状态是"和"。

先验的"精"实即精气，亦即"彼心之心"的实质内涵。
就《管子》四篇的理论考察，要达到"全心"的境界，其途径
只能经由精气的自我完成解释。所以说：

> 凡心之刑，自充自盈，自生自成。[47]

心形后可自行充盈生成，此种解释颇接近《孟子》书中言及道
德心的能动性，但实际上的重点是有出入的。孟子言良知、言
四端之心、言浩然之气，背后的理论依据都是指向道可在现在
的良知之发用流行中显现，所以良知的扩充张扬，也都是超越
的道体在经验世界的展现。相形之下，管子虽然言及心之能动
性，但他言及工夫处，重点和孟子从正面入手的"扩充"观不
同，他主要是以遮拨面的"内静外敬"为贯穿的主轴。

"内静外敬"语出《心术下》及《内业篇》。此两篇中的引

---

[47] "凡心之刑"，房注："刑，法也，谓得安心之法也。"此注不谛，兹据
张舜徽（前揭书，页280）、唐君毅（《中国哲学原论·原道篇》，卷
1，页431）解释，"刑"当作"形"。惟张氏将此"形"字解作"本
体"，作名词用。笔者则赞同唐先生的解释，他认为这里的"形"是指
心灵的表现流行。

文大率雷同，兹引《内业篇》语句，以供参较：

> 凡人之生也，必以平正。所以失之，必以喜怒忧患。
> 是故止怒莫若诗，去忧莫若乐，节乐莫若礼，守礼莫若
> 敬，守敬莫若静。内静外敬，能反其性，性将大定。

"平正"一语有特殊的含义，《内业篇》有云："天主正，地主
平，人主安静。"又云："平正擅胸，论治在心，此以长寿。"
平正是天地的德性，人性归于平正，事实上即是与天地合德。
而所谓合德，其相可用"和"字形容之，其实质内容则是精气
弥满的"全心"境界。

如说"平正"是学者追求（或者该说：归命复性）的目
标，但现实里的个人却没有多少人真正可以体证平正，因为我
们都有喜怒忧患，这些情绪意念构成了我们日常生活中意识活
动的主流，但这股起伏不定的乱流和"人主安静"是对反的。
所以要归回平正，显然就是要使人的诸欲不起，众意沉寂。可
行之道，大体可分为三：

（一）以所谓的诗、乐、礼、敬止息人的喜怒忧患；

（二）以内静的方式；

（三）以外敬的方式。

第一种的方式在《管子》这两篇中仅偶尔带到，以诗书礼
乐修身养性，调气静意，这可说是儒家教育哲学的通论，孟、
荀诸子对此均无异议。但成德的工夫依据如置于"文化的薰

习"上，而非良知之自觉、自行、自己扩充，那么，其入手途径应当是近荀而远孟。然而，管子在这里的立场其实不是那么清楚的，他一方面当然肯定人文化成之价值，所以诗书礼乐，甚至法都有正面的价值；一方面他又肯定道德心有能动性，仁义此种道德并非得自经验，而是在宁静的心灵中，淫然自至所得。到此为止，管子的立场显然和儒家靠得极近，和孟子思想也颇有相通之处。但孟子直接承体起用，大肆开阖的工夫走向，在管子身上是看不到的。[48] 达到"全心"的途径，是经由"内静外敬"此一路线。

"内静外敬"似乎不当视作两平行的路线，因"守礼莫若敬，守敬莫若静"此一联语义显示的：礼 → 敬 → 静是一种工夫逐渐深入，直至存在根基的过程。就《管子》这篇里的"敬""静"两概念所牵涉到理论问题来看，"静"确实比"敬"更根源，因"人主安静"是和"天主正，地主平"并列的人性应有之属性。相形之下，"敬"就外缘多了。[49] 但落在工夫论的层次考虑，"内静""外敬"并举，仍然有一定的意义，而且管子也蓄意将此内外两个面相都需调适的特点突显出来。且看前文业已引用过的例子：

---

[48] 从郭沫若的《宋钘尹文遗著考》开始，孟子与《管子》四篇的关系已是学界的一大公案。郭氏虽有触及，但显然太简略（参见郭氏前揭书，页 563）。

[49] 程朱在"静""敬"概念的评价上恰与管子所说相反，这种差异相当耐人寻味。

> 形不正，德不来。中不静，心不治。正形摄德，天仁
> 地义则淫然而自至。

天仁地义淫然自至，这是工夫所欲达到的终点。其路途则是经
由"形正"与"中静"两线，这两线换成另外一种说法，即是
"内静外敬"。

所以需要"外敬"与"形正"，乃因形躯的活动也是体气
的活动，体气精炼至极，则化为精气之流行。反过来讲，如果
形躯失调，体气贲乱，"全心"自然不可能呈现。简言之，气
一也会动志（假借孟子的语言）。调和体气，柔顺身躯，此种
工夫虽较粗浅外在，却是管子工夫论中不可或缺的一环。且看
底下的描述：

> 不以物乱官，不以官乱心，是谓中得。[50]（《内业》）
> 严容畏敬，精将至定。得之而勿舍，耳目不淫，心无
> 他图。（同上）
> 四体既正，血气既静，一意搏心，耳目不淫，虽远若
> 近。思索生知，慢易生忧，暴傲生怨，忧郁生疾，疾困乃
> 死。思之而不舍，内困外薄，不蚤为图，生将巽舍。食莫

---

[50]《心术下》言："无以物乱官，毋以官乱心，此之谓内德。""内德"与
"中得"意义相同。但据房注"贪贿则官乱""官货两忘，则内德也"
云云，似乎"官"作"官吏"解。此注大误，此处的"官"仅能做
"感官"解，郭校本引张文虎、陶鸿庆之言甚是。参见前揭书，页431。

若无饱，思莫若勿致。节适之齐，彼将自至。(同上)

凡食之道，大充，伤而形不臧；大摄，骨枯而血冱。充摄之间，此谓和成。精之所舍，而知之所生，饥饱之失度，乃为之图。饱则疾动，饥则广思，老则长虑。饱不疾动，气不通于四末。饥不广思，饱而不废，老不长虑，困乃漱竭。大心而敢，宽气而广，其形安而不移。[51] (同上)

以上诸条所言工夫，大抵着重对人的体貌、言行之限制、转化。和后来理学家的主敬工夫相比之下，管子此处的说法显然简单多了，但其用心相去并不远。两者都要求收敛人的生理本能，使人的感官、颜容、耳目、四体、血气都能恰如其分，毫无逾越。"畏敬""不淫""既正""既静"诸语指涉的都是一种感官内返后，身体呈现"平正"的显象。

管子不但笼统地讲出"外敬"的原则，他甚至还具体地规定饮食不可过饥或过饱，因过饱就会"疾动"，过饥就会"广思"，最后还会导致"伤形而不臧"或"骨枯而血冱"。由于精气与躯体互相影响，伤形骨枯的后果一定也会影响到精气的流行上来。除了饮食这种极日常化的行为外，管子还提出年龄的因素。人老，体力既衰，如果还喜欢"常虑"的话，也会带来生命能量的衰竭，因此，也必须列入禁止之列。

---

[51] "摄"义与"充"反。"大充伤而形不臧"文字可能有脱误。丁士涵云：当作"大充形伤而不臧"；许维遹云：当作"大气伤而形牂"。见前揭书，页138、139。

"外敬"主要就是"正形",但管子工夫论的重点不是放在这里,而是放在"内静"上,换言之,也就是放在如何使用我们深层的心灵转化另一个朋从尔思的心灵——这套工夫就是贯穿管子工夫理论主轴的虚静之道。管子首先指出:人本来就是好静的,汲汲营营的心绪并非人性所喜,因此,人应当善加转化。《心术上》管子用了一个巧妙的比喻,说明此种工夫的关系:

> 洁其宫,开其门,去私毋言,神明若存。

"宫"和"门"显然是隐喻,所以在传说为"解"的部分里,[52]《心术上》作者继续解释"经"的大义曰:

> 宫者,谓心也。心也者,智之舍也,故曰宫。洁之者,去好过也。门者,谓耳目也。耳目者,所以闻见也。

将心比作房舍,涤洁心灵比作扫除屋室,在道家传统中颇为常见。[53] 此种隐喻大抵有一种理论预设:房舍本来清净,只因后

---

[52]《心术上》可分成两部分,从房注以来,已普为学者接受。赤塚忠更将《心术上》分成"原经""经""解"三部分。"洁其宫,开其门"一段依房氏注,归为"经"部;依赤塚忠分,归为"原经"部。赤塚忠氏观点参见其《古代事实と弁证的思弁——庄子流の思弁论理の成立过程を中心として一》,《东京支那学报》,第 5 号,1954 年。

[53]《庄子·人间世》所说的"虚室生白",《达生篇》所说的"灵台",《德充符》所言"灵府"等皆是。

来灰尘杂染，致使本来面目遭到掩盖。所以要恢复原状，惟一之计，乃是扫净灰尘。等灰尘扫净后，洁白的房舍可以在本来面目中展现功能，此功能可以用意象语言称之为光，也可以视之为气，为神，为精，甚至为"无之以为用"的无。

管子这种虚静之道其实和老子的"为道日损"的理论颇接近。虚静之来也是要透过层层的遮拨，损之又损后，才可淫然忽至，所以说：

> 凡心……所以失之，必以忧乐喜怒欲利。能去忧乐喜怒欲利者，心乃反济。彼心之情，利安以宁。勿烦勿乱，和乃自成。（《内业》）

> 凡道无所，善心安爱，心静气理，道乃可止……彼道之情，恶音与声，修心静（音）〔意〕，道乃可得。[54]（同上）

以上所说的修养方式喜欢使用"勿""去""不""无"等遮拨性质的动词，即已显示此套工夫走的是"逆损感官以复其性"的途径。它要损"喜怒欲利忧乐""音与声""好与恶""智与故"，换言之，凡经验所得（故），或感性之嗜好（喜怒、音声、好恶）皆在摒弃或转化之列。转化即"逆"，逆之所至，"心乃反济"。在"反济"的状态中，"心静气理"，"恬愉无为"。此时的境界如果用阳刚性质的语言描述的话，即是"必

---

[54] 郭校本引豬饲彦博，"静音"当为"静意"，见第7卷，页127。

周必密，必宽必舒，必坚必固，守善勿舍，逐淫泽薄，既知其极，反于道德"[55]（《内业》）的"全心"果地。

但"内静外敬"要到什么阶段，才可以"反济"，"反于道德"呢？这种事是很难预期的，浩浩狂澜挽到底，直至先天未画前，由平日的心静气理到"穷天地，披四海"，此间的过程相当艰辛，稍有"智""故"夹杂其间，即不可能体证精气流行之境。管子对此间的艰难了解极深，但原则上，他认为人是"有能力"而且"有意愿"达到的。因为就存有论的观点着眼，人"原初的本性"原本即是完整、和谐，带有浓厚的宇宙性，因此，不管工夫的历程要拖延多久，人之能证成全心境界是有一种人性结构上的必然性。何况，底下我们还可下一转语：诚如管子所说，全心境界并不是一种人为的蓄意创造，它是一种潜藏的完整人性之外晜化，因此，基于人性的必然要求，学者内在生命自然会有一种动力，也会有一种要求，希望透过内静外敬的方式身体力行后，最后可以达到精气弥满，心全形全的境地。

六　修养与修炼间的环节地位

探讨过《管子·内业》等两篇的工夫论后，其精气—全

---

[55] "逐淫泽薄"语义模糊，郭校本第 7 卷，页 133 引刘绩、陈奂、李哲明之说，皆云"泽"乃"释"字，"释薄"与"逐淫"对文。案马王堆出土《帛书老子》（前揭书，页 22），第 15 章"涣兮其若释"，"释"字正写成"泽"。

心说的理论内涵已大体触及到了，本节将简要地申述此种理论
隐含的身心观及其形上学的意义。为突显其意义起见，我们不
妨回想前面上节冗长的叙述，并撮其要如下：

在第一节，我们从解析文义入手，检查《管子·内业》等
两篇的理论纲架。笔者认为这两篇有一项很显著的特色，那就
是管子将道落实到学者具体的身上解释，其实质的内涵就是
气（准确地说，当是精气），而气与身、心两方面都有极密切
的系联。在第二节处，我们探讨管子两层心灵的独特观点，并
指出在前意识—前语言的深层心灵处，其实质的构成内涵乃是
灵妙莫测的精气。紧接着的第三节，我们触及了"全心"的理
论。"全心"意指心灵回归到一种整全的状态，在此种状态中，
人的精神反应模式是种"全身的思考"——其实就是种全体存
在的感应模式。此时，人的身体之存在性格也会跟着产生质的
变化。在第四节处，我们更进一步检讨"全心"境界时的另一
个面相——形上经验。简言之，此际学者会体验到他与天地同
流，万物毕得。第五节，我们指出管子说的全心境界并不是一
套理论的设准，而是可以用工夫证成的。其工夫论途径即是
混合儒道，而以道家思想为主导的"内静外敬"之道。

依上所论，我们可以发现《管子·内业》等两篇的精
气—全心理论具有下列几项明显的特色：

第一，人不是定型的、有限的存在，而是本质上即带有宇
宙性。人格的概念一成立，即预设着人是在"天出其精，地出
其形"的中和状态中贞定其个体的。既定型后，人又可经由自

己的努力，使自己再从业已定型的、有限的存在中转化其存在的结构，重新参与精气的流行。

第二，人所以能转化其存在的性质，又奠基在：（1）现实的人其身心都是不完整、有待发展的；（2）现实的人其身心并非被决定不能转移的，而是可转变的。

第三，可转变的根本因素，亦即其工夫论的核心所在，乃因人人皆有构成性命本质的精气隐伏在"彼心之心"底层。当精气弥漫至极，彻底显现时，亦即"彼心之心"由潜存变为彻底的朗现，管子称此为"全心"状态。

第四，全心状态时，全心（意）是气，志（意）气合一，但另一方面气也渗入身中，全身是气。比照"全心"此语，我们可称呼此时的身体状态为"全形"状态，用孟子的话诠释，也就是一种"践形"的状态。学者到达全心—全形境地时，身心一如，身体皆带有精神的涵意，其反应模式，可隐喻地说成"全身的思考"。

第五，连着"全心"体验时的一个附带现象，乃是人性的宇宙性也因精气之弥满而重新复活。学者可在内静外敬的工夫中，体证万物毕得。

以上的五项特色中，笔者特别感到兴趣的，乃是作为其基础的"人身之宇宙性"及"形—气—神三元一体之身体构造"。管子在这方面的观点虽然特殊，但和当时的思想界又有相当程度的关联，这种现象是颇足深思的。

最后，鉴于管子的精气—全心理论在思想史上的位置颇为奇特，所以笔者想暂时逾越当初的设限，从外缘的角度稍加探讨这两篇的意义。

目前研究《管子》四篇（含《白心》《心术上》两篇在内）的论文已不算少，观点也相当纷歧。纷歧当然不代表冲突，但笔者相信这当中还是有本末轻重的分别。精气与心、身、道之间的关系如何，笔者认为即是理论构造之主轴；而如何转化或提升其间的关系，尤为主轴中之轴心。唐君毅先生论及《心术》《内业》之主旨时，说道：

> 要在以和反中，于心中更见其所藏之心，或内藏之"精气"，以为人之生命之本，而归在养此精气，以有神明之智之学。[56]

笔者觉得唐先生的解释是合理的。这种解释除了符合《管子》的理论体系外，它还带给我们一个讯息。关于此一讯息的状况，我们且再看唐先生比较过管子与老、庄的异同后，站在"史"的立场，所下的一个转语：

> 管子之《内业》文，则通精气神而为论，又皆是自人之心灵生命之内部说。汉世之养生之家、神仙之家、道

---

[56]《中国哲学原论·原道篇》（香港：新亚研究所，1973 年），卷 1，页 434。

教之流，言精气神之旨，亦要在自吾人之生命心灵之内部
说，观《管子》此二篇之文，盖为其先导。[57]

思想史中论及"影响"的问题，总不免议论蜂起，难得其偶。
尤其《管子》这两篇的思想是否一定要放在道家的脉络，而不
能从其他的观点——尤其是孟子——着手，笔者暂时持保留态
度。唐先生就道家体验哲学的观点考察，认为道家哲学的发
展，有一步步趋向于具体化、生命内在化的走向，笔者觉得这
是条很值得注意的线索。

线索虽然不一定符合历史的轨迹，但是，纵使《管子》这
两篇的写成年代不像唐先生想像的那般晚，它的内容代表的意
义依然不变。它就像先秦道家诸子一样，都喜欢从具体可证的
自身着手，探讨精、气、神、心、形、道这些概念的实际指涉
为何。早从老子开始，我们业已得知：学者经由"损之又损"
的历程后，可以转化生命，并进而与无限的、超越的道合而为
一。换言之，抽象的道可以在具体的生命中呈显出来，它与人
的身、心、气都有本质上的关联。汉代以后养生家、神仙家的
理论水平和先秦道家诸子显然无法比肩，但他们的修养方式如
说有得于老、庄、管诸子的启蒙，不是讲不通的。

确定《管子》这两篇是绕着"治气养心"展开的理论，我

---

[57]《中国哲学原论·原道篇》（香港：新亚研究所，1973年），卷1，
页434。

们不得不正视此种理论和当时文化体系的系联，更不得不正视此种理论对于学者在治气养心、转化存在性格时的亲感身受及其解释的有效性问题。随着解释典范的转移，管子对于"精气"、人的身心关系之理解，不免会受到质疑。原本在传统哲学体系内能自圆其说的，现在因新的问题意识之切入，已变得扞格不通。此间的是非得失，恐需有另外的处理方式，才能有一新的辩证发展，这也可以说是治《管子》学的一个新课题。

第六章　德之行与德之气

——帛书《五行篇》《德圣篇》论道德、 心性与形体的关联*

1973 年，长沙马王堆第三号汉墓出土了一大批帛书，这批帛书一经整理发表后，立刻引起学界的注意，引发了许多至今仍在进行中的争辩。这批帛书所以受到重视，乃因其中有好几篇是业已散佚的重要古籍，有了这批新出土的材料以后，有些悬持甚久的疑案开始露出解决的曙光，有些业已定型的说法则开始慢慢动摇。《五行篇》与《德圣篇》即是其中影响甚为深远的两篇帛书。

一　思、孟五行说之争议

这两篇文章的重要性要从一则争执了两千多年的学术公案

---

* 1973 年马王堆出土一批帛书，在《老子》甲本卷后有古佚书四篇，其中第一篇与第四篇经庞朴命名为"五行篇"与"德圣篇"。1991 年魏启鹏著《德行校释》，则力主当定名为"德行篇"及"四行篇"。笔者认为魏说言之成理，然本章成文较早，且文中检证的文章多采"五行""德圣"之名，为避免混淆起见，本章仍采旧名。

谈起。

荀子和孟子思想常有出入，这是一般都知道的。荀子评骘其他诸子百家虽然不一定语含善意，但也不至于凿空虚造，这也是一般大体都承认的。但荀子在批判他的前辈学者子思、孟轲的学说时，却有许多令人茫然不解的话。由于这些话关系非常重大，所以我们全文引用如下：

> 略法先王而不知其统，犹然而材剧志大，闻见杂博。案往旧造说，谓之五行。甚僻违而无类，幽隐而无说，闭约而无解。案饰其辞而只敬之曰：此真先君子之言也。子思唱之，孟轲和之；世俗之沟犹瞀儒，嚾嚾然不知其所非也，遂受而传之，以为仲尼、子游为兹厚于后世。是则子思、孟轲之罪也。[1]

这段话语言辞激烈，情见乎辞。但全文判断对方学问风格的价值语言多，客观呈显对方理论结构的叙述语言少。当时由于学脉清楚，文献俱在，因此，读者不需要作者花费太多的笔墨，即可了解其学派之旨义如何。等到时移境迁，文献湮没后，后来的读者无法判断荀子行文的脉络。因此，一篇很重要、当时也很清楚的文献，却给后人留下了许多的迷惑，百世不得其解。其中尤以"案往旧造说，谓之五行"此语，争议尤大。

---

[1] 杨倞：《荀子注》（四部丛刊本），卷3，《非十二子篇第六》。

关于"五行"的解释，比较重要的有以下四种。[2]

第一种的解释是"五常说"，此说底下有三种变型。最早的注家杨倞在注文中说道："五行，五常，仁义礼智信是也。"[3]此说由于在前朝的文献中，可以找到相关的语词证明，因此，信服其说者，不乏其人。及至章太炎（1869—1936）更引郑玄（127—200）注《中庸》首章首句为例，证明子思确有将五行与五常相合之理论。[4]

除了"仁义礼智信"的说法外，郭沫若（1912—1984）则主张《孟子》书中欠缺"信"此一德目，因此，所谓的"五行"不当将此德目列入，当列入的，乃是前人未曾言及的"诚"此一道德。[5]郭氏的假说因为缺乏强而有力的文献支持，所以在建树理论上，并没有多大的说服力，但在攻击"信"不当列入五行这点上，却有足够的破坏力。因此，如侯外庐（1903—1987）等哲学名家，也颇有赞美其说"颇为精到"者。[6]

---

[2] 思孟五行说的解释释相当纷歧，比较详细的资料参见庞朴：《帛书五行篇研究》（济南：齐鲁书社，1980 年），页 1—6；影山辉国：《思孟五行说——その多样なる解释と庞朴说》，《东京大学教养部人文科学记要》，第 81 辑，1985 年。本文底下的介绍大体依据这两家的整理。

[3] 前揭书，总页 31。

[4] 章炳麟：《子思孟轲五行说》，此文收入《太炎文录·初编》，《章太炎全集》（上海：人民出版社，1985 年），册 4，卷 1，页 19。

[5] 郭沫若：《儒家八派的批判》，此文收入《十批判书》，见《郭沫若全集·历史编》（北京：人民出版社，1982 年），第 2 卷，页 136—137。

[6] 《中国思想通史》第 1 卷（北京：人民出版社，1957 年），页 376。

此外，日人冢田大峰在《荀子断》一书中，则主张五行不当解作仁义礼智信，而当是《尚书伪孔传》里的"五常之教"：父义、母慈、兄友、弟恭、子孝。此说从者甚少。

第二种解说则认为五行就是阴阳五行学说中的五行之意义。

杨倞注虽然很有权威，但由于阴阳五行学说自汉代以后已渗入文化各底层，因此，五行即作流行意义的五行解释，不必另生枝节，这样的想法可以预期迟早是会出现的。果不其然，日人荻生徂徕（1666—1728）在《读荀子》书中即力陈杨注之非，并指出思孟之五行乃源自《易经》《尚书·洪范》，荀子批判思孟"甚僻违"云云，所批判的也正是其五行之学说。后来豬饲敬所、刘台拱、吕思勉（1884—1957）也都有类似的主张，其论证亦大体类似。刘节（1901—1977）、徐文珊、童书业（1908—1968）、杨荣国（1907—1978）等人以"金木水火土"解五行，此点与上述诸人无异，然在论证上则颇有出入，或强调它与邹衍之关系，或主张它与历象有关等等，其说不一而足；但因本文重点不放在此处，故暂且揭过，不再讨论。

第三种说法为五达道说。持这种说法的人士认为五行既不指五常，也不指金木水火土，而是指"君臣、父子、夫妇、昆弟、朋友"。持此说者在日本有丰岛丰洲，在中国则有梁启超（1873—1929）、谭戒甫（1887—1974）等人。

第四种说法我们可称之为"误传误字说"。此说最早的发难者当推宋朝的王应麟（1223—1296），他认为荀子非十二子，事实上只非了十子，子思、孟子并不包括在内。王应麟这种说法也有他的根据，因为在《韩诗外传》中，曾引用过《荀子·非十二子篇》的文字，其中即没有思孟在内。当然，此种说法可靠不可靠，可能需要更详细的检证。[7]

与上述层面不同，其实用意一样的，还有几种解释，有认为"五行"乃"王道"误字者，也有认为"五行"当为"大行"之误，还有认为"子思、孟轲"乃"邹衍"之误传者，是非蜂起，争论不断，但箭头无疑的都是指向"思孟学说"与"五行理论"两组的理论再怎么看都有内在的冲突，不可能浃释互融，所以不得不走上"改字注经"此条险路。[8]

以上的四种途径前前后后都有人做过，该找的文献都已找过，该设定的假设也都有人提出。但因为年代久远，文献不足，所以似乎没有一种说法足够说明一切的疑难，也没有一种

---

[7] 韩婴和《孟子》关系甚深，他会删掉荀子评思孟之语，事可理解。且与韩婴年代相去不远之扬雄亦曾看过荀子评思孟之言论，可见此段话并非后人所加。详细论证参见影山辉国，前揭文，页93—94；金建德：《〈荀子·非十二子篇〉与〈韩诗外传·非十子节〉之比较》，此文收入《先秦诸子杂考》（河南：中州书画社，1982年）。

[8] 饶宗颐在《邹衍书别考》一文中，指出《五行篇》有"五行"之语，又有"有与始，有与终"之类的词语，此思孟遗说当为邹衍五德终始之说所本云云（此文收入《选堂集林》，香港：中华书局，1982年，上册，页122—123）。饶宗颐论点有新义，但《五行篇》的"五行""始终"与邹衍所说的，其实质内涵是否相同，饶先生没有作更详细的说明，所以我们也很难进一步检证。又以上资料凡未注明出处者，大体依影山辉国前揭文之解说。

假说真正地被击倒过。已被批判过的，往往会再被提及；新提及的，往往会再度受到批判。问题就悬搁在那里，很难再推向关键性的一步。显然，除非有新的文献出土，否则受限于目前所能掌握的资源，我们大概很难找出足以令人一致心服口服的结论。

1973 年 12 月，长沙马王堆第三号汉墓出土了一批帛书，其中《老子》甲本卷后附录的第一篇和第四篇佚书，恰好提供了这条极为珍贵的线索。

这两篇后来命名为《五行》与《德圣》篇的帛书，很明显地与思孟学说有关。更重要的，它提出了解决五行问题的一道曙光。由于这种关系极为显著，因此，早在 1974 年的简介里，论者已指出《五行篇》的内容是讲儒家"仁、义、礼、智、圣"的"五行"说，文体与《大学》相近，词句中也袭用《孟子》的话，可见作者是子思、孟轲学派的门徒。[9] 后来庞朴更陆续发表了几篇相关的论著及注释。[10] "五行"是指仁、义、礼、智、圣，而不是汉人流行的仁、义、礼、智、信五常，也不是郭沫若所说的仁、义、礼、智、诚五种德性；金、木、水、火、土之说也搭不上边，而五伦的解释错得更离谱。新材

---

[9]　晓菡：《长沙马王堆汉墓帛书概述》，《文物》，第 9 期，1974 年。

[10]　庞氏相关论文有《马王堆帛书解开了思孟五行说古谜》，原刊于《文物》，1977 年第 10 期；《〈五行篇〉评述》，原发表于《文史哲》，1988 年第 1 期；以及《思孟五行新考》。此三篇论文后来收入其《帛书五行篇研究》。

料出土后，以往的几种解释竟然都落了空，"圣"之一字成为带动全场战局逆转的关键性因素。

二　思、孟五行说之发展

《五行篇》一出现，为什么会有那么大的作用呢？就证据而言，它为什么有那么大的解释力量呢？答案是：文献本身提供了足够的证据。《五行篇》记载五行的段落虽然常被学者引用，但因为这些证据也隐伏了某些人士的反弹，因此，我们不妨罗列其文字如下，再予析论：

> 《经1》仁形于内，谓之德之行；不形于内，谓之行。智形于内，谓之德之行；不形于内，谓之行。义形于内，谓之德之行；不形于内，谓之行。礼形于内，谓之德之行；不形于内，谓之行。圣形于内，谓之德之行；不形于内，谓之行。德之行五和，谓之德；[11] 四行和，谓之善。善，人道也；德，天道也。

---

[11] 本文引《五行篇》及《德圣篇》文，皆依庞氏书。庞书此处断句为"德之行五，和谓之德"。此处理不妥当。因为《五行篇》此处是强调"五种德之行混合一起，溶入一种超自觉的境地"与"四种德之行分别流体，然尚未臻乎化境"的差别，"五和"下断句，显然较为合理。池田知久：《〈马王堆汉墓出土老子甲本卷后古佚书五行篇〉译注一》，《二松学舍大学论集》，第32号，1989年，页161，即采取"五和"下断句法。

《经3》五行皆形于厥内,时行之,谓之君子。士有志
于君子道,谓之志士。

以上两段话都属于"经"的部分,[12] 第一条尤为重要,它是经文
的第一条,是全书思想的骨干。这两段话很确切地指出五行就
是仁、义、礼、智、圣,除此之外,不能再有第二种的解释。

然而,纵然帛书《五行篇》所说的五行是指仁、义、礼、
智、圣,我们怎么又能确定它是荀子批评的思、孟之徒遵循
的学风呢? 要解决这个问题,首先当然还是要看有什么材料可
以佐证。而只要读过帛书《五行》及《德圣》两篇的专家学
者,大概没有人会否认这两篇与思、孟之学有关,与孟子的密
切关系更是明显。底下,我们且随意与一例为证,在庞朴校注
本《经21》《说21》及《经9》诸条,我们皆可见到"金声玉
振""集大成"的话,这些语言显然是对《孟子·万章下》"集
大成也者,金声而玉振也"云云的发挥。若此相近之语,任意
翻阅,皆可见到。本文由于重点所限,且其文俱在,覆按不
难,故不在此重复。

准上所说,帛书《五行》与《德圣》两篇可视为孟子后学
的著作。当然近人提出一种假说,认为这两篇可能是赵岐删掉
的《孟子外书》四篇中的作品,这种可能性也不能排除。[13] 无

---

[12]《五行篇》可分成"经"与"说"两部分,此分法原书本无,然据庞朴
解释,此书确可分成此种战国时期流行的论述模式,庞说可从。
[13] 参见李耀仙:《子思孟子五行说考辨》,《抖擞》,第 45 期,1981 年。

论如何，它必然是孟子学传统下的著作，此事绝无可疑。[14] 如果它属于孟子传统，那么，我们可以追问以下三个问题：

首先，它在主要旨趣上，尤其五行一说，是否继承了子思、孟子的说法？为什么荀子要将创立这种学说的罪名强加在思、孟身上？

其次，如果在继承的基础上复有发展或扭曲，那么，发展或扭曲之点究竟何在？

第三，荀子给思、孟及其门徒冠上的罪名"案往旧造说，谓之五行。甚僻违而无类，幽隐而无说，闭约而无解"，到底该如何解释？

对于第一个问题，我们可以这样回答：子思、孟子虽然没有明言仁、义、礼、智、圣是"五行"，但此五者并举，在子思、孟子的思想中，是可以找到证据的。《孟子·尽心下》有段名文：

---

[14] 池田知久先生在此点上独持异议，参见其《马王堆汉墓帛书〈五行篇〉所见之身心问题》，收入拙编：《中国古代思想中的气论及身体观》（台北：巨流图书公司，1993 年）。文中他举出许多例子，证明《五行篇》成书年代应在西汉初期，作者不是思孟学派中人，而是隶属儒家折中学派。池田先生的举证相当绵细，我们看了以后，不能不对《五行篇》思想的复杂性格，更加注意。有关此书成书年代的问题，考证颇涉繁密，笔者无意在此讨论。然而，《五行篇》是否属于儒家折中学派，其答案可能当看"折中"一词如何界定。无疑地，《五行篇》一书里有些非孟子学的异家他派之说，但笔者认为这些非孟子学的成分其重要性无法与其中隐含的孟学成分相比埒，《孟子》与《五行篇》的"家族类似性"（family resemblance）是相当清楚的。

> 孟子曰：口之于味也，目之于色也，耳之于声也，鼻
> 之于臭也，四肢之于安佚也，性也；有命焉，君子不谓性
> 也。仁之于父子也，义之于君臣也，礼之于宾主也，智之
> 于贤者也，圣人之于天道也，命也；有性焉，君子不谓
> 命也。

"圣人之于天道也"一句和"仁之于父子也"等四种德目并列，是有些怪异。所以早在朱熹注解《孟子》时，已觉得此句可疑，因此他提出了一种可能性："或曰：'人'衍字。"[15] 这个注解值得注意，因为以朱熹之尊经崇圣，读书仔细，除非他有相当的把握，否则是不会轻易更改经文的。如果朱熹的"或曰"之说可以成立的话，那么"有性焉"的性正指仁、义、礼、智、圣五者。以圣解天道，以仁、义、礼、智、圣解五种德性，恰与《五行篇》所说相近，[16] 显然两者是一脉相承的。

不特如此，在子思的思想中，我们也可找到这种五行学说的痕迹。庞朴曾指出《中庸》里有段话隐含了这样的涵意。《中庸》这段话语如下：

---

[15] 参见《四书纂疏·孟子纂疏》（新兴书局影印复性书院校刻本，1972年），卷14，页14。

[16] 《经18》有云"圣人知天道"，似乎"圣人"与"天道"两词固可相容，不用采朱熹"或曰"之说，亦可解得通。然池田知久先生在《〈五行篇〉译注三》业已指出："（此处的）'圣人'不是儒家普通所谓的'圣人'，而是能实现'五行'之'圣'之人。何况，'圣人'此语只见于本书的此章之经与说部分。"（《二松学舍大学论集》，第34号，1991年，页138）

> 唯天下至圣，为能聪明睿知，足以有临也；宽裕温
> 柔，足以有容也；发明刚毅，足以有执也；齐庄中正，足
> 以有敬也；文理密察，足以有别也。溥博渊泉，而时出
> 之。溥博如天，渊泉如渊……凡有血气者，莫不尊亲，故
> 曰配天。

据庞朴解，"聪明睿知"就是圣，[17] "宽裕温柔"就是仁，"发强刚毅"就是义，"齐庄中正"就是礼，"文理密察"就是智。庞朴这种发明相当合理，看来不但《中庸》一书中有所谓的五行之学说，而且《中庸》为子思作的旧说似乎也可找到另外一项的保证。

现行的《中庸》与《孟子》书中虽没有"五行"一词，但有仁、义、礼、智、圣之实。依荀子的话语往下推论，我们猜想子思、孟子可能以这五种德性取代了传统所说的金、木、水、火、土五行，所以才引起了"案往旧造说"的讥惮。以上这种想法，一般人很容易联想到，事实也相去不远。不特如此，李学勤在最近的一篇文章中，更进一步落实，指出思、孟是如何往旧造说的。他认为《中庸》"唯天下至圣"一段是依据《尚书·洪范》来的。《洪范》一文是理解五行学说很重要

---

[17] 前揭书，页141。这里的"圣"字和孔、孟所说的"圣"当然不一样。庞朴进一步引申道："'圣'的本义同于'听'，引申为'渊博通达'，以表示人的知识高度。"（同上，页21）这种解释是符合《五行篇》的用法的。

的一篇文章。但有关此文成篇的年代，却有各种不同的解释。李学勤认为战国说是站不住脚的，《洪范》仍当归属于西周时期的文献，才比较容易与其他相关资料一致。确定了《洪范》的成书年代以后，李学勤发现《洪范》《中庸》与《五行》诸篇的观念，有极为近似之处。其对照之表如下：

《洪范》	《中庸》	《五行》
土：思曰睿，睿作圣	聪明睿知，足以有临也	圣
金：听曰聪，聪作谋	宽裕温柔，足以有容也	仁
火：言曰从，从作义	发强刚毅，足以有执也	义
水：貌曰恭，恭作肃	齐庄中正，足以有敬也	礼
木：视曰明，明作哲	文理密察，足以有别也	智

据表所列，可以看出除了"听"之一项无法对应以外，其他四项基本上是相合的。而"听"之一项所以无法凑合，乃因"仁"的范畴出现较晚，在西周早期，它并不是一个重要的概念。[18]

根据庞朴与李学勤二氏的解说，仁、义、礼、智、圣之源远流长以及思、孟之案往旧造说，都可以得到合理的解释。看来将一种非人文化的金、木、水、火、土转为伦理性质的仁、义、礼、智、圣，其关键不得不落到思、孟上面来。而荀子批评"子思唱之，孟轲和之"，也就有了真凭实据，无关于所谓的门户之见。

---

[18]《帛书〈五行〉与〈尚书·洪范〉》，《学术月刊》，第 11 期，1986 年，页 37—40。另侯外庐，前揭书，页 375，也提到了这一点。

但思、孟之案往旧造说，存在着一个最大的漏洞，那就是在《中庸》与《孟子》书中，我们虽可找到仁、义、礼、智、圣的内涵，却找不到"五行"一辞。关于这个现象，一个最可能联想到的解释，莫过于相关文献失传了。《汉书·艺文志》录有《子思子》二十三篇，可是这个版本后来散佚掉了。《孟子》一书虽然较完整，但散佚的篇章也不会没有，何况赵岐曾删过其外书四篇，焉知里面没有"五行"之语及其思想？

文献散佚说是碰到找不到古典文献支持时，常容易祭出的一种解释。这样的解释很难彻底推翻，但问题是它也不一定能够建立起来。散佚掉的子思作品或许含有子思主要的思想之一——五行理论，这种假说相对而言还比较站得住脚。但《孟子》七篇大体完整，作为可以代表孟子思想的典籍，其资格向来罕见质疑。确定了这点后，我们发现《孟子》书中虽可见到仁、义、礼、智、圣并列的例子，但问题是它只在一处地方出现过，其他的情况下都是仁、义、礼、智并举。仁、义、礼、智透过情感显现出来恻隐之心、羞恶之心、辞让之心及是非之心，即开启了善性往外通的管道，这就是四端。很明显，《孟子》书中只有四端，没有五行。而且四端的理论是相当成熟的核心观念，拆除掉了这个观念，孟子思想即破碎不成体系。

如果说思、孟创立新的五行学说，而且这种学说是他们思想中很重要的成分，这种假说还有一个现象没有解释：为什么以子思、孟子影响力这么大的学者，他们其他的学说间可在其他的典籍中找到蛛丝马迹，而新的五行学说反而找不到跟它有密切关系的章节？庞朴在帛书《五行篇》出土发表后，立刻开始研究。他搜尽一切资料之余，发现后世或当代资料可以用来支持新的五行学说的，几乎没有。而谈及仁、义、礼、智、圣，五者并举的，也只见于《庄子·在宥》一处，[19] 以及贾谊《新书·六术》一处，[20] 而且在这两处地方除言及仁、义、礼、智、圣外，前说还夹带了明、聪、乐三者，后说也多了乐一行。虽然这两处地方很可能与帛书《五行》篇有关，《新书·六术篇》的文字其相关性更大。但不管怎么说，这样的资料实在偏少，而且它们也没有说及"五行"两个字。孟子周游列国时，"后车数十乘，从者数百人"，[21] 声势浩大无比。而子思也是一代大儒，生前生后享有极隆崇的地位。他们其他学说多少都传了下来，后人也有引述，而主要的"五行"说却反而不见踪影，这样的事情真是不合常理。

三 "行"与"德"之特殊用法

据上所说，笔者认为子思、孟子不一定提出荀子心目中的五行，比较可能的情况是：思孟学派案往旧造说的过程历经

---

[19] "而且说明邪？是淫于色也……之八者，存可也，亡可也"一段，《南华真经》（四部丛刊本），卷 4，总页 80。此段话与《经18》所说颇有牵涉。

[20] "人有仁、义、礼、智、圣之行，行和则乐，与乐则六，此之谓六行。"（四部丛刊本），卷 8，总页 62。

[21] 语出《孟子·滕文公下》（四部丛刊本），卷 6，总页 49。

两个步骤，第一个步骤见之于子思、孟子提出了仁、义、礼、智、圣的观点，第二个步骤则见之于他们的后学将这五种德目称为五行，并且认定这是子思、孟子学说的核心。荀子批判思孟学派，基本上是在这样脉络下进行的。换言之，他批判的直接对象其实是思、孟后学，而不是思、孟本人的思想。笔者认为这种解释比较可以合理地解决第二节所说的两点疑问，也可以解释荀子对孟子学说时有批评之处，但为什么只有在《非十二子》篇中才特别提及五行的问题。

笔者认为思、孟后学正式提出新的五行学说，这点是有根据的。关于这点假说，我们可先由另一个近似的观念"四行"谈起。

在帛书《五行》与《德圣》篇中，我们看到"四行"这种独特的观念，比如说：

> 四行和，谓之善。(《经1》)
>
> 四行之所和，和则同，同则善。(《经19》)
>
> 四行成，善心起。(《德圣篇》)

"四行"一辞古书虽然不是没有见过，[22] 但思、孟后学这里用的意思却是指"仁义礼智"，这样的用法在以往是没有的，在以后似乎也未之或闻，很可能这就是他们的另一种"案往旧造

---

[22] 如《孔丛子·公孙龙》以"忠孝信顺"为四行（四部丛刊本，卷4，总页37）；《后汉书·曹世叔妻传》以"妇德、妇言、妇容、妇功"为四行（台北：鼎文书局，1981年，卷84，总页2789）。

说"。《孟子》七篇与仁、义、礼、智有关联的"四"之数字，我们知道只有作为它们的流行端绪之"四端"。"端"之一字在《五行篇》中虽也可见到，其意义与孟子所说的没什么出入，但除了集中在《说21》条中的两字以外，我们再也找不到类似的语言。思、孟后学考虑问题时，显然重心稍有转移，他们对四行—五行的关注，远远超过其他相关的议题。

为什么要这样做？笔者上文将四行—五行联属一起，是有用意的。以往解释帛书《五行篇》的文章往往将重点放在仁、义、礼、智、圣此新五行说的名目。这样做是有道理的，因为这确实解决了学术史上的一大公案。但是笔者认为我们评估帛书《五行篇》与《孟子》的内在系联时，我们如从"行"字考察，兼及四行—五行的问题，也许更能抓住要点。

要点的线索其实早见之于前面引文开宗明义之第一节。在这节中，思、孟后学特别界定"行"与"德之行"的不同。他说仁、义、礼、智、圣这五者：

形于内，谓之德之行；不形于内，谓之行。

五行的解释相当纷歧，但在《五行篇》以前的用法，大体指的是"五材"（五种物质）、五种作用或五种模态，[23] 很少将它运

---

[23]有关"五行"的第二手资料几近于泛滥成灾，比较新也比较简要的文章考见殷南根：《五行本义索解》，《中国哲学史研究》，第3期，1988年，页17—22。

用到"形于内"的范围。如果说有的话，笔者首先想到的例子大概就是《庄子·天下篇》里的记载。此篇文章提到宋钘、尹文的学风时，说道他们有一种宗旨："语心之容，命之曰心之行。"郭沫若早年有一种假说，他认为现行《管子》书中的《白心》《内业》《心术上》《心术下》四篇是宋尹学派的著作。[24] 笔者认为郭氏的假说是站不住脚的。但郭氏将这四篇的主旨与《天下篇》所述相互比较，笔者认为还是有一定的意义。

有关郭氏的论证，本文无意多加检验，但郭氏将"心之容""心之行""心术"比较的部分，却可以带给我们一些启示。底下，我们就来观看他如何解释：

> "心之行"其实就是"心术"，行与术都是道路的意思。《汉书·礼乐志》："夫民有血气心知之性，而无哀乐喜怒之常，应感而动，然后心术形焉。"颜师古注："术，道径也；心术，心之所由也。"可见"心术"二字的解释也不外乎是"心之行"。而《心术下篇》言"心之形"如何如何，《内业》则言"心之刑"，或言"心之情"，刑与形字通，情与形义近，故"心之刑"、"心之形"、"心之情"，其实也就是"心之容"了。

---

[24] 郭说见《宋钘尹文遗著考》，此文收入《青铜时代》（重庆：文治出版社，1945 年），后编入《郭沫若全集·历史编》（北京：人民出版社，1982 年，卷 1）。

此段话没有涉及两家实质的思想内涵，它只触及了语义上的一些问题。就这个层面而论，笔者认为郭氏的假说有一定的道理。

依郭氏的解释，宋尹学派与《管子》四篇至少都提出了以下两种理论：

一、心术：亦即心灵运行的途径。

二、心之容：心灵呈显出的各种状态。[25]

笔者认为帛书《五行篇》在这两点上与它们是相通的——虽然这种相通并不能决定学派的归属。

简单地讲，笔者认为《五行篇》开宗明义所说的"德之行"就是"心术"或"心之行"的另一种更具体的规定。《五行篇》说到"仁形于内，谓之德之行……智形于内，谓之德之行……义形于内，谓之德之行……礼形于内，谓之德之行……圣形于内，谓之德之行"，意指仁、义、礼、智、圣体现于心中时，其心灵即化为仁、义、礼、智、圣诸德之流行。"形"是彰著之意，"德之行"则指道德体现于心灵时的一种模态。

---

[25] 此处的"容"字似乎也可作"动"解释。高亨注：《老子》二十一章"孔德之容"云："容疑借为摇，动也。《说文》：'摇，动摇也。'……《庄子·天下篇》：'语心之容，命之曰心之行。'心之容谓心之动也，是其例。"（《老子正诂》，北京：中国书店影印开明书店本，1988 年，页 51—52）依高亨注，"心之容"实即"心之行"，同指心灵的流行义。我们如不采此说，而直就字面解，则心之容意指心灵存在的各种精微模态。两种解释与《五行篇》所言，俱不矛盾。

相对之下，凡是未经心灵体现出来的道德行为，《五行篇》
称之为"行"，意指一般的道德行为，此道德行为尚未经由心
灵的体现，亦即尚未经由意识化或内在化的一种社会规范之行
为。《五行篇》的主张，严格上说来，并不是这种作为社会规
范的"行"，而是内在化、意识化的"德之行"。因此，如我们
采取正名的主张，《五行篇》恐怕还得写作《五德之行篇》，比
较恰当。

《五行篇》的"德"字颇堪玩味。在《说文解字》中，作
为道德的德字并不是写作"德"，而是众所周知的写作"悳"。
"悳"字的意义据许慎解是这样子的：

悳：外得于人，内得于己也。从直从心。[26]

"悳"在文字学上的解释颇多纷歧，[27] 但至少有一种还算
可以自圆其说的解释，是将"直"字视为"循"的本字。[28] 因
此，"悳"乃心之循之义，意即"心之行"也。

"悳"不管是否真能肯定的解作"心之循"，退而求其次，
至少许慎所说的"悳"之意义用来诠释《五行篇》是很恰当

[26] 《说文解字》（四部丛刊本），第十下，页 5。
[27] 参见周法高注编：《金文诂林》（下）（京都：中文出版社影印，1981
年），页 1637—1638。丁福保：《说文解字诂林》（台北：鼎文书局，
1977 年），十下，册 8。伊东伦厚：《德の原义について》，《东京支那
学报》，第 16 号，1971 年。
[28] 林义光《文源》的解释，转引自周法高，前揭文；丁福保，前揭文。

的。这个字的用法在另外一篇佚书《德圣篇》里，可以很清楚
地看出来。在此篇中，"德"字正写作"惪"字。此篇文章虽然
残缺得厉害，但基本的意思还是可以理解的。在文章起头处，
我们看到了下面这段文字：

> 四行成，善心起，四行刑（形），圣气作。五行刑
> （形），惪（德）心起，和胃（谓）之惪（德）……

此处的"惪"字当即为篆书里的"悳"字，亦为金文里的"惪"
字。"五行刑（形），惪心起"意指五种德目如果能够为心灵体
现（形）出来，此时的心灵即为凝聚诸德于内心的"惪心"，
此惪心的状态如能融合无间，化五为一，即可称之为"惪"之
状态。

思、孟后学之案往旧造说，我们可以肯定地说：不只是
多增改了一个"圣"字，或是将金、木、水、火、土改成仁、
义、礼、智、圣而已，更重要的，是工夫论存有根基的全面转
变。思、孟后学以内在化或意识化的五行理论取代了非人格化
的金、木、水、火、土之旧说。事实上，新五行说与旧五行说
除了还保留"五行"这个共同的词语外，其内涵可以交集的地
方实在不多。

明乎此，我们对《五行篇》与《德圣篇》中既有"五行"
说又有"四行"说，就不至于感到讶异。因为思、孟后学在案
往旧造说时，重点并不是在"五行"的词语上，而是在"行"

的实质内涵上。所以当孟子言"四端",借着四端的流行、扩充,以证明仁、义、礼、智并不是一种非存在性的德目时,思、孟后学反过来将作为德目的仁、义、礼、智收缩到内心里来,以证明实践德行,臻乎果地时,道德都可以化为内心之德之流行。仁德被体现,即有仁德之心流行;义德被体现,即有义德之心流行;礼德被体现,即有礼德之心流行;智德被体现,即有智德之心流行。四德体现,可称之为四行。行,即心之行。简单总结此节旨要,我们可以说:思、孟后学将孟子"四端"理论所重视的"道德本心往外扩充之意向性良能",一转而为"道德本心往内逆转,以证成本心可由潜存状态明现为心气之流行"。

四 大体小体与舍体独心

确定"行"意指"心之行"后,我们可以尝试把握《五行篇》与《德圣篇》的主要线索。如果我们以前引《五行篇·经1》部分为主,再参考其他资料,可以撮出下列几项要点:

首先,思、孟后学划分了行/德之行两种道德实践的模式,前者泛指外在的德行,后者则指内在化或意识化的道德心之流行。

其次,德之行的阶段可分为四行和/五行和两段。前者叫做"善",处于自觉的、意识的道德实践;后者叫做"德",处于一种超自觉的,甚或超越的道德实践。

第三，德之行反映在外部身体上的，可区分为"与体始与体终"／"与体始舍其体"两种方式。前者处在心灵对身体控制转化的位阶上，后者则身心一如，而此"德之行"的范围超出了个体性躯体的羁绊之外。

第四，"德之行"所以能转化人的身体，主要的依据是建立在下列的预设上：任一行的德之行都会带来与之一致的"德之气"。比如：仁之行即有仁气，义之行即有义气等等。"四行""五行"意指学者的身心底层，道德意识和生命的流行合为一体，身心皆是精神化、道德化的存在。

第五，在"德之行"与"德之气"之间，我们发现"志"扮演相当重要的角色，只要志之所向，气即可随之流行。

第一点的区分，我们前文业已检讨过，其理论简明易知，毋庸深论。倒是《五行篇》作者将德与道收归到内心上来立论，这点还可申论。庞朴在《〈五行篇〉评述》一文中提及此点之意义如下：

> 原来在《易传》中，形而上的道是隐于人外的，现在却被安排到了人心之中，即所谓的形于内。这样的形于内，看来至少包含两层意思：一是从人心方面说，形于内意味着人对于道的体验或理解，也就是对道有了得——德；再从人性方面说，形于内意味着人性为天之所命或显现……这样的心性两个方面，都是天道之所形，只是一个着眼于人之于天，一个着眼于天之于人，一个是主观——客

观，一个是客体—主体。[29]

庞说将《五行篇》的用意放在心性论的角度下解释，笔者认为是很恰当的。透过了"道可为人心所得"及"人性为天之所命"，亦即透过意识层—经验层及潜存层—超越层两者上下回向的对勘后，我们对于"德之行"的性质确实可以理解得较为确切。显然，"德"可以"体得"，以至于"德之行"，这是从"人"的观点来看才有意义。如果论及其超越的依据，它乃是"天之所命"，不可能有任何的增损。

　　然而，庞氏在解释第一点时虽然很精当，在解释"德"与"善"，或"五行和"与"四行和"的差别时，认为两者的差别根本是质的不同，一是指形于内，一则指不形于内，这样的解释是不恰当的。因为在《经1》里面，思、孟后学明确告诉我们："德之行五和，谓之德；四行和谓之善。"两者是位阶的不同，而不是种类的不同。"德"与"善"同样是指"德行于内"的状态，只是一个需勉强以赴，有明确的自觉意识；一个从容中道，行所无事。因此，前者以"人道"称呼之，后者则称呼之以"天道"。惟有将"善"与"德"看成工夫纯不纯熟所造成的差异，我们才可领会下文的界定：

　　　善也者，有事焉者，可以刚柔多铪为。(《说9》)

---

[29] 前揭书，页96。

> 德，天道也。天道也者，己有弗为而美者也。（同上）

"善"犹在努力的过程中，"德"则意指到达某种化境。放在《孟子》的脉络讲，也就是"善"仍在"可欲"阶段，而"德"则"大而化之"。前者犹是"反之者"，后者则是"性之者"。

区兰"善"与"德"的不同有什么意义呢？有的，在《五行篇》里，这两者的差异不仅意味着修养阶段的高下而已，它还牵动着某种特殊的身体观。在《说8》里有条不太容易解释的资料，其言如下：

> "君子之为善也，有与始有与终"。言与其体始与其体终也。
>
> "君子之为德也，有与始无与终"。有与始者，言与其体始；无与终者，言舍（捨）其体而独其心也。

思、孟后学这里用的"体"字有特殊的规定，不是凭空而至。在《说22》里，有段文字说道：

> 耳目鼻口手足六者，人□□，（人）体之小者也。心，人□□，人体之大者也，故曰君也。

大小体的分别首见于《孟子·告子上》，此处的分别显然是从那里来的。

大小体的分别是内返型的道德反思活动很容易逼显出来的一组对照观念，因为在这种哲学体系（尤其是孟子学）底下，我们可以看到一种自我立法、自作主宰的道德意志与受生理—心理法则制约的躯体结构间之紧张关系。道德意志所向，不管是对外改变躯体外的对象，或是对内净化躯体内的生理—心理活动，它首先要面对的，就是人的躯体之顽抗性质。在《经22》及《说22》里，思、孟后学对于大小体的关系有如下的说明：

> 《经22》耳目鼻口手足六者，心之役也。心曰唯，莫敢不唯；心曰诺，莫敢不诺；心曰进，莫敢不进；〔心曰退，莫敢不退；心曰深，莫敢不深；〕心曰浅，莫敢不浅。和则同，〔同则善也〕。

> 《说22》"耳目鼻口手足六者，心之役也"。耳目也者，悦声色者也；鼻口者，悦臭味者也；手足者，悦势儳（佚）余（愉）者也，心也者，悦仁义者也。之（此）数体者皆有悦也，而六者为心役，何〔也〕？曰：心贵也。有天下之美声色于此，不义，则不听弗视也。有天下之美臭味于此，不义，则弗求弗食也。居而不间尊长者，不义，则弗为之矣。何居？曰：几不〔胜〕□，小不胜大，贱不胜贵也哉！故曰心之役也。耳目鼻口手足六者，人□□，〔人〕体之小者也。心，人□□，人体之大者也，故曰君也。

> "和则同"。和也者，小体繺繺然不圉（患）于心也，和于仁义。仁义，心〔也〕。同者，与心若一也，□约也，

同于仁〔义〕。仁义，心也，"同则善"耳。

除了《经》与《说》中"和则同"的部分，我们留待稍后再予讨论外，思、孟后学谈到的观点，显然是继承孟子来的。

仔细思索大小体间的关系，我们发现至少有下面两项特色是值得注意的：

一、大体与小体是种有意识的对立，两者的价值位阶不同，前者不断地指导后者。所以说"心曰唯，莫敢不唯；心曰诺，莫敢不诺……"云云。

二、大体与小体是种不断渗透的关系，渗透之即占领之、转化之，直至最后，大小体之间几乎没有分别，小体的展现都隐含了大体的精神向度，或者说，大小体只是同一种本质的不同表现模态。

第一点是道德工夫的常态。人的道德意识往往经由身心灵肉的冲突，以及经由主观意识与客观情境的强烈对立，才能突显出来，所以这种观点比较容易理解。第二点则稍为复杂，需要略加说明。

笔者在第三章曾提出一种解释：孟子虽然提出大体小体的分别，也主张大体对小体的轨约作用，但透过持志养气的历程后，大体可以彻底转化小体。小体转换其存在的性格后，成为大体外显的一种表征，比如有德君子可以睟面盎背，仁义充乎四体，因此，旁人从其表面的躯体即可体会其人内在的精神向度。不特如此，当人充分转化其躯体后，由于全身已为浩然之气流注，而浩然之气是人意识底层与世界同流的一种模态，因此，随着人一践形，他马上会感受到与万物合而为一的境界。换言之，人身躯结构的充分精神化与人意识结构的宇宙化或超个体化，是同时生起的。

孟子这种践形观，笔者认为也可以用来解释《五行篇》与《德圣篇》的观点。前面引文里提到的"'和则同'。和也者，小体纍纍然不囿（患）于心也，和于仁义。仁义，心〔也〕。同者，与心若一也……"大概很难否认，它的意思即指大体之渗透小体，以至于小体化为精神的现象，"与心若一"后，所达到的一种果地境界。

写到这里，我们发现思、孟后学学说的重点乃是将道德实践不断地意识化、精神化、主体化，而其往内深层化的途径有二：

一是道德行为的深化，外在的德行变成内在的德之行。

一是小体的精神化，外在的躯体变成内在精神流行之表征。这两者间是什么样的关系，思、孟后学没有给我们详细的说明，但一个合理的设定是：这两者是同时进行的。而帛书《五行篇》对两者所达成的效果，其说明也是一样的。如果我们不健忘的话，应当还记得它形容仁、义、礼、智深化以后，用了"和"此形容词；形容小体精神化以后的境界，也用了"和"此形容词。和，意指消融各种异质成分而为一。

魏启鹏先生在最近的一篇文章中提到思、孟后学思想的重要特征之一，乃是以音乐为喻。如它论及"五行之所和"或"四行之所和"时，即言"有犹五声之和也"，或曰"和者有

〔犹四〕声之和也"，可见音乐与德行有密切的关系。[30] 帛书《五行篇》及《德圣篇》的思想与音乐的关系是否如魏氏设想的一样，此点姑且不论，但"五行之和""四行之和"用了音乐的比喻，这点确实是颇饶兴味。音乐和，意指它的各种声律已经融为一体，不再能一一区分其间的各种构成因素。同样的，四行和、五行和、小体和（于仁义），也都是指其时的心灵业已融合诸种异质的成分而为一，再也无法区隔开原先构成的因素。

"四行和""五行和"虽然同样是指将诸德行融合于心，但其层次不同。前者意指在意识所及的层次，而后者则意指超意识、超个体的层次。参照前面所说"德行的深化与小体的精神化往往同步而行"，我们可以猜测：在四行和的层次，其时的躯体虽也已精神化，但其精神化仍在自觉之层次，未臻乎化境。但在五行和的层次时，由于此时已是"圣气作""惪心起""化而弗知"，亦即孟子所说的"大而化之之谓圣，圣而不可知之谓神"的境界，因此，原本作为精神与世界沟通的管道（或障碍）之身体，此时已接近透明，甚或可说不存在于意识了。因为在五行合而为一，小体全化为心的境地之时，一般人的感性主体所看到的各种分殊性功能的感官，在"君子"当时体验的意识中，却已溶进不可言说、化而弗知的流行中。

---

[30]《思孟五行说的再思考》,《四川大学学报・哲社版》, 1988 年第 4 期。

现在我们再回过头来看下面这条资料：

> 《说8》"君子之为善也，有与始有与终"。言与其体始
> 与其体终也。
> "君子之为德也，有与始无与终"。有与始者，言与其
> 体始；无与终者，言舍（捨）其体而独其心也。

以及下列这资料：

> "君子慎其独"。慎其独也者，言舍（捨）夫五而慎其
> 心之谓〔也。独〕然后一，一也者，夫五夫为□心也，然
> 后德（得）之。一也，乃德已。德犹天也，天乃德已。
> "是之谓独"。独也者，舍（捨）体也。

我们现在可以比较明确地知道：这些语言到底要传达什么
意义。

将"舍体独心"解释成"德者，得自天道，故不与体
终"，[31] 虽不能算错，却是影响模糊之言。说成灵魂不灭，离
题就更远了。[32] 帛书说"与其体始与其体终"，乃是指有得
（德）于心，但尚未达到化境的"善人"境界，所以其道德实

---

[31] 庞朴，前揭书，页55。

[32] 庞朴：《〈五行篇〉评述》，前揭书，页114。

践（为善）仍旧落在个体的范围内。等到他到达化境时，其
人格的层次已提升至最高的人格"君子"，其意识已化五为
一——此时亦可称为"独"[33]，其身体已变为"流体，机然忘
寒（塞）"[34]——亦即此时的身体变成大道流通的场域，对心之
所向没有任何抗拒性。简而言之，"道者、悳者、一者、天者、
君子者"所说的都是同一种境界，都是一种超出躯体之外，全
体都是精神流行之境，这就是"舍体独心"之意。按孟子的语
言讲，乃是"浩然之气"（《公孙丑上》）；在庄子看来，则不妨
说是"体尽无穷而游无朕"（《应帝王篇》）了。

———————————

[33] 此时的"独"，犹如《说苑·反质篇》所谓"五者不离，合而为一，
谓之天心"（《中国子学名著集成本》，卷 20，页 2b）之"天心"。而此
时的"五"，既非《荀子·君子篇》的"尚贤、使能、等贵贱、分亲
疏、序长幼"，亦非"仁义礼智信"，而当是"仁义礼智圣"（参见池田
知久：《译注一》，页 182—183）。关于"慎独"或"独"的思想，除
了《五行篇》第七章经与说的部分外，《荀子·不苟篇》，《礼记·中
庸》《大学》《礼器》，《淮南子·缪称篇》，《文子·精诚篇》，《庄
子·大宗师篇》诸文亦皆涉及之。此诸文谈的"慎独"观念并不一致，
如《淮南子·缪称篇》所言"察所夜行，周公不惭乎景"之"慎独"，
乃是一般工夫论泛泛而论之观念。而《五行篇》《庄子·大宗师篇》
《礼记·中庸》所言之"独"，则为超越的、终极的、作为大本之独体。
[34] 庞朴认为这里的"寒"，"疑当作塞"；"机然"一词之意义，则引国家
文物局古文献研究室 1980 年译本（以下简称"八〇本"），认为"当
读为欣然"。但"流体"该怎么解释，则有争议。池田知久主张其意与
第七章说的"舍体"、第八章说的"舍其体"同义（参见《译注二》，
页 179）。八〇本则认为与《孟子·尽心上》所言之"施于四体"类
似。笔者认为就义理的层面立论，君子的人格一方面可从其身体之精
神化见出，一方面可从其个体之溶入无限见出，因此，"流体"的两种
解释并不冲突。至于就文意而言，笔者认为八〇本所说较为切近。

五 意识活动与生理脉动边际
地带之"德之气"

厘清意识与身体的关系后，我们进一步将检证意识渗透身体此一现象的理论，明白地说，也就是证成上节所提的第四点纲要：德之行所以能转化我们的身体，乃因任何一行的德之行都会带来与之相应的"德之气"之缘故。

《五行篇》很引人注目的一个观念，乃是它提出了各种道德性质的气，比如说：

> 纍也者，勉也，仁气也。（《经说 10》）
> 直也者，直其中心也，义气也。（《经说 11》）
> 远心也者，礼气也。（《经说 12》）

又说：

> 知君子所道而娱然安之者，仁气也。（《经说 19》）
> 既安之矣，而慨然行之，义气也。（同上）
> 既行之矣，又愀愀然敬之者，礼气也。（同上）

《五行篇》中没有"智气"与"圣气"，而另以"明"及"聪"代之，用以解释"智"与"圣"的功能。但理论上"智气"与

"圣气"是应当有的，或是可以有的，这比较符合孟子学的一项重要设定——"志至之，气次之"，亦即道德意识所及之处，即有与之相应的气跟着流行。关于此点，我们看到残缺已甚的《德圣篇》中仍保有"圣气"一语，当知其说不虚。

《五行篇》里的仁气、义气、礼气由于语义不够清晰，因此当如何解释，是个相当棘手的问题。庞朴简介了这些气的模态以后，以下总结的语气评论道：

> 这些"气"，是天道五行不形于内而形于人体的结果，它们同天道五行之将形于内而生的"志"的关系，一如善与德、人与天的关系一样，处于从属的地位。[35]

换言之，气一如《经1》所说的善，指的都是"不形于内"的层次。

庞朴此处的解释恐怕需要斟酌，正如我们前文业已指摘过的："善"并非指形于外不形于内，而是形于内而未臻乎化境。同样的，《五行篇》所说的气也不是"天道五行不形于内而形于人体的结果"；正好相反，此处的气指的正是"形于内且形于人体的某物"。

庞朴会有以上的解释是有点奇怪的，因为在同一篇文章里，他又有另外一种的解释：

---

[35] 前揭书，页114。

　　人何以要为善，又何以能为善？在《孟子》中，是以
人心有善端和人性本善为预设而展开的。成书于战国后期
的《五行篇》，自不能留停在这种回避问题的水平，而不
免稍作变通，采取了当时流行的气观念，认为人之为善，
乃由于种种相应的"气"充斥体内而引起。[36]

这段解释提及《孟子》的部分，似乎暗示为善与气无关，这
点笔者持保留的立场。但其余部分，笔者认为基本上是可以
成立的。

　　庞朴所以会有这种矛盾的想法，笔者猜想主要的问题在
于：他对孟子学里的"气"字，解释完全走样所致。我们且看
他如何解释：

　　细读《五行篇》全文，我们可以猜想，书中所谓的
气，亦指人的精神状态。所谓繰也、直也、远心也，娛
然、懆然、愀愀然，都是处于社会关系中的人的种种精神
状态。"气，体之充也"（《孟子·公孙丑上》），正是这些
精神状态，支配了人的行为及其成败。[37]

笔者同意《五行篇》里的气，多半指向"处于社会关系中的人

---

[36] 前揭书，页 108—109。
[37] 同上，页 112—113。

的种种精神状态"，但这不表示它所说的气不形于内。恰恰相反，我们惟有认为这些气形于内，可扩充，我们才能解释与之相关的一连串问题。

事实上，我们如接受孟子学的三个前提：一、仁义礼智根于心；二、志（亦即心）至之，气次之；三、人身有自动自发的善德之气（夜气、平旦之气）。我们即可确定《五行篇》所说的气之梗概。甚至，我们单单由"仁气""义气""礼气""圣气"等语汇顾名思义，都可以预期这样的气具备了先天的、内在的善之属性。

我们还是回过头来反省一下文献上的语词。为方便探讨起见，笔者尝试将仁气、义气、礼气双重否定的部分改成肯定句，其推衍的过程变成如下所示：

1. 緣（仁气）则悦，悦则戚，戚则亲，亲则爱，爱则仁。
2. 直（义气）则迣，迣则果，果则简，简则行，行则义。
3. 远（礼气）则敬，敬则严，严则尊，尊则恭，恭则礼。

"緣"可能是"恋"，一种思慕、眷念的心理活动；[38]"直"，据《说11》所示，乃"直其中心"；"远"，据《说12》，乃系"远心"。三者皆系心灵微妙的状态。而《德圣篇》里的"圣气"更明显地摆在"四行成，善心起，四行刑"及"五行刑，惪心起"的中间，意指它是"惪心"更精微的初起程态。仁气、礼气、义气绝不是"不形于心而形于颜色容貌的气"，而是"形

---

[38] 此处采庞朴的解释，参见前揭书，页58。

于心且形于颜色容貌的气"。

我们且举仁气为例。在《经 10》里，思、孟后学说道"不
繇不悦"。《说 10》里更界定繇也者，"勉也，仁气也，繇而后
能悦"。意指仁气先于悦之情感起现。在《经 14》里，《五行
篇》继续发挥道：

> 颜色容貌（繇繇）也，以其中心与心交悦也，中心悦焉。

《说 14》的注解如下：

> 繇繇也者，勉勉也，逊逊也，能行繇者也。能行繇者，
> □□心悦，心〔悦〕然后颜色容貌温，以悦繇也。

综合这几条资料，仁气（道德之气）、心悦（情感的显现）以
及颜色容貌温（身体的状态）是一贯而下的，也可以说是直接
由最深层渗透至身体的最外层。不只仁气如此，其他的义气、
礼气、圣气，我们都可以看到道德之气 → 情感的显现 → 身体
的状态，三者化成一种同质性的连续体。

审察道德意识至细，是思、孟后学一项显著的特征。但是
孟子学里的气不会只是气，它往往是道德意志的另一个面相，
紧伴随着道德意志的活动而来。换言之，我们解析一件道德心
的活动时，可以从两方面观察同一项事件：

一、从意识活动的生理基础考察，此时重点在气。

二、从意识活动的本身考察，此时重点落在当下的意识内容。

明乎此，我们对底下的这条资料即可以有一合理的解释：

> 《经6》，仁之思也精，精则察，察则安，安则温，温则〔见君子道，见君予道〕则不忧，不忧则王（玉）色，王（玉）色则形，形则仁。
>
> 智之思也长，长则得，得则不忘，不忘则明，明则〔见君子道，见君子道则玉色，玉色〕则形，形则智。
>
> 圣之思也轻，轻则形，形则不忘，不忘则聪，聪则闻君子道，闻君子道则王（玉）言（音），王（玉）言（音）则〔形，形〕则圣。

以上这条资料虽然语言与仁气、义气等的渗透历程不同，但两者实有相通之处。

相通之处何在呢？我们且以第一小条的"仁之思"为例，此条也是强调由内而外逐渐渗透的过程，其过程全幅摊展如下：

> 仁思 → 精 → 察 → 安 → 温 → 见君子道 → 不忧 → 王色 → 形 → 仁。

前后两字虽皆是"仁"，但其位阶不同，后者是果位，"仁"的彻底实现; 前者则是透过了"思", 仁开始流行。当仁一开始流行以后, 我们看到它经历了心理的转换 (如精、察、安、不忧), 也经历了形体的变换 (如温、见君子道、王色)。虽然其间的步骤实质意义如何, 不容易整理得清楚, 但大体上看来, 仁仍是由隐而显, 由深层至表层的渗透贯穿, 这点却是清楚的。

何以由仁气推扩, 会转化情感的显现, 也会影响到学者的身体现象? 而意志提升, 行仁之思时, 同样也会渗透到情感的显现以及学者的身体现象呢? 根本的原因乃是两者本为一体的两面, 有志必有气, 有气原则上也当有志。

谈到仁之思、智之思、圣之思时, 我们发现到最后的一种境界分别是"王色则形, 形则仁""玉色则形, 形则智""王言则〔形, 形〕则圣", 此处的"王"字当依注家所注, 皆作"玉"字解。[39] 然而, 什么是玉色、玉言呢? 一般论《五行篇》的学者很少注意此一层面——或许他们认为这种语言有点怪异, 不好解释。但在我们看来,《五行篇》这里的说法非常逻辑, 这是孟子学践形观底下必然会出现的现象。践形观最重要的设准乃是: 人修养至极时, 身体的展现都可化为精神流行的一部分; 反过来讲, 当精神夹带着气流贯全身时, 全身会发生一种充实而有光辉的表征, 孟子称呼此现象为"生色"。"玉色""玉言"云云, 所描述的正是这种身体

---

[39] 参见庞朴, 前揭书, 页49; 池田知久,《译注一》, 页171—172。

精神化的现象，"玉"字很明显地是用来比喻一种温润光华的质性。下列《五行篇·说9》及《德圣篇》的文字所描述的也是这种境界：

> 金声而玉振之者，动□〔而〕□□形善于外，有德者之〔美〕。[40]
>
> 身调而神过，谓之玄同。

《说9》部分虽间有缺字，但其义不难理解。有关思、孟后学对践形理论的发挥，我们探讨得已经差不多了，唯一语焉而不详的环节，大概就是对于"志"的讨论。底下我们将稍为触及此问题，以作为本节的总结。

帛书《五行篇》对于"志"相当重视，此事是大家都注意到的，比如说：

> 善弗为无近，德弗忘不成，志弗思不得。(《经4》)

志是立定心灵方向的一种功能，但《五行篇》作者对志作一种更细密的规定。他的重点置放在"思"上面，所以紧接着上面的引文，他继续发挥道：

---

[40] 此处采庞朴的校订，池田知久译注本"形善于外"上补"筍能"两字。"有德者之美"作"有德者之至"(页195)。

思不精不察，思不长不得，思不轻不形。不形则不
安，不安则不乐，不乐则无德。(《经4》)

又说"仁之思也精""智之思也长""圣之思也轻"(参见前面
引文)，可见《五行篇》对"思"确实非常看重。

无可否认，《五行篇》这里发挥的也是孟子的观点。孟子
重视"志"，所以说"尚志"(《尽心上》)、"志，气之帅也"、
"志至焉，气次焉"(《公孙丑上》)。孟子也重视思，他认为
"心之官则思"(《告子上》)，思是划分大体与小体最关键性的
概念。显然，孟子所说的思不是现代语意下所谓思虑的思，而
是心灵一种自觉的、常惺惺的功能，换言之，这是种"实践
理性中之思，非知解理性中之思"。[41] 这种思的用法也保留在
《五行篇》中，我们看到的"思不精不察""思不长不得""思
不轻不形"，并非在给人类的思考能力作不同的分类，而是在
心灵觉醒反省的过程中，细分其间展现的微妙差异。这种情况
就像在气的流行当中，《五行篇》作者仍能分出其间有仁气、
义气、礼气、圣气的微妙差别一样。

放在本文关心的脉络底下考量，志或思有何作用呢？
在《孟子》一书里，答案很清楚：只要心灵一提撕，即有气
跟随而至，道德心与道德气同步流行；及乎至也，学者可尽
心知性知天，而同时也就有浩然之气充沛乎天地之间。《五行

---

[41] 参见牟宗三：《圆善论》(台北：学生书局，1985年)，页52。

篇》里虽然说得不是那么明显，但我们由前文提到过的"仁之思""智之思""圣之思"最后都可达到"玉色则形""玉言则形"之境，可知仁思会带着仁气的活动，仁思—仁气逐步扩充，即会逐步转化人经验的身躯之结构；及其至也，可使躯体充分精神化，亦即充分气化，完全转换了其存在的性格。志，显然就是要带动气的流行，去撞击并同化原先为道德意志所不及的生理结构区域。

六　由德行内转为身心底层的
"德之行"之意义

帛书《五行篇》及《德圣篇》的出土，真是近代学术史里的一大事因缘。这两篇文字由于用语奇特，缺乏风力，再加上时有残文，因此，乍读之下，往往会为孟子以后儒学的发展大感忧虑，也会为孟子找不到善述善继者感到遗憾。然而，如果我们仔细剖析里面的脉络，将会发现：这两篇文章除了文采远逊《孟子》外，里面的思想基本上是从孟子来的。它总体的倾向是将孟子的思想带往更深层的意识，直至身—心—性—天交会处。

在前面诸节中，我们首先指出思、孟后学是在思、孟"案往旧造说"以后的再度"案往旧造说"。第一期的造说乃是将金、木、水、火、土五行改变成仁、义、礼、智、圣，第二期的造说更将这伦理化的仁、义、礼、智、圣往内收敛，附以五行之名。而它所界定的行，主要乃是"德之行"，意即道德意识化，为心所得以后所呈显的状态。而"德之行"的层次简略言之有二：一是有意识可及然尚未纯熟的"善"之境界；一是臻乎化境，直入先天之前"德"之境也。

其次，当内在的德流行时，人的躯体也会产生变化。在"善"的境界时，人的道德实践是随时与人的身体运转的；但到了"德"之化境时，人的心灵可超越个体之外，通往更广阔的层次。为什么人的道德会影响到人的躯体上来呢？笔者认为主要是人的身心结构体中原有诸德之气——如仁气、义气、礼气、圣气——从内往外渗透。这种先天的道德之气是与先验的道德意识一齐呈现的，或者我们该说：是一体的两面。这些道德之气随着道德意识之扩充，它们会逐渐转化原有的生理结构，使之同一。及乎终极，所有的生理现象都是精神的面相，这也就是孟子所说的践形。

简单地厘清《五行篇》与《德圣篇》的架构后，我们可以肯定地说：这两篇是孟子学在战国晚期以后的一次重大发展。它们发展的方向大体上是将孟子的道德哲学更深入地奠基在人的身心结构连续体上。这种更细致的发展就现象而言，大体是缘着两条路线进行：一是顺着"心"的路途走，《五行篇》说四行／五行、善／德、人／天的区别等，基本上都是要学者在动心转念处，看出人的心灵结构里有更复杂的内涵。另一是顺着"气"而行，思、孟后学为配合人的道德心有各种的展现，他就在道德心运作的生理基础上，也找出与之相应的各种道德之气。学者只要将这些道德之气扩充至尽，它即可转化人的身体，如前文所述云云。

有关《五行篇》与《德圣篇》在思想史上的意义，可谈者甚多，本文无能处理。在文章结束处，我们仅想对文章开头处荀子批评思孟学派的话语，作个简略的讨论。

如果说我们上文所说的五行理论，基本上已可解释"案往旧造说，谓之五行"的话，那么，荀子给这种学说所加的案语——"甚僻违而无类，幽隐而无说，闭约而无解"，却没有触及到。而这段讥评却是引起后人纷纷猜测的重点所在。

将思、孟五行解释成金、木、水、火、土的人士对这段话的解释，比较上还算说得通。无奈，我们早已放弃金、木、水、火、土为思、孟五行的观点，因此，不得不另起炉灶，另筹善策。

另筹善策的，大有人在。庞朴在提出荀子这种批评相当奇怪——因为荀子自己何尝不说仁、道义、论礼、谈智圣，这些语汇有什么僻违、幽隐、闭约的？——之后，他又提出了他自己的解释：

　　荀子批评思孟，不在于这些范畴本身，也不在于一般地谈论它们，而在于"案往旧造说"。就是说，荀子批评思孟将这些范畴从"往旧"的道德、政治以至认识论的诸范畴中摘取出来，不顾"类"之不同，并列而谓之"五行"，赋予它们以"幽隐"的内容，构筑它们成"闭约"

的体系；以致世俗之儒不知其非也，"遂受而传之，以为仲尼、子游为兹厚于世"。这是荀子所以痛心疾首，申斥思孟为儒家罪人的缘故所在。[42]

庞朴的解释不算错，可惜其解释只是套套逻辑，对于僻违、幽隐、闭约之说，仍缺一间。

黄俊杰先生在最近的一篇文章中，对这个问题有较合理的解释。他分析完"僻违而无类，幽隐而无说，闭约而无解"的语义后，分别从"心"及"道"的角度，对照思、孟与荀子观点的差异，因此，荀子之批判思、孟可说是必然的。黄先生之言可作为进一步讨论的基础，所以在此先将两段相关文字罗列如下：

> 以《五行篇》为代表的思孟学派，主张"仁义礼智圣"等五种德行（所谓"五行"）皆源于"心"（所谓"形于内"）。从荀子的立场看来，这种"心"的概念与荀子的"心"貌同而实异。貌同者是其表象，双方皆注重"心"的自主性，但其异者则极具关键性。思孟学派强调"心"的主体性及超越性，荀子则强调"心"的社会性与政治性。荀子的"统类心"所关怀的不是个人成德的超越根据，而是个人成德过程中所必然牵涉的社会政治诸般现实问题，尤其是礼法制度建构的问题。所谓"僻违而无类"，就是指思孟之偏

---

[42] 前揭书，页136。

离"可知可能之理"(《荀子·解蔽》)问题而言。[43]

荀子的"道"与思孟的"道"大异其趣。荀子的
"道"是"在人文历史之事物中,所发现之普遍法则或规
律"。相对而言,我们可以说,思孟的"道"是超时空的,
而荀子的"道"是在时空之中的。前者的理想性特浓,后
者则处处顾及现实问题,时时考虑如何使"道"在人间世
实践其自身。因此,相对于思孟之关心"道的内在化";
荀子对"道之客体化"付予极大关注。[44]

黄先生的解释清晰完整,具有一定的效力。准上所说,我们知
道荀子重统类,重经验,重一切明白可控制,因此,对将道内
在化、心性化、超越化的思孟学派自然很不以为然。

然而,我们如果进一步将思、孟后学与思、孟分开的话,
将会发现思、孟后学之僻违无类、幽隐无说、闭约无解比起
思、孟来,其情况尤为严重。因为孟子言四端,四端犹带有意
向性,仍须向外在的对象扩充;思、孟后学言四行、五行,重
点却是把儒家基本的德目意识化,亦即脱外在关系化,这种倾
向与荀子重统类的基本格局恰好对反。

如果说"德之行"的观点荀子很难相契,以仁气、义气、
礼气、圣气界定不同的道德心灵之始源阶段,并且可以用这些

---

[43]《荀子非孟的思想史背景——论"思孟五行说"的思想内涵》,《台湾大
学历史学系学报》,第 15 期,1990 年,页 30。

[44] 同上,页 32—33。

气去转化人的生理机构，使心、气、形成为同质性的结构，这样的道德实践在荀子看来自然更是索之杳杳，探之冥冥，完全超出他的认知架构之外了。[45]

孟子之后，儒学能发展出像《五行篇》《德圣篇》这样的理论，这真是令人意外。大体上笔者认为这样的发展是继承着孟子思想的脉络来的，但将五德意识化成为五行（或许该说，五种德之行），将恍兮惚兮的气分成诸种不同的德行之气。这种精微细致、幽深潜入的风格无疑地也反映了一时的思想风气。[46] 战国晚期的文献虽然散佚得极为严重，不过基本的一些走向还是可以追索出来的。如果《五行篇》及《德圣篇》一方面继承了思、孟，一方面又与当时思潮桴鼓相应，那么，我们对这两篇著作中反映出来的德之行、气及身体观的特色，恐怕就不能只将它们视为某一久被人遗忘的学派之思想，而当在一更广阔、更具普遍性的视野下定位。

---

[45] 蒋年丰先生从"形气"的观点，指出荀子和思、孟后学在这点上的认知差距极大，因此，自然无法接受思、孟五行说的内涵。蒋说颇值得参考，详细论证参见其文：《从思孟后学与荀子对内圣外王的诠释论形气的角色与意涵》，收入拙编：《中国古代思想中的气论及身体观》。

[46] 笔者首先联想到可以与之参照的，也是份新出土的材料。1972 年山东临沂银雀山出土久已失传的《孙膑兵法》，此书中有《延气》一篇，内容谈及"延气""利气""厉气""激气"等兵家气机（参见张震泽：《孙膑兵法校理》，北京：中华书局，1984 年，页 94—97）。《孙膑兵法》的兵家气机与《五行篇》《德圣篇》的道德之气虽然性质差别很大，但两者同样是在人感官、理智所不能触及的深层生命上面下工夫，借以掌握一种前概念的、前意识的身心隐微倾向。

第七章 理学论辩中的"作用是性"说

理学内部争执的论点不少，其中"作用是性"说是声浪较大、影响也较远的一个命题，这个命题后来成了一项标帜，朱熹则是这个标帜的主要设计者。至于被这项杀伤力甚强的标帜贴到的对象，前有告子，后有陆王学派、上蔡学派，中间则有佛教（特别是禅宗）。这个标帜改头换面，也可以以其他面貌出现，如"生之谓性""知觉运动是性"等等都是它的孪生兄弟。这些语汇从语义上看诚然是有些出入，但实质上的意思却是不变的。朱子学派一向认为它的论敌主张"作用是性"是犯了儒门大忌，背叛了儒门的基本义理。本文想指出的论点恰好与朱子学派相反，笔者认为朱子学派的论敌在这点上其实继承了先秦儒学（尤其《孟子》《中庸》《易传》）的传统而来，朱子学派是虑过头了。

一 死 了 告 子

朱、陆论争是理学史上的一大事因缘，本文的论述即从朱熹对陆象山的批判开始。

朱熹与陆象山相知甚久，相争甚烈，但结果是相执不下，谁也没劝服谁。朱陆争执的论点不少，依朱熹心平气和时的反省，"道问学"与"尊德性"的先后轻重，似乎是争执的核心。[1] 如依今人冯友兰、牟宗三两先生的解释，"心即理"与"性即理"的学说差异，才是问题的关键。[2] 两种解释所以会有出入是可以理解的，因为朱熹一向重实际入手的工夫，所以当他退处在"深欲劝同志者兼取两家之长，不可轻相诋訾"[3] 时，会认为两人的差异只是着眼点不同，最多也只是工夫先后有所偏重而已，而非实质上有什么矛盾。冯、牟两先生则重理论预设，他们认为朱陆之争虽有彼此误解之处，但根本上说来，两者之争辩是必然的，因为在他们学说基础的心性论上，两人即无法调和。一主心即理，一主性即理，心能否有超越意义，成了两人论辩的焦点。笔者认为朱与冯、牟二说并不冲突，两者并不构成矛盾的关系，但比较之下，冯、牟两先生的解释更根本。而事实上，当朱熹后来和陆象山越谈越僵之后，他也不再认为两人的争辩只限定在工夫入手的轻重先后，它的根源要深多了。[4] 笔者相信朱熹如果看到冯、牟两先生的解释，是会接受他们的观点的（当然不涉及"别子为宗"等价值的判断）。

[1] 参见《朱文公文集》（四部丛刊本），卷 54，《答项平父》二，页 6。

[2] 牟先生的观点散见他论理学的每篇著作，主要的论点参见《心体与性体》（台北：正中书局，1975 年），第 3 册。冯友兰的论点参见旧著《中国哲学史》，下册，14 章，出版社不详。

[3] 《朱文公文集》（四部丛刊本），卷 54，《答诸葛诚之》，页 4。

[4] 朱、陆论辩两人在情感及议题上，早晚皆有不同。详情参见陈来：《朱熹哲学研究》（台北：文津出版社，1985 年），页 314—412。

笔者基本上同意冯、牟两先生的解释，但笔者想从"心与知觉的关系"此一面相入手，再回过头来说明朱熹心性论的问题。

朱熹晚年对陆象山时表不满，但最奇怪的一点，莫过于他老是怀疑陆象山像告子。宋光宗绍熙三年十二月，陆象山逝世，朱子闻讣，"率门人往寺中哭之，既罢，良久曰：可惜死了告子。"[5] 告子是《孟子》书中有名的大异端，朱、陆皆以标举继承孟子为己任，陆象山在这点上自信尤深，但朱熹硬是认为陆象山理解孟子错得离谱。人死为大，朱熹于闻讣哀吊之日，竟然认为死一陆象山，如死一告子。朱熹此举如就人情言，似欠忠厚。然反过来看，朱熹在此种时刻居然会有此种话语，很可能这就是他念兹在兹的真正想法。我们如稍微翻阅《文集》《语类》的相关文献来看，"陆学是告子之学"绝非一时语病，它确实是朱熹的晚年定论。

在什么样的意义下，陆象山竟然可以比拟于告子？陈荣捷先生对这个问题有一简要的综述，他说朱熹的论点有四：一为陆象山不知有气禀之杂；二为他不教人读书；三为义外之说；四为陆、告两人皆主心言分离，"不得于言，勿求于心"。陈说认为第一、二点只是偶尔触及，第三、四点才是重点所在。但第三、四两点实相表里，因为义外之说与"不得于言，勿求于心"同是硬把捉的不动心之法。[6] 陈先生依文归纳，证据确凿，

---

[5] 《朱子语类》（台北：汉京文化事业有限公司，1980年），卷124，页10，以下简称《语类》。

[6] 文见其《朱子新探索》（台北：学生书局，1988年），页591—596。

很难反驳。第三、四两点相为表里，此断言亦是。但笔者认为上述四点事实上还有共通点可说，陈先生所举"不动心"此核心要素，也未尝不可从另一个面相解释。

朱熹认为陆象山不知有气禀之杂，这样的观点在《语类》《文集》中确实时常见到。大约陆象山与其门人讲课对谈时发散超拔之意多，沉潜蕴藉之味少，从主张"涵养须用敬"的朱子眼光看来，当然会觉得他们不但不知气禀之杂，而且身陷其病。但朱熹批评他们这种毛病，除了从陆象山及门人已发生或传闻的事判断外，[7] 依据生心害政的理论，朱熹认为还有更深层的理论可谈，此即陆象山自认为"只我胸中流出底是天理，全不着得些工夫，看来这错处只在不知有气禀之性"。[8] 换言之，在朱熹看来，陆象山所以敢无大无小，无父无兄，行事专断，语言粗暴，只因他不知有气质之性，误将气机鼓动视为天性展现，误认为只要胸中流出底即天理了。朱熹以上说法犹可细论，但言至乎此，我们知道其内容牵涉到的还是"心即理""性即理"的问题。因为朱熹思想体系中有气质之性与义理之性之分，陆象山的思想则不需要此分别。依"心即理"的架构，凡依本心流出者，则举凡身体的展现、行为的样态，无一不是天理的具体化。而在朱熹看来，凡没有依格物工夫，体

---

[7] 如传闻象山高弟傅子渊以"丧心"死，又据说"从陆子静者，不问如何，个个学得不逊。只才从他门前过，便学得悖慢无礼，无长少之节"。《语类》，卷124，页10。

[8] 《语类》，卷124，页9。

得性理之指导者，当然都是依气禀行事。

第二点不读书的问题，亦可进一解。陆象山本人当然不是不读书，但读书在陆象山的学问规模中没有什么重要的地位，这点却也是事实。[9] 诚如陆象山自己指出的：儒家大圣人尧、舜没有什么书可读，道德还不是照样高得很，[10] 可见关键在此不在彼。相形之下，朱熹却主张非读书不可，因为在朱熹泛格物的工夫论中，心只是气之灵，它具有特殊的明觉能力，但没有规范的作用。规范要从格物穷理中得来，但在儒家重人文秩序甚于重自然知识、重儒家伦理知识又甚于重其他领域知识的传统之影响下，读书变得很重要，读儒家经典当然更重要，而最重要的莫过于读《四书》。

朱熹怀疑陆象山为告子学的另一个理由是所谓"义外"的问题，这个批评可以说切入孟子学的核心，因为从孟子以至程朱、陆、王，不管他们学问的取径有何出入，没有人主张道德的依据是外在的。可是朱子批评象山"义外"，他一点都不服。相反地，陆象山反而认为朱子才义外得厉害，"义外"一辞变成朱、陆互相丢掷的致命武器。然而，在什么意义下，"义外"的评语讲得通呢？依陆象山对自己思想的解释，义外之说的帽子绝对是戴不上的，因为心即理，"万物森然于方寸之间，满心而发，充塞宇宙，无非此理"。[11] 这样的言论再怎么看，都

---

[9]　关于读书与朱、陆论辩的关系，参见陈来，前揭书，页382—383。
[10]　《象山全集》（四部丛刊本），卷36，《年谱》"淳熙2年"条，页16。
[11]　同上，卷34，《语录上》，页38。

只能是"义外"说的反命题。但依朱熹看法，却又不同。《语类》记载朱子问他的某位学生："别后，见陆象山如何？"那位学生回答：陆象山多说"分别'集义所生，非义袭而取之'两句"。朱熹应道：

> 彼之病处正在此，其说集义，却是义袭。彼之意盖谓学者须是自得于己，不为文字牵制，方是集义。若以此为义，从而行之，乃是求之于外，是义袭而取之也。[12]

在同书同卷的另一条语录里，朱熹再度批评了陆象山这种"义外"的观点，他并下一断语：像陆象山这样强分内外，甚至他人所说没错，只因其"义"在外，所以反而不去行它，这才是真正的告子之见。[13] 很明显地，朱、陆所以争辩义在内或在外，绝不只是意气用事，这个问题更深层的依据显然还是在"心即理"与"性即理"之争。心即理，则义自不在外；性即理，则行为如要中情合理，势必得有格物穷理之历程，所以也

---

[12] 《语类》，卷 124，页 7。

[13] 同上，卷 124，页 8，"必大录云"条。朱熹发挥《孟子·告子上》"食色性也章"亦甚可玩："李时可问仁内义外。曰：'告子此说固不是，然近年有欲破其说者，又更不是。谓义专在内，只发于我之先见者便是；若在外面商量，如此便不是义，乃是义袭。其说如此，然不知饮水饮汤固是内也。如先酌乡人与敬弟之类，若不问人，怎生得知……其说乃与佛氏不得拟议，不得思量，直下便是之说相似，此大害理。又说义袭二字全不是如此，都把文义说错了。'"（《朱子语类》，卷 59，页 4）朱熹此处所说的"近年有欲破其说者"当指象山学派中人。

就有所谓的"义外"之讥产生，但朱熹当然不会接受这样的判断的。[14]

陈先生所举的第四点为"不得于言，勿求于心"，朱熹所以怀疑陆象山是今之告子，其中一点即是他觉得告子与陆象山在解释言心关系处，颇多雷同：

> "不得于言，勿求于心"，是心与言不相干……告子只去守个心得定，都不管外面事。外面是亦得，不是亦得。孟子之意，是心有所失，则见于言，如肝病见于目相似。陆子静说告子亦有好处……陆子静却说告子只靠外面，更不去管内面。以某看，告子只是守着内面，更不管外面。[15]

"不得于言，勿求于心"是孟子综述告子学说的一项宗旨，其意大概指的是言为心声，语言如有毛病，其源头所在之意识早有毛病，所以学者只要听其言即可下判断，无需细论其心意如

---

[14] 朱熹虽然说万物皆有理，但"理"和"义"的概念不同。朱熹接受程伊川的解释，认为"处物为义"，所以说"义，宜也。是非可否，处之得宜，所谓义也。""义是于此物上自家处置合如此，便是义。义便有个区处。"（引文见《朱子语类》，卷95，页5，"伊川言在物为理"及"在物为理"条。）朱熹显然认为一件道德判断中，没有独立的认知性因素，但这不表示两者的活动没有先后之分。因此，朱熹的反对义外与陆象山的反对理由，并不相同。

[15] 同上，卷52，页5。

何。告子认为借着切断语言与意识的关联，只从语言判断，即可"不动心"。朱熹认为告子与陆象山相似，其理由何在，他不曾明说。因为单单就引文表面文字看来，陆象山对告子学说是有褒有贬的。但由告子之学"只是守着内面，更不管外面"看来，朱熹大概认为陆告两人都只是把捉此心，一任情性放肆，毫无格物穷理工夫可言。

上述所举四点，其实还是模糊。比起朱、陆争辩无极太极的问题来，"陆象山与告子"怎么联得上关系，朱子的语言确实很少有较精详的解析。但大体而论，问题的纠结可以归纳到"心即理"与"性即理"的基本立场之差异。告子的学说中当然没有"心即理"这样的讨论。但依朱子的想法，有没有这样的语汇不重要，重要的是有没有这样的实质内涵。当朱子形成"理气二分"及"心统性情"的理论架构以后，他即很自觉地掌握到儒家心性论与异端心性论的基本差异，此即：有没有超越的性理世界作为现实世界的依据。凡是没有超越的性理作为行为指导原则的学说一定是异端，而凡强调心的作用而不论性理的学说，那更是异端中的异端。因为这样的学说是"弥近理而大乱真"，无意之中将邪魔外道引进儒家的堂奥里来。在朱熹看来，当时的学界人物最有这种吴三桂嫌疑的，莫过于陆象山。而跟陆象山同科的外道远的是告子，近的则是禅宗。而且很独特地，不管陆象山、禅宗、告子学说中有多大的差异，朱熹却看出它们之间有相同的地方，而且相同的地方还是主要的。它们三家相同之处乃是：重视心灵知觉的妙用，而不管性即理的超越依据，也不管格物穷理的认识过程。

我们以上的说法是否推演太过呢？绝不是的。朱熹本人虽然没有明显地将陆象山、告子、禅宗三者并论，但他认为陆象山是告子的说法甚多，他主张陆学为禅的说法也不少。最发人深省的是《语类》里记载曾祖道话语的一条：

> （曾）祖道曰："顷年亦尝见陆象山……象山与祖道言：'目能视，开能听，鼻能知香臭，口能知味，心能思，手足能运动，如何更要甚存诚持敬，硬要将一物去治一物，须要如此做甚！咏归舞雩，自是吾子家风。'……"朱子曰："陆子静所学，分明是禅。"[16]

曾祖道引陆象山语，分明不差，其言论确实是陆门宗旨。而朱子说陆象山这种理论"分明是禅"，也确实是朱子长期以来对陆象山的怀疑。

曾祖道这条资料很值得玩索，很明显地，在朱熹看来，这样的陆门宗风正是"作用是性"的表现，而"作用是性"却是朱熹一贯对佛教——尤其是对禅宗——最不满意的地方。且看下文所说：

> 问释氏作用是性。曰："……其言曰：'在目曰见，在

---

[16]《语类》，卷116，页11。

> 耳曰闻，在鼻嗅香，在口谈论，在手执捉，在足运奔，遍
> 现俱该法界，收摄在一微尘。识者知是佛法，不识唤作
> 精魂。'……他个本自说得是，所养者也是，只是差处便
> 在这里。吾儒所养者是仁义礼智，他所养者只是视听言
> 动……他只见得个浑沦底物事，无分别，无是非。"[17]

试比较此条与"曾祖道"条，两者不但旨趣相同，连话语都非
常近似。朱熹一向认为自己是学界内的捕盗高手、抓赃能人，
他当代的许多同志都被陆象山表面话语瞒过，不晓得私盐贩子
瞒天过海的勾当。[18] 但朱熹说他自己懂禅，所以一下子就能抓
住陆门要害。

尤有甚者，在朱熹看来，"作用是性"不但成了陆象山与禅
宗的共同财产，事实上告子学说的真正旨归也恰在此处。他说道：

> 佛氏原不曾识得这理一节，便认知觉运动作性，只
> 认那能视、能听、能言、能思、能动底便是性……它都不
> 管，横来竖来，它都认作性。它最怕人说这"理"字，都
> 要除掉了，此正告子"生之谓性"之说也。[19]

---

[17] 《语类》，卷 126，页 13。

[18] 朱熹喜欢以私盐贩子瞒天过海的勾当形容陆象山的学问，参见《语
类》，卷 124，页 9 所云。

[19] 《语类》，卷 126，页 11。

朱熹在这里仍很一贯地以他"性即理"及"格物穷理"的思想架构当作正统与异端的大分野。告子当然不会有理的观念，所以他的"生之谓性"的命题一转译之下，就与"知觉运动作性"没有两样了。但是佛教的学说中何尝没有它的空理？陆象山又何尝不认为即心即理？不过依朱熹的哲学判断，"空理"之理或"心即理"之理都是虚的，不是实理，所以不能当作正统与异端之分的堤防，吹开这些障人的迷雾来看，佛教的"运水搬柴是道"、陆象山的本心扩充、告子的"生之谓性"其实说的都是同一回事，同样是种自然主义的外道思想，同样是将人的身心机能之表现视同人的本质。这样的进路由于不知有超越的规范领域，所以终缺乏向上一线之机，因此，毕竟也只能在朱熹认为的知觉本能中过活。

如果说朱熹将禅、陆象山、告子视为三位一体的言论仍不够多，态度有时也还有几分蕴藉宽容的话，那么，在他门徒身上，这种自制就少多了。我们且看宣扬师说不遗余力的陈淳在这件事情上的观点如何：

> 象山学全用禅家宗旨，本自佛照传来，教人惟终日静坐以存本心，而其所以为本心者，却错认形体之灵者以为天理之妙……此正告子生之谓性，佛氏作用是性，蠢动含灵皆有佛性之说。[20]

---

[20] 文见《北溪大全集》（台北：台湾商务印书馆，四库全书珍本），卷24，《答黄先之》，页9。

　　　　此一种门户，全用禅家宗旨，祖述那作用是性一说，
　　将孟子所辟告子"生之谓性"底意，重唤起来，指气为
　　理，指人心为道心，谓此物光辉灿烂，至灵至圣，天生完
　　具，弥隔世界，千万亿劫，不死不灭，凡性命道德仁义礼
　　智，都是此一物而异名。[21]

陈淳真不愧为朱门高弟，朱熹隐而未发，欲言而难以畅言的心
意，被他一口道尽。陈淳恪守师说，捍卫门户是有名的，前儒
对他早有"坚守师传，不失尺寸"[22] 之誉。他所坚守的，正是
其师的格物穷理说；他所再三抨击的，则是一时流行的"形气
之虚灵知觉"理论。[23] 如撇开价值判断不谈，笔者认为他主张
"陆象山的本心观念与告子的生之谓性之说、禅的作用是性之
说在本质上是相同的"此一判断确实有本有据，它不但符合朱
熹本人的想法，而且尔后也成为祖述朱熹学说者常具有的共同
立场。

---

[21] 引自《宋元学案》（台北：世界书局，1966 年），卷 68,《北溪学案》，
　　　"答郑节夫"条，总页 1263。
[22] 《四库全书总目提要》（台北：台湾商务印书馆，1983 年），卷 161,
　　　集部，别集类十四，页 12。
[23] 《宋元学案》论陈淳为学宗旨说："先生叹陆学张王，学问无原，全
　　　用禅家宗旨。认形气之虚灵知觉为天理之妙，不由格物穷理，而欲
　　　径造上达之境，反托圣门以自标榜，乃发明吾道之体统……"（台
　　　北：世界书局，1966 年，卷 68,《北溪学案》，总页 1257）学案此
　　　叙述甚是。

二　王阳明、罗近溪之良知说

在南宋，陆象山的本心说被朱学视为与告子及禅学同科。明朝中叶后，王学取代了陆学的位置，成为朱子学派新的箭靶。王学传至泰州学派，此派学者多赤手斩龙蛇之辈，世俗礼法、涵养进学都无法拘束之，所以他们更成了朱子学派瞄准的箭靶之红心。

王阳明的学说核心在其良知，良知说则继承陆象山的本心说而来。王阳明在举世崇朱、陆学几乎无人言及的情况下，特地标举陆学，可见这两家的学说确实是血脉相连的。陆、王学说当然还有异同可论，[24] 但大致说来，在论及心性与理的关系上面，陆、王两家的观点是一致的，亦即：两家都主张心即理，心的流行发动处即是性理的展现，而且心的流行不只限于意识层，它连人的知觉展现都当包含进去。朱熹生前反对此种观点最为激烈。明代的朱子学者面临王阳明这样的对手，他们也采取一样的反对立场，但他们这次面临的对手不管在理论层次、教学层次或社会影响面上，都比陆象山当年来得深入多了。

陆、王同称，事出有因，两者在哲学派别上确属同一系

---

[24] 参见唐君毅：《中国哲学原论·原教篇》（香港：新亚研究所，1975年），第 12 章。

统。但王学在探讨心性论问题上，比陆象山深入，这种说法大概是可以成立的。陆象山讲学，素重立志，见其大，畅发本心。学者或认为在宋明理学中，初学者最宜由陆学进入，[25] 这种评价是有道理的。但这种评价反过头来说，也就是在细部内容上，陆象山多阙而不论，留下许多空白，这些空白部分主要由王阳明填补起来。王阳明思想以良知说为中心，良知在王学中有两个面相，一方面它是道德实践的主体，另一方面它是宇宙存在的本体，道德实践的主体与宇宙存在的本体虽然展现的样态不同，但就其本体而言，却是相同的。主体与本体如何合一，此事在哲学概念上诚需厘清，但就放在体验的心性论基础上考察，明儒不但多有此论述，而且很多人都还说道自己曾亲身体验。从王学的立场看来，良知是具有无限的纵深的，它的根底是建基在全体一太极的宇宙面相上，而其展现则可在个体的身心连续体，以至于意识层上显露出来。因此，学者平日虽只能体知道德主体，但如果他能亲契"无声无臭独知时"之境，他即可知"此是乾坤万有基"。良知范围至此无限扩大，包容万物。

　　如果说良知的范围可以涵天盖地，那么，它是否可涵摄身体呢？或者说：身体跟它是什么关系呢？我们这样问是否犯了"无关论证之谬误"？只为了证成本文的写作目的，而强将两种不同范畴的问题绑在一起？笔者认为不是的，不但不是，笔

---

[25] 参见唐君毅：《中国哲学原论·原教篇》，页 343—345。

者还认为王阳明是很自觉地将他的良知理论扩大使用，超越了
一般所谓的意识的范围。

王学兴起，主要是对朱子学的反动；王阳明提出"心即
理""致良知""知行合一"等理论，也是针对朱熹"性即
理""格物致知""知行并进"等主张的反命题。我们前文提
过：朱熹主张心只是气之灵，心本身没有道德规范义，规范
是从格物穷理以后体得性理所致。但王阳明认为良知既然是
彻上彻下，由道德主体直通宇宙本体，因此，性理的展现也
见于良知的流行。朱熹说心是气之灵，王阳明不一定会反对，
但他反对气之灵的"气"只是理气二分系统下的气。如果气指
的是种流行，其地位略同《易传》所谓"神"，那么，王阳明
是会赞同朱熹的观点的。《传习录》里有几条语录谈及此间关
系，比如：

> 问仙家元气、元精、元神。先生曰："只是一件，流
> 行为气，凝聚为精，妙用为神。"[26]

> 夫良知一也，以其妙用而言谓之神；以其流行而言谓
> 之气；以其凝聚而言谓之精。安可以形象方所求哉？[27]

精、气、神这组概念从晚周、秦、汉以后，指涉的既是宇宙论

---

[26] 陈荣捷：《王阳明传习录详注集评》（台北：学生书局，1983 年），页
    92。以下简称《传习录》。
[27] 同上，页 216。

的概念，也是人身医学的概念，又是心性学的概念。王阳明很明确地指出：精、气、神只是一件，而且三者同样是良知的一个面相。换言之，良知这个语汇通常指的是道德意识，但追根究柢，它还可运用到身心问题及宇宙存在问题上面。

良知作为乾坤万有基（王龙溪所谓"乾知"）的问题姑且不论，但由元气、元精、元神皆为良知的理论看来，我们发现王学与传统医学、养生学在理论上有密切的关联。王阳明一再劝他的弟子为学当以致良知为主，但致良知不是和修炼之学无关，而是前者包含了后者，而且比专修后者更少毛病。[28] 事实上，王阳明在几处地方提过：专讲道德意识与专讲养生，都是"各滞于一偏"。[29] 医家与道家人士专讲养生，诚然见解不够透彻，但他们能够以身体为鼎炉，彻底转化身心结构，自造性命，却也有值得赞美之处。王阳明认为良知既是纵深的，而且是全体的，因此，医家与道家人士亲身体验出来、而一般人囿于见闻无从见得之本地风光，恰可用来证成良知不只是个人层面的道德意识而已，连意识所不及，而为元气元神元精所贯穿之身体展现，也都是良知的变相。

由元精、元气、元神皆属良知，它贯穿到人全身之存在，我们可以推知：王阳明必然会把感官知觉都视为良知的展现，而且各类的感官知觉根本上都是同质的，换言之，也都是"同

---

[28] 参见王阳明论仙家说虚之语。《传习录》，页 328。
[29] 《传习录》，页 215。

感之觉"（synesthesia）的。果不其然，王阳明《传习录》即说到此义：

> 这视听言动，皆是汝心。汝心之视发窍于目，汝心之听发窍于耳，汝心之言发窍于口，汝心之动发窍于四肢。若无汝心，便无耳目口鼻。所谓汝心，亦不专是那一团血肉……所谓汝心，却是那视听言动的。这个便是性，便是天理。有这个性，才能生。这性之生理，便谓之仁。这性之生理，发在目便会视，发在耳便会听，发在口便会言，发在四肢便会动，都只是那天理发生。[30]
>
> 心不是一块血肉，凡知觉处便是心。如耳目之知视听，手足之知痛痒，此知觉便是心也。[31]

王阳明当然不会认为任何的眼视、耳听、鼻嗅都是良知的展现，被后儒严厉抨击的王学末流或许真有"狂炽而肆"的现象，但此种学风无疑是将良知的规范作用去除所致。王阳明上文所说，乃是强调良知如得其正，则任何的身体展现都是良知的流行，道德意识绝不仅止于意识层而已，它是身体架构与道德意识互相渗透、泯不可分的连续体之全体展现，因此，任何的身体展现皆是一种前意识的良知作用。

---

[30]《传习录》，页146。
[31] 同上，页373。

　　由此我们可论及王学核心理论的"知行合一"说。学者中颇有人主张"知行合一"说谈的不是知识与行为的问题，[32] 这种说法是有道理的。但王学的知行合一说之理论背景与知行理论却不是毫无关联。我们前文已提及王学此论是针对朱熹理论而发。朱熹认为学者行事当依格物穷理去做，不可即心即理，鲁莽冲动。因此，就实际行动而言，虽说知行如鸟之双翼，交替代进；但就理论结构而言，却是非得先有认知之理在先不可。[33] 但王阳明的良知涵天盖地，它渗透到学者的一举一动。因此，王阳明认为朱熹将知行分开来论，不但方法不善巧，更糟的是，就义理而言这种论法也是错误的。在答高弟徐爱问知行是否两事时，王阳明回答道：

　　　　此已被私欲隔断，不是知行本体了，未有知而不行者……故《大学》指个真知行与人看，说"如好好色"，"如恶恶臭"。见好色属知，好好色属行；只见那好色时，已自好了，不是见了后，又立个心去好。闻恶臭属知，恶恶臭属行；只闻那恶臭时，已自恶了，不是闻了后，别立个心去恶……若会得时，只说一个知，已自有行在；只说一个行，已自有知在。[34]

---

[32] 参见牟宗三：《王阳明致良知教》（台北："中央文物供应社"，1980年）页 20—21；以及劳思光：《中国哲学史》（台北：三民书局，1981年）页 422—441。

[33] 参见《语类》，卷 9，论知行处。

[34] 《传习录》，页 32。

如上所说，则知行根本不是合一，而是知行本一，"只说一个知，已自有行在；只说一个行，已自有知在"。两者都是从良知本体流露出来的，其差别并不是在本质上，而是在展现出来的模态上。所以在《答顾东桥书》里，王阳明又补充道："知之真切笃实处，即是行；行之明觉精察处，即是知。知行工夫，本不可离。只为后世学者分作两截用功，失却知行本体，故有合一并进之说。"[35]

确定王阳明的"知行合一"说根本不是"合"的问题，而是"知行本一，模态不同"，而且针对的现象是朱子学派或"今人""截然分作两件事作"。我们可以再进一步看他举的例证如何："见好色属知，好好色属行；只见那好色时已自好了，不是见了后，又立个心去好。闻恶臭属知，恶恶臭属行；只闻那恶臭时已自恶了，不是闻了后，别立个心去恶。"王阳明这样用的"行"字较特殊，绝非一般所谓行为之谓，而是近于《庄子》所谓"心之行"（《天下篇》），或佛教所谓"心行处绝"之"心行"。但它与行为也不是无关，它是指行为的根源处——此即知觉与意识判断同时呈显处。在此源头处，人一有知觉，此知觉即有一道德情感之判断。换言之，知觉是有厚度的，它同时即认知即好恶即判断。如以康德情意知三分之格局比勘，我们可以说王阳明的"知行合一"说乃强调人的知觉展现即同时具有情意知三因素，而且三者相即相入，不可析离。

---

[35]《传习录》，页166。

因此，学者之目见鼻嗅，决不仅是生理作用而已，它是良知之外显（开窍），目见鼻嗅中即有道德之好恶与是非判断。

比较王阳明的良知说与陆象山的本心说，我们发现王说无疑地精细多了。但从明代朱子学学者的眼光看来，却是王阳明的毛病深多了，也更难对付多了。而从护教的立场出发，王阳明的良知说更非驳倒不可。我们且看明代朱子学学者对王学无情的批判：

> 《传习录》有云："吾心之良知，即所谓天理也。"又云"道心者，良知之谓也。"又云："良知即是未发之中。"《雍语》有云："学问、思辨、笃行，所以存养其知觉。"又有问"仁者以天地万物为一体"，答曰："人能存得这一点生意，便是与天地万物为一体。"又问："所谓生者，即活动之意否？即所谓虚灵知觉否？"曰："然。"又曰："性即人之生意。"此皆以知觉为性之明验也。[36] 儒以义理为主，佛以知觉为主，学术真似同异，是非邪正，皆判于此。陆象山曰："吾目能视，耳能听，鼻能知香臭，口能知味，心能思，手足能运动，更要甚存诚持敬！"杨慈湖曰："吾目视耳听鼻嗅口尝手执足道，无非大道之用。"王阳明曰："那能视听言动底便是性，便是天理。"此以知

---

[36] 罗整庵：《困知记》（台北：台湾商务印书馆，1966 年，丛书集成简编本），卷 3，总页 19。

觉为主也。愚谓义理于人，所系甚重，全义理，则为圣为贤；失义理，则为愚为不肖。知觉则夫人有之，虽桀、纣、盗跖亦有之，岂可谓能视听言动底便是天理，无非大道之用耶！此理甚明，岂容诬也！

仁义礼智，理之精也，所以主正乎知觉，而使之不差者也。虚灵知觉，气之妙也，所以引翼乎仁义，而为之运用者也。二者相为用也。[37]

夫禅者则以知觉为性，而以知觉之发动者为心。故彼之所谓性，则吾之所谓心也；彼之所谓心，则吾之所谓意也。其所以灭彝伦，离仁义，张皇诡怪，而自放于准绳之外者，皆由不知有性，而以知觉当之耳……阳明言性无善无恶，盖亦指知觉为性也。其所谓良知，所谓天理，所谓至善，莫非指此而已。故其言曰："佛氏本来面目，即我门所谓良知。"又曰："良知即天理。"又曰："无善无恶，乃所谓至善。"虽其纵横变幻，不可究诘，而其大旨亦可睹矣。充其说，则人伦庶物，固于我何有，而特以束缚于圣人之教，未敢肆然决裂也……其倡之者虽不敢自居于禅，阴合而阳离。其继起者，则直以禅自任，不复有所忌惮，此阳明之学所以为祸于天下也。[38]

---

[37] 陈建：《学蔀通辨》（台北：广文书局，1971 年），卷 10，总页 165。

[38] 陆陇其：《学术辨》（台北：台湾商务印书馆，1966 年，丛书集成简编本），《辨中》，页 3。

以上三条，第一条出自罗整庵的《困知记》，第二条采自陈建的《学蔀通辨》，第三条则取之于陆陇其的《学术辨》。罗、陈、陆三氏为明中叶至清初的朱子学大家，三人言论作为明朝理学内部反王学的抽样代表，具有一定的说服力。我们试比较三家论点，不难发现：彼此的论述虽有详略之分，但箭头瞄准的红心都是一样的，都是直指王学错将良知视为性体，换言之，也就是错认心即理，所以才会认为从心知之发以至目视耳听皆为妙道。

心、性、理与知觉作用的关系到了王阳明手中，已可说大体确立，但立教层是一回事，作用层又是一回事。就理论层次而言，阳明后学后来在论心性问题处，并没有大幅跨越阳明学阈域；但就作用层而言，则因学者切断格物穷理与道德流行的系联，学者的工夫只是用来体证良知，良知即流行，流行当下即是。所以王学有些流派后来越走越狂，越走越险，其中最明显的莫过于泰州学派，而论及从知觉作用体证良知之教的思想家，最显著者莫过于泰州学派的罗近溪。陆陇其说继阳明而起者"则直以禅自任，不复有所忌惮"，并未明确指证，而阳明后学如泰州学派的王艮、颜山农、何心隐、李卓吾，江右学派的王龙溪等人，都有列名被骂的资格。但我们如果把罗近溪列进去，也决没人会怀疑他是适当人选。事实上，连跟陆陇其并世而生，而且学脉属于王学系统的黄梨洲也同样提出了这项指控。

黄梨洲在《明儒学案》中说道罗近溪舌胜笔，其立论宗旨讲究浑沦顺适，破除光景，在王门诸多弟子及再传、三传弟子中，最善讲道。然而，黄梨洲笔锋一转，继续评道：

> 然所谓浑沦顺适者，正是佛法一切现成，所谓鬼窟活计者，亦是寂子速道，莫入阴界之呵，不落义理，不落想像，先生真得祖师禅之精者。盖生生之机，洋溢天地间，是其流行之体也。自流行而至画一，有川流便有敦化，故儒者于流行见其画一，方谓之知性。若徒见气机之鼓荡，而玩弄不已，犹在阴阳边事，先生未免有一间之未达也。[39]

黄梨洲对阳明学服膺甚深，对罗近溪也不能说没有同情的理解。但他依然认为罗近溪徒讲浑沦顺适，徒见气机鼓荡，终日玩弄不已。

罗近溪对学生及听众演讲时注重气机鼓荡，当下提撕，这是事实；他的言语浑沦顺适，如丸圆转，这也是事实。但这种风格与其视作禅门专利，还不如视作王学以良知立教必然会发展出来的风貌。因为王阳明的良知不是与性理切断关系的气之灵，它是"乾坤万有基"在身心上的展现，它伴随着精微的神气流行，体现在人的知觉及身体运动中，所以它的展现一定是

---

[39] 《明儒学案》（台北：明文书局，1991 年），卷 34，《泰州学案三》，总页 762。

当下的、具体的、一次性的。因此，当王阳明立下义理规模后，以后的人指点良知时，很自然地会从义理的架构再还原到当下情境里的展现。王阳明生前教导学生早已"气机鼓荡"，[40]罗近溪继起，王学已经数十年之发展。我们不宜忘掉：罗近溪讲学的阶段已讲到"此性惟不能知，若果知时，便骨肉皮毛，浑身透亮；河山草树，大地回春"。[41]我们也不宜忘掉：王学发展到罗近溪，已不单单是思辨解析之事，在五千人的讲会中、在满书院的听众前、在随时随地与同志门生的互动之际，良知是要在言语、行动中表现出来的。因此，如再配合"知觉展现、身体运动都是良知"这样的宗旨，罗近溪讲学怎能不气机鼓荡，浑沦自适！至于这样的学风是否受到禅的刺激，这是另一回事。但不管历史上的相互影响如何，一种主张性理会在明觉上展现的学说，而这学说又是可以证成的，它如果没有引发"在知觉展现上指点良知"的教学方式，那才是咄咄怪事。

罗近溪学问当然继承王阳明自知说而来，但其源头不仅于此，他还近承程明道论仁，远承孔孟论心性、《中庸》，《易传》论生生。他反对抽象，不喜凭空设想，主张知体、心体、道体贯通为一，而且这"一体"生生不息，无时无地不在知觉云为间显露。本文无意专论罗近溪，但由于罗近溪思想在某种侧面上是阳明良知说的放大发展，所以底下仅殿之以数条相关资

[40] 参见陈荣捷：《王阳明与禅》（台北：学生书局，1984年），页73—81。
[41] 罗近溪：《旴坛直诠》（台北：广文书局，1977年），卷下，总页197。

料，以见"良知不离知觉作用"之特色：

> 盖大体小体兼备，方是全人；视听言动思兼举，方是全心。但人初生，则视听言动思浑而为一；人而既长，则视听言动思分而为二。故要存今日既长时的心，须先知原日初生时的心。[42]

> 于天地人物神理，根源直截，不留疑惑。所以抬头举目，浑全只是知体著见；启口容声，纤悉尽是知体发挥，更无帮凑，更无假借。[43]

> 捧茶童子却是道也。[44]

> 一夕，卓吾公论西方净土甚详。师笑曰："南方、北方、东方独无净土耶？"卓吾默默，众亦默然，久之，寂无哗者。师曰："即此便是净土。"[45]

前两条论理，后两条指点。论理两条指出良知与知觉作用关系极为明白，"大体小体兼备，方是全人"这种语言更容易令我们联想到孟子的"践形"或管子的"全形"理论，其细节不需再论。由后两条指点处，我们可看出任何的行为举止都由良知显现，所以捧茶童子，手举足行，戒慎恐惧，全神凝注于身体

---

[42] 引自《明儒学案》，《泰州学案三》，页799。

[43] 《盱坛直诠》，页198。

[44] 同上，页96。

[45] 同上，页209。

运动当中，而即此身体运动即为良知之流行。甚至于在无声无息中，人的身体知觉极为内敛，学者回到意识深层的神气流行，此时亦是良知在起作用，所以说"即此便是净土"。《盱坛直诠》中类似之语极多，而其旨近似，故不录。[46]

三　程颢、谢上蔡之以觉训仁

宋明理学从朱陆分化以后，凡提倡"心即理"之说者一直受到朱熹学派的排斥。这种紧张情况到了晚明达到前所未有的高峰，彼时，泰州门下已将"心即理"之说发挥得淋漓尽致，而在朱熹学派中人看来，陆、王之学的毛病至此也全盘托出，再也无从隐瞒。在第二节末论及罗近溪处，我们论及他思想的特点是将知体、心体、道体一体而论，生生之意遂贯穿一切存在。而他这样的思想是近承王阳明、程明道，远承孟子、《中庸》、《易传》的，这样说来，岂非朱、陆分派以前的程明道及孟子、《中庸》、《易传》作者都在为陆、王背书，而朱熹之学反而真是"别子为宗"了？

朱、陆孰为大宗？孰为别子？这种判断不是本文想要处理的，但朱熹在判断陆象山像告子、禅宗后，还曾反省儒门这种毛病的根源。他认为当时儒门所以犯下这个毛病，绝不是平地

---

[46] 有关罗近溪论知觉、良知、仁的关系，参见蒋年丰：《体现与物化：从梅露·庞帝的形体哲学看罗近溪与庄子的存有论》，《中国文化月刊》，第 105 期，1988 年。

起波浪，而是前辈学人已开了非常坏的前例："上蔡一转而为张子韶，上蔡所不敢冲突者，张子韶出来，尽冲突了；子韶一转而为陆子静，子韶所不敢冲突者，子静尽冲突。"[47]张横浦也是朱熹极端讨厌的一位思想家，大抵当时主张调和儒佛，或者朱熹认为其学说有援儒入佛、出卖圣贤血脉嫌疑的人，都是学界里的罪魁祸首。张横浦与儒佛的关系如何，当另外论，但朱熹认为谢上蔡与陆九渊学说有些渊源，此事却可说得通。陆象山的学说是自家体证出来，很难说有什么师门传授，朱熹认为他的学说承自谢上蔡，并不是从师门传授的观点说，而是从思想系统内部判断。黄宗羲指陈谢上蔡思想特色如下：

> 上蔡在程门中英果明决，其论仁以觉、以生意，论诚以实理，论敬以常惺惺，论穷理以求是，皆其所独得，以发明师说者也。[48]

黄宗羲的解释非常恰当，用"觉""生意"论仁，用"实理"论诚，用"常惺惺"论敬，确实是谢上蔡一贯的风格。比如说：

> 心者，何也？仁是已。仁者，何也？活者为仁，死者为不仁。今人身体麻痹，不知痛痒，谓之不仁。桃杏之核，

---

[47] 《语类》，卷20，页27—28。
[48] 《宋元学案》，页535。

可种而生者，谓之仁，言有生之意。推此，仁可见矣! [49]
出辞气者，犹佛所谓从此心中流出。今人唱一喏，不从心
中流出，便是不识痛痒。古人曰："心不在焉，视而不见，
听而不闻，食而不知其味。"不见不闻不知味，便是不仁，
死汉不识痛痒了。又如仲弓出门如见大宾，使民如承大祭，
但存得如见大宾、如承大祭底心在，便是识痛痒。[50]

以上引文是标准谢上蔡的风格。谢上蔡讲学也是以仁为宗，但
他所说的仁不是个超越的性理，仁是生机的流行。从形上学的
观点来看，它遍于一切存在，所以只要有生命处即有仁。实践
地来看，仁则见于人身的一切生命活动，从人的意识以至人的
知觉，只要它一有活动，即有仁贯乎其中，亦即有性命与之展
现。仁（性）与生命的关系不是由后者逆推出前者，而是仁
（性）即在生命中展现，所以每一生命的展现本身就是仁（性）
的殊样性呈显。

　　谢上蔡的语言简洁明了，壁立千仞，与陆象山之说真有近
似之处。但朱熹就是不喜欢这条路线，他又看到禅宗的亡魂改
头换面，潜入到儒家的骨髓来了。他批评道：

　　　（上蔡）说仁、说知觉，分明是说禅。[51]

[49] 《宋元学案》，页531。
[50] 同上，页533。
[51] 《语类》，卷20，页27。

> 医者以顽痹为不仁，以其不觉。不觉固是不仁，然便谓觉是仁，则不可。[52]

> 上蔡之言知觉，谓识痛痒、能酬酢者，乃心之用而知之端也。二者亦不同矣，然其大体皆智之事也。今以言仁，所以多矛盾而少契合也。愤骄险薄，岂敢辄指上蔡而言？但谓学者不识仁之名义，又不知所以存养，而张眉努眼，说知说觉者，必至此耳。[53]

朱熹对程门弟子多不满意，对谢上蔡之意见尤多。他反来覆去批评这几位程门高弟的，乃是他们都夹杂禅学。谢上蔡被批评得特别厉害，乃因朱熹认为他所夹带之禅学尤多。但是，程门高弟游、杨、谢、尹皆曾亲闻其师謦欬，为什么他们皆不得师门真传，末流皆流入禅去？而且越是高明者，禅意越多，此事真是费解。朱熹晚年造道愈深，对伊川之言越觉亲切有味，反过来说，也就愈对程门高弟不满。

但是，谢上蔡重“觉”“生意”“常惺惺”，真是流入禅去，尽叛师门吗？凡对理学传统不太陌生的人都了解：谢上蔡所发扬的这些观念其实是从他的老师程明道那边来的。朱熹认定谢上蔡违背师门，认禅作父，黄宗羲就很不以为然。在前文引其语以证谢上蔡是“发师说者也”下面，黄宗羲进一步代谢上蔡

---

[52]《语类》，卷101，页6。

[53]《朱文公文集》（四部丛刊本），卷42，《答胡广仲》，页9。

申冤。他说：朱熹怀疑谢上蔡杂禅，其理由有三。第一点与本
文不相干，暂且不论。另外两点如下：

> 谓"知觉得应事接物底，如何唤作仁？须是知觉那理
> 方是"。夫觉者，澄然无物，而为万理之所从出。若应事
> 接物，而不当于理，则不可谓之觉矣！觉外求仁，是觉者
> 一物，理又一物，朱子所以终身认理、气为二也。谓"上
> 蔡说先有知识，以敬涵养，似先立一物了"。夫上蔡此言，
> 亦犹《识仁篇》所云："识得此理，以诚敬存之而已。"盖
> 为始学者言，久之则敬即本体，岂先有一物哉！其言语小
> 有出入，则或有之，至谓不得其师之说，不敢信也。[54]

黄宗羲替谢上蔡辩白之意，情见乎辞。朱、黄两人对谢上蔡评
价不同，根本的原因还是起于哲学立场的差异所致。朱熹评的
第三点，多少有些深文周纳之嫌，黄宗羲的反驳无误。朱熹大
概认为谢上蔡又在悬着一个光亮亮的心境在那边，等学者去体
证涵养了——这又违背朱熹格物穷理的层次了。

最严重的出入在以觉论仁处。朱熹说谢上蔡误解师门，黄
宗羲却说误解的是朱熹本人，而非谢上蔡。就我们目前已知的
文献看来，朱、黄两家的是非其实是很清楚的，误解的不是谢
上蔡，而是朱熹。朱熹因为心 / 性、理 / 气二分，当然不可能

----

[54]《宋元学案》，总页535。

将"觉"视作本心（良知）之妙用，而且也不会认为大程子的思想竟然会和自己的相反。黄宗羲评骘道"觉外求仁，是觉者一物，理又一物，朱子所以终身认理气为二也"，则是站在阳明学派上的当理之谈。此外，黄宗羲认为谢上蔡与程明道的思想大体一致，最多只有言语上的小出入，这个判断大概也是很难否认的。

这里面就牵涉到朱熹与程明道思想间异同的问题了。谢上蔡以"知觉""生意"说仁，在程明道思想中是可以找到源头的，而且这还不是边际性的概念。以"知觉""生意"说仁是程明道思想的一大特色，比如说：

> 医书言手足痿痹为不仁，此言最善名状。[55]
>
> 切脉最可体仁。[56]
>
> 满腔子是恻隐之心。[57]
>
> "生之谓性"，性即气，气即性，生之谓也。[58]

程明道语言清新有味，比起罗近溪来，似乎尤能一洗儒学肤浅套括之气。但言为心声，程明道语言上显现出来的风格正是他

---

[55]《二程集·河南程氏遗书》（北京：中华书局，1981 年），卷 2 上，《元丰己未吕与叔东见二先生语》，页 15。

[56] 同上，卷 3，《谢显道记忆平日语》，页 59。

[57] 同上，页 62。

[58] 同上，卷 1，《端伯传师说》，页 10。

学问宗旨的反映。程明道主识仁，但他说的仁与心体、道体合一，不但合一，而且是当下即一，仁体即在眼前的身体展现与自然的运转中呈显出来——罗近溪在这点上颇能发挥程明道之说，虽然两人的气象仍是不同——"切脉最可体仁"这类的话语绝不是一时即兴妙语。刘宗周诠释道：

> 脉脉不断，正此仁生生之体，无间断，故无痿痹。[59]

刘说正是当理之谈。程明道思想我们可以说是种生命哲学，他不仅说过切脉体仁的话，他也说过"观鸡雏可以观仁"[60]这种绝妙语言。朱熹最不满意的另一位大异端张横浦对程明道的这种太和元气，即佩服得五体投地，他曾对学者说过：程明道的窗前茂草覆砌，不加剪芟。有人劝他整理，他说不可，因为这可观"造物生意"。程明道又曾畜盆池，养小鱼数尾，时时观览，为的是体证"万物自得意"。张横浦劝学者当超越流俗之见，好好想想为什么观草观鱼，都可观出造化之生意的大道理出来[61]。由此可见程明道特重仁道与生命之同一，绝不是偶然的，在当时一定曾带给学生及同代学者相当深的印象。

但程明道所以能从生命流动处观出万物自得意与造物生意，其理由不是肇因于美感鉴赏，也不是一般的自然之冥契

---

[59] 引自《宋元学案》，总页 322。

[60] 同上，页 324。

[61] 同上，《明道学案下》，总页 335。

主义所致。他的思想立场是奠定在《中庸》《易传》的创生道体与孔孟的仁体、心体之立场上。[62] 所以严格说来，我们虽因程明道从有生命处体仁、体道，而以"生命哲学"称呼其思想，但这种生命哲学不是建立在生物学基础上，它的真实内涵还是儒家的性命哲学。只因程明道特别强调生生之机、仁心流行、知觉展现，为显题起见，我们姑且以生命之名冠其哲学。

由于程明道有这样的学问宗旨以及圆融自如的个性，所以他连"生之谓性""满腔子（满身）是恻隐之心""痿痹不仁"这类的话语都堂堂使用，毫不避讳。但可以肯定的是：程明道使用这些话语与他的思想是一致的。"生之谓性"此命题虽然由告子提出，但由于告子和程明道所理解的"生命"概念迥不相同，因此，两人所提的这个命题虽然票面价值相侔，其实质内涵却是南辕北辙，几乎没有什么共同的交集。他讲切脉体仁、痿痹不仁、满腔子是恻隐之心，虽然语汇上使用了医学的概念，但其意义却大不相同。医生把脉，但见生机不息；程明道却要学者除了看出生机不息外，还要看出"仁"即在生生不息的运动里面。换言之，看到的自然现象是一样的，但程明道认为这身体的自然现象本身就体现了仁体，或反过来说，仁体一定就会在身体的自然现象中展现。如果"仁"不能显为

---

[62]　参见牟宗三：《心体与性体》（台北：正中书局，1975 年），册 2，页 17—20。

"生"，不能流行，那就是槁木死灰，此之谓不仁。程明道在这点上虽与告子、医家、禅宗之说有相关之处，但意义显然是不一样的。

程明道与这些"异端"的相关之处却给朱熹带来极大的困扰。程明道讲观天地生物气象之类话语不少，这显然不是一时兴发之语，但朱熹碰到学生问他此类问题时，总认为那些话语只是程明道"偶然"讲讲的而已，不必太当真。[63] 要不然，他就是说程明道"说底话恁地动弹流转"，"说话浑沦，煞高，学者难看"。[64] 最多，朱熹可以承认程明道讲的是种化境，这是天资高者之事，不能当入手之处。[65] 代朱熹计，我们也不能不同情他可以选择的讲法不多：他既要在原则上肯定程明道，但程明道道体、仁体、心体贯通为一的理路又与心性、理气二分之格局扞格难通，那么，朱熹还能怎么讲！

朱熹说陆象山的思想像告子又像禅，以后的朱子学学者评王阳明良知学更是变本加厉，指摘得更凶。但我们如追究源头，不难发现：将心体与知觉视同一体展现的思想家不是起于陆王，而是连朱熹学派都赞美不已的理学大家程明道。底下的

---

[63] 《语类》卷 93，有几条文字说道程明道之语"亦有说过处"或"说得近禅去"。其原因乃是"或是一时有个意思说出，或是未定之论，今最怕把人未定之论便唤作是"（《语类》，卷 97，页 3）。

[64] 以上两段话皆见《语类》，卷 93，页 7。

[65] 如说《定性书》是二十二三岁作，而此文"都不见一个下手处"（《语类》，卷 95，页 22），因为其内容是"正心诚意以后事"（同上，卷 95，页 25）。

问题是：朱熹与程、谢、陆、王的差异是否还可往上追溯呢？朱熹批判的这些思想家之思想真是违背了儒学的规模吗？

四 《孟子》《中庸》《易传》肯定生命即道

从朱熹批判谢上蔡、陆九渊起，以至陆陇其批判王阳明及其门徒止，我们可以看出双方最大的歧异是在"心即理"与"性即理"的区别上。朱熹学派中的理没有活动义，而朱熹学派所批判的这些儒门"异端"却认为理有活动义，理既在心中显，理一心也在气中显。由此导出的命题有二：一是人的身体展现都是本心的变相，而本心又是道体性体所贯；二是宇宙间气之流行，亦皆为超越之道所贯注之活动。第一点是心性论的讲法，第二点是本体宇宙论的讲法。这两点中以第一点最为根本，也是争执的焦点。第二点则可视为衍生出来的，它的基础也要建立在第一点的基础上。但在程明道、谢上蔡、罗近溪思想处，由生机、生意论道体之流行，也具有相当的地位，它与"由身体展现体证本心流行"恰好互补，成一太极之圆，所以也不容忽视。

朱熹学派以及他们反对的学派都认为自己是先秦孔、孟思想的继承者。到底他们这种说法有没有依据呢？还是他们所争议的焦点"作用是性""生之谓性"等问题只能在宋朝以后形成，往先秦找源头，只是因为信仰因素的缘故呢？笔者认为朱熹学派批判陆、王等人事出有因，"作用是性"说如漫无分际的话，确实也有流弊。但这些反对学派对身体知觉及大自然气机流行的讲法，在先秦确实是有源头的。他们自认为是继承孔、孟、《中庸》、《易传》而来，这也是符合史实的，不存在移花接木、乱找人头的问题。更落实地讲，孟子的践形理论即开陆、王强调良知之明觉及良知明觉在行为上展现之主张。

孟子的心性论是儒家天道性命说的真正奠基石，也是程、朱、陆、王共同接受的前提（虽然解释不同），这是毫无可疑的。孟子主性善，而且他说的性要从心的流行（尤其是四端）处见出；学者如果能够尽心知性，他最终将可体证超越之道。以上数点是孟子心性论的主要光谱，孟子本人重视，后来的学者发明的也较多。笔者同意上述的解释途径，但认为另外的解释也是可能的。简单地讲，笔者认为孟子讲的本心、良知不能只是以泛泛的道德意识视之，而当把它放在儒家体验哲学的格局下定位。儒家的体验哲学强调学者如果能够充分证成他的本性，那么，不仅在他自己身上即可契证终极关怀的超越之道（天、命），而且他自己本人整体的存在性格也会跟着转变，而这所谓的整体存在中包含着我们一般所谓的身体，而不单单是意识构造而已。我们前面引用过罗近溪的话语"山河回春，骨肉透亮"，所说亦是此义。而儒家这种体验哲学的创造者正是孟子本人。

孟子说人的心性是有潜能的，学者只要顺着四端流行往外扩充，如火始燃，如泉始达，那么，人的道德意识终有一天会突破个体，溶进无限（上下与天地同流），证成天道。但我们不宜忘记：孟子使用四端扩充的方位隐喻虽多"向前""向上"之意，但它也含有向下向里挖掘的纵深面相，而学者的道德意识向下向里深入的结果，即触及了意识源头的身心交界问题。孟子在这点上可能吸收了医学及当时某些学派的理念，终于形成了他自己的独特视野，这就是引人深省的践形理论。简言之，孟子的心性论我们可以从两方面考察：从学者作工夫时焦点意识集中的意识层考察，我们发现由主体意识之心—个体原理之本性—超越而普遍之形上道体，这样的发展顺序是很清楚的。但如果我们从支撑道德意识层的隐暗向度此支援层面考察，我们发现伴随着学者工夫之逐日进展，道德意识底层之气也跟着纯化，而学者的全部身体展现也跟着改变结构意义，与心合一。而且意识与身体展现这两层基本上是同时生起的，心性的体验工夫到哪里，身体的相应展现也跟着到哪里。

以上所说的问题在《孟子》一书中虽然展示得还不够系统化，但大概的方向是很清楚的。笔者曾为文指出：在《孟子》书中，我们可看到"人的知觉活动反映了活动者精神境界"的命题，人的发音、眼视、耳听、肢体活动都不仅仅是生理的动作而已，而是人的精神之身体层面之展现，因此，它们是内外相符的，诚于中必形于外，有诸外也必有诸内。而圣人由于是人格的完成者，因此，他一方面固然在心性层上登峰造极，所谓尽心知性；但另一方面他也相应地完成他的身体，使他的身体从受中性的、生理的因素牵制之个体，一变而为精神的、将道具体化之承载体。此时，学者的身心是融合为一的，道德意识与身体展现不但没有距离，而且还是同质而不同态的。因此，道德意识的光辉也会在人的身体上显现出来，孟子说这是种"生色"："其生色也，睟然见于面，盎于背，施于四体，四体不言而喻。"

然而，为什么人的道德意识与身体活动可以同步展现呢？在《孟子》书里有一特别的解释，此即两者间有气的因素作为桥梁。孟子体会人的意识，一向不就经验面的、现象学式的面相立论，而是就体验哲学的立场纵论其全程展现。心性的全程展现最终固可上下与天地同流，但道德心的展现我们还可逆追其源，这就是四端之心。"四端"顾名思义，乃是在意识初起之端，但既言"意识之端"，说来仍非究竟。因为彻上彻下的良知本心不会只落在意识层而已，孟子在此提出他有名的"夜气""平旦之气"之说，此即当人回归自我，不受意识活动干扰时，学者可以发现人的存在就是清明之气之流行。明显地，在人的心灵层后面，还有一流行的气之层面。但这两者又有什么样的关系呢？孟子又提出他关键性的一个命题："志至焉，气次焉。"志气同时生起，一有意志活动，意志活动便会带动气之流行。事实上孟子这话里的意思是这样的：儒者的道德意识从来就不仅是空头的意识而已，它带有很强的生命力，这种生命力用中国哲学及医学的术语来说即是气。气是无名的，道德意识是主体的；气是普遍流行的，道德意识是有意象之物的。但这两者事实上又是一体的。任何的道德意识活动都是一体两相，一体是连贯着意识与非意识层同时呈显，两相是指人可以体知到的意识层与不一定体知得到的气之层。这两层就存有的结构分析，是不可割离的。就呈显的样态而言，则有阴阳对转、彼此隐显互补的关系。所以志至气次固然可说，良知复化为无识之气也可说，一点灵明之气展现为人的本心也可以说。

但气除了作为意识的底层外，它也是身体知觉的质料因。孟子及相当多的中国哲学家及医家看人身，从来不认为它只是解剖学的组织器官而已。人身的活动及知觉展现都是气流注的结果，气的精华流为七窍，特别可以成为良知之开窍；而身体一般的展现也都因有气脉贯穿，所以它很自然地会与人的道德意识活动同步启动。因此，人只要一有意识生起，即会带动气之流行，并渗透到人身内部之气脉及组织，最后且反映到体表上之知觉及身体运动。换言之，人的眼视耳听鼻嗅手足运动并不只是气机鼓动而已，它们都是道德意识的指标（indicator）。指标之语或说还不太恰当，当说它们就是道德意识，只是这种道德意识乃良知本心的身体面向而已。

孟子的践形理论隐含着"原身心气一元论"的想法，"原身心气一元论"当然意指这是理论的，而不是现实的。现实上的身心不会一元，谁没有碰过"身与心为仇"的窘境呢？这种尴尬冲突的情况绝对是常见的，孟子不但没有漠视，他事实上还不断提醒学者注意人的躯体对人的限制。但现实上虽然如此，不过就实践层及存有层而论，身心又是可以合一，而且很想合一的。所以孟子讲工夫，不会只是谈着一边，他既强调理论及理想上的合一，但也知道现实上的差距，所以他说要"践"形，要"存"心，要"养"气。谈及"践""存"与"养"，即预设着努力缩短差距，使之合为一体。[66]

由此我们可反过头来看看受朱子学派猛批的这些思想家：他们真的违背了孟子的意思吗？笔者认为朱子学派的话说反了，从谢上蔡以至罗近溪，他们谈道德意识与知觉运动的关系，确实与孟子一脉相承。如果说有出入的话，那种出入也不是背叛，而是完成。陆象山是彻底的孟子学，他打散超越与内在，反对义理之性与气质之性之分，将心、性、才、情、气一体而滚，并口说出。这些看似笼统，但却是孟子的宗旨。至于王阳明、罗近溪等人谈及这个问题就更进一步了，他们说的良知不但保障了人的道德行为，也保障了宇宙的存在，它同时也保障了人的身体结构。王阳明认为元精、元气、先神都是良知之变相，养生与致良知不但不冲突，在实质上还可互补（且不论及动机）。罗近溪也谈一点灵明既成为良知，又成为知觉作用。[67] 若此种种，虽是从形上学（也可能是从身心医学）立论，但根本的精神无疑是孟子学的。

探讨过"性不离心，心不离知觉作用"，我们接着再谈及"生之谓性"的检定问题。"生之谓性"此语虽出自告子，但它

---

[66] 参见本书第六章。

[67] 《盱坛直诠》中此类意思话语甚多，如"子曰：人生天地间原是一团灵气"（总页94）、"吾人之学专在尽心，而心之为心，专在明觉"（总页102）诸条皆是。

的意义可以上下其讲。就"性"字的文字学源头或现象学的观点来看，它指的是一种材质主义或气质之性的用法。但就胜义来讲，它指的是一种学者转识成智以后所见到的本地风光，这是一种圆融的境界。我们前面说过：程明道等人的用法事实上是依循《中庸》《易传》而来，与告子不相干。但就在这个层面上，"生之谓性"这个命题也还有两种谈法，一种是放在心性论层面谈，一种是放在形上学层面谈。放在心性论层面谈的"生之谓性"，乃意指人的生命展现都是人性的开显，它的实质内涵其实接近于"作用是性"说。放在形上学层面谈的"生之谓性"，严格说来，应该叫"生之谓道"。这个命题意指世界一切生命的展现都是创生的道体之显相，宇宙生生不息，此即道体的创造活动永不停息。但在程明道等人的用法里，用"生之谓性"，不用"生之谓道"，此事也可以解释。因为在心体道体相贯通、仁心遍布一切存在的思考架构下，个体原理的"性"字与普遍原理的"道"字，实质内涵不但是贯通的，而且是同质的。话再绕回来，"生之谓性"在心性论与形上学的两种讲法，实质上也是相通的，学者体契"满腔子（全身）是恻隐之心"，即是开启了生生不息的大道之门。

程明道、罗近溪等人将他们这种强调"生命流行本身即是仁体流行即是道体展现"的宗旨推溯到《中庸》《易传》，这是对的。《中庸》《易传》思想的一大特色乃是强调道体生生不息：它一方面氤氲化生，创造繁复交流的宇宙万物；另一方面道体下贯为人性，人性即在仁心中体现，而仁心的范围则涵盖了从核心的主体意识以至意识边缘的身体表现。由此一转，我们以人为中心观察到的道体创生的两个方面，其实只是同一件行为。而学者如果能够克服个体性对他的拘束，即可体得人身内外原是浑沦一片，而宇宙原也和煦融融，万象皆春。

《中庸》《易传》这种形上学当然可以说成是美感取向太强，也可以说成是太偏于自然现象的生命本身。但笔者认为从宋代周、张等理学家以至现代新儒家在解释《中庸》《易传》的基本立场上是恰当的，此即：《中庸》《易传》所说不可仅从美学的或自然主义的角度体认，而当放在天道性命这样的大论述架构底下定位。《中庸》《易传》的基本立场不管学者赞不赞成，但它们所提出的"自然现象（包含人的生命表现）皆是生机洋溢，而这洋溢的生机即为道体展现"此种说法是既纵深，而又圆融的。所以说它纵深，乃因这些现象之意义不能仅从现象本身理解，而当理解所有现象的构成因素（不是物质意义，而是超越存在之意义）都是於穆精微的道体之展现，离开了这道体，任何个体的存在价值即会垮台。而所以说它是圆融的，乃因普遍不离个体，绝对不离相对，离开芸芸万物，也就没有儒家所主张的生生不息之道体。至少就理学家的观点来说，《中庸》《易传》这种形上学真是致广大而尽精微，极高明而道中庸，是儒家与佛老区别的大防。

将《中庸》《易传》这种生生哲学视为自然主义、美感鉴赏之扩大化，或像汉儒阴阳气化的天道观的人士，往往忽略掉《中庸》《易传》的天道观并非与心性论对立，而是两者当同是一种圆融之道的不同面相之说明。尤有甚者，两书作者提纲挈领时，虽多本体—宇宙论之语，但在论及体证此道体的实践之语时，他们事实上很强调学者的本心良知即具有一种扩充功能，这种功能可扩充其心至身、至家国事业、至宇宙万象。《中庸》云："其次致曲，曲能有诚。诚则形，形则著，著则明，明则动，动则变，变则化，唯天下至诚为能化。"《坤·文言》亦云："君子黄中通理，正位居体，美在其中，而畅于四支，发于事业，美之至也。"两者所说都强调人心有种功能，它可不断地升华扩充，转变原来和它对立的存在物，使后者的性格与本心由相容而相融，终不可分。它除了要净化意识的内容外，它首先当转化的就是人的身体，然后是世界。"宇宙是生命，生命是道体的展现"之说即由此证成。朱熹学派和它所批判的非朱熹学派，在解释"生"与"性"的关系时，何者较接近《中庸》与《易传》的立场，应当是不难看得出来的。

五　原身心性天一体的圆融境界

如果上述的分析没错的话，我们发现朱熹及其后学所以力批谢上蔡以下一连串的陆王学派学者，完全是可以理解的，因为两者在基本理路上即有严重出入。朱熹既然主张心只是气之灵，理只能透过格物致知的过程被心体得，因此，他不能接受"心即理"这个系统所导出的一切命题。然而，在受朱熹学派批判的学派看来，心既然是理，而且心的范围不只在意识层，连主体意识未曾触及的体气流行、知觉反应都是尾闾之意识，所以如心得其正，则任何身体表现自然也就具有道德的意涵。

事情总可以分两面看，朱熹及其后学评谢上蔡及陆、王等人诚然事出有因，而且有严肃的理论意义，但前者认为后者学问是禅，或是世俗的自然外道，却未必能服后者之口。很明显地，在一种工夫证成的境地上说，陆、王等人都可以接受类似"作用是性""生之谓性"的命题。但他们所以这样主张，并不是建立在经验层的、顺俗的自然主义之上，而是从体验的、转化后的心境来说。人的许多身体表现是不好的，最多是中性的，陆、王等人不会不知，否则，王阳明"致良知"的"致"字即不用谈，"沉溺""随躯壳起念"的感慨也不用再发。他们所以主张人身的表现即自然合道，乃是从"存有论的始源观点"及"工夫论的证成观点"说的。就"存有论的始源观点"来看，道、性、身、心原本是同一个根源。王阳明说良知与元精、元气、元神原为同一物，罗近溪说婴儿身心不分，浑然一体，皆为此义。就"工夫论的证成观点"来说，"作用见性""生之谓性"固然"理"上如此，但现实的人之作用不一定符合性理，其生命展现也不一定即可满足道德之规范义。原则上说来，只有理想上的人格完成者（圣人）才可说出"理"上才能说的话——而王、罗两人的当理之谈正是立足于这点"理"上立论的。

儒家自从理学兴起，尤其自陆、王学风光畅天下之后，由于特重心学层面，因此，与佛老的异同问题遂变得尖锐化起来。禅宗喜欢讲"作用是性"是事实；陆王学派中颇有人与禅师大德交往，此亦是事实；谢上蔡与陆、王等人论知觉与本心的关系处，其言类似禅语，这些也都是事实。但这些事实都不能改变一个事实，此即：陆、王学者谈"心即理""作用是性""生之谓性"的"理"与"性"都不是佛教的空性空理，而是儒家的"天理""义理之性"。而且，陆、王等人论性理与知觉的关系，以及其理论预设的解释，也与禅宗有出入。陆、王学者强调良知本心带着强烈的生命力（气），渗透并转化身体的存在性格，最后使身心一如，泯然无隙，这显然也不是禅宗大德喜欢谈的。总之，陆、王学者论良知本心与知觉的一体关系不管善不善巧，至少朱熹学派给他们冠上的那顶"禅"之帽子，他们是可以不戴的。

他们不但可以不戴"禅"的帽子，他们还宣称他们所说的出自先秦儒家的道统圣人。笔者认为陆王学派在这点上也是对的，陆王学派论及意识与知觉的关系诚然有后出转精之处，但我们发现先秦儒家，尤其是孟子，早已提供了以后得以萌蘗成长的种子——应该说：不是种子，而是成长得相当高的树苗了。孟子的"践形""养气""生色"诸种理论，我们如果给它们改头换面，转译成宋明以后的流行语言的话，事实上说的即是"作用是性""变化气质""身心一如"。陆、王学者认祖归宗，并没有认错对象。至于"生之谓性"这类的命题，我们也可以在《中庸》《易传》，甚至《论语》里找到源头。程明道、罗近溪等人想将自己的理论接上孔、颜、思、孟的尾闾，也完全可以接得通。

如果说受朱熹学派批判的儒家"异端"继承了孟子与《中庸》《易传》的统绪，反过来说，朱熹学派论及心、性、气、知觉的关系处，恐怕自铸系统的成分远大于纵的继承。朱熹学派学者在这点上是相当悲壮的，他们对人性之恶、气质之杂真有所见，因此，连带地他们对人的身体表现也就有戒心，不肯让它纵情如意。为了捍卫他们"心/性、理/气分裂，格物致知使之弥合"的理论，他们不得不走上唐吉诃德之路，悍然与早先的大传统为敌。他们批陆、王，批禅宗，批谢上蔡、张横浦，但再往上，语言就闪闪躲躲，批不下去了。如果他们的标准一致的话，理学开山祖之一的程明道以及《孟子》《中庸》《易传》里的相关思想，其实也该拉入打倒之列。他们所以没有受到攻击，恐怕不是纯粹理论的事情了。

如果说朱熹学派将陆、王等同禅宗或告子，是一大误解，而且他们论心性与知觉的关系并不符合先秦儒学的规模的话，他们的批判是否有正面的意义呢？而且除了一些道德训令或道德动机式的调停主张外，朱熹学派与它的反对学派间，是否可以找到一条辩证的和解综合之道呢？本文旨在厘清一个思想史上的问题，而上述的疑难却是难度很高，但也是很有意义的哲学重建工作，本文完全使不上力。但笔者相信：从孔、孟、《庸》、《易》以至陆、王及其后学的发展看来，我们有理由认定儒家的心性之学隐含了身、心、性、天一体的倾向，这真是生机连绵一片的存在大锁炼；但在以往的儒学义理研究中，这条大锁炼的有些环节却被遗漏了。笔者至今还是认为在学界一向受到重视的道德意识研究诚然该受到高度的重视，但这不表示"身体"是一项不足重视的独立单元，更不表示有脱离身体以外的道德意识。就这点而言，朱熹学派眼中的儒门"异端"提供的讯息，恐怕至今仍有值得参考之处。

第八章　气质之性的问题

　　"气质之性"这个概念兴起于北宋，张载拿这个概念和"天地之性"作对照，程颐、朱熹拿这个概念和"性之本""本然之性"或"天命之性"对比，朱熹门人及其后学则拿这个概念和"义理之性"对戡。宋元以后的理学家论人性问题时，大抵缘着气质之性 / 义理之性关系的离合展现出来。本文旨在厘清理学论辩中环绕"气质之性"的几种诠释模式。附带地，笔者也希望由此反映出儒家人性论 / 身体观系联的特色。

一　人性论兴起的背景与张载、程颢的立场

　　理学的兴起可以追溯到中、晚唐的韩愈、李翱，从韩、李到周、张、二程，其间约经百年。但理学兴起这样的现象也反映了早先儒学长期衰弱的事实。从韩、李时代逆溯到魏晋时期，其间数百年，儒家除了王通等少数人以外，几乎没有特别杰出的思想家，管领一时风骚的尽非儒门人物。有一则流传很久的故事说道：有一天，王安石曾问张方平（张文定

公）："孔子去世百年生孟子，亚圣之后绝无人，何也？"张方平回答道："岂无？只有过孔子上者！"王安石要他指名，张方平回答道："江西马大师、汾阳无业禅师、雪峰、岩头、丹霞、云门是也。"王安石再追问他理由何在，张方平答道："儒门淡薄，收拾不住，皆归释氏。"王安石听了，不能不心服口服。后来他将此义说给张商英听，张商英也叹道这是"达人之论"。[1] 既是达人之论，这表示张文定公的话合情合理，相当符合历史的情境。

　　佛家管领风骚，儒门收拾不住，造成这种事实最根本的原因在于中土佛家自从摆脱儒、道之影响，塑造起独立的思想体系以后，它在心性—形上学理论方面取得极大的发言权。儒、道两家在战国时期曾对价值根源与道德实践的问题花过相当多的心血，以心性论为中心解决形上学与宗教的问题（至少是部分的问题）成为此一时期儒、道两家的主要流向。从魏、晋以迄隋、唐，心性—形上学的议题又成为此时期主流的思潮，魏晋玄学、隋唐佛学谈的主要都是这个问题。这种心性形上学的宣扬在思想史的一个大影响，就是事实领域与价值领域两者明显的分化，但也更辩证地深化。由于现象学地看事实，事实就只是平面的如其自如（as such）的命题化之事实。相形之下，分析地看，价值则往往被视为摆在另一层存有的心性形上学领

[1]　参见陈善：《扪虱新话》（台北：艺文印书馆，1966 年），见《儒学警悟》（百部丛书集成 1 辑，初编），卷 34，页 1b—2a。

域。事实只有与它有了关联，事实本身才有意义，否则，事实只是事实。之后，随着思想发展的深入，事实领域与价值领域的关系当然可以圆融地谈，但圆融是境界，它还是预设了分析与分离。这种理（价值）事（事实）分离的情况明显地反映在此一时期流行的"迹本论""迹冥论""本末论"这些的论题上。

　　魏、晋、隋、唐时期，儒家在形式上其实还保持着崇高的地位。但由于心性形上学的诠释已经介入了文化的领域，而这时期儒者关怀的问题基本上集中在外王的事业上面，因此，儒家不知不觉间被摆在"迹"的位置。对于坚持儒家价值体系的人而言，这种佛道为本，儒家为迹，或者认为"佛以修心、道以修身、儒以治国"的想法，当然是世衰道微很好的指标，他们很难接受这样的价值秩序。因此，一旦北宋儒者兴起，慨然以道自任后，他们就要寻"本"了。落实下来讲，也就是要重构心性论，并由心性论建构形上学，再由心性形上学的设立，重新肯定儒家的人文世界。李翱在有名的《复性书》中，曾慨乎言及儒者的焦虑，他说：

　　　　於戏！性命之书虽存，学者莫能明。是故皆入于庄、列、老、释。不知者谓夫子之徒不足以穷性命之道，信之者皆是也。[2]

---

[2] 参见《李文公集》（台北：台湾商务印书馆，四部丛刊本），卷2，页8。

李翱这种感慨反映了此一时期思考敏锐的儒者之情绪，后来程明道一到佛寺就闷闷不乐；[3]朱熹也感慨禅门中人远胜儒家一般学者，许多的老师宿儒因未了性命，所以晚年都向禅门献上了白旗。[4]明道、朱熹感叹的背后，一方面反映了禅门兴盛、儒门冷淡的凄凉对比，但一方面也反映了宋朝儒者有志在心性形上学领域和佛、老一争雌雄的决心。

张载人性论的历史—心理背景就是这样形成的。他的学生范育在《正蒙》序中曾言及张载著书立说的动机，其中有言曰：

> 自孔、孟没，学绝道丧，千有余年。处士横议，异端间作，若浮屠、老子之书，天下共传，与六经共存。而其徒侈其说，以为大道精微之理，儒家之所不能谈，必取吾书为正。世之儒者亦自许曰："吾之六经未尝语也，孔、孟未尝及也。"从而信其书，宗其道，天下靡然同风，无敢置疑于其间，况能奋一朝之辩，而与之较是非曲直乎哉！[5]

"奋一朝之辩，而与之较是非曲直"这样的语言实在有些替儒家出一口气的意味。范育是张载门人，当然熟悉他老师的思想

[3] 参见《遗书》卷2上，"昨日之会大率谈禅"条，《二程集》（北京：中华书局，理学丛书本，1985年），总页23。
[4] 参见《朱子语类》（台北：汉京文化事业有限公司，1980年），卷126，页9，"因举佛氏之学与吾儒甚相似处"条；卷137，页20—21，"退之晚年觉没顿身己处"条。
[5] 参见《张载集》（北京：中华书局，理学丛书本，1985年），页4—5。

与心意。事实上，与佛、老在心性形上学领域较量，重新取得儒家的发言权，这一向是张载魂牵梦萦的意图。在《乾称篇》——此篇可视同《正蒙》的序言——张载对佛教发动了猛烈的攻击，并述说自己的志向。他说：

> 自古诐、淫、邪、遁之词，翕然并兴，一出于佛氏之门者千五百年。自非独立不惧，精一自信，有大过人之才，何以正立其间，与之较是非，计得失！[6]

他这段话与范育的序言何其相似！排击佛老者多矣，张载和前儒如韩愈、石介、李觏等人不一样的地方，在于他登堂入室，直接在佛教胜场的心性形上学领域里和释子正面论辩。在上述论及自己志向的引文后面，张载更进一步抨击道：

> 释氏语实际，乃知道者所谓诚也，天德也。其语到实际，则以人生为幻妄，有为为疣赘，以世界为荫浊，遂厌而不有，遗而弗存。就使得之，乃诚而恶明者也。儒者则因明致诚，因诚致明，故天人合一，致学而可以成圣，得天而未始遗人，《易》所谓不遗、不流、不过者也。彼语虽似是，观其发本要归，与吾儒二本殊归矣。道一而已，

---

[6] 参见《张载集》（北京：中华书局，理学丛书本，1985年），页64—65。同样的文字又见于张载，《与吕微仲书》，前揭书，页351。以下引张载文字，皆出自此版本。此后引文除注明篇章外，不再说明。

> 此是则彼非，此非则彼是，固不当同日而语。

从李翱到张载，儒家经过长期的养精蓄锐之后，他们的立足点和策略都不一样了。他们不但踏入以往不敢涉足的禁区，而且敢在禁区里冲锋陷阵，摧陷廓清。张载批判佛教，焦点集中在"世界是否诚明""天人如何合一"等等心性形上学的问题上，这个领域欧阳修、李觏是连碰都不敢碰的，事情真是"不当同日而语"了。

张载所以觉得不可同日而语，并非源于意气，而是他与同代的周敦颐、二程子几乎同时发掘了先秦儒家的心性、形上学思想。孟子的性善论对张载的人性论影响尤深。孟子言性善，其言虽若老生常谈，但在宋明儒兴起以前，解人绝少。人性论是中国思想的固有论述，早在孟子以前，以生命界定性的传统早已有之（这个传统后来汇聚在"生之谓性"这个命题上），孟子同时期的思想家对这个问题的兴趣也很大。孟子说人性本善，他不是和以往及当代的思想家站在同一种层面辩论人性问题。孟子和同代的思想家告子的争辩相当缴绕，就论辩而言，孟子的论证或许能服人口，但不一定能服人心。但站在我们现在的立场反省，孟子的立场其实是很清楚的。他所说的"性善"之性，其实与"生之谓性"的性不在同一层。它是普遍而超越的，与作为终极真实的意义的天同质同层；但作为个体性原理的"性"，它又可以下贯到人的意识上来——更具体地讲，也就是落实到人的道德情感之四端上来。四端绝不是自然主义意义下的感性生命与智性生命。然而，孟子又主张学者修养至极，感性生命与智性生命的性格也会全幅改变，它们会精神化，这就是所谓的"践形"。准上所论，孟子与告子及其他思想家辩论人性问题时，他不是不承认自然生命的展现是人性，[7]他也不否认在圆融境界意义下，自然与超越合一，彼此既是一体，又是一本；但他认为就定义及实践意义而言，我们只能从道德情感（四端）发动并往上贯通到超越层的地方体认人性。事实上，从孟子划分大体—小体、对扬性—命，我们都可以看出他其实承认人性是有两层的。只因道德的位阶是优先的，所以人性要从秉彝之善性界定起。然而孟子由于孤明先发，草创未闳，所以导致后人呴呴喧嚣，争执不定。

如果孟子之后，佛、老思想没有盘据中国千年之久，孟子的性善理论何时才能得其解人，实难臆测。佛、老的核心思想集中在心性论；尤其佛教传入中国以后，真常唯心系更是一时风行。台、严、禅宗互标新义，各领风骚。就佛学内部而论，三宗心性论的立场可能各严疆域，判若敌国。但就中国思想史的脉络而言，三宗所说的心性论都是建立在真常心上，[8]这点却

---

[7] 顷阅《木钟集》（台北：台湾商务印书馆，四库珍本四集），其中有段话很可以体玩。有人问陈埴："孟子曰：'形色，天性也。'告子曰：'食色，性也。'二者之分如何？"陈埴回答道："形色为性，是引形气入道理中来；食色为性，是逐道理出形气外去，霄壤之分。"（卷2，页42b）

[8] 天台宗"一念三千"的心是"一念无明法性心"，其理论依据与华严系统的真常心不同。然而，天台宗的圆教概念仍要建立在真常心的基础上，此义参见唐君毅：《中国哲学原论·原道篇》（香港：新亚研究所，1974年），卷3，页1349—1364。

是相当清楚的。真常心即佛性，所以《大乘起信论》有"如来藏自性清净心"一语。有清净心，自然即有生灭心的对照。有佛性，自然也有人性的对照。超越的心性界形成以后，紧跟着这种概念而来的即是经验界的心性论问题也被引出来了。汉朝诸儒不解孟子，六朝、隋、唐的儒者也大多不了解孟子的心性论。佛、老教徒因格于教义，自然更不能或不愿契入孟子的核心第一义。但吊诡的是：比较之下，他们或许还较能切近孟子谈的心性与形上学的交会点。柳宗元在《曹溪第六祖赐谥大鉴禅师碑》一文中有言曰：

> （大鉴）乃居曹溪为人师，会学去来，尝数千人。其道以无为为有，以空洞为实，以广大不荡为归。其教人始以性善，不假耕锄，本其静矣。[9]

慧能这位不世出的禅门怪杰居然以"性善"教人，论道人性"不假耕锄，本其静矣"，此事真值得玩味。严格说来，佛家心性论的核心词语当是迷悟，而不是善恶。"善恶"是道德形上学的语汇；"迷悟"是惟心论冥契主义的概念。但类比而言，清净无染的如来藏心是个超越的概念，它不受经验的缘起法污染，因此，它可以称得上是善的。由此界定人性，人性自然也是善

---

[9] 参见《注释音辩唐柳先生集》（台北：台湾商务印书馆，四部丛刊本），卷6，页1。

的。无可否认地，佛、老提供的思维模式成为宋儒知识成长的意见氛围。这个形式的因素加上《论语》《孟子》《中庸》《易传》《大学》的具体内容，两者轨约了宋明儒思想发展的方向。

我们讨论理学思想中"气质之性"与"义理之性"的问题时，也不能脱离上述的大方向来看。比较早讨论这个问题的理学家是张载，他接受时代的刺激，又生活在超越界—经验界理论架构流行一时的知识氛围笼罩下，最后，并从先秦儒家处获得实质内涵之滋养，他的思想论点要放在这样的框架来看。

张载论"气质之性"时，不是将它和义理之性对扬，而是将它和"天地之性"对扬，他说：

> 形而后有气质之性，善反之，则天地之性存焉。故气质之性，君子有弗性者焉。(《诚明篇》)

我们前文已说过："生之谓性""性者生也"这些命题是中国思想人性论的老传统，到张载手中，这个传统遂总结于"气质之性"的概念之下。至于孟子开出的性善论论述，到张载手中，遂一变而为"天地之性"。张载和孟子一样，他也承认人性有自然的一面，但他不从此方面界定人性——君子有弗性者焉，君子所"性"，显然是在大化流行的超越依据的"天地之性"处。

张载的"气质之性"和"天地之性"是伦理学的词汇，但它们成立的依据却是建立在张载的宇宙论上，这是我们首当注意的一项特色。"气质之性"顾名思义，即知此性与气质相关，更进一步而言，此性与气的观念紧密不可分；由"气"到"质"，已是粗了，已落第二义。张载解释其义如下：

> 气质犹人言性气，气有刚柔、缓速、清浊之气也；质，才也。气质是一物，若草木之生亦可言气质。惟其能克己则为能变，化却习俗之气性，制得习俗之气。(《经学理窟·学大原上》)

"气质"两字的重点其实还是偏重"气"字，"质"字论到才，显然已是较为后起之事。"气有刚柔、缓速、清浊之气"，这显然是用气为性的说法。秦、汉以后，"生之谓性"传统的大宗实即"用气为性"，董仲舒、扬雄、韩愈固然不用再论，连周敦颐所说："性者，刚、柔、善、恶、中而已矣！"[10] 说的其实也是同一回事。这些性都是指气化运行的过程中，气落实于个体上所形成的特殊性。张载曾进一步解释此中曲折道："大凡宽褊者，所禀之气也，气者自万物散殊时各有所得之气。"(《语录》)"所禀之气"落到个体上讲，即是气质之性。气千变

---

[10] 周敦颐：《通书·师第七》，见《周敦颐集》(北京：中华书局，理学丛书本，1990 年)，页 19。但《通书》也言"性焉安焉之谓圣"(同上，页 16)，据朱熹解，此性实即天命之性。可见周敦颐虽然没有提出两种性的对照，但这样的区别还是有的，周张二程在这点上的见解是一致的。

万差，因此，每个人的气质之性也个个不同。

"天地之性"的概念亦当放在张载形上学的架构下定位，这个概念后来被"义理之性"取代了，"天地之性"成了张载哲学特有的语汇。"义理之性"与"气质之性"对照，当然可以凸显出人性庄严、规范的理则义、超越义。但放在张载的系统内考量，"天地之性"一词也有殊胜之处。因为张载界定人性，他除了强调性是"人"所以为人的超越依据外，他更强调性天不二、性道不二，人超越的依据事实上也是宇宙超越的依据。他由此强调天人"一本"，万物"一体"，宇宙的一切都是道体真实的展现。他的《西铭》一文备受后儒重视，其内涵正是学者"尽性"以后理当有的分析性展现。换言之，张载的"性"字具有强烈的"宇宙的"——虽然不一定是"宇宙论的"——味道。他说：

> 性者万物之一源，非有我之得私也。惟大人为能尽其道，是故立必俱立，知必周知，爱必兼爱，成不独成。彼自蔽塞而不知顺吾理者，则亦未如之何矣。(《诚明篇》)
>
> 天所性者通极于道，气之昏明不足以蔽之；天所命者通极于性，遇之吉凶不足以戕之。(《诚明篇》)
>
> 天人异用，不足以言诚；天人异知，不足以尽明。所谓诚明者，性与天道不见乎小大之别也。(《诚明篇》)
>
> 天性在人，正犹水性之在冰，凝释虽异，为物一也；受光有小大、昏明，其照纳不二也。(《诚明篇》)

以上这些话都是《正蒙》里著名的文句。"天所性者通极于道"一段话，它指的是天道性命相贯通。但"通极"这个语汇固然指向了人性与天道之间有联系点，甚至有同质性。但有同质性，是否即是全部的同质性？就张载的观点来看，这个问题的答案是肯定的，他说"性与天道不见乎小大之别也"。其意实指"性"与"天道"两者不但"合一"(union)，而且是"同一"(identity)。因为同一，所以"性者，万物之一源也，非有我之得私也"此语才能成立。"性者，万物之一源"此命题当指性亦为天地万物之根源，"天地之性"之所以得名由此可见。《西铭》名言"天地之帅，吾其性"，其言亦循同一理路。

准上所说，张载的"天地之性"概念是相当特别的。"性"一语通常落在个体上来讲，没有个体，就不需要"性"的概念。"天地之性"既含有"性"字，它当然也指向个体人存在的依据。然而，它这种依据虽落在个体上来讲，它却又不限于个体，它遍万物而为一，所以它可以为"天地之帅"。张载提到性既普遍而又特殊的难题时，用了冰与水、月光与江水这两组常见的隐喻，借以表示天地之性是联结特殊与普遍的概念。就像冰水凝焕离合，其相万殊，其体则一；又像千江有水千江月，江水万千，其月亦一。"天地之性"是任何人心性的主体，也是宇宙创造的实体，它是一与多之交会点，也是对立之同一。孟子讲"尽心知性知天""万物皆备于我"，其性善旨义沉沦千年，至此才得以洗日虞渊，光畅天下。

问题是天地之性与气质之性是什么样的关系？我们前文

已说过：张载反对从气质界定人性，可见"天地之性"与"气质之性"这两个概念是本体论的断层。前者与超越、普遍的"天""道"同一；后者却是气落实到人身上形成的个体性。就实践观点来看，这两者间确实有质的差异。但如果说这两种性完全是断层的，却也不能这么看。我们现在论义理之性与气质之性的差别时，很难不受到朱熹观点的影响。朱熹观点里的义理之性是超绝的，此性落到人身上时，即成为气质里的义理之性，这就是气质之性。但"气质之性"中的"气质"与"性"仍是内在于个体原理中的对越关系，两者合而不一。然而，张载说的天地之性与气质之性的关系不是如此，他曾说："养其气，反之本而不偏，则尽性而天矣！"（《诚明篇》）可见气质之性的地位不是定然的，当学者体证至极，也就是"反之本而不偏"时，它可"尽性而天"。尽性而天，这不是天地之性的事吗？我们宜注意：张载说养气以尽性，其义不等于程朱所说：养得心静理明、气息清湛，如此自可心性合一（但不同一）。张载的本体一定带着气讲，所谓"由气化有道之名"（《太和篇》）。只是其"气"字可上下其讲，如果"气"字泛指本体之功用义，其实质内涵和"神"相似。那么，承体起用，由超越本体直至经验个体，其气都是本体之妙用。反之，气很容易偏差走作。如果走作，学者即当"反之本不偏"，如此方可尽性。张载论性，特重性之功能、动能，这样的语言到处可见，比如：

感者性之神，性者感之体。惟屈伸、动静、终始之能一也，故所以妙万物而谓之神，通万物而谓之道，体万物而谓之性。（《乾称篇》）

有无虚实通为一物者，性也；不能为一，非尽性也。饮食男女皆性也，是乌可灭？然则有无皆性也，是岂无对？庄、老、浮屠为此说久矣，果畅真理乎？（《乾称篇》）

一故神，譬之人身，四体皆一物，故触之而无不觉，不待心使至此而后觉也，此所谓"感而遂通，不行而至，不疾而速"也。物形乃有小大精粗，神则无精粗，神即神而已，不必言作用。譬之三十辐共一毂则为车，若无与何以见车之用！感皆出于性，性之流也，惟是君子上达、小人下达之为别。（《横渠易说·系辞上》）

张载这里所说的"性"字是胜义字，它指的是性体，换言之，也就是天地之性，而不是气质之性。但天地之性为什么又可以见之于饮食男女、屈伸动静始终？为什么感觉、感应是"性之流也"？可见天地之性一方面是超越的，一方面又是动能的、纵贯的。此义一转，我们可以说：至少在某种意义底下，天地之性即见于气质之性之中。我们不宜忘掉：在张载的解释系统里，凡是描述超越的语汇，如天、如道、如性、如神，一定连着气讲。这是张载的用语习惯。我们上述的"性"如移到朱熹的思想体系里，除非在语义上另作别扭的解释，否则，无一可以成立。但张载却坚决主张使用这种"体用一如"的方式反对佛、老的空的形上学、无的形上学。

"体用一如"是纵贯的方式，依照此模式，天地之性与气质之性是可以同体的，这种同体不只是合而为一而已，而是本质上即为同一。"触之而无不觉，不待心使至此而后觉"，"感皆出于性，性之流也"，这样的语句落在朱子学者眼中，真有"作用见性"之嫌疑。其实它的内容已蕴含在前文所引"养其气，反之本而不偏，则尽性而天矣！"换言之，就果地境界而言，天地之性与气质之性只是一种性，两种性同质、同层、同一。

"天地之性"与"气质之性"不但有纵贯的关系，张载更进一步规定在纵贯的关系中，性体要含摄一切经验的展现。而依据张载从《易经》得来的灵感，一切经验的展现都是依据阴阳对立的原则而产生的，《乾称篇》言：

> 无所不感者虚也，感即合也，咸也。以万物本一，故一能合异；以其能合异，故谓之感；若非有异则无合。天性，乾坤、阴阳也，二端故有感，本一故能合。天地生万物，所受虽不同，皆无须臾之不感，所谓性即天道也。

《参两篇》亦言：

> 阴阳之气，则循环迭至，聚散相荡，升降相求，絪缊相揉，盖相兼相制，欲一之而不能，此其所以屈伸无方，

运行不息，莫或使之，不曰性命之理，谓之何哉？

阴阳对转是经验界最基本的原理，《正蒙》一开始所言："太和所谓道，中涵浮沉、升降、动静、相感之性，是生绲缊、相荡、胜负、屈伸之始。"浮沉、升降、动静、绲缊、胜负、屈伸这几组对立的语汇，其实义都可由"阴阳"这组概念辗转分析而得。由于性贯阴阳，所以张载总结性体之圆融义时说道：

> 性其总，合两也。(《诚明篇》)
>
> 道则兼体而无累也。以其兼体，故曰"一阴一阳"，又曰"阴阳不测"，又曰"一阖一辟"，又曰"通乎昼夜"。语其推行故曰"道"，语其不测故曰"神"，语其生生故曰"易"，其实一物，指事异名尔。(《乾称篇》)

性体的总义由"合两""兼体"而见，换言之，也就是能承体起用，而且起全面之用者，才能显现性体之义。张载继承了《易经》的基本洞见，他主张：性不能只是一，不能只是孤立的本体，它必须透过阴阳这两种基本的原则，从内在显现为经验的世界。换言之，宇宙的终极是实在的，而此实在的终极透过内部的动能，它可以下贯为经验世界的实在。

张载"天地之性"与"气质之性"的关系大致如下：就现实意义而言，两者是决裂的，前者与超越的道同一，后者则是感性人的经验之本性。但就体证境界的圆融意义而言，两种性

却是同一的，所有的天地之性无非气质之性，所有的气质之性
也无非是天地之性，离开了气质之性，即无天地之性可言。就
圆融或圆教的观点而言，我们不妨说气质之性也是终极的，希
圣希天只能即此气质之性以证成之。张载主张的这两种性的离
合关系，与朱熹理解者显然不同，与后来所谓气论哲学家的人
性观也不同。当时最能与他桴鼓相应的思想家，当是与他并世
而生且有亲族关系的大思想家程颢。

　　程颢不管在思想上或在为人风格上，皆以圆融活泼著称。
但他的圆融活泼虽多半是天资高所致，这不表示他在知解或在
体验上没有经历过分解的阶段。《河南程氏遗书》卷六有段重
要的论性法语，其言曰：

> 　　论性不论气，不备；论气不论性，不明。（一本此下
> 云：二之则不是。）（二先生语六）[11]

这段话被定为"二先生语"，它很可能出自程颢之口，也有可
能出自程颐之口。但不管原来出自何人之口，它当是程氏兄弟
共同遵守的法语。[12] 说得更彻底点，宋明儒者只要主张"天

---

[11]　此书收入《二程集》（北京：中华书局，理学丛书，1985 年）。底下引
　　　二程言论，皆依此版本，不再注明。另《河南程氏遗书》简称《遗书》。
[12]　唐君毅先生认为《遗书》中记为二先生语者，大概都是二程所共说，
　　　至少是记者视为二先生共同的论述。参见《中国哲学原论·原教篇》
　　　（香港：新亚研究所，1975 年），页 162。

道性命相贯通"，他即不能不在理论上预设着两种人性的区别。后世凡主张天道性命相贯通，而又在言论上反对两种人性区别的思想家，他们言论的立足点大都是站在圆融的果地境界之上，要不然就是站在反对程、朱那种区隔而又隔绝的本体论断裂之立场。他们并非在原则上有意或能够反对此种划分。

性气对分，此义一转，实即人的超越之性与气质之性之分。当我们论及程颢的超越之性时，我们一方面不宜以朱熹超绝的性理概念衡定之，也不宜因为程颢讲承体起用的圆融境界，遂将此性等同于一般的气质之性。以上述的前提为准，我们不难厘清程颢所谓的"生之谓性"或"气即性，性即气"这些命题的真正旨义何在。在《遗书》中，程颢有段话语道：

> "天地之大德曰生"，"天地絪缊，万物化醇"，"生之谓性"，万物之生意最可观，此元者善之长也，斯所谓仁也。人与天地一物也，而人特自小之何耶？（卷11，页120）

程颢用语活泼节省，他时时利用当时士子人人耳熟能详的经书文句，稍微拨点，整个对话氛围即明亮畅快起来。他一连运用三句经书里的话，表达人性的具体内容为"仁"。"仁"狭义说来，是主观性原则，只有人才可以为仁；但广义说来，万物皆有潜藏之仁，因万物都承继天道之创生性以为性。只有从超越的"天道下贯为性"的观点立论，"人与天地"才有可能是"一物"。程颢思想有超越的人性论面相，此事断无可疑。

但程颢思想的特色不在其挺立的超越面，而在其本末一贯、体用一如、超越与经验的同体异相的圆融观。由以上引文"天地之大德曰生""天地絪缊，万物化醇""生之谓性"这类语句看来，我们也可以理解他特别重视天道性命的创生义、活动义。在这点上，程、朱（尤其是朱熹）是个最好的参照系统。程、朱论人性的超越义时，只能说性即理，不能说生之谓性。因为在他们看来，只有超越的才是普遍的，只有超乎一切差别之上的普遍才是真正的道德。但程颢自始至终坚持：普遍只能是具体的普遍，普遍性的"性"（或许可借用张载的话说，天地之性）一定得落在特殊的、具体的个体上看，尤其当落在人身上看。没有脱离具体的普遍，也没有脱离普遍的具体。普遍与具体既异且同，就理论分析来看，两者不同；就工夫历程来看，两者也不同。但就"承体起用""生生不已"的道体来看，普遍与具体只能是同质的；就个人修养的化境来说，两者也是同质的。程颢称呼这种同质性的架构为"一本论"。所谓"一本"，此义乃指所有现象都是同一道体的变现。因此，如理说来，凡事只能圆顿地讲，没有历程，没有分析，当下即是。[13]

确立程颢言性的"一本"义，我们可以理解程颢下面这段话：

---

[13] 参见牟宗三：《心体与性体》（台北：正中书局，1975 年），册 2，页 91—116。

　　"生之谓性"，性即气，气即性，生之谓也。人生气禀，理有善恶。然不是性中元有此两物相对而生也。有自幼而善，有自幼而恶，是气禀有然也。善固性也，然恶亦不可不谓性也。盖"生之谓性"、"人生而静"以上不容说，才说性时，便已不是性也。凡人说性，只是说"继之者善也"，孟子言人性善是也。

　　夫所谓"继之者善也"者，犹水流而就下也。皆水也，有流而至海，终无所污，此何烦人力之为也？有流而未远，固已渐浊。有出而甚远，方有所浊。有浊之多者，有浊之少者。清浊虽不同，然不可以浊者不为水也。如此，则人不可以不加澄治之功。故用力敏勇则疾清，用力缓怠则迟清。及其清也，则却只是元初水也。亦不是将清来换却浊，亦不是取出浊来置在一隅也。水之清，则性善之谓也。故不是善与恶在性中为两物相对，各自出来。（《遗书》，卷1，页10—11）

以上两段话原是同一段话里的两个段落，笔者依牟宗三先生的断句，作此区分。牟先生的分段非常恰当，第一段言"人生而静以上不容说，才说性时，便已不是性也"。这句话表示"性"字是个体性原理，依定义，它只能是特殊的、个体的、具体化的。换言之，万物只有在成形或被生以后，"性"的问题才告出现。"生之谓性，性即气，气即性"这些语言皆表示语义学上的"性"字只能在气中见——但这不表示形上学意义上的性、气两种概念不可区分。程颢重具体，由此段话亦可略窥一斑。

但程颢的重点其实在第二段，第二段言人性不同，犹如水相清浊不同。水清浊不同，此事自现象义看，学者当承认水有各种面貌。但自本质看，这些不同面相的水却是同一本质的水在不同的脉络中之展现而已。"水有超越的本性，本性在不同脉络中有各种的变相"，此义为中土儒、释、道三教喜欢用的隐喻。儒家始用此喻者当是孟子，程颢的用法是跟着孟子来的。程颢说"及其清也，则却只是元初水也"，这样的结论也是典型的"证成的终点即是回归的原点"。由"只是元初水也"这样的语句往下推论，我们知道现象有两义。以俗观之，现象即现象，水相即水相；以真观之，现象即道之显相，水相即原初水之变貌。我们不妨说：前者是劣义现量，后者是胜义现量。落在人性论上讲，超越的人性与气质之性也是如此离合转折。比较张载、程颢两家所论，我们可以简略综论道：论境界，程颢洒脱圆熟，其造诣似乎非张载所能到。但论及两家的人性论，两者似乎同宗同风，差别只在张载谈得更加显豁详尽罢了。

张载、程颢两家的人性论问题可以暂告一段落了，但我们最后想指出一点，此即他们处理超越的人性与气质之性的方式，与他们处理太虚／气（张载言"太虚即气"）、道／器、神／气（程颢言"器亦道，道亦器""气外无神，神外无气"）的关系颇为类似，他们的人性论和形上学是同构的。他们主张一种承体起用的道体，这种道体不是孤绝的，它们必定要显为形而

下的气、器、象；离开了形而下的气、器、象，即没有形而上
的太虚、道、神。但仅是气、器、象自身，亦不足以体证形
而上的太虚、道、神。简单地说，张载、程颢语言中的"X 即
Y"的"即"字是圆融的"即"，是形上贯穿形下、世界齐登法
界的"即"，而不是可以从形下者抽离出来的属性的、述词的
"即"字。为免枝蔓，此义不宜再论。但由于我们后文还要论
所谓的气论哲学家的思想，这些哲学家的用语与张载、程颢时
有雷同之处，所以我们不能不在此先行指出："两种异质性的
人性圆融地、境界地同一之'即'"与"经验性的人性论述导
引出来的另一种人性之'即'"，两者其实大相径庭——不管
两者在语言上多接近，也不管后者如何赞扬前者，甚至以前
者为师。

二　程、朱的性气二元论及气质
　　之性的概念

　　划分两种性的另一位开创者厥为程颐。程颐也说气质之
性，但他不用"天地之性"这个语汇，取而代之的，他使用的
是"性之本"，甚至于直接即用"性"这个字指涉张载所说的
"天地之性"。由两者使用的语汇不同，我们可以看出两家思想
微妙的区别。

　　程颐论人性问题最重要、最扼要的一段话，当属我们前文
引用过的那一段联语："论性不论气，不备；论气不论性，不

明。(一本此下云:二之则不是。)"这段话在《遗书》里被视
为二先生语,亦即出于何人不能确定,它有可能是二程共同发
明、共同遵守的原则。但程颐始终奉行这条规律,而且展现得
更加系统化,这点却是确定的。二程这段话非常重要,后来再
经由朱熹发扬,环绕儒家人性论长期的争议,至此得到理论上
较圆满的初步解决。程颐这里所说的性,其地位类似张载所说
的天地之性或后儒所谓的义理之性;"气"则指气质之性而言。

程颐不用"天地之性"这个语汇。这点很值得留意,程颐
与张载的关系非比寻常,两人既是亲友,门人又多相互来往。
程颐对张载的学问当然知之甚详,他划分两种性时,不可能不
知道张载有"天地之性"的观念,但他却不愿使用这个词语,
这当中应该有道理可说。我们前节业已说过,"天地之性"这
个语汇带有本体宇宙论的意涵,张载解释它时,更强调此性承
体起用的意味。但程颐论人性问题时,他虽强调气质之性以外
的另一种人性,但此一人性的特色并不是本体的体用本末之展
现,而是一种当然的理则。程颐即以此理则界定性,这就是他
有名的"性即理"之主张。他说:

> 性即理也,所谓理性是也。(《遗书》,卷22上,总
> 页292)
> 孟子所以独出诸儒者,以能明性也。性无不善,而有
> 不善者才也。性即是理,理则自尧、舜至于途人一也。才
> 禀于气,气有清浊。禀其清者为贤,禀其浊者为愚。(《遗

书》, 卷 18, 总页 204)

> "生之谓性"与"天命之谓性"同乎?"性"字不可
> 一概论。"生之谓性", 止训所禀受也。"天命之谓性", 此
> 言性之理。今人言天性柔缓、天性刚急, 俗言天成, 皆生
> 来如此, 此训所禀受也。若性之理也则无不善, 曰天者,
> 自然之理也。(《遗书》, 卷 24, 总页 313)

根据程颐的解释, 孟子所以超出一般学者之上, 在于他提出了
性善的理论。但孟子的性善论并不是从心理学的观点立论, 而
是从超越的理的观点着眼。换言之, 他说的人性不是从人这种
生物种类的本质立论, 而是从永恒的普遍性本质着眼。程颐认
为只有从这层面立论, 人性才有可能普遍地超出变化、特殊、
分别之外, 圣凡同具, 尧跖一体, 甚至动物也同样具备了这种
超越之性。"理"字背后预设了普遍 / 特殊、超越 / 经验、当然 /
偶然的划分, 而"理"字是普遍、超越、当然。相反的, 特
殊、经验、偶然则留给"气"字。程颐由"理"字界定孟子的
"性"字, 孟子的性善论于焉证成。但程颐认为: 孟子的性善
论虽然跨迈百代, 超轶群伦, 它却无法压倒其他各家人性论的
观点。程颐认为其原因在于孟子只看到了性即理的一面, 对于
气禀之殊未充分正视, 所以才导致各说各话的结果。

程颐用"性即理"此一命题划清孟子与其他思想家人性论
的界限, 我们透过了这个命题, 确实可以分辨出两种不同的人
性论观点, 泾渭分明。后来的朱熹固然是沿着这条思想线索,

继续往前迈进；即使陆、王学者，他们对于"性即理"的说法在某种限度内，也不会反对（如王阳明主张心性同一，而心即理）。程颐这个命题引起争议之处并不在此命题形式本身，而是"性""理"的内涵。程颐借着这个命题突显了孟子性善论中人性的超越面，由此层面出发，"人人皆可为尧舜""尽心知性知天"这些命题即成了"性即理"下的分析命题，学者一下子即可理解其涵义。但自另一方面而言，孟子言性善，他总是放在四端上指引，放在"恻隐之心""不忍人之心""达于面目之中心"等等立论。这些都是具体而特殊化的道德情感。孟子其实不否认告子"生之谓性"的说法有片面的合理性，但他很坚持：由四端所代表的道德情感与其他心灵的活动不一样，真正的人性只能在这里见。现在程颐既然从形式面解决了性善论的问题，旁观者很容易就想到：四端这种道德情感怎么解释？孟子不是认为：普遍的正当的"性"只能由这具体的、内在事件的情感见出吗？

程颐的人性论在此面临十字路口，他如何解决超越与内在、普遍与特殊的系联？我们前节探讨张载、程颢的天地之性与气质之性的问题时，说道：自存有论的圆融意义而言，天地之性就在气质之性中见。自后来的陆王学派的观点而言，问题更清楚，他们主张心性同一，心即理，没有超绝的性这回事，性即同质地是本心，本心必然要展现为各式各样的道德情感。依陆王学派及张载、程颢的观点而言，道德情感是具体化原理，它用以体现普遍的性、理、道。它虽有活动，但它不当隶属在个人的气性概念之下，因此，超越／内在、普遍／特殊的系联根本不是问题，这是人性本来的状态，他们只是现象学的如理而谈，而孟子的性善论之内涵亦不出于是。但程颐在这方面有个非常独特的解释，他继革命性地提出性即理之观点后，又革命性地将情（道德情感）性划分为二，造成一种本体论的绝裂。程颐说此义曰：

> 问仁。曰："此在诸公自思之，将圣贤所言仁处，类聚观之，体认出来。孟子曰：'恻隐之心，仁也。'后人遂以爱为仁。恻隐固是爱也；爱自是情，仁自是性，岂可专以爱为仁？孟子言恻隐为仁，盖谓前已言'恻隐之心，仁之端也'。既曰'仁之端'，则便不可便谓之仁。退之言'博爱之谓仁'，非也。仁者固博爱，然便以博爱为仁，则不可。"（《遗书》，卷18，总页182）

"爱自是情，仁自是性。"因为前者是关联个体的，它是特殊的；后者是普遍的，超个体的。普遍的性理是特殊的情之所以然的依据，既然是依据，所以性与情之间当然仍有对应的关系，从爱此仁之端可以逆推仁之存在。然而对应归对应，两者间的关系却是断层的。两者的系联是经过心静理明后，一种反映式的逆推而得。很明显的，程颐将道德原则与道德情感视为异质的，一种本体论的异质。由此，我们可以理解程颐另一段名言，此名言曰："性中只有仁义礼智四者，几曾有孝弟来？"

（《遗书》，卷18，总页183）乍见之下，这样的语言似乎偏离儒家的精神太远；但放在程颐思想考量，性中当然不能有孝弟。因为性是理，而孝弟是道德行为。前者是存有论词汇，后者是伦理学词汇。前者隶属普遍的理世界，后者则属于特殊的事世界，两者所描述的内涵原本即有质的差异。

两种性的区别首见于张载与程颐，但由以上所论，我们看出两者的解释却大异其趣。张载主张立体的纵贯，程颐则主张超绝的对列。程颐建构了一个"所以然"的超越世界，这超越世界中的义理之性如仁、义、礼、智是种当然之理则，它们是现实的气质之性遵循的依据。"性之本"之性与气质之性是彻底不同的两种人性，前者下不来，后者上不去。当然与偶然对举，普遍与具体对列。程颐在儒学传统中，首度建构了秩序井然的超绝世界。朱熹后来继承了这个传统，但在人性论上又有所改造。

朱熹是中国思想史近八百年来最重要的人物，这段期间所发生的重要思想论争几乎都摆脱不了他的牵扯。拥朱的学者所辩护的对象及使用的辩护武器，当然主要是朱熹庞大的思想体系；反朱的学者——不管他们依什么样的立场来反，他们的理论命题往往只有放在朱熹思想背景下考量，才能为它们真正的旨义，以及在思想史上缘起转换的思想位置定位。"气质之性"的问题也是如此。

朱熹论气质之性时，将此语和"本然之性"或"天命之性"对比。理学家论人性问题时，不能离开形上学的架构来讲。天道性命连言，这是理学家的共识。我们前面提到张载与程颐的人性论时，说过张载所以选择"天地之性"一语，为的是强调超越的道体与人性同一，此体复有承体起用的动态性格；程颐选择"性之本"和"气质之性"对照，乃是强调性是所以然的超越之理，它与人类的气质之性的特殊性格成为对越的两极。张、程两人的形上预设显然不一样，但他们说的气质之性都沿袭着"生之谓性""用气为性"的传统而来。这是一种独立的人性论，它讲的是个体的差异性，它理论的依据是来自气化的宇宙论。

朱熹思想继承程颐而来，他的天命之性／气质之性二分之人性论，其用语固然出自程颐，其义理大体也是取自程颐"性即理""论性不论气，不备；论气不论性，不明"的根本格局。然而，当朱熹接受程颐二种性的分别时，他很自觉地转移此二分之性的解释架构。解释架构不同，"天命之性"与"气质之性"的文义也就不同了。且看下列这两条资料：

（朱熹）曰："'天命之谓性'亦是理，天命如君之命令，性如受职于君，气如有能守职者，有不能守职者。"某（可学）问："'天命之谓性'只是主理言，才说命则气亦在其间矣。非气则何以为人物？理何所受？"（朱熹）曰："极是！子思且就总会处言，此处最好看。"（《语类》，卷4，页7）

盖性须是个气质，方说得个"性"字，若人生而静以上只说得个天道，下"性"字不得。所以子贡曰："夫子

之言性与天道，不可得而闻也。"便是如此。所谓"天命
之谓性"者，是就人身中指出这个是天命之性，不杂气禀
者而言尔。若才说性时，则便是夹气禀而言，所以说时便
已不是性也。(《语类》，卷95，页14)

朱熹极具分析的头脑，他有时主张天命之性是理，但严格说
来，既然说到命，则气亦在其中矣；既然说到性，则不能不落
于个体上言矣。朱熹上面的语言显然受到程颢的启发。程颢重
圆融，反对离开具体谈普遍，主张"性"字一定要落实到气质
上。[14] 朱熹的思想固然与他不同，但朱熹对语义掌握得很紧，
所以他也接受"性"字只能落在个体上谈。既落在个体上谈，
那么就不免有理有气，而天命之性也就不当等同于理，而当是
"主于理"。更恰当地说，它是"带着成就个体的气化流行中之
理"。比照朱熹说心比起性来"微有迹"，我们也可以说"天命
之性"比起性体自己，也是"微有迹"。它虽然可以说成是理，
但我们不宜忘掉这个"理"字背后有"气"的背景。不过话说
回来，朱熹使用"天命之性"这个语词有时候也不是那么严
格，他通常还是将此词语视同程颐所说的"性之本"。

――――――――――

[14] 程颢言："'生之谓性'，性即气，气即性，生之谓也……'人生而静'
以上不容说，才说性时，便已不是性也。凡人说性，只是说'继之者
善也'，孟子言人性善是也。"(《遗书》，卷1，总页10) 此段话出自
《遗书》中二先生语的部分。《宋元学案》将此条列入《明道学案》内，
当无可疑。

　　如果天命之性乃是凝聚于个体的太极（理）本身的话，那么，"气质之性"则是性理落到气质之后所形成的人性。两者的构成都有理气两面，只是天命之性的性乃在具体（气）中主于理，符合了太极。所以笼统说来，它可以等同于理，也就是等同于本然之性。而气质之性则是性落于气质之中，气有清浊厚薄，所以此际的性展现出来的模态就大不相同。一言以蔽之，就概念而言，"气质之性"其实等于周、张所说二种性的总合。气质之性不是"用气为性"传统下所说的气性，而是"论性不论气，不备；论气不论性，不明"这种意义下的"性"加上"气"。换言之，"气质之性"是两个平行概念并列的复合名词。朱熹这种人性论很特别，他虽然对照两种性，却不认为这两种性是本体论上的断层，而是后者包含前者，"气质之性"实即"天命之性"加上气。很显然地，他的人性论是他形上学的理气论之翻版。朱熹的形上学主张理气二元，两者在存有论意义上是独立的；但就任何经验界的事物而言，有气一定有理，有"然"一定有"所以然"，存在即是理气之合。具体的人是种经验的存在，因此，他自然也是理气的结合；就人性而言，理气的结合就一变而为性气的结合。这种情况就像山山水水，花鸟草木，其性无一不是气与理的结合一样。且看下文所说：

　　　　论天地之性则专指理言，论气质之性则以理与气杂而言之。未有此气，已有此性；气有不存，而性却常在。虽

　　其方在气中，然气自是气，性自是性，亦不相夹杂。至论其遍体于物，无处不在，则又不论气之精粗，莫不有法是理。(《语类》，卷4，页10)

　　气质之性便只是天地之性，只是这个天地之性却从那里过。好底性如水，气质之性如杀些酱与盐，便是一般滋味。(《语类》，卷4，页11)

凡朱子思想中与"气质之性"对举的语言，如"天地之性""本然之性""天命之性"，其实义大体皆是"性即理"之性，都是一种兼具公共性格的存有理则。但人性问题原则上是落在个体上来讲的，人有天命之性固然可以显示人性之贵，他可以超越地以道为其体。但"论性不论气，不备"，人性问题一定要落在个体上讲，一说个体，它一定是性与气的结合。因此，作为个体性原理的气质之性，其实义乃"性坠在气质之中，故随气质而自为一性"。

　　"性坠在气质之中，故随气质而自为一性。"此语出自朱熹《答徐子融》一书里的话，朱熹在这封信里批判余方叔对于"枯槁有性"的解释。据朱熹说，余方叔认为"枯槁之物只有气质之性，而无本然之性。"朱熹批判道：

　　此语尤可笑。若果如此，则是物只有一性，而人却有两性矣！此语非常丑差。盖由不知气质之性只是此性堕在气质之中，故随气质而自为一性，正周子所谓"各一其性"者。向使元无本然之性，则此气质之性又从何处得来耶？天下无无性之物，除是无物，方无此性。若有此物，即如来谕，木烧为灰，人阴为土，亦有此灰土之气。既有灰土之气，即有灰土之性，安得谓枯槁无性耶？[15]

朱熹评余方叔之言甚有理趣。朱熹对待论敌或许不是以宽容出名，但用"此语非常丑差"形容对方的论点，在朱熹的语言中大概也是罕见的，可见"人有两性"这种论点如何犯了朱熹的大忌。我们前文业已看过：在张、程思想中，气质之性的问题是放在人性论的立场谈的。但朱熹此处谈的气质之性，却是连着"枯槁有性"而言。朱熹是否犯了错置范畴之谬误呢？一个用以形容有情特质的词汇移到无生物上去，这种用法是否可能不合法呢？然而，命题谬误不谬误，合法不合法，其标准可能要看依什么人的解释而定。依朱熹的理解，"枯槁有性，而这样的性乃是理（性）在其气中曲折的展现"这一点都没有说不通之处。毫无疑问地，朱熹气质之性的概念是理气关系下的次集合。气质之性的理论依据与思考模式都是建立在理气不离不杂的关系上面。凡存在一定有理，理在气中，但两者不相混杂。气质之性也是种存在，它是性落在气质中，但两者也不相混杂。朱熹这种观念相当特别，他把人性问题收归到然一所以

---

[15]《朱文公文集》（台北：台湾商务印书馆，四部丛刊本），卷58，《书·问答》，《答徐子融书》第三，页15。

然的思考模式及理气不杂不离的义理架构之内。

朱熹这种气质之性的观念大概是他首创的，除了他以外，很少人这样使用。他这种解释一方面可以配合理气的形上学理论，一方面可以配合他格物穷理的认识论与工夫论。张载对照天地之性与气质之性，其工夫论的目的在于变化气质，与天合一；其途径则透过扩充本心（大其心）及逆觉过程（善反之）。天地之性与气质之性从圆融境界及道体观点来看是同一的；从经验的工夫历程来看，则是相异的。由相异可以到同一，其关键在于"天地之性"下贯到"心"这种承体起用的作用。但朱熹的"天命之性"（或言"性之本""本然之性"）既然只是理，而"气质之性"又是本然之性在气质里滤过，任何人的气质之性都是普遍而同一的义理在特殊的气质里表现出来的不同型态，而任何事物的性也都是普遍而同一的义理在其特殊的气中展现出来的特殊结构。职是之故，虽然在存在的程序上，人兽、草木、枯槁表现的模态不同，但其理则一。[16] 朱熹认为要了解万事万物的"本质"，惟一的途径是"主敬穷理"。主敬是主体的心态，穷理则是客观地就万事万物穷尽其气中之理的实然与当然模态。朱熹的格物穷理思想不仅用于知识论，事实上，他"变化气质"的主要依据也是在格物穷理。朱熹说：

---

[16] 朱熹《答余方叔》（《朱文公文集》，卷 59）书中有云："天之生物，有有血气知觉者，人兽是也；有无血气知觉，而但有生气者，草木是也；有生气已绝，而但有形色臭味者，枯槁是也。"朱熹在此对存在的秩序有一说明，它很容易令人联想到荀子在《王制篇》的解说。

> 人性本明，如宝珠沈溷水中，明不可见。去了溷水，
> 则宝珠依旧自明。自家若得知是人欲蔽了，便是明处。只
> 是这上便紧紧着力主定，一面格物，今日格一物，明日格
> 一物，正如游兵攻围拔守，人欲自消铄去。（《语类》，卷
> 12，页7）

"人性本明，如宝珠沈溷水中"，这就是气质之性。气质之性的
气质如要变得清明，使性在清明之气中如理朗现，学者必须借
助格物穷理的认知活动及主敬的收敛心气工夫，双管齐下，乃
克有成。及至乎其至，学者可在虚灵之心中，体证浑然天理。
落在人性论上来讲，这就是格成"天命之性落实到气中所呈显
的气质之性"之极致。性与气仍是异质之对立。

从张载、程颐，以至朱熹，他们都使用了"气质之性"一
词。张载拿"天地之性"和它作对照，用法很恰当。但程颐
和朱熹使用代表超绝之性的词语时，一时找不到前后一致的用
法。依据上文的理解，这样的性应当是超绝而普遍的。因此，
任何带着活动、气化的语汇即不太适用。程、朱都用过"天命
之性"一词，但此词汇在宋、元以后好像没有和"气质之性"
成双成对，其原因即在"命"字的活动义坏了事。

后来与"气质之性"成双成对的，乃是"义理之性"一
词。这个词语恰当多了，它很吻合程颐"性即理"的经典释
义。程颐用的"理性"一词如果解释得清楚一些，并且拿来
和"气质之性"对照，那么，它岂不是可以译成"义理之性"

吗？气、气质与理、义理、理义这些语汇对照的例子在程、朱著作中都可见到。但气质之性／义理之性对照，不知始于何人。考朱熹的门人陈埴有言：

> 性者，人心所具之天理。以其禀赋之不齐，故先儒分别出来，谓有义理之性，有气质之性。仁义礼智者，义理之性也；知觉运动者，气质之性也。有义理之性，而无气质之性，则义理必无附着；有气质之性，而无义理之性，则无异于枯死之物。故有义理以行乎血气之中，有血气以受义理之体，合虚与气而性全。[17]

陈埴又言：

> 孟子专说义理之性，诸子专说气禀之性。专说义理，则恶无所归，是论性不论气，孟子之说为未备；专说气禀则善无所别，是论气不论性，诸子之论为不明。程子兼质论性。[18]

陈埴是朱熹的学生，他的思想应该是承继他的老师而来的。但以上这两段话代表的思想恐怕较近于程颐，而稍远朱熹。义理

---

[17] 陈埴：《木钟集》（台北：台湾商务印书馆，四库珍本四集），卷 10，页 5。
[18] 同上，卷 2，页 47。

之性与气质之性在这里的对照相当清楚，但"气质之性"不再指"性落在气中"的不杂不离之人性构造，而是指"知觉运动""血气"之性，这种用法比较符合老传统的语义，程颐也正是这样用的。朱熹的学生或许觉得朱熹的用语习惯比较别扭，所以他最后仍从"气性""才性"的观点论气质之性。《木钟集》一书中另有几处论两种性的区别，[19] 陈埴皆以义理之性和气质之性（或气禀之性）对照。也许这两性的专名如此确定下来，乃陈埴宣扬的结果，不一定有所承。但不管这种对照是否出于"先儒"，或是由陈埴依据"性即理"的意思加以整饰，[20] 典型的义理之性／气质之性的关系是超绝的，它们的理论依据来自程、朱，这点却是千真万确的。从宋、元以后，程朱学派与反程朱学派争论人性问题时，即环绕着这两种性的关系展开析辩。

上述所说稍嫌冗长，我们不妨在此再简要地勾勒程、朱人性论的特色如下。程、朱认为学者如要正确理解"性"字的意义，他们必须要兼论性与气。性即是理，气则是气质，这两者

---

[19] 笔者初步翻阅《木钟集》一遍，其中言及义理之性／气质之性（或言气禀之性）对照的文字，另有下列数条：卷2，页22b；卷8，页31b；卷10，页1b；卷10，页6b。

[20] 《性理大全》（京都：中文出版社，1981年）一书卷30、31，搜罗程朱学派学者论气质之性的重要句子，其中将"义理之性"与"气质之性"对列的只有三条，三条皆出自陈埴言论（参见卷31，页525及页531所引"潜室陈氏曰"）。由此可见"义理之性"一词的建立与他关联应该很深。

在存有论意义上是断层的。但朱熹与程颐在人性论的认知上也有歧出之处，最明显的莫过于程颐的"天命之性"与"气质之性"是断层的，它们是不同的"体"a 与 b，而朱熹将"气质之性"解释为"性落在气质之中"，它是个复合语词。朱熹这种解释是依据"凡物皆由不杂不离的理气二者组成"的形上学观念而来，气质之性既然是个体性原理，所以任何人的气质之性都是超越的性陷在变化无端的气中之曲折展现。人性问题是存在问题的一个分支，变化气质的问题也是主敬格物的一个分支。朱熹将程颐外在超绝的"理性""性之本"之性，转变为内在气质中的超绝之性。因此，他的两种人性论的对照不是本体论意义的绝裂，它是 a 与（a+b）的对照。陈埴继起，他又恢复了程颐的用法。但他的用语更精确，他主张"义理之性"与"气质之性"两者异质异层。这组对照的人性论后来成为程朱学派的典型公式。

三 陆、王与刘宗周：心性气同体
而异流之人性观

南宋时期，首先对朱熹表示不满的，即是与他并世而生、分河而饮的陆九渊（1139—1192）。朱、陆之争的焦点有几个，"性即理"与"心即理"当然是最核心的概念。严格说来，"性即理"这个命题并没有什么好争辩的。朱、陆如果都承认人性有终极的与道同一的根源（或立足于道的人性的话）那么，他们应该都可以接受"性即理"的命题。问题出是出在"心即理"上。朱熹认为只要一有活动即属气，心是动的，它是"气之灵"。在经验界事物中，它的地位最特殊，它具备了众理，但它本身仍是气，不会是理。形上—形下在此是不能混淆的。然而，陆九渊正是要打破朱熹"心属气"这样的界定。此界限一打破，连带地，形上形下的界限也就跟着打破了。因为如果心即理了，那么，这不是表示形上的理与心是同质的吗？心的活动流行不就可视为理的展开吗？心的活动流行如果不是气（或许该说：如果没有带动气），那么，它又是什么呢？

陆九渊的"心即理"之说，我们暂且搁置不论。但由"心即理"这种主张引发出来的反形上—形下之分，却很值得我们在此留意。在有名的鹅湖论辩中，朱熹和陆九渊曾为"无极而太极"一语如何作解，反复争辩。我们现在大概可以确定：就文献的理解而言，陆九渊的理解是不对的。[21] 但依陆九渊的思路判断，他一定反对形上、形下之间的断层关系，"无极而太极"一语恰好提供了他"由无至有"的断层联想。他赞成的是从"有"开始。形上、形下依他的理解是"自形而上者言之，谓之道；自形而下者言之，谓之器"（《象山全集》，卷 35，《语录下》，页 57）[22] 关键词语在"形"之一字，亦即"有"之一

---

[21]　朱陆太极图争辩之是非，参见牟宗三：《心体与性体》（台北：正中书局，1975 年），册 1，页 404—414。

[22]　《象山全集》（台北：台湾商务印书馆，四部丛刊本）。底下引象山文字皆出自此版本，不再注明。

字。"形而上""形而下"乃是绕着"形"往上往下延伸开展的两个领域，它们是直线型的同质延伸，中间没有断层。道与器在此脉络中，都是"形"的述词。陆九渊反对天理／人欲、道心／人心之别，也是基于同一种道理。他说：

> 天理人欲之言，亦自不是至论。若天是理，人是欲，则是天人不同矣！《书》云："人心惟危，道心惟微。"解者多指人心为人欲，道心为天理。此说非是，心一也，人安有二心？（《象山全集》，卷34，页1—2）

陆九渊所谓的"解者"很明显地指向程、朱学者。天理／人欲、道心／人心之分是程朱学派立下的有名大防，但陆九渊非之。因为依据"心即理"的模式，心只有本心朗照及丧其本心之别，它不需要用依循义理之性／气质之性而来的道心／人心之别。

陆九渊没有彻底地为气质之性辩解，但由他抛弃朱熹式的形上、形下之分，以及由他以读程颐书"若伤我者"等等看来，我们有理由认定陆九渊对气质之性的看法与朱熹大异。陆九渊这方面的观点在他的集子里是可以找得出来的，但讲的最清楚的，莫过于他的论敌朱熹学派的评论，且看下面这两条资料：

> （曾）祖道曰："顷年亦尝见陆象山……象山与祖道言：'目能视，耳能听，鼻能知香臭，口能知味，心能

思，手足能运动，如何更要甚存诚持敬，硬要将一物去治一物，须要如此做甚！咏归舞雩，自是吾子家风。'……"先生（朱子）曰："陆子静所学，分明是禅。"（《语类》，卷116，页11）。

象山教人终日静坐以存本心，无用许多辩说劳攘。此说近本，又简易直捷，后进易为竦动。若果是能存本心，亦未为失。但其所以为本心者，只是认形气之虚灵知觉者，以此一物甚光辉灿烂，为天理之妙。不知形气之虚灵知觉者，凡有血气之属，皆能趋利避害，不足为贵。此乃舜之所为人心者，而非道心之谓也。今指人心为道心，便是告子"生之谓性"之说。"蠢动含灵，皆有佛性"之说；"运水搬柴，无非妙用"之说。故慈湖专认心之精神为性，指气为理，以阴阳为形而上之道。论天、论易、论道、论德、论仁、论义、论礼、论智、论诚敬、论忠信，万善只是此一个浑沦底物，只此号不同耳。[23]

前者出于朱熹之口，后者出于朱门高弟陈淳（1159—1223）。两说用语不完全一样，但朱熹在批判气质之性／义理之性的分别时，他所用的批评语言中有"像告子""像禅宗"两语，这两语事实上可以代换，这是朱门一种特殊的解读。撇开这种特殊的读法不谈，陆九渊是否有认气质为性呢？

---

[23]《宋元学案》（台北：世界书局，1966年），卷58，总页1085—1086。

笔者认为是有的，只是陆九渊的解释和朱熹不一样。我们如将"气质为性""作用是性"放在朱熹体系里考量，不难发现它们根本违反了朱熹对于性的定义。朱熹如果接受了这样的命题，那么，朱熹思想势必得全面重组不可。问题是：陆九渊根本不必接受朱熹超绝的性理帝国之统治，他毋宁认为形上、形下是一贯的。我们不能以朱熹或后代学术较严格的哲学思辨去替陆九渊定位。陆九渊思想有建立面，有破坏面。他破坏面的主要对象，就是要摧毁朱熹的超绝之理世界。他建立的主要宗旨即是要：

（一）发挥本心，本心的朗发是工夫的起点，本心的全幅展现是工夫的终点。

（二）本心在身心连续体上见出，从意识到身体的展现都是本心的作用。

（三）本心在行为上见出，由家庭至社会的一切关系网都是本心的作用场，意、知、物、身、家、国、天下的意义都是"本心"赋予的。

由于界定不同，所以朱熹学派中人虽然看出陆学重视气质的内在价值这种特殊的观点，但解释上却南辕北辙，朱、陆根本找不到共同的立足点。

朱熹过世后，他一手开辟的形上帝国益形巩固。元仁宗皇庆二年（1313）以后，朝廷规定明经科《四书》用朱注，朱熹的思想更成了官定的国家意识形态。陆九渊的情况差多了，他生前与朱熹距离越走越远，但多少还有分庭抗礼的味道。他过世后，他好不容易开辟出来的路又荒芜了，行者绝少。朱学的兴盛与陆学的冷落恰好成了鲜明的对照。这种一面倒的情况到了王阳明（1472—1528）手中，才扶正过来。

　　王阳明思想从明中叶以后，成为官方朱子学的对立面。但就王阳明思想成长的历程来看，他的问题意识基本上是跟着朱熹哲学的基本立场而来的。王阳明早年即依朱熹的门径为学，日夜格竹，终致成病。"及至居夷处困，动心忍性，因念圣人处此，更有何道，忽悟格物致知之旨。圣人之道，吾性自足，不假外求。"[24] 王阳明龙场这么一悟，其心理内涵我们不得而知，但其理论方向却很清楚。王阳明从此确认理不在事，而在心，心是最高的范畴。王学被视为心学乃实至名归。再具体地讲，心学即是良知之学。良知一方面作为道德的主体，一方面作为宇宙的本体，而且作为道德主体的良知与作为宇宙本体的良知是同一个良知，两者同质一贯，只是所处的展现位阶有所差异而已。

　　王阳明"心"的地位事实上取代了朱熹"性"的地位，但又改造了"性"的性格。在朱熹的用法中，性、气绝对分开，性不可能有任何的活动义。但王阳明既然已用"心"代替了"性"的地位，因此，心具有超越性。而王阳明既然可以用"心"称呼兼具道德义与存在义的实体，可见他强调的本心原

---

[24] 黄宗羲：《明儒学案》（台北：河洛图书出版社，1974 年），卷 10，《姚江学案一》，页 55。

本即具有活动义。而王阳明的用法中，任何形上、形下的活动都可以用气形容之，因此，心即理即气。我们不宜忘掉王阳明的心具有宇宙的向度，所以我们用形上学的论述表之，不算违规。理气的本体论界限打破掉了，在圆融的境界中，一切活动都是本体的流行。王阳明说道此义如下：

> 一问："生之谓性，告子亦说得是，孟子如何非之？"先生曰："固是性，但告子认得一边去了，不晓得头脑。若晓得头脑，如此说亦是。孟子亦曰：'形色，天性也。'这也是指气说。"又曰："凡人信口说，任意行，皆说此是依我心性出来，此是所谓'生之谓性'，然却要有过差。若晓得头脑，依吾良知上说出来，行将去，便自是停当。然良知亦只是这口说，这身行。岂能外得气，别有个去行去说？故曰：'论性不论气，不备；论气不论性，不明。'气亦性也，性亦气也。但须认得头脑是当。"[25]

王阳明这里引用到"形色、天性也"一语，他解天性，当指的是"停当"的义理之性。然则，"形色，天性也""生之谓性"这类语言对凡圣两者皆能通用。对凡夫而言，形色自是形色，生命自是生命。对圣者而言，则体知形色本身亦是天性之展

---

[25] 《王文成公全书》（台北：台湾商务印书馆，四部丛刊本），卷 3，页 137—138。以下引王阳明文字皆出自此版本，不再注明。

现，生命本身亦是义理之显相。两者的差异在于能不能致得良知，致得，则凡即是圣，形色皆天性；致不得，则圣亦是凡，天性亦无着落。能致良知即是"认得头脑"。王阳明此义颇为重要，我们不妨再看底下类似的一段话语：

> "生之谓性"，"生"字即"气"字，犹言气即是性也。气即是性，人生而静以上不容说，才说气即是性，即已落在一边，不是性之本原矣。孟子性善，是从本原上说。然性善之端须在气上始见得。若无气，亦无可见矣。恻隐、羞恶、辞让、是非，即是气。程子谓："论性不论气，不备；论气不论性，不明。"亦是为学者各认一边，只得如此说。若见得自性明白时，气即是性，性即是气，原无性气之可分也（《全书》，卷2，页36）。

就朱学系统看来，"气即是性，性即是气"这样的用法除非加上其他条件补充，否则是绝对不合法的。在王廷相（1474—1544）、吴廷翰（1490?—1559）、戴震（1723—I777）这些人的著作中，我们可以见到类似的语言，但王阳明的用法与后者的理解相去悬殊，或许该说：刚好相反。王阳明说"性即是气"，不是把性当成气的述词。他是强调性也有活动义，而且从"动而无动"的性之作用以至经验世界的气化流行，这些都可以视为性的全幅展现。而依王阳明的用语习惯，只要有活动处——不管形上或形下——都可以用"气"字形容，因此，他宣称"性即是气，气即是性"。显然，王阳明在这点上继承了陆象山，他同样要打通形上界与形下界的管道。此后，超绝的世界不见了，它活动于形上、形下的人之全幅世界。连带而来的，一种异化的形下世界也改变了，它取回了异化出去的价值。

形上、形下的意义变了以后，"气质之性"的概念也跟着改变。王阳明用的"心"（良知）的意义比我们目前用的要广，它除了具备我们前面说过的道德之主体与宇宙之本体外，它还具备了一些其他的特色，其中跟我们本文关系最密切的，莫过于其"身心同一"的理论。"身心同一"这个命题当然非常含混，因为我们如就经验世界所理解的身心概念作现象学的描述，那么"身"显然缺乏"心"应有的思维之属性；"心"显然也缺乏"身"具有的空间之广袤性。然而，王阳明界定身心，恰好不是从经验世界的角度入手。我们已说过：他的良知概念深入到人身与世界之底层。王阳明界定心，很少强调它思维的特色，他重视的是良知更根本性格的感应、感通能力。良知与外物的关系，不是良知透过思维掌握事物之共相，而是在感通中，如其自如地呈显万物，也就是成就万物。万物在感通中无对象义。既从感通入手，心的概念遂连意识末梢的身之概念也包含了进来，所以说：

> 耳目口鼻四肢，身也。非心，安能视听言动？心欲视听言动，无耳目口鼻四肢，亦不能。故无心则无身，无身则无心。但指其充塞处言之，谓之身；指其主宰处言之，

谓之心。(《全书》,卷3,页2)

　　这视听言动,皆是汝心。汝心之视发窍于目,汝心之听发窍于耳,汝心之言发窍于口,汝心之动发窍于四肢。若无汝心,便无耳目口鼻。所谓汝心,亦不专是那一团血肉……所谓汝心,却是那视听言动的。这个便是性,便是天理。有这个性,才能生。这性之生理,便谓之仁。这性之生理,发在目便会视,发在耳便会听,发在口便会言,发在四肢便会动,都只是那天理发生。(《全书》,卷3,页59—60)

王阳明这些话与陆九渊何其相肖!他这里主张的不是现象论意义的"作用是性",他的意思也不是说人的意识当从人感官的机能(faculty)去界定之。王阳明的身、心观念当放在他自己的思想体系以及中国思想中的身心概念体系定位。对于一种可以贯穿存在与价值、形上与形下的心之概念,我们最好不要误认为我们可以用现代心理学或经验论哲学的心灵概念加以剖析。

　　透过了王阳明对气、身及感官知觉的地位的提升,我们知道他把早期理学家视为"不杂不离、但有待规范"的身体这个面相,转手释为"与心同体异相"中的具体相。超绝的理世界消失了,气质变成了良知之气质。

　　顺着王阳明这条路走,他的后学在理念上大体都可以做到既保持超越面,又打破超绝面,又使超越面与经验面成为一体之两面。但做得最彻底、最能突显气质之性的超越性格及庄严意义的人,当属王学的殿军、宋明理学殿堂中最终的一位大师——刘宗周（1578—1645）。

刘宗周学风的一大特色是归显于密，他将良知收到更隐微的意体、独体，将心宗收到更缜密的性宗。但归显于密之后，显密之间的界限忽然不见了，一切的"显"变得只是"密"的可见向度，而"密"则是"显"的同体而又不可见的向度。程朱式的超绝观念至此倒塌无余。黄宗羲（1609—1695）论他老师的学问道："愈收敛，是愈推致。然主宰亦非有一处停顿，即在此流行之中。"[26] 这种评价甚恰当。刘宗周的儿子也是他另外一位重要传人的刘汋论及他父亲晚年思想的特色时，解说得更详细。他说道：

> 按先儒言道分析者，至先生悉统而一之。先儒心与性对，先生曰"性者心之性"；性与情对，先生曰"情者性之情"；心统性情，先生曰"心之性情"；分人欲为人心，天理为道心，先生曰"心只有人心，道心者人心之所以为心"；分性为气质、义理，先生曰"性只有气质，义理者气质之所以为性"；未发为静，已发为动，先生曰"存发只是一机，动静只是一理"。推之，存心、致知，闻见、德性之知，莫不归之于一。[27]

---

[26] 黄宗羲：《明儒学案》，卷62，页36。

[27] 刘汋文见《刘子全书》（京都：中文出版社，1981年），卷40下，《蕺山年谱》，六十六岁下按语，页25。以下引刘汋及刘宗周言，即依此版本，不再注明。

刘汋的话看似笼统，两个原本语义对立的字汇被拉拢在一起，成为语义相同、指涉不同的哲学概念，这就"统而一之"了。但刘汋跟随其父多年，对刘宗周的学问了解甚深，[28] 他在这段重要的文字里的说法不可能是随意说的。刘汋认为刘宗周将一切超越的概念都系联到"心""气质之性"这样的具体性原则之下，我们不管从刘宗周遗留下来的资料，或从他的门人对他的描述来看，都不能不同意刘汋的观点是对的。然而，刘宗周怎么将一些分化、对立的概念"合而为一"呢？

我们不妨借牟宗三先生的话进一解。牟先生论刘宗周学说的宗旨时，总结其义道：

> 蕺山之学大体是由严分意与念，摄良知于意根（知藏于意），而言心体，由於穆不已而言性体；以心著性，性不能离心而见；融心于性，心有定体有定向而不漫荡，不但良知可不流于"虚玄而荡"，即"意根最微"亦得以成其为"渊然有定向"之独体；摄性于心，性体成其为具体而真实的性体，不只是本体宇宙论地言之、客观地言之之形式意义的性体，而性体可存，即在眼前：如是，则心宗

[28] 刘汋对他父亲的学问体验甚深，陈确说"山阴先生之学不传其门人而传其子"。参见《陈确集》（北京：中华书局，1979 年），卷 10，《别刘伯绳序》，总页 235。陈确赠言，或有美言之处。刘汋文集不可见，不知造诣如何。但刘宗周在野时，时课子读书，刘汋对其父学说当有相当深刻的理解，黄宗羲、陈确对刘汋其人其学也相当尊重。因此，他的诠释恐不宜轻易放过。

性宗合而为一，而性体不失其超越性与奥密性，而心体向
里紧收，向上浸透，见其甚深复甚深之根源，亦总不失其
形著之用。故工夫唯在诚意慎独以断妄根，以澈此性体之
源也。[29]

牟先生这里的分判非常恰当，刘宗周的学问大方向确实是心宗
性宗合一。因为摄性于心，所以没有超绝的理世界，朱熹的形
上学思想因此被列入扫倒之列；因为摄心于性，所以心不只是
生理意义、经验意义的心，而是有性体奠定其方向，此种工夫
可挽"狂炽而肆"的时风于既倒。我们看到刘宗周的思想语汇
时，不能摆脱"心宗性宗合一"这样的观点。由此义一转，我
们可以说：刘宗周著作中任何带着心理意涵的字，其实指涉
的都是性体的活动面；任何带着超越意涵的字，其实指涉的
都是心体的性理面。我们前引刘汋的话中有言"性者，心之
性""情者，性之情"这种主客相倚（或许该说内在、超越互
相渗透的）表达方式确实是典型的刘宗周风格。因此，我们如
反过来说，未尝不可说刘宗周主张"心者，性之心"，"性者，
情之性"。同理，刘宗周所说的"气质之性"，它的地位绝不是
程、朱体系下的"气质之性"所能比拟，它的实质内涵是"义
理之气质"。

"义理之气质"一语看似不通，因为"义理"是普遍的、

---

[29] 牟宗三：《心体与性体》（台北：正中书局，1975 年），册 2，页 512—513。

非个体性的，它怎么可能有"气质"可言？但刘宗周的思考方式很明显地是主张：心、性乃同一实体的不同面相，而且"同一实体的不同面相"这样的概念不只在天道性命交接的隐微之处才适用，它贯穿到意识经验的一切表现。往下，它可用于心、意、知及"物"所含的身、家、国、天下之范围；往上，在超越的实体处即有这样的面相，我们且看刘宗周如何论"性宗"：

> 君子仰观于天，而得先天之易焉。"维天之命，於穆不已"，盖曰天之所以为天也。"是故君子戒慎乎其所不睹，恐惧乎其所不闻"，此慎独之说也。至哉独乎！隐乎微乎！穆穆乎不已者乎！盖曰心之所以为心也，则心一天也。独体不息之中，而一元常运，喜、怒、哀、乐四气周流。存此之谓中，发此之谓和，阴阳之象也。四气、一阴阳也。阴阳，一独也。"其为物不贰，则生物也不测。"故中为天下之大本，而和为天下之达道。"及其至也，察乎天地。"至隐至微，至显至见也。故曰体用一源，显微无间，君子所以必慎其独也。此性宗也。（《刘子全书》，卷2，《易衍》，第7章，页13）

在理学主要传统——包含刘宗周在内，"性"都是超越义，它与"天""道"同层。程朱学派的用法中，性中根本不可能有底下这样的涵义："隐乎微乎！穆穆乎不已者乎！""独体不息

之中，而一元常运，喜怒哀乐四气同流。"心性交融、心性同
流这样的观念既是工夫论的语汇，也是本体论的语汇。刘宗周
认为本体动而无动的"活动"面即是"心"之源头，只是这样
的心乃是"性之心"。准上所说，我们不妨看看刘宗周怎样看
待义理之性／气质之性这样的传统命题。

刘宗周论义理之性／气质之性的文字不少，通常他将此问
题和理气问题、心性问题、性情问题一并讨论，且看下列数条
材料：

> 然则性果无性乎？夫性，因心而名者也。盈天地间，
> 一性也。而在人，则专以心言性者，心之性也。心之所同
> 然者，理也。生而此理之谓性，非性为心之理也。如谓心
> 但一物而已，得性之理以储之而后灵，则心之与性，断然
> 不能为一物矣。盈天地间，一气而已矣。气聚而有形，形
> 载而有质，质具而有体，体列而有官，官呈而性著焉，于
> 是有仁义礼智之名。仁非他也，即恻隐之心是；义非他也，
> 即羞恶之心是；礼非他也，即辞让之心是；智非他也，即
> 是非之心是也。是孟子明以心言性也，而后之人必曰心自
> 心，性自性，一之不可，二之不得，又展转和会之不得，
> 无乃遁已乎！至《中庸》则直以喜怒哀乐，逗出中和之名，
> 言天命之性，即此而在也。此非有异指也。恻隐之心，喜
> 之变也；羞恶之心，怒之变也；辞让之心，乐之变也；是
> 非之心，哀之变也，是子思子又明以心之气言性也。子曰：

"性相近也。"此其所本也。而后之人必曰理自理，气自气，一之不可，二之不得，又展转和会之不得，无乃遁已乎！呜乎！此性学之，所以晦也。（《刘子全书》，卷7，页3）

或曰：有气质之性，有义理之性，则性亦有二与？为之说者，本之人心、道心而误焉者也。程子曰："论性不论气，不备；论气不论性，不明。二之则不是。"若既有气质之性，又有义理之性，将使学者任气质而遗义理，则"可以为善，可以为不善"之说信矣。又或遗气质而求义理，则无善之说矣。又或衡气质、义理而并重，则"有性善，有性不善"之说信矣。三者之说信，而性善之旨复晦，此孟氏之所忧也。须知性只是气质之性，而义理者气质之本然，乃所以为性也。性则是人心，而道者人之所当然，乃所以为心也。人心、道心，只是一心。气质、义理，只是一性。识得心一性一，则工夫亦一。静存之外，更无动察；主敬之外，更无穷理。其究也，工夫与本体亦一，此慎独之说也。而后之解者往往失之。（同上，卷8，页10—11）

第一条资料中，刘宗周批评孟子从四端言性，仍是落在第二义。因为依据刘宗周的义理系统，言性之大宗当以《中庸》《易传》为主，亦即在心性、天人交界处言性，始能见出性之尊严。《中庸》言喜怒哀乐之未发，所以被他视为言性之第一义，乃因未发之际，喜怒哀乐四者迭相流行，这四者是气（依刘宗周的定义），所以此际乃气质之性之纯善。刘宗周认为：

在根源处，这种气不可能有驳杂，它是诸德之源，它既是心气，又是性之气；因此，就它与性之关系而言，四气又可称为四德。"喜，仁之德也；怒，义之德也；乐，礼之德也；哀，智之德也。"是故气质之性即为义理之性，即为天命之性。

将喜怒哀乐收到心体上讲，这种解释极为少见。孟子言情，可以视情为道德情感，由良知所发。但一般言喜怒哀乐，总是视它们为情绪或情感，很难想像它的地位可以高到心体流行的自然秩序。依刘宗周言，喜怒哀乐的心理情绪义减杀了，个体性、私人性的气息薄弱了。它的地位提升到终极实体的流行义，带有相当浓厚的宇宙意味（虽然宇宙论在刘宗周思想中几乎没有什么地位）。事实上，这四情与理学传统所说的元亨利贞四德确实也差不到哪里去了。

就字面意义（literally）讲，刘宗周在理气关系上，一直强调气先于理；在人性论上，一直强调气质之性先于义理之性，这是无可否认的事实。刘宗周及其门人在这点上的理解是相同的，没有误解的问题。然而，当刘宗周提出上述的命题时，他所谓的"气""气质之性"皆宜善加解释。很明显地，刘宗周属于心学的范围，而不是隶属所谓的"气学"的范围。他讲的"气""气质之性"不是顺着汉代元气论或吴廷翰、王廷相等人的气论学说讲的，而是顺着体证哲学的心性交融（牟宗三先生所谓的"以心著性"）的脉络讲的。简言之，他以"意"取代了王阳明的"良知"，"意"隐乎微乎，它是道德的主体，也是宇宙的本体。在道德主体方面，它显为"心"之

面相；在宇宙本体方面，它显为"气"之面相。当学者收敛体
独，精而又精，深而又深之后，他不难发现道德主体与宇宙本
体是不可分割的。因为当时构成个体自我的经验意识暂时不见
了，同时区分人我或内外标准的意识内容也暂时消逝了，此时
的意识说是气说是心皆可。所以刘宗周说的"气质之性""气"
应当仔细抉别，如依前儒（尤其是朱子学派）的分类系统为
准，它们都隶属于形上、本体的层次，或者该说：它们的根源
都是在这个层次上。刘宗周这种理解其实同时改造了朱子学与
明代"气学"体系的用法，而在影响上，更有纠正朱学求理于
外及王学末流狂炽而肆的作用。

　　刘宗周界定"气""气质之性"是从体验哲学出发，而不
是依气化宇宙论立论。由此我们可以理解为什么他说："未发
已发，以表里言，不以前后言。"[30] 因为虽然就体验成效而言，
心以著性，心性同流，其间不能没有时间历程。但就理论架构
而言，心性同体而异相，两者事实上是同步性的共时性构造。
因此，凡隶属在"心""性"概念下的诸多表德，它们都是一
体的。其显其隐，就其自体而言，不是时间的历程事，也不是
先无后有之事，而是因应着不同的时位而有不同的"面"而
已。刘宗周言行一致，体验到处，理论亦到。他的理论归显于
密，他晚年的境界亦显得缜密宁极。谈到此处，"表里"之言

---

[30] 文见黄宗羲：《子刘子行状》，此文收入《刘子全书》，卷 39，页 37。
　　　黄宗羲认为刘宗周对未发已发的解释是他四点特殊贡献中的一项。

恐怕渐渐用不上了，因为这已由理论面牵涉到体验境界面。刘汋形容刘宗周晚年："即内而即外，即动而即静。体用一原，显微无间。"（《刘子全书》，卷40下，《蕺山年谱》，六十八岁下按语，页52）说得也许更精确。"体用一原，显微无间"语出程颐释《周易》大义，此语用来形容刘宗周学风的特色及其体证所得，恐怕比形容任何人都要来得贴切。这是种彻底尽性，潜能完全化为现实的人格。

四 王廷相、颜元与戴震：自然主义之气化人性论

刘宗周论气、论气质之性时，赋予这些概念首出的地位。在王阳明以后，明代还有一支也是以气为主的学派，它也主张气先理后，义理由气质而出，这一派的重要人物有王廷相、吴廷翰、王夫之（1619—1692）、颜元、戴震等人。就他们使用的文字来看，这些人表面上所说与刘宗周没有两样；实质而论，两者南辕北辙，学派迥然不同。笼统说来，我们不妨称呼刘宗周的气为体验哲学的气论，王廷相等人的气论为自然主义哲学的气论。再笼统一点地讲，一个可视为心学的气论，一个则视为气学的气论。

气学当以王廷相、王夫之、戴震为大宗，然而观点介乎刘宗周与王廷相等人之间的，另有罗钦顺（1465—1547）之说。罗钦顺不好定位，以往他被视为朱学后劲，现在则往往被

大陆学者摆到了另一头，成为气学大师。但笔者认为：他的思想其实介于朱熹、王廷相与刘宗周的边际地带。在理学史上，他捍卫朱熹，抨击王阳明的格物说，诚然相当有名。[31] 但罗钦顺右朱左王的面相，主要集中在工夫论的问题上，如论及"气""气质之性"的问题，罗钦顺与朱熹的立场是相距很远的。如果我们把形上学命题视为理学核心义的话，那么，他实在不该列入朱熹的门墙之内。

捍卫朱学出名的人，结果在重要问题上竟不属于朱学范围，这事似乎有些蹊跷。但学派之分类原本难免出此入彼，很难说两位思想家在各个方面都相互吻合，更重要的原因，当是古今划分学派的"标准"不同所致。罗钦顺非常清楚地意识到他自己与程朱之间的差距，他说：

> 自夫子赞《易》，始以"穷理"为言，理果为何物也哉？盖通天地，亘古今，无非一气而已。气本一也，而一动一静，一往一来，一阖一辟，一升一降，循环无已。积微而著，由著复微，为四时之温凉寒暑，为万物之生长收藏，为斯民之日用彝伦，为人事之成败得失。千条万绪，纷纭胶

---

[31]《困知记》一书维护程朱论点，抨击王阳明格物说、良知为知觉之说等等，不遗余力。后人甚至有"明之有整庵，非犹夫宋之有晦庵哉？"之叹（张贞生语，引见《困知记》，北京：中华书局，理学丛书本，1990 年，页 190）。但被视为朱学后劲的罗钦顺在理气关系、已发未发关系之理解上，与朱熹实有本质上之差异。

辄，而卒不可乱，有莫知其所以然而然，是即所谓理也。初
非别有一物，依于气而立，附于气以行也。或者因"易有太
极"一言，乃疑阴阳之变易，类有一物主宰乎其间，是不
然。……叔子小有未合者，刘元承记其语有云："所以阴阳
者道。"又云："所以阖辟者道。"窃详"所以"二字，固指
言形而上者，然未免微有二物之嫌。以伯子"元来只是此
道"之语观之，自见浑然之妙，似不须更著"所以"字也。
所谓朱子小有未合者，盖其言有云："理与气决是二物。"又
云："气强理弱。"又云："若无此气，则此理如何顿放？"
似此类颇多。[32]（《困知记》，卷上，页4—5）

罗钦顺分析的功力颇深，他看出他的思想与程朱间有相当大的
差距，而这种差距的产生，有一大部分的原因是来自思维方式
的不同。程朱喜欢在变动的世界外，追求此变动所以发生的理
据。他们需要一种形上学的原理，用以贞定万象的流变。这种
形上学的原理是因追求经验界流变的理由，翻出此经验界之
外，才安置此一存有论的原理的。用佛教的语言讲，罗钦顺
会认为程颐的"理"是种增益见，它是对原有经验的扩大解
释，如果学者如如而观，不去追求变动背后的异质化之形上原
理，那么，这样的理自然会消逝不见。它变得"元来只是此

---

[32] 罗钦顺：《困知记》（北京：中华书局，理学丛书本，1990 年）。以下
引罗钦顺文，皆出自此版本，不再注明。

道",亦即成为未经诠释损益过、现象学意义下的气中之条理。罗钦顺批评朱熹的姿态更明显了,因为朱熹思想中的"理"与"气""决是二物",再怎么弥合,本质上不同的"理"与"气"终究是异质的。

罗钦顺因对程朱相当尊敬,所以碰到明显不能同意的地方,只能加上"小有未合"的按语。事实上,"未合"者绝对不小,罗钦顺在理气关系的理解上怎么看,都不属于程朱学派。更恰当地说,当属于程朱学派的反对面。理气关系上情况如此,在义理之性/气质之性的理解上面,罗钦顺与程朱学派的差异也是天差地远的。他说明其差异如下:

> "性善",理之一也,而其言未及乎分殊;"有性善,有性不善",分之殊也,而其言未及乎理一。程、张本思、孟以言性,既专主乎理,复推气质之说,则分之殊者,诚亦尽之。但曰"天命之性",固已就气质而言之矣;曰"气质之性",性非天命之谓乎?一性而两名,且以气质与天命对言,语终未莹。朱子尤恐人之视为二物也,乃曰:"气质之性,即太极全体堕在气质之中。"夫既以堕言,理气不容无罅缝矣。惟以理一分殊喻之,则无往而不通。(《困知记》,卷上,页7—8)

罗钦顺批评朱熹"气质之性"的定义:"即太极全体堕在气质之中",他认为既然言"堕",表示这个概念已预设了太极与气

分论的本源状态，所以太极才可从彼界落到（堕）此界，"理
气不容无罅缝矣！"拔本塞源之道，只有彻底抛弃理（形上）、
气（形下）截然二分的想法，并采取"理一分殊"的思考方
式，人性论的总总问题才能"无往而不通"。问题是：什么是
理一分殊？

"理一分殊"是罗钦顺费了平生力气，才找出开启人性迷
宫的钥匙。"理一分殊"此词语出自程颐，[33] 程颐利用这项概念
解释普遍与特殊的关系，万事万物的存在皆因同一的本体，但
万事万物既然落于经验界，所以它一定具有特殊的经验性格，
任何事物存有论的性格皆为普遍之理与特殊的经验性格如名
分、时位、气性等等的结合。然而，程颐使用"理一分殊"这
个概念时，他不仅讲求一种思考的模式。他使用这个概念是有
特定内涵的，他说的"理"乃是形而上的"所以然"之理，任
何经验界的事物都是由"所以然"的理与"然"的气，两相结
合而成。但罗钦顺借用这个概念，他显然不赞成程颐的解释，
他说道：

> "理一分殊"四字，本程子论《西铭》之言。其言至
> 简，而推之天下之理，无所不尽。……持此以论性，自不
> 须立天命、气质之两名，粲然其如视诸掌矣！但伊川既有

此言，又以为才禀于气，岂其所谓分之殊者，专指气而言之乎？朱子尝因学者问理与气，亦称伊川说得好，却终以理、气为二物，愚所疑未定于一者，正指此也。(《困知记》，卷上，页9)

罗钦顺借了程、朱的重要术语，却老是怀疑程、朱对此语的解释不太恰当，尤其怀疑"理一分殊"的"分殊"只能指涉"气"的层面。由以上引文所示，我们可以看出罗钦顺对程朱气质之性 / 天命之性的解释始终是怀疑的。

既然借程、朱语汇，而不用程、朱系统的解释，那么，理一分殊该如何解释呢？学界有人认为罗钦顺所说的"理一"指的是阴阳二气，[34] 然而，这种元气论式的命题在罗钦顺的思想体系中，几乎无任何地位可言。更重要的，罗钦顺分明这般说道：

> 理一便是天地之性，分殊便是气质之性……然天地之性须就人身上体认。体认得到，则所谓人生而静，所谓未发之中，自然头头合着矣！(《困知记》，附录，《答陆黄门浚明》，页 136)

---

[34] 参见侯外庐等著：《宋明理学史》(北京：人民出版社，1987 年)，卷下，页 481。

罗钦顺一向反对天地之性与气质之性之分，但他这里公然以"理一"配"天地之性"，以"分殊"配"气质之性"，是否罗钦顺一时不察，犯了语病呢？事实不然，且看底下这条资料：

> 一性而两名，虽曰"二之则不是"，而一之又未能也。学者之惑，终莫之解，则纷纷之论，至今不绝于天下，亦奚憾哉？愚尝寤寐以求之，沉潜以体之，积以岁年，一旦恍然，似有以洞见其本末者。窃以性命之妙，无出"理一分殊"四字，简而尽，约而无所不通，初不假于牵合安排，自确乎其不可易也。盖人物之生，受气之初，其理惟一；成形之后，其分则殊。其分之殊，莫非自然之理；其理之一，常在分殊之中。此所以为性命之妙也。语其一，故人皆可以为尧、舜；语其殊，故上智与下愚不移。圣人复起，其必有取于吾言矣。(《困知记》，卷上，页7)

天地之性／气质之性的问题困扰他很久，他认为两者"二之则不是，而一之又未能也"。不二不一，这真是种悖论。显然，罗钦顺反对的是程、朱超绝的性理观念，及由此引生的理气二元体系。但罗钦顺似乎不反对天地之性与气质之性在某个意义下可以分开。

准上所论，罗钦顺一方面主张气一元论，理出于气；一方面他又主张天地之性与气质之性两者不一不异。碰到这种矛盾的讲法，实在令人束手无策。

　　罗钦顺在义理之性 / 气质之性上左支右绌，他的解释至此似乎也已山穷水尽，再讲不下去了。但我们前面引文有言："天地之性须就人身上体认。体认得到，则所谓人生而静，所谓未发之中，自然头头合着矣！"可见依罗钦顺的理解，"天地之性"并不是个理论的命题，它是有待"体验"证成的。而且其证成的境界是"人生而静""未发之中"以上的层次，换言之，也就是形而上的层次，这种体证是种证体，个体 / 经验性的向度还没摊展。如果上述所说无误的话，他所说的"气""气质之性"都不当视为程、朱思想底下一种被"理"吸光规范性、首出性内涵的概念。恰好相反，他言"气"，言"与天地之性相合的气质之性"，他强调的是本体之作用，一种由动而无动的功用（神）下贯到现实界的作用（气），只有在这种层次上，诡辞才会层出不穷。罗钦顺才会一下说只有气质之性，没有天地之性；一下又说有两种性，但两种性只是一种性；一下又是不可认气为理，但当在气上识理。若此种种，皆与日常语言的论述相反，但皆是"证体"境界时常见的表达方式。罗钦顺较特别的是：他使用传统的哲学术语"气"解释形上之体的功能面而已。我们如确定其思想所指，不难发现罗钦顺理气论的立场和张载、程颢、刘宗周大体近似，只是罗钦顺的语言有时较为游移，不像张载、程颢、刘宗周的明朗、深入。

　　准上所说，我们可以确定罗钦顺说的"气""气质之性"之位阶当往上提，而不当往自然之气降；罗钦顺本人当属半心学的哲学家，而不当列在现代学界所谓的气学之范围。他谈人性问题，最后归结以"理一分殊"的模式。然则，"理一分殊"的模式与底下这些话有什么差别呢："道心，性也；人心，情也。心一也，而两言之者，动静之分，体用之别也。"(《困知记》，卷上，页2)"道心，性也。性者，道之体。人心，情也。情者，道之用。其体，一而已矣！"(《困知记》，附录，《答黄筠溪亚卿》，页115)在本源处，所有的人皆有天地之性，天地之性带有心之属性，所以也称作道心；这道心是普遍的，与道共流，所以又可以用"气"形容其活动面。罗钦顺对朱子非常佩服，但理气关系上，他不采朱熹的解释。他主张道心是性，是未发之中，这又严重违反了朱熹的格局。"道心是性，是未发之中。"罗钦顺肯定之，周、张、陆、王也可以肯定之，程、朱则非之；但"性心相通，心下贯为情"这样的思想，周、张、陆、王肯定之，程、朱与罗钦顺就不能接受了。所以我们说他是"半心学"的理学家。总而言之，罗钦顺虽然重视气，但他和后代所谓的气论哲学家其实貌合神离。同样地，如果我们将朱熹的理气观—人性论视为他思想的核心的话，那么，罗钦顺也不能算是朱学中人，以往学界所以视罗为朱学后劲，主要是分类的标准不一样。罗钦顺的工夫论（含格物论、对心性关系之理解等等）基本上沿袭朱熹而来，在希圣希贤的传统笼罩下，工夫论往往被视为学派分判的主要基准。

真正与心学对立的气论学者，当从王廷相开始。一种独立于天地之性，且为首出地位的气质之性，亦当从王廷相开始谈起。

　　王廷相生前死后都不算寂寞，但他所以日益受到重视，无疑是 1949 年以后，大陆学者重新诠释中国哲学史的结果。中国大陆出版的中国哲学史或理学史的著作中，王廷相往往占有专章，其地位似乎已成为有明一代的大家。大陆学界这种选择是可以理解的，因为依"存在决定意识"的标准思考考量，王廷相是少数能够跨过此一门槛的古代思想家。事实上，在有明一代的思想家中，王廷相也确实是少数能够不依傍朱陆、自铸系统的学者，他的理论与清朝重气哲学家间有明显的血缘关系。

　　王廷相的学说以气一元论出名，亘古亘今，万象变化，无非一气之流行。然而，宋明理学家多有此类语言，王廷相之前的张载、罗钦顺，王廷相之后的刘宗周等人的著作中，皆有此类的话语。但王廷相与他们不同的地方，在于他的主张不是依循宋明理学"形上（体）—形下（用）"之间的模式建构理论，他是从汉朝的思想家借来了"元气论"的武器，从张载处寻得气论的盟友，再堂堂皇皇介入明代理学的争论战场。他论及理气观念时说道：

　　　　有形亦是气，无形亦是气，道寓其中矣。有形，生气也；无形，元气也。元气无息，故道亦无息。是故无形者，道之枢也；有形者，道之显也。（《王廷相哲学选集》，页 2）[35]

――――――――――

[35]　王廷相：《王廷相哲学选集》（台北：河洛图书出版社，1974 年）。以
　　　下采王廷相文字，皆依此版本，不再注明。

天内外皆气，地中亦气，物虚实皆气，通极上下，造
化之实体也。是故虚受乎气，非能生气也。理载于气，非
能始气也。世儒谓理能生气，即老氏"道生天地"矣。谓
理可离气而论，是形性不相待而立，即佛氏以山河大地为
病，而别有所谓真性矣。可乎？不可乎？（同上，页4）

王廷相论有形—无形，或形上—形下，都是将它们解释成同
质的隐—显的关系。元气是最根源的，所以说"元气之上，无
物，无道，无理"。物、道、理都是从"元气"衍化过来的，
不是道、理生出元气。王廷相思想中的"道""理"不是创造
的实体，不是创造的原理，也不是超越的理型。"道"事实上
即是气化的历程，"理"则是此历程中显现出来的规则。所以
说："道也者，空虚无著之名。""理根于气，不能独存。"

王廷相将一种运动的、物质性的气作为万物的根本，因
此，在他看来，任何在"气"之外另置源头的主张都是不合法
的。在引文第二节中他批判了世俗"理能生气"的观点，认为
这种主张与老子"道生天地"无异。他又批判世儒"理可离
气"之说，认为这种主张与佛教"离山河大地外，另有真性"
的说法没有差别。王廷相所谓的世儒，其实就是当时占据官学
地位的程、朱理学思想。朱熹的理气正是不离不杂的关系：就
经验层而言，两者是不离的；就存有论的架构而言，两者绝对
是异质的，不容混淆一起。"理生气"亦是朱学的理论，朱学
此处的"生"无生义，此命题的内涵"不是从理中生出气来，

只是依傍这理而气始有合度之生化。就人言，则是依这理引生心气之革故生新。心气通过其心知之明之认识理而向往理而依之，则引生心气之合度之行，不依之，则昏沉堕落而暴乱"。[36] 理不是直接生气，理气两者在存有论上的关系仍是断层的。王廷相短短几行话，同时攻击了佛、老与朱学三大系统。他的攻击面似乎很广，悍然与当时流行的思潮为敌。但事实上他的攻击点只有一点，即凡是提出超越层面相的理论，不管它是佛老的玄理、空理，或是程、朱的性理，王廷相都要击破之。而王廷相攻击的武器基本上也只有一种，那就是他的元气论。王廷相经验论的性格非常强，他的理论主张顺着有形之气可以逆推到无形之元气，但由无形之元气就不能再用一种质的跳跃，直接跃到超越层的性、天、道、理了，元气是终极的。

王廷相在理气论上，彻底主张一种经验论的元气学说；在人性论上，他也同样地主张经验论的气质之性学说：

> 嗟乎！人有二性，此宋儒之大惑也。夫性，生之理也，明道先生亦有定性之旨矣。盖谓心性静定，而后能应事耳。若只以理为性，则谓之定理矣，可乎哉？余以为人物之性，无非气质所为者。离气言性，则性无处所，与虚同归。离性言气，则气非生动，与死同途。是性与气相资，而有不得相离者也。但主于气质，则性必有恶，而孟

---

[36] 牟宗三：《心体与性体》（台北：正中书局，1975年），册3，页507。

子性善之说不通矣。(《王廷相哲学选集》,《答薛君采论性书》, 页 163)

王廷相反来覆去, 所说其实就是"生之谓性—用气为性"这个老传统。这位曾被视为明代最有创见的思想家, [37] 他的整个思维方式是非常非明代式的。学术史上往往有类似生物学所谓的"返祖"现象。王廷相在程朱提出义理之性—气质之性的二元对分, 以及陆、王提出义理之性—气质之性体用一如的圆融观后, 完全不按他们设定的理论格局下棋。他往后一跃, 跃过了魏、晋、南北朝、隋、唐、两宋的思想主流, 接上两汉元气论的尾闾。宋明理学大家"逆气见体"(虽然他们说的气—体关系的模态不同)的"体"被他砍掉了。理学帝国的形上世界被他从异化的彼岸(王廷相这样想)拉回来以后, 儒学盘据的又只剩下经验界的领域了。

由于王廷相对于人性只取"用气为性"的老传统, 所以他对孟子"尽心知性"的性善论自然觉得格格不入。王廷相在这点上逻辑非常一致, 心态非常诚实。当时, 孟子的地位已告确立, 性善论已成为儒学论述的当然预设。但王廷相认为依用气为性的路子推衍, "气有清浊粹驳, 则性安得无善恶之杂! "性既有善恶之杂, 那么, 性善论自然讲不通。王廷相的理论很

---

[37] 张岱年甚至认为王阳明的哲学深度不如王廷相, 参见他给葛荣晋著《王廷相和明代气学》(北京: 中华书局, 1990 年)写的序言, 页 1.

值得体玩，依"用气为性"这样的理路定义，人性确实有善有恶，可善可恶，分三品亦可，分九品亦可，范畴离合，各显神通。[38] 在十五世纪末、十六世纪中叶前，一种要求抛弃形上领域，直接认取体质生命的声音出现了，而且分贝很大，只是回响者还不够多。[39]

到了明、清交接之际，反对程朱理学，主张气—气质之性优先的思想家就多起来。但当时似乎没有人比得上颜元态度那么坚决，立论那么简单清楚，引起程、朱学者那么的痛心疾首。颜元虽重行反知，但他的思想事实上有种理路。《存性编》一开始，颜元即引程、朱两人论气质的话语，然后下断语道：

> 可惜二先生之高明，隐为佛氏六贼之说浸乱，一口两舌而不自觉。若谓气恶，则理亦恶；若谓理善，则气亦善。盖气，即理之气；理，即气之理。乌得谓理纯一善，而气质偏有恶哉？（《四存编·存性编》，卷1，页1）[40]

"气，即理之气；理，即气之理"此语可以上下其解。但颜元的立场非常清楚，他反对任何超越的理的概念。佛教的空理、

---

[38] 参见牟宗三：《才性与玄理》（台北：学生书局，1975年），第1章。
[39] 继承王廷相思想的有吴廷翰、高拱等人，参见葛荣晋，前揭书，页299—331。
[40] 颜元：《四存编》（台北：广文书局，1975年）。底下引颜元文字皆出自此版本，不再注明。

老庄的玄理与程、朱的性理，他一概排斥。他虽然没有像早先的王廷相及后代的戴震那样明确陈述气优先的理论，但他既然将超越的理拉掉，则气为首出，这是很明显的。

他反对超越的理，将气视为首出。落在人性论上来，自然即反对气质之性外，另有所谓的义理之性。且看底下这两条资料：

> 玩程子云："凡人说性，只是说'继之者善也'。"盖以《易》"继善"句作已落人身言，谓落人身便不是性耳。夫"性"字从生心，正指人生以后而言。若人生而静以上，则天道矣，何以谓之性哉？（《四存编·存性编》，卷1，页6）

> 人皆可以为尧、舜，其灵而能为者，即气质也。非气质无以为性，非气质无以见性也。（同上，卷1，页18）

这两段话出自他的《性理评》。颜元所评的性理，主要即是程、朱的性理之学。颜元界定性，从"生""心"言，亦即从"人生以后而言"。他的用语无意间接上了"生之谓性"的老传统，他本人思想的出发点，确实也是从生命，以及生命所在的身体出发。所谓的人性，即当落在生命、身体上讲。如果从身体的内在面讲，即当说"非气质无以为性"。颜元不用戴震所谓的"血气心知"界定人性，他的哲学思辨能力也远不如后者，但两人的旨归其实非常接近。

但颜元为气质之性争地位的用心，主要不在争它与义理之性地位的前后主从。他对这个问题的兴趣其实不是那么大，因为在他看来，世上根本没有超越的理，这是人人皆知的事。朱熹喜欢向壁虚构，旁人大可不必跟着去碰壁。颜元争气质之性的重点，在于争它是善的。颜元特别重视身体力行，重视生命价值，因此，在人性论上他自然而然地就选择了气质之性。颜元重视身体是很特别的，他说：

> 尧、舜、周、孔之言性也，合身言之，故曰"有物有则"，"尧舜性之"，汤、武修身以复性，据性之形以治性也。孔门后惟孟子见及此，故曰："形色，天性；惟圣人然后可以践形。"形，性之形也；性，形之性也。舍形则无性矣，舍性亦无形矣。失性者，据形求之；尽性者，于形尽之。贼其形，则贼其性矣。(《四存编·存人编》，卷1，页11)

"形，性之形也。性，形之性也"这组联语与我们前面所引"气，即理之性；理，即气之理"何其相肖。事实不只相肖，而是两者的义理根本相同。只是一以形上学的语言表出，一以身心理论的语言表出。如论其实质，两者都是反对经验的人身、人性外，另有其他恍兮惚兮的人之本质。颜元每一提及气质、生命、身体之重要时，连带而来的，他就想到佛、老、理学的空虚不实。且再看下文所述：

予戊申前亦尝从宋儒用静坐功，颇尝此味。故身历而知其为妄，不足据也。……空静之理，愈谈愈惑；空静之功，愈妙愈妄。吾愿求道者，尽性而已矣。尽性者，实征之吾身而已矣。征身者，动与万物共见而已矣。吾身之百体，吾性之作用也。一体不灵，则一用不具。天下之万物，吾性之措施也。一物不称其情，则措施有累。身世打成一片，一滚做功。(《四存编·存人编》，卷1，页12—13)

人年轻时一往情深的经验，很吊诡地，往往反面地深刻影响后来思想的发展。朱熹年轻时曾耽于禅悦，后来恶禅特甚。王阳明年轻时曾用朱熹格物方法格竹，生出一场大病，后来对此套工夫恶之已甚。戊申年颜元三十三岁，在此之前，他也曾按宋儒静坐方法用功，后来他最反的，就是这套工夫。

颜元个性质朴，当他信仰某事，或反对某事时，可以预期他是全力以赴的。然而，颜元虽有墨翟遗风，人品超迈，他的学术见闻大概不算太广，思辨能力也不是顶强，《四存编》中时有令人发噱之语。他在《上太仓陆桴亭先生书》中提到其著作《存性编》的理论，其观点大致如我们上文所说。颜元认为此书所说，"孔、孟没后二千年，无人道此理，而某独异"。(《四存编·存学编》，卷1，页9)陆桴亭（世仪）为当代理学大老，学问广洽，笔者不知他怎么回复颜元，但答与不答间，想必有些困难。我们如果拿颜元和前代的王廷相、同代的王夫之、后代的戴震作比较，对于他的"独异"到底"异"到什么程度，心中也许就会有个谱。

王夫之的气学理论与气质之性理论无疑别开生面，义理丰赡。但其文理路幽深，牵涉面广，理当另文探讨。底下，我们将视野转移到戴震上去。

戴震是清代学术的代表人物，考据学在他手中灿然俱备，蔚然成为学界的主流。但戴震超越同时代惠、段、二王的，莫过于他同时也是位思想家。他能深入理学堂奥，弄熟理学命题，随后入室操戈，提出与程朱学派对立的观点。戴震在他主要著作《原善》《孟子字义疏证》两书中，处处可看见他与程、朱之学较量的用意。《孟子字义疏证》子目有"理"十五条、"天道"四条、"性"九条、"才"三条、"道"四条、"仁义礼智"二条、"诚"二条、"权"五条。这些条目虽冠在《孟子》一书名下，但由子目名称也可以看出戴震的问题意识是随着理学的脉络展开的。两者的差别，在于提供的答案不同而已。

大致说来，重气的哲学家反程、朱的人性论时，往往也会跟着反他们理、气二分的形上学思想。因为义理之性/气质之性的分别原本即是理、气二分的形上思维之孪生兄弟，有了宇宙间的理、气是二是一的问题，连带地才会有人性的理与气是同是异的辩难。戴震的立场也是如此，戴震的人性论很明显地承继了"生之谓性""用气为性"的传统，但由《孟子字义疏证》首列"理"概念十五条，我们不难推测他的思考方式仍是沿袭着朱学传统来的。形上学的理气关系在整体知识结构上，占有首出的地位。《孟子字义疏证》一开卷，戴震即定义"理"之意义如下：

> 理者，察之而几微必区以别之名也，是故谓之分理；在物之质，曰肌理，曰腠理，曰文理；得其分则有条而不紊，谓之条理。（《戴震集》，《孟子字义疏证》，卷上，总页 265）[41]

所谓"理"的本义，不过是一种经验性之理则。只要经验界的事物有秩序可循者，即有"理"，"理"是经验界内的秩序之状词，它不能出乎经验界的总体之外。"古人所谓理，未有如后儒之所谓理者矣！"

古人所谓的天理，也不是超绝的。"理也者，情之不爽失也，未有情不得而理得者也。……天理之言，言乎自然之分理也；自然之分理，以我之情系人之情，而无不得其平是也。"（同上，总页 265—266）和我们前面所说的"理"的意义相比之下，"天理"一词较偏重情理之谓。勉强划分的话，"肌理、腠理、文理"之理取的是知识论的用法；"天理"则倾向于伦理学的领域。但施用的领域虽然不一样，"天"却不能视作超越的本体或人格神，它和"自然"两字可以互诠。因此，"天

---

[41] 戴震：《戴震集》（台北：里仁书局，1980 年），《孟子字义疏证》，卷上，总页 265。底下引戴震文字皆出自此版本，不再注明。

理"也不能隔绝于人之"情",它不是感性触摸不到的超绝领域。依戴震的解释,"天理"的古义即是如此,"古人所谓天理,未有如后儒之所谓天理者矣!"

戴震和前代气学思想家不同的地方,在于他本人兼具小学家的身分,文字、训诂之学在他手中成了一件犀利无比的武器。在经学位居主导思想的年代,谁掌握了经学的"古义",谁即掌握了圣人的大义,因此,经学诠释的改变往往即是思潮流向的变道。何晏、王弼之于郑学,朱熹之于郑、王之学,戴震之于朱子,莫不依循"经学变,则思想变"的道路。戴震生在小学昌明的年代,依据当时的风气,哲学的问题与语言学的问题往往纠结一起,焦循注《孟子》,段玉裁注《说文》,都有此倾向,戴震亦然。[42] 但戴震的野心更大,他当代的同道掀起的风浪和他比较起来,只能算是微波涟漪。戴震入室操戈,首先被置放在将坛上,用以祭旗的祭物即是理学核心的"理"之概念。理的古义是他兼持的一贯标准,而"古人所谓理(天理),未有如后儒所谓理(天理)"云云,则是戴震批判程、朱思想特有的表达方式。戴震哲学著作中凡是有这样的语言之处,即有一场以语义颠覆大义的战役在进行。这些战役要达成的目标很清楚:程、朱的超绝之理或天理是杜撰出来的,不合"古义"。

---

[42] 参见桥本高胜:《孟子字义疏证の体系的概念规定と戴震の训诂学》,《日本中国学会报》,第 31 辑,1979 年。

　　经过戴震的"古义"武器之摧陷廓清，程、朱的"理"概念倒塌了；"天理"的概念也倒塌了。进一步言，凡是超越人类经验理性认知与感受之外的概念，全都无法自存，程、朱的"义理之性"亦然。《孟子字义疏证》卷中论性各条，批判的对象虽说含佛、老、程、朱一并扫倒，但主要的抨击对象其实还是儒学内部的程朱学派。戴震说道：

　　　　人之为人，舍气禀气质，将以何者谓之人哉？是孟子言人无有不善者，程子、朱子言人无有不恶，其视理俨如有物，以善归理，虽显遵孟子性善之云，究之孟子就人言之者，程、朱乃离人而空论夫理，故谓孟子"论性不论气，不备"。若不视理如有物，而其见于气质不善，卒难通于孟子之直断曰善。宋儒立说，似同于孟子而实异，似异于荀子而实同也。孟子不曰"性无有不善"，而曰"人无有不善"。性者，飞潜动植之通名；性善者，论人之性也。如飞潜动植，举凡品物之性，皆就其气类别之。(《戴震集》，总页 302)

　　　　程子、朱子见于生知安行者罕睹，谓气质不得概之曰善，荀、杨之见固如是也。特以如此则悖于孟子，故截气质为一性，言君子不谓之性；截理义为一性，别而归之天，以附合孟子。……性譬水之清，因地而污浊。不过从老、庄、释氏所谓真宰真空者之受形以后，昏昧于欲，而改变其说。特彼以真宰真空为我，形体为非我；此仍以气

> 质为我，难言性为非我，则惟归之天与我而后可谓之我
> 有……断之为善，惟使之截然别于我，而后虽天与我完全
> 自足，可以咎我之坏之，而待学以复之。以水之清喻性，
> 以受污而浊喻性堕于形气中污坏，以澄之而清喻学。水静
> 则能清，老、庄、释氏之主于无欲，主于静寂是也。因改
> 变其说为主敬，为存理，依然释氏教人认本来面目，教人
> 常惺惺之法。（同上，总页 303—304）

戴震的批判严厉至极。依照理学的传统，人性论问题往往被视
为圣人学问的拱心石。此关一严，万魔不入。程朱学派挺立
"义理之性"，东林学派争阳明四句教首句"无善无恶心之体"，
其用心皆依循此一理路。戴震力反程、朱"性"的概念，其论
证背后也分享了理学传统共同的关怀。依据他的说法，正因
"人性"这个大本解坏了，所以程、朱理学事实上已滑向佛老
边去——或许该说，实质上就是佛、老。儒门重视的"博学、
审问、慎思、明辨、笃行"等工夫不再受重视了，因为程、朱
重视的是从佛、老转手而来的主敬工夫。主敬是"存理"，"存
理"是"澄清"气质，它不需要知识的累积与行动的扩充。

　　佛、老以及程、朱代表的儒学此三教倒塌了以后，戴震提
出了他有名的"血气心知"的人性论。在论"性"处，他开宗
明义即言：

> 性者，分于阴阳五行以为血气、心知，品物区以别

焉。举凡既生以后所有之事，所具之能，所全之德，咸以
是为其本。故《易》曰："成之者性也。"生人生物以后，
各以类滋生久矣。然类之区别，千古如是也，循其故而已
矣。在气化曰阴阳，曰五行，而阴阳五行之成化也，杂糅
万变。是以及其流形，不特品物不同，虽一类之中又复不
同。凡分形气于父母，即为分于阴阳五行。人物以类滋生，
皆气化之自然。……天道，阴阳五行而已矣。人物之性，
咸分于道，成其各殊者而已矣。（同上，总页 291—292）

道是"阴阳之门"，亦即是种气化的历程。性"咸分于道"，亦
即分于阴阳五行。更落实下来讲，人性的实质即是"本受之
气"。本受之气是在个体形成之际，人秉之于天道运行的个体
性质料。戴震这种解释我们一点都不陌生，它事实上即是"用
气为性"一词的转译。内涵相同，连用字都相同。我们已说
过：这是先秦"生之谓性"以下的老传统。这个老传统传到
汉儒手中，遂一变而为"元气论"的讲法。清儒以反宋返汉
自许，他们有意无意间，连汉儒的世界观也接受过来了。戴
震"分于阴阳五行以为血气心知"的性之于元气论的性，其
义犹是。

　　然而，戴震到底年代较晚，后出转精。尤其他面对程、朱
这两位强劲的理论对手，他不能不提出更精致的说明。因此，
他除了提出"分于阴阳五行以为性"这样的气化宇宙论之人性
观外，他更进一步强调"血气心知"认识论之人性论。前者是

普遍性的个体性原理，凡是存在即分享阴阳五行；后者是人所独有，是人性论，而不是泛泛而论的物性论的内涵。心知乃知觉依心而生。戴震定义知觉道："知觉云者，如寐而寤曰觉，心之所通曰知。百体皆能觉，而心之知觉为大。"（同上，总页295）心之知觉为什么独大？因为"人则于扩充其知至于神明，仁义礼智无不全也"。（同上，总页295）换言之，道德的依据在于心知。很明显地，依据血气心知的理论，学者寻找道德的理据根本不需要外寻，它就在人的生命活动之处。程、朱在气质之外另觅义理之性，其结果只是捕风捉影，徒劳无功。

戴震将人性界定在"气"上，将道德的依据界定在"心知"上，其理路与荀子何其相似！事实上，戴震对荀子也相当赞美。荀子说："积善成德，神明自得，圣心循焉。"戴震认为这种话即使"圣人复起，岂能易其言哉！"（同上，页299）但吊诡的是，戴震认为他的学说是本诸孔、孟，而不是本诸荀子。他认为他所说的乃是"性善论"，而不是"性恶论"。他还批评荀子，认为在前儒之中，荀子虽然可以称得上是戛戛独造，可惜终究相去一间。而这一间的影响又这样巨大，因此，荀子在儒学史上的地位遂不得不让予孟子。

荀子去真理一步，未能登峰造极的主要理由，在于荀子不知道价值的根源在于人性本身。荀子认为圣人的人性与凡人同，但圣人能明礼义，而礼义亦出自圣人之教，凡人则缺乏积累礼义以至神明的工夫。准此，礼义在人性中无根源，它纯出自后天的经验性积累，这就是荀子所说的"伪"——人为之谓也。戴震一方面对荀子有着极高的评价，一方面又指出他的不足。他说：

> 荀子知礼义为圣人之教，而不知礼义亦出于性；知礼义为明于其必然，而不知必然乃自然之极则，适以完其自然也。就孟子之书观之，明理义之为性，举仁义礼智以言性者，以为亦出于性之自然，人皆弗学而能，学以扩而充之耳。荀子之重学也，无于内而取于外；孟子之重学也，有于内而资于外。……以是断之，荀子之所谓性，孟子非不谓之性，然而荀子举其小而遗其大也，孟子明其大而非舍其小也。（同上，页 299—300）

荀子不知性之全体，因为他只知后儒所谓的气质之性，并认为性即此性。但他不知道礼义亦出自此性。戴震在比较孟、荀的异同时，用了"自然"与"必然"这两个特殊的词汇。"自然"顾名思义，乃是无自而然。道家使用此一词语，或指主体自由的境界概念，或指反目的论、反人格神意味的和谐之机体观。戴震使用的意义，当指人性之自然，亦即血气心知。而"必然"取的是规范义，顾名思义，其内涵其实与"理"相近。放在荀子的语汇系统里解释，指的主要是以"礼义"为代表的道德体系。荀子认为"礼义"确实不是出自人性，而是因后天不断薰习所得。"自然"与"必然"因此有了断层，事实与价值最后虽然可以同流，但两者却是不同源。戴震最反对荀子的，就在这一点，他说荀子的思想"合血气心知为一本矣，而不得礼义之本"。

戴震对孟、荀思想的抉择很耐人寻味。[43] 戴震对孟子性善论的评价与王廷相不同。王廷相依据气有清浊厚薄的观点，认为性善论根本讲不通，价值的根源也不可能在气质之性。戴震则认为气有清浊厚薄，固也；但此气落实为人性，人性与其他生物具有不同的血气心知，这些血气心知一方面显为生理生物本能，一方面显为道德情感，世上没有无情无气之礼义。自然与道德在人性上是同源的，或者说：自然与必然是一本的。荀子批判孟子性善论甚厉，其实是荀子对自己礼义理论了解尚未充分所致。很有趣的是，从戴震的观点来看，程、朱学派的病症在不同的面相上恰好与荀子一样，荀子犯了二本之症，程、朱也犯了同样的病症。荀子的二本在于他提出了外于人性的礼义，将必然从自然中异化出去。程、朱的二本在于他们提出了外于人性、超绝不可言说的另一种人性，人性因此只剩下气质之性，气质之性则是有待规范的。但从程朱学派的眼光看来，戴震的一本论其实仍是"生之谓性""用气为性""作用是性"等一系列命题的翻版。

凡是反对程、朱理气二分、本然之性／气质之性二分格局的思想家，往往都有一本论的追求。他们要戳穿超绝的世界，

---

[43] 戴震在孟、荀间的抉择，进一步的研究参见岑溢成：《戴震孟子学的基础》，此文收入黄俊杰编：《孟子思想的历史发展》（台北："中央研究院"中国文哲研究所，1995 年），页 191—215。

世界只有一种可以体验到的世界，此外无他。从王廷相、吴廷翰、颜元以至戴东原，我们看到一种气论的哲学体系：这种哲学反映到人性论上来，即是以气质之性为首出；反映到世界观上，即是一种建立在气论上的一本论。然而，就字面意义而言，从陆象山、王阳明以至刘宗周，我们也看到类似的语言不断出现，而且出现的地方都是他们思想中的核心位置。问题来了：这两组哲人的立场一致吗？笔者分段处理他们的思想，这样的划分可靠吗？

五　结论：回归思、孟、《易传》的大传统

人性问题是理学的主要问题，它是理学最基本关怀"如何成圣"的奠基石。理学人物如果不关心成圣成德的议题便罢，如果关心的话，他们即逃不掉对这个问题的关怀。

理学家讨论人性问题时，往往又绕着义理之性（或言天地之性、本然之性、天命之性）与气质之性的分合展开的。义理之性与气质之性的分别首先由张、程提出，但论其源头，则不得不推向孟子。就《孟子》一书所见，我们知道孟子人性论的立场如下：

一、人性本善，而且善性与天道相通。

二、反对"生之谓性"，也就是反对从生命的流行处界定人性。

三、但又主张"形色，天性也"，认为从内在身体的气以至

外在身体的知觉展现都是性的面相。

就第一点与第二、三点的关系而言，有没有超越或超绝于气质之外的人性，即成了问题的焦点。如果反对"生之谓性"的定义，并往超绝的方向解释"性"，那么两种不同质的性之区别就很容易出现。如果既反对"生之谓性"的定义，但又肯定"形色，天性也"的命题，那么，义理之性与气质之性即成了既异且同的悖论问题。如果反对超越的人性，支持"形色，天性也"之说，那么，人性事实只有一种气质之性，两种性的差别不可能是存有论意义的。我们反省一下理学八百年来的发展，不难发现程朱、陆王、王（廷相）戴（震）等人对气质之性／义理之性关系的析合，基本上是沿着孟子这几项要点作解的。

两种性的分别起于张、程，张、程首先划分天地之性（或言本然之性）与气质之性。张、程这种划分非常重要，儒家对于"个体之特殊性"与"个体与超越界相联之同一性"的问题，以及对于"人性具普遍之善"或"人性善恶夹杂"之争至此得到理论上初步的解决。理学家后来讨论人性论问题时，基本上依照着两种性的主从、本末、有无作解，两种性的区分可以视为理学几种大论述中极为关键的一种。

张载虽然划分了两种人性，但他不认为这两种人性是截然对分的。他认为在人存有的结构上，每个人的气质之性之上都另有共同的天地之性，两性不同。但在本体论始源的意义及工夫证成的圆融境界上来说，两种性只是一种性，气质之性皆是天地之性的展现。从后者的观点来看，盈天地间都是天地之性—气质之性的流行，即虚即气，佛、老所谓的空、无绝不适用于此一层次。明代罗钦顺用"理一分殊"这项原则解释义理之性与气质之性的关系，他的理论依据和张载相同。张、罗两人的思想在当代中国往往被视为唯物论的楷模，其人性论也被视为唯物论的。但我们如果知道承体起用的形上学之语言论述，了解气可往超越界之神及经验界之气两头解释；如果我们还了解理学家主张世界为真实（诚体）之展现，反对佛、老世界本性为空无的形上学主张的话，那么，我们即可确认张、罗两人的思想只能放在《孟子》《中庸》《易传》这种以工夫贯穿超越界、经验界的道德形上学格局下作解，而不当将两人推向汉儒气化宇宙论的阵营里去。

程、朱思想中的本然之性／气质之性的区别较容易理解。程、朱思想的特色为：经验的世界外另有一个超绝的、所以然的世界，他们的人性论也反映了这种基本的特征。程颐首先确立"性即理"的普遍超越原则，然后再将"生之谓性"的传统拉到"气质之性"的名目下，两种性的分别于焉成立。朱熹继起，他将"性即理"与"气质之性"这种对分整编到理气二分的泛存有论架构下，成了"性（理）落在气中的气质之性"，两种性的关系变成内在的性气不杂不离的关系。程、朱思想从南宋末后成为官方思想的主流，它被视为道继尼山。但更恰当的说法应当是：他们开启了一个新的传统，至少在形上学及受形上学影响的人性论上，程、朱的发现是前无古人的。

　　程、朱这种前无古人的业绩，落在想回归孔、孟的儒者眼中，恰好成了违背圣门传统的证据。朱熹以后，儒门传统内发生的人性论争议，凡是规模较大、理论意义较强的，几乎都与程、朱思想有关。反程、朱思想的学者，不管他们属什么学派，目标几乎都集中在"超绝的人性"这点上。他们或从文化的立场出发，说这样的人性是受到了佛、老的影响；或从政治社会的影响立论，认为这种人性论会造成以理杀人；他们也不无可能从体验形上学的实践立场出发，认为没有脱离形色气血以外的人性。总之，他们都反对在可体验到的人性以外，另立一种人性。而他们依据中国哲学的固有语汇，认为由"气"引申而来的"气质之性"即是真正的人性，而且是惟一真实的人性。

　　表面上看来，以陆、王及王、戴为代表的学派同样强调气/气质之性为首出，同样反对超绝的理/义理之性的概念。他们同样明白表示对程、朱的不满。但当我们看到两者表面上之相似时，不宜忘掉两者背后的理论基础完全不一样。事实上，除了张载、罗钦顺等少数例子外，以陆、王为代表的传统及以王、戴为代表的传统，他们在寻找自己的学术统绪时，并没有弄错学脉。尤其陆、王这一系，他们虽重气，重气质之性，但他们不会将王廷相、戴震拉到自己的阵营里来。由于这两支学派在表面上用语颇为相似，但这些用语该如何解释，又有相当大的争议空间。为探讨方便起见，笔者将暂时将陆、王一系所重的气视为心气，他们重视的"气质之性"

视为"心学之气质之性";王、戴所重视的气视为元气,他们重视的"气质之性",视为"元气论之气质之性"。心气 / 元气、心学之气质之性 / 元气论之气质之性之划分当然有些别扭,但在找不到更恰当的语词的情况下,只好姑且用之。笔者对两组概念的意义界定如下,兹先论气的问题如下:

一、心气:这是个体验的形上学的概念,它意指(一)世界终极的实体是气,这种"气"的意义其实等于《易传》所说的"神",它意指超越的本体之作用;(二)气的全体意义惟有经过学者尽心体证后才能证成;(三)就学者体证后的气之认知意义而言,它圆融地被视为与经验之气是同一种气。

二、元气:这是个自然论的形上学概念,它意指(一)世界的实体是气;(二)元气与气是同质的,中间没有质的改变;(三)精神是元气发展出来的衍生秩序,它不是实体,也不是实体的属性。

依上述的定义,陆、王与王、戴所以同样使用这个气的概念,我们可以理解。因为在中国哲学的传统里,"气"这个词语恰好一方面可以积极地用来肯定世界的真实;一方面又可以遮拨地对治佛、老的空、虚之观念(尤其是针对佛教)。中国历代的思想家除非彻底接受佛教缘起性空的形上学立场,否则,他们大体都会主张世界是真实无妄(诚),太虚即气的。但我们不宜忘掉他们用的气的概念其实脉络相当不一样,一个是体验哲学的用法,一个是自然哲学的用法。前者是个证成的、价值的语汇,它不能抽离掉主体的(儒家式的主体)因素。后者则是思辨哲学的语汇，它的意义近似西洋传统物质的意义。

气之意义既明，则儒家的心气与气概念只能是不一不异的关系。气惟有经由学者的体证，最终证体之后，才能成为即心即气之心气。但证得的心气仍不离气，它并不是外乎气的另一种存有。心学的气质之性／元气论的气质之性两者的关系亦大体类此。兹稍加界定其意义如下：

一、心学的气质之性：这是个体验哲学的概念，气质之性是精神的另一个面相。就概念而言，它与义理之性相对。就实质而言，它与义理之性的区别是对照着体验者的境界而发。体验者证得本体，则所有气质之性皆是义理之性；体验者的本体不彰，则气质之性成分大多是生物的—生理的意义。义理之性与气质之性仍是不一不异、表里显隐的关系。刘宗周说性的实义当是"心之性"，其义甚谛。

二、元气论的气质之性：这是个自然哲学的概念。这个概念主张：就本质而言，只有一种气化流行下贯人身所致的人性。由气而质而外显为知觉，这是气质之性的展示性内涵。在气质的展示中有规矩处即是义理，此义理落实在人身上来讲，即是义理之性。义理之性是气质之性导引而生的一个概念，它不是独立的一种实体。

气—气质之性的纠缠既解，陆、王与王、戴所代表的学派（大体类似大陆学界所谓的心学与气学）之界限亦可由此划清。简单地说，从王廷相以至戴震所说的气与气质之性是自然

主义、经验主义的意义，这是建立在气化宇宙论上的思想体
系，与汉儒关系较为密切。陆、王以至刘宗周所说的同样语词
却是体验形上学的语汇，他们说的气——气质之性就客观面而
言，永远是本体之气及本体之气质之性；就主观面而言，它们
是有待证成的心气——心之气质之性（或言义理之气质之性）。
这两支思潮确实使用了共同的语汇，对佛教空的形上学同样的
厌恶，但其他的思想大概相同的不多了。

    兹再简要综论本文的论点如下：两种性的分别出自张、
程，这个概念的源起，乃因张、程两人接受了佛、老的刺激以
后，入室操戈，在它们两家偏胜的心性形上学领土内，插上儒
家的大旗。张载提出天地之性与气质之性对分的两种人性观，
这两种人性在存有的秩序上是不同的，一代表超越而普遍，一
代表内在而特殊；但从形上学的始源观点及工夫论的证成境界
来看，两性事实上只是一性，内在即超越，特殊即普遍。张载
这种人性论的模式得到程颢的认可，后来又被罗钦顺、刘宗周
继承下来，刘宗周尤为深邃。程颐虽然也划分了两种人性，但
他的依据与张载不同。他革命性地提出人具有一种"性即理"
的普遍人性，以及一种与它完全不同质的气质之性。南宋时期
朱熹继起，他虽然大体接受程颐的洞见，但他更进一步依他自
己理气二分的思考模式，将人性论上的两种性之分，比照存有
论上万物皆依理、气二者组合而成的方式处理，性（本然之
性）、气（等于张、程所说的气质之性）这两个概念视为本体
论上断层的两种不同指谓。陆、王一派继起，他们站在天道性

命相贯通的立场，将两者打通（圆融意义或证成意义上来讲），义理之性与气质之性因而是不一不异之关系。从王廷相以至戴震的气论思想家则打杀任何超越与超绝的概念，所以他们认为程、朱与陆、王所说的理或义理之性都是多余的名词。实质上，人性只是由气及由气下贯之气质之性所构成，礼义、义理之性是由前者导引出来的衍生概念，它们不是独立的实体。程朱、陆王、王戴这三股思潮（有人方便称之为理学、心学、气学）的人性观在历史的推衍中分别形成。但等它们形成之后，我们回头反省，却发现这三支学派主张的人性观虽属于历史的范畴，但具有类型的意义。两种性的离合很难跳出这三种解释系统的范围。

程朱、陆王、王戴这三支学派都自认为承自孔、孟传统。笔者认为在孔、孟时期，义理之性/气质之性的分别尚未兴起。但就孟子的人性论蕴含而论，张载、程颢、罗钦顺与陆王学派主张的气质之性与义理之性不一不异的关系，应该比较接近孟子的尽心、知性、践形的原身心气一元论之立场。孟子系统的这种人性论一旦建立以后，儒学终极关怀的重心自然而然地就会转向"尽性"（天命之性、义理之性）的问题，儒者看待身体与生命，自然而然地也就会以"生生之谓易"的眼光来看。解释系统不同了，整个世界的意义也就不一样了。

参考文献

一、中日文著作

一、书籍部分

Manly Hall 著、大沼忠弘等译:《人间——密仪神殿》, 东京:
　　人文书院, 1982 年。

丁福保:《说文解字诂林》, 台北: 鼎文书局, 1977 年。

大滨皓:《中国古代思想论》, 东京: 劲草书房, 1977 年。

小野泽精一、福永光司、山井涌（编）:《气の思想》, 东京:
　　东京大学出版会, 1986 年。

马库色（H. Marcuse）著、罗丽英译:《爱欲与文明》, 台北:
　　南方出版社, 1988 年。

马　总:《意林》, 台北: 台湾商务印书馆, 四部丛刊本。

马　浮:《复性书院讲录》, 台北: 广文书局, 1964 年。

马　浮:《泰和宜山会语合刊·宜山会语》, 台北: 广文书局,
　　1980 年。

王卜雄、周世雄:《中国气功学术发展史》, 长沙: 湖南科学技
　　术出版社, 1989 年。

王夫之：《读四书大全说》，台北：河洛图书出版社，1974 年。

王先谦：《庄子集解》，台北：木铎出版社，1988 年。

王廷相：《王廷相哲学选集》，台北：河洛图书出版社，1974 年。

王　冰：《黄帝内经注》，台北：台湾商务印书馆，四部丛刊本。

王　充：《论衡》，台北：台湾商务印书馆，四部丛刊本。

王守仁：《王文成公全书》，台北：台湾商务印书馆，四部丛刊本。

王利器：《风俗通义校注》，台北：明文书局，1982 年。

王国维：《观堂集林》，上海：上海书店，1992 年。

王　弼：《周易注》，台北：台湾商务印书馆，四部丛刊本。

中国汉方医学概论刊行会编、林仲昆译：《中国汉方医学概论》，台北：嘉励出版社，1967 年。

中国汉方医学概论刊行会编、林仲昆译：《中国针灸学概要》，台北：启业书局，1985 年。

贝塚茂树：《中国古代的传承》，东京：中央公论社，1976 年。

贝塚茂树：《孟子》，东京：讲谈社，1985 年。

孔　鲋：《孔丛子》，台北：台湾商务印书馆，四部丛刊本。

孔颖达：《礼记正义》，台北：艺文印书馆，1979 年。

古清美：《明代理学论文集》，台北：大安出版社，1990 年。

左丘明：《国语》，台北：台湾商务印书馆，四部丛刊本。

石田秀实：《中国医学思想史》，东京：东京大学出版会，1992 年。

石田秀实：《气·流れる身体》，东京：平河出版社，1987 年。

平田荣：《宇野哲人先生白寿祝贺记念东洋论丛》，1974 年。

冯友兰:《中国哲学史》, 台湾版, 出版社及年份不详。

冯友兰:《中国哲学史新编》, 北京: 人民出版社, 1984 年。

司马迁:《史记》, 台北: 鼎文书局, 1985 年。

加纳喜光:《中国医学の诞生》, 东京: 东京大学出版会, 1987 年。

老　聃:《帛书老子》, 台北: 河洛图书出版社, 1975 年。

吕不韦:《吕氏春秋》, 台北: 台湾商务印书馆, 四部丛刊本。

朱右曾:《逸周书集训校释》, 台北: 世界书局, 1957 年。

朱　熹:《朱子语类》, 台北: 汉京文化事业有限公司, 1980 年。

朱　熹:《朱文公文集》, 台北: 台湾商务印书馆, 四部丛刊本。

朱　熹:《楚辞辨证》, 台北: 艺文印书馆, 1974 年。

任继愈:《中国哲学史》, 北京: 人民出版社, 1979 年。

庄　周:《南华真经》, 台北: 台湾商务印书馆, 四部丛刊本。

刘义庆:《世说新语》, 台北: 台湾商务印书馆, 四部丛刊本。

刘　向:《列女传》, 台北: 台湾商务印书馆, 四部丛刊本。

刘　安:《淮南子》, 台北: 台湾商务印书馆, 四部丛刊本。

刘　武:《庄子集解内篇补正》, 台北: 木铎出版社, 1988 年。

刘宗周:《刘子全书》, 京都: 中文出版社, 1981 年。

刘　煦:《旧唐书》, 台北: 鼎文书局, 1985 年。

刘　熙:《释名》, 台北: 台湾商务印书馆, 四部丛刊本。

米德 (G. H. Mead) 著、赵月瑟译:《心灵、自我与社会》,
　　　上海: 上海译文出版社, 1992 年。

池田知久:《庄子》, 下册, 东京: 图书印刷社, 1989 年。

汤浅泰雄:《身体》, 东京: 创文社, 1981 年。

汤浅泰雄：《灵肉探微》，北京：中国友谊出版社，1990 年。

许　慎：《说文解字》，台北：台湾商务印书馆，四部丛刊本。

阮　元：《研经室一集》，台北：台湾商务印书馆，四部丛刊本。

孙诒让：《籀膏述林》，台北：广文书局，1971 年。

孙思邈：《摄养枕中方》，此文收入《云笈七签》，台北：台湾
　　商务印书馆，四部丛刊本。

孙　奭：《孟子注疏》，台北：艺文印书馆，1969 年。

牟宗三：《才性与玄理》，台北：学生书局，1975 年。

牟宗三：《王阳明致良知教》，台北："中央文物供应社"，1980 年。

牟宗三：《从陆象山到刘蕺山》，台北：学生书局，1979 年。

牟宗三：《心体与性体》，台北：正中书局，1975 年。

牟宗三：《名家与荀子》，台北：学生书局，1982 年。

牟宗三：《圆善论》，台北：学生书局，1985 年。

劳思光：《中国哲学史》，台北：三民书局，1981 年。

杜道坚：《文子缵义》，收入《二十二子》，台北：先知出版社。

李公焕：《笺注陶渊明集》，台北：台湾商务印书馆，四部丛
　　刊本。

李存山：《中国气论探源与发微》，北京：中国社会科学出版
　　社，1990 年。

李时珍：《奇经八脉考》，台北：台湾商务印书馆，1986 年影
　　印《文渊阁四库全书》本。

李明辉：《康德伦理学与孟子道德思考之重建》，台北："中央
　　研究院"中国文哲研究所，1994 年。

李　昉：《太平御览》，北京：中华书局，1960 年。

李涤生：《荀子集释》，台北：学生书局，1979 年。

李　翱：《李文公集》，台北：台湾商务印书馆，四部丛刊本。

杨向奎：《宗周社会与礼乐文明》，北京：人民出版社，1992 年。

杨伯峻：《孟子译注》，台北：华正书局，1986 年。

杨树达：《增订积微居小学金石论丛》，北京：科学出版社，
　　　1955 年。

杨　倞：《荀子注》，台北：台湾商务印书馆，四部丛刊本。

杨儒宾（编）：《中国古代思想中的气论与身体观》，台北：巨
　　　流图书公司，1993 年。

吴　光：《古书考辨集》，台北：允晨文化公司，1989 年。

岑仲勉：《两周文史论丛》，出版社及年代不详。

何　休：《春秋公羊传注疏》，台北：艺文印书馆，1979 年。

余英时：《中国知识阶层史论》，台北：联经出版公司，1980 年。

怀海德 (A.N. Whitehead) 著、傅佩荣译：《科学与近代世
　　　界》，台北：黎明文化事业有限公司，1986 年。

张介宾：《景岳全书》，台北：台湾商务印书馆影印《文渊阁四
　　　库全书》本，1986 年。

张心澂：《伪书通考》，台北：宏业书局，1979 年。

张光直：《中国青铜器时代二集》，北京：三联书店，1990 年。

张光直：《中国青铜器时代》，台北：联经出版公司，1983 年。

张守节：《史记正义》，台北：台湾商务印书馆，四库全书本。

张　岱：《四书遇》，杭州：浙江古籍出版社，1985 年。

张荣明:《中国古代气功与先秦哲学》,上海:上海人民出版社,1987 年。

张　载:《张载集》,北京:中华书局,1985 年。

张舜徽:《周秦道论发微》,台北:木铎出版社,1983 年。

张震泽:《孙膑兵法校理》,北京:中华书局,1984 年。

陆九渊:《象山先生全集》,台北:台湾商务印书馆,四部丛刊本。

陆陇其:《学术辨》,台北:台湾商务印书馆,丛书集成简编本,1966 年。

陈　来:《朱熹哲学研究》,台北:文津出版社,1985 年。

陈　旸:《乐书》,台北:台湾商务印书馆,四库全书本。

陈国庆:《汉书艺文志释汇编》,台北:木铎出版社翻版,1983 年。

陈　建:《学蔀通辨》,台北:广文书局,1971 年。

陈荣捷:《王阳明与禅》,台北:学生书局,1984 年。

陈荣捷:《王阳明传习录详注集评》,台北:学生书局,1983 年。

陈荣捷:《朱子新探索》,台北:学生书局,1988 年。

陈　埴:《木钟集》,台北:台湾商务印书馆,四库珍本四集。

陈　淳:《北溪大全集》,台北:台湾商务印书馆,四库全书珍本。

陈　确:《陈确集》,北京:中华书局,1979 年。

陈　善:《扪虱新话》,收入《儒学警悟》(《百部丛书集成》第 1 辑,初编),台北:艺文印书馆,1966 年。

陈　澔:《礼记集说》,台北:台湾商务印书馆,四库全书本。

武内义雄:《诸子概说》，东京：角川书店，1980 年。

范文澜:《群经概论》，北京：学海出版社影印朴社出版社本，
　　1933 年。

欧阳修、宋祁:《新唐书》，台北：鼎文书局，1985 年。

罗近溪:《盱坛直诠》，台北：广文书局，1977 年。

罗钦顺:《困知记》，北京：中华书局，1990 年。

罗钦顺:《困知记》，台北：台湾商务印书馆，丛书集成简本，
　　1966 年。

罗　焌:《诸子学述》，台北：河洛图书出版社，1974 年。

金建德:《先秦诸子杂考》，郑州：中州书画社，1982 年。

金春峰:《汉代思想史》，北京：中国社会科学出版社，1987 年。

周法高:《金文诂林》，京都：中文出版社影印，1981 年。

周法高（编）:《三代吉金文存补》，台北：台联国风社，1980 年。

周敦颐:《周子全书·通书》，京都：中文出版社，1981 年。

庞　朴:《帛书五行篇研究》，济南：齐鲁书社，1980 年。

郑　玄:《礼记注》，台北：台湾商务印书馆，四部丛刊本。

郑　玄:《周礼注疏》，台北：艺文印书馆，1979 年。

波　普（Karl R. Popper）著、纪树立编译:《科学知识进化
　　论》，北京：三联书店，1987 年。

孟　轲:《孟子》，台北：台湾商务印书馆，四部丛刊本。

赵　岐:《孟子注》，台北：台湾商务印书馆，四部丛刊本。

赵顺孙:《四书纂疏》，台北：新兴书局影印复性书院校刊本，
　　1972 年。

荀　悦：《申鉴》，台北：台湾商务印书馆，四部丛刊本。

胡　广：《性理大全》，京都：中文出版社，1981 年。

胡厚宣：《甲骨学商史论丛初编》，台北：大通书局，1972 年。

段玉裁：《说文解字注》，台北：艺文印书馆，1979 年。

侯外庐：《中国思想通史》第 1 卷，北京：人民出版社，1957 年。

侯外庐：《近代中国思想发展史》，重庆：生活书店，1947 年。

侯外庐：《宋明理学史》，北京：人民出版社，1987 年。

饶宗颐：《选堂集林》，香港：中华书局，1982 年。

洪兴祖：《楚辞补注》，台北：长安出版社，1984 年。

班　固：《白虎通德论》，台北：台湾商务印书馆，四部丛刊本。

班　固：《汉书》，台北：鼎文书局，1983 年。

顾　实：《汉书艺文志讲疏》，台北：广文书局，1970 年。

钱　穆：《中国近三百年学术史》，台北：台湾商务印书馆，1966 年。

钱　穆：《先秦诸子系年》，台北：东大图书公司，1986 年。

徐　坚：《初学记》，台北：鼎文书局，1976 年。

徐复观：《中国人性论史》，台北：台湾商务印书馆，1975 年。

徐复观：《中国经学史的基础》，台北：学生书局，1982 年。

徐复观：《中国思想史论集》，台北：学生书局，1975 年。

徐复观：《两汉思想史》，台北：学生书局，1979 年。

郭庆藩：《庄子集释》，台北：河洛图书出版社，1974 年。

郭沫若：《十批判书》，收入《郭沫若全集·历史编》，第 2 卷，北京：人民出版社，1982 年。

郭沫若：《卜辞通纂》，台北：大通书局，1976 年。

郭沫若：《两周金文辞大系》，东京：文求堂书店翻印，1932 年。

唐君毅：《中国哲学原论·导论篇》，香港：人生出版社，1966 年。

唐君毅：《中国哲学原论·原教篇》，香港：新亚研究所，1975 年。

唐君毅：《中国哲学原论·原道篇》，香港：新亚研究所，1973 年。

海德格（M. Heidegger）著、陈嘉映等译：《存在与时间》，北京：三联书店，1987 年。

涂尔干（E. Durkheim）著、钟旭辉等译：《自杀论》，杭州：浙江人民出版社，1988 年。

黄宗羲：《宋元学案》，台北：世界书局，1966 年。

黄宗羲：《明儒学案》，台北：明文书局，1991 年。

黄宗羲：《黄宗羲全集》，册1，杭州：浙江古籍出版社，1985 年。

黄俊杰：《孟子思想史论》，台北：东大图书公司，1991 年。

萧　统：《昭明文选》，台北：汉京文化事业有限公司，1983 年。

萧登福：《鬼谷子研究》，台北：文津出版社，1984 年。

敏　泽：《中国美学思想史》，济南：齐鲁书社，1987 年。

章学诚：《校雠通义》，此书收入《粤雅堂丛书》，台北：艺文印书馆，1966 年。

章炳麟：《章太炎全集》，上海：上海人民出版社，1985 年。

梁启超：《要籍解题及其读法》，台北：华正书局，1974 年。

葛荣晋：《王廷相和明代气学》，北京：中华书局，1990 年。

蒋年丰等：《先秦儒法道思想之交融及其影响》，台中：东海大学文学院，1989 年。

韩　愈:《昌黎先生集》,台北:新兴书局影印同治己巳年东雅堂本,1970 年。

程颐、朱熹:《易程传·易本义》,台北:河洛图书出版社,1974 年。

程颢、程颐:《二程全书》,京都:中文出版社,1972 年。

程颢、程颐:《二程集》,北京:中华书局,1981 年。

滑　寿:《难经本义》,台北:台湾商务印书馆影印《文渊阁四库全书》本,1986 年。

谢选骏:《神话与民族精神》,济南:山东文艺出版社,1987 年。

蒙文通:《古史甄微》,成都:巴蜀书社,1987 年。

甄志亚(主编):《中国医学史》,上海:科学技术出版社,1984 年。

熊十力:《读经示要》,台北:广文书局,1972 年。

樊　圃(主编):《中国医学史》,贵阳:贵州人民出版社,1988 年。

摩　根(C. L. Morgan)著、施友忠译:《突创进化论》,台北:台湾商务印书馆,1967 年。

颜　元:《四存编》,台北:广文书局,1975 年。

戴　震:《戴震集》,台北:里仁书局,1980 年。

魏启鹏:《德行校释》,成都:巴蜀书社,1991 年。

魏　征:《隋书》,台北:鼎文书局,1983 年。

二、论文部分

大室干雄:《孟子における历史の不幸》,《东京支那学报》,第 15 号,1969 年。

小野泽精一:《齐鲁の学における気の概念》, 收入其所编:
　　《気の思想》, 东京: 东京大学出版会, 1986 年。

山田庆儿:《九宫八风说と少师派の立场》,《东方学报》, 第 52
　　集, 1980 年。

山室三良:《孟子に于ける神秘的一侧面とその来源》,《哲学
　　年报》, 第 24 期, 1962 年。

丸山敏秋:《ホロダラフ——理论と东洋的身体观》,《伦理
　　学》, 第 2 号, 1984 年。

马非白:《〈管子·业内篇〉之精神学说及其他》, 此文收入
　　《纪念顾颉刚学术论文集》, 成都: 巴蜀书社, 1990 年。

王叔岷:《慎子佚篇义证》, 收入其《先秦道法思想讲稿》, 台
　　北:"中央研究院"中国文哲研究所, 1992 年。

王季星:《行气剑珌铭文考释》,《学原》, 第 2 卷第 3 期, 1948 年。

王梦鸥:《乐记考》,《孔孟学报》, 第 4 期, 1962 年。

尤信雄:《六十年来之孟子学》, 收入程发轫主编:《六十年来
　　之国学》, 册 1, 台北: 正中书局, 1975 年。

石田秀实:《扩充する精神》,《东方学》, 第 63 辑, 1982 年。

石田秀实:《管子四篇と荀子正名篇とにおける"ことば"の
　　问题》,《日本中国学会报》, 第 37 期, 1985 年。

田中麻纱巳:《礼记乐记篇の音乐理论と性说》,《文化》, 第 36
　　卷第 4 期, 1973 年。

冯友兰:《宋钘·尹文》, 此文收入辛冠洁等编:《中国古代著
　　名哲学家评传》, 济南: 齐鲁书社, 1982 年。

穴泽辰雄:《〈管子〉四篇の思想につつて（その一）——心术
　　上篇の思想》,《东洋大学文学部纪要·东洋学论丛》, 第
　　36 集, 1983 年。

加纳喜光:《医书に见える气论》, 收入小野泽精一等编:《气
　　の思想》, 1986 年。

吉永慎二郎:《孟轲の不动心の思想史的意味》,《日本中国学
　　会报》, 第 37 期, 1985 年。

朱伯昆:《〈管子〉四篇考》, 收入《中国哲学史论文集》, 第 1
　　辑, 济南: 山东人民出版社, 1979 年。

朱越利:《炁气二字异同辨》,《世界宗教研究》, 1982 年第 1 期。

任继愈:《论儒教的形成》,《中国社会科学》, 1980 年第 1 期。

伊东伦厚:《德の原义について》,《东京支那学报》, 第 16 号,
　　1971 年。

刘长林:《说气》, 此文收入杨儒宾编:《中国古代思想中的气
　　论及身体观》, 台北: 巨流图书公司, 1993 年。

刘　节:《管子中所见之宋钘一派学说》, 收入其《古史考存》,
　　香港: 太平书局, 1963 年。

齐思和:《封建制度与儒家思想》,《燕京学报》, 第 2 卷第 7
　　期, 1937 年。

许祖成:《乐记句释》,《中兴文史学报》, 第 3 期, 1973 年。

孙尧年:《〈乐记〉作者问题考辨》,《文史》, 第 10 辑, 1980 年。

赤塚忠:《古代事实と弁证思弁——庄子流の思弁论理の成立过
　　程を中心として一》,《东京支那学报》, 第 5 号, 1954 年。

赤塚忠:《古代の信仰体験と道家の思辨法》,《斯文》,第35号,1963年。

赤塚忠:《道家思想之本质》,此文收入东京大学主编、邱棨鐊等译:《中国思想之研究》(二),《道家与道教思想》,台北:幼狮文化事业公司,1979年。

坂出祥伸:《占风术のさまぎま》,关西大学《文学论集》,第34卷,第3、第4合并号,1985年。

严一萍:《中国医学之起源考略》,《大陆杂志》,第2卷第8期,1951年。

严一萍:《夏商周文化异同考》,《大陆杂志》特刊,1952年。

杜正胜:《孔子是力士吗?》,《历史月刊》,第20期,1989年。

杜正胜:《形体、精气与魂魄——中国传统对"人"认识的形成》,《新史学》,第2卷第3期,1991年9月。

李从珍:《〈管子〉的哲学与医学思想》,《自然辩证法通讯》,1986年第1期。

李汉三:《阴阳五行说探源》,《幼狮学志》,第1卷第1期,1962年。

李存山:《〈内业〉等四篇的写作时间和作者》,《管子学刊》,创刊号,1987年。

李泽厚:《孔子再评价》,《中国社会科学》,1980年第2期。

李学勤:《从帛书〈易传〉看孔子与〈易〉》,《中原文物》,1989年第2期。

李学勤:《〈易传〉与〈子思子〉》,《中国文化》,创刊号,1989年。

李学勤：《帛书〈系辞〉略论》，《齐鲁学刊》，1989 年第 4 期。

李学勤：《帛书〈周易〉与荀子一系〈易〉学》，《中国文化》（香港：中华书局），创刊号，1989 年。

李学勤：《〈管子·心术〉等篇的再省察》，《管子学刊》，1991 年 1 月。

李涤生：《荀子乐论篇试释》，《中国文史学报》，第 6 期，1976 年。

李　零：《出土发现与古书年代的再认识》，《九州学刊》，第 3 卷第 1 期，1988 年。

杨儒宾：《离体远游与永恒的回归——屈原作品反应出的思想形态》，《编译馆馆刊》，第 22 卷第 1 期，1993 年。

连登岗：《论气功在中国古代哲学发展过程中的作用》，《中国哲学史研究》，1987 年第 3 期。

吴毓清：《〈乐记〉的成书年代及其作者》，《音乐学丛刊》，1981 年第 1 期。

吴　虞：《儒家主张阶级制度之害》，《新青年》，第 3 卷第 4 期，1917 年。

吴静安：《公孙尼子学说源流考》，《南京教育学院学报·社科版》，1985 年第 1 期。

岑溢成：《戴震孟子学的基础》，此文收入黄俊杰编：《孟子思想的历史发展》，台北："中央研究院"中国文哲研究所，1995 年。

张　亨：《张载"太虚即气"疏释》，《台大中文学报》，第 3 期，1989 年。

陈大齐:《孟子的义内说与告子的义外说》, 此文收入其《名理论丛》, 台北: 正中书局, 1970 年。

陈梦家:《五行之起源》,《燕京学报》, 第 24 期, 1938 年。

陈 野:《从文献比较中看〈乐记〉撰作年代》,《杭州大学学报》, 第 17 卷第 3 期, 1987 年。

陈 野:《〈乐记〉著作年代辨析》,《浙江学刊》, 1987 年第 3 期。

武内义雄:《子思子考》, 此文收入江侠庵:《先秦经籍考》, 台北: 新欣出版社, 1970 年。

武内义雄:《易と中庸の研究》, 此文收入《武内义雄全集》, 卷 3, 东京: 角川书店, 1978 年。

武内义雄:《管子の心术と内业》,《支那学》, 第 10 卷特别号, 1942 年。

松本幸男:《礼记乐记篇的成立について》,《立命馆文学》, 1970 年。

罗根泽:《子莫考》,《国学论丛》, 第 4 期, 1929 年。

金谷治:《中と和》,《文化》, 第 15 卷第 4 期, 1951 年。

金祥恒:《古文字音义考释举隅》, 收入《台静农先生八十寿庆论文集》, 台北: 联经出版公司, 1981 年。

周立升、王德敏:《〈管子〉中的精气论及其历史贡献》,《哲学研究》, 1983 年第 5 期。

周桂钿:《气、元气及其一元论》,《中国哲学史研究》, 1983 年第 4 期。

泽田多喜男:《董仲舒天人相关说试探——特にその阴阳说の构
　　造について》,《日本文化研究所研究报告》3, 1967 年。

赵铁寒:《鬼谷子考辨》,《大陆杂志》, 第 14 卷第 5/6 期,
　　1957 年。

胡家聪:《从〈心术上〉看早期的黄老学说》,《中国哲学史论
　　丛》, 第 1 辑, 福州: 福建人民出版社, 1984 年。

胡翔骅:《帛书〈却谷食气〉义证》, 此文收入陈鼓应编:《道家
　　文化研究》, 第 3 辑, 上海: 上海古籍出版社, 1993 年。

鬼丸纪:《管子四篇における养生说について》,《日本中国学
　　会报》, 第 35 卷, 1983 年。

秦家懿:《"圣"在中国思想史内的多重意义》, 台湾《清华学
　　报》, 新 17 卷第 1、2 期合刊, 1985 年。

桥本高胜:《孟子字义疏证の体系的概念规定と戴震训诂学》,
　　《日本中国学会报》, 第 31 辑, 1979 年。

原宗子:《管子研究の现状と课题》,《流通经济大学论集》, 第
　　19 卷第 1 期, 1984 年。

顾颉刚:《周公制礼的传说和〈周官〉一书的出现》,《文史》,
　　第 6 期, 1979 年。

柴田清继:《管子四篇における神と道》,《日本中国学会报》,
　　第 36 期, 1984 年。

高桥峻:《中の思想について》,《汉学杂志》, 第 7 卷第 3 期,
　　1939 年。

郭沫若:《宋钘尹文遗著考》, 收入其《青铜时代》,《郭沫若全

集·历史编》，第 1 卷，北京：人民出版社，1982 年。

黄明同：《浅谈〈管子·内业篇〉精气说的特点》，《南华师院学报》，1981 年第 1 期。

黄俊杰：《朱子对孟子知言养气说的诠释及其回响》，台湾《清华学报》，第 18 卷第 2 期，1988 年。

黄俊杰：《孟子知言养气章集释新诠》，《台大历史学报》，第 14 期，1988 年。

乾一夫：《孟子の夜气说》，《二松学舍大学论集百周年纪念号》，1977 年。

萨孟武：《论乐记》，《食货》，第 4 卷第 12 期，1975 年。

笠原仲二：《"中"いまつほる样その想念》（一）～（六），《立命馆文学》，第 133、135、142、145、147、152 诸期，1956?——1958 年。

蒋孔扬：《评〈礼记·乐记〉的音乐美学思想》，《中国社会科学》，1984 年第 3 期。

蒋年丰：《体现与物化：从梅露·庞帝的形体哲学看罗近溪与庄子的存有论》，《中国文化月刊》，第 105 期，1988 年。

韩仲民：《帛书〈系辞〉浅说》，《孔子研究》，1988 年第 4 期。

曾　謇：《古代宗法社会与儒家思想的发展》，《食货》，第 5 卷第 7 期，1937 年。

渡边卓：《战国儒家の遍历生活》，收入其《古代中国思想的研究》，东京：创文社，1977 年。

裘锡圭：《马王堆〈老子〉甲乙本卷前后佚书与"道法家"》，

《中国哲学》，第 2 辑，1979 年。

福永光司：《道家の气论と〈淮南子〉の气》，收入小野泽精一
　　等编：《气の思想》，东京：东京大学出版会，1986 年。

蔡海云：《荀子乐论篇与乐记之纠葛》，《天声》，第 1 期，1971 年。

影山辉国：《思孟五行说——その多样なる解释と庞朴说》，
　　《东京大学教养人文科学记要》，第 81 辑，1985 年。

滕　复：《黄老哲学对道的改造和发展》，《哲学研究》，1986
　　年第 9 期。

二、西 文 著 作

Berger, P.L. and Luckmann, T.: *The Social Construction of Reality*, London: Allen Lane, 1967.

Bucke, R. M.: *Cosmic Consciousness*, New York, 1969.

Capra, F.: *The Turning Point*, London, 1983.

Cassirer, E.: *The Philosophy of Symbolic Forms*, New Haven, 1955.

Dilthey, W.: *Selected Writings*, London, 1976.

Douglass, M.: *Natural Symbols*, New York, 1982.

Durkheim, E. & Mauss, M.: *Primitive Classification*, London, 1963.

Eliade, M.: *The Myth of the Eternal Return*, New York, 1974.

Eliade: "Prolegomenon to Religious Dualism: Dyads and Polarities," in idem., *The Quest: History and Meaning in Religion*, Chicago, 1969.

Fingarette, H.: *Confucius — The Secular as Sacred*, London, 1972.

Fink, E. and Heidegger, M.: *Heraclitus Seminar 1966—1967*, trans. Charles H. Seibert (University of Alabama, 1979).

Gadamer, H.-G.: *Truth and Method*, trans. G. Barden and J. Cumming, London, 1975.

Graham, A.C.: *Studies in Chinese Philosophy & Philosophical Literature*, Singapore, 1986.

Heidegger, M.: *Being & Time*, New York, 1962.

Hume, D.: *A Treatise of Human Nature*, New York: Everyman Edition, 1984.

Ihde, Don: *Listening and Voice*, Ohio Univ. Press, 1976.

Jung, C.G: *Mystierium Coniunctions, Collected Works*, Vol.14, Princeton, 1976.

Kwant, R.C.: *The Phenomenological Philosophy of Merleau-Ponty*, Louvaia, 1963.

Neumann, E.: *Mystical Man* in J. Campbell ed., *The Mystic Vision*, Princeton, 1982.

Otto, R.: *The Idea of the Holy*, London, 1957.

Polanyi, M.: *The Tacit Dimension*, Garden City, 1966.

Popper, Karl R.: *Objective Knowledge*, Oxford, 1979.

Ricoeur, Paul: *Interpretation Theory*, Texas, 1976.

Schwartz, B. I.: *The World of Thought in Ancient China*, Cambridge/Mass., 1985.

Spicker, St. F.: *The Philosophy of the Body*, Chicago, 1970.

Stace, W. T.: *Mysticism and Philosophy*, London, 1973.

Suzuki, D. F.: *The Awakening of a New Consciousness in Zen*, in J. Campbell ed., Man and Transformation, Princeton, 1980.

Turner, B. S.: *The Body and Society*, New York, 1989.

人名索引

名词索引